Brunnengräber/Dietz/Hirschl/Walk/Weber

Das Klima neu denken

W0038690

Achim Brunnengräber/Kristina Dietz/
Bernd Hirschl/Heike Walk/Melanie Weber

Das Klima neu denken

Eine sozial-ökologische Perspektive auf
die lokale, nationale und internationale Klimapolitik

WESTFÄLISCHES DAMPFBOOT

Diese Arbeit wurde vom Bundesministerium für Bildung und Forschung im Rahmen des Förderschwerpunktes Sozial-ökologische Forschung gefördert.

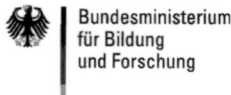 

Bibliografische Information der Deutschen Bibliothek
Die Deutsche Bibliothek verzeichnet diese Publikation in der Deutschen Nationalbibliografie; detaillierte bibliografische Daten sind im Internet über http://dnb.ddb.de abrufbar.

1. Auflage Münster 2008
© 2008 Verlag Westfälisches Dampfboot
Alle Rechte vorbehalten
Umschlag: Lütke Fahle Seifert AGD, Münster
Druck: Rosch-Buch Druckerei GmbH, Scheßlitz
Gedruckt auf säurefreiem, alterungsbeständigem Papier
ISBN 978-3-89691-732-4

Inhalt

Vorwort

Das vorliegende Buch ist das Ergebnis der Arbeit einer interdisziplinären ForscherInnen, die sich seit 2002 mit den Folgen des Klimawandels, der Klimapolitik, mit Anpassungspolitiken im Nord-Süd Kontext, dem öffentlichen Klimabewusstsein und den erneuerbaren Energien beschäftigte. Zentraler Ansatzpunkt war, Klimawandel und Klimapolitik als Mehrebenensysteme zu betrachten und dementsprechend die Wechselverhältnisse zwischen individueller, lokaler, regionaler, nationaler und globaler Politik genauer in Augenschein zu nehmen. Wir starteten unser Vorhaben mit der Annahme, dass sich die Hoffnungen auf einen weit reichenden Klimaschutz nicht allein auf die internationale Politik stützen können. Die dort verabschiedeten flexiblen Instrumente werden dem komplexen Problem Klimawandel nicht gerecht. Mit dem Ende des Projektes hat diese Annahme ihren Wahrheitsgehalt nicht verloren. Wir hätten uns ein anderes Forschungsergebnis gewünscht. Doch der geringe Wirkungsgrad der Instrumente, die neuen Konflikte, die sie hervorrufen, und die weltweit steigenden Emissionen lassen kaum einen anderen Schluss zu. Der Krise ist nur unzulänglich mit der internationalen Politik beizukommen. Als Voraussetzung für die Suche nach alternativen Handlungsansätzen bedarf es daher mehr denn je der kritischen Analyse von unbequemen Klima-Wahrheiten. Erst darauf aufbauend lassen sich *neue Ideen denken*.

Das Buch ist in jeder Hinsicht ein Gemeinschaftsprojekt. Es spiegelt den langjährigen, engen und intensiven Austausch unter den fünf beteiligten AutorInnen wider. Als besonderen Gewinn erlebten wir unsere enge interdisziplinäre Zusammenarbeit durch regelmäßige Treffen, die Konzeption und Organisation gemeinsamer Workshops und Konferenzen sowie das Verfassen gemeinsamer Publikationen. Die intensive Begriffsarbeit, die Integration von verschiedenen Analyseinstrumenten und die Auseinandersetzung mit verschiedenen Theorien waren für uns – trotz aller Schwierigkeiten und Mühen, die damit verbunden waren – ein zentrales Bindeglied.

Ein solches Gemeinschaftsprojekt kann ohne Förderer und Unterstützer nicht erfolgreich sein. An erster Stelle ist das Bundesministerium für Bildung und Forschung (BMBF) zu nennen, das das Forschungsvorhaben mit dem Titel

„Global Governance und Klimawandel. Eine Mehrebenenanalyse zu den Bedingungen, Risiken und Chancen sozial-ökologischer Transformationen" im Rahmen der Sozial-Ökologischen Forschung (SÖF) finanzierte. Institutionelle Unterstützung erhielten wir vom Fachbereich Politik- und Sozialwissenschaften der Freien Universität Berlin, dem Zentrum Technik und Gesellschaft (ZTG) der Technischen Universität Berlin und dem Institut für ökologische Wirtschaftsforschung (IÖW).

Darüber hinaus waren viele Einzelpersonen an unserem Forschungsvorhaben und der Erstellung des Buches beteiligt: Insbesondere möchten wir unseren beiden Mentoren Elmar Altvater (FU Berlin) und Thomas Korbun (IÖW) danken; außerdem unseren Projektassistentinnen Patricia Margerison (FU Berlin) und Karin Vogelpohl (IÖW). Viel Arbeit haben wir unserer Lektorin Uta Döring bereitet. Sie musste unsere Diskussionsprozesse manchmal auch durch nachdrückliche Worte beenden und in ein Buchformat bringen. Auch ihr gilt unser großer Dank.

Achim Brunnengräber, Kristina Dietz, Bernd Hirschl,
Heike Walk und Melanie Weber
Juli 2008

Einleitung
Das Klima „neu denken"

> „Die wahre Entdeckung besteht nicht im Finden von neuen Ufern, sondern im Sehen mit anderen Augen"
>
> *Marcel Proust*

Das „Sehen mit anderen Augen" und „neu denken" gestaltet sich bei steigendem und vermeintlich globalem Handlungsdruck als außerordentlich schwierig. Die Zeit eilt! Die Weltgemeinschaft muss handeln, um den gefährlichen Klimawandel abzuschwächen und die Treibhausgaskonzentration in der Erdatmosphäre erst zu stabilisieren und dann in ihrer Tendenz umzukehren. Verhindern aber lässt sich der Klimawandel nicht mehr. Er zeigt bereits rund um den Globus seine dramatischen Auswirkungen. Doch die Aussichten sind alles andere als rosig. Diejenigen, die sich schon über längere Zeit hinweg mit den Fragen von Klimawandel und Klimapolitik beschäftigen, wissen um den mühevollen und langsamen Prozess internationaler klimapolitischer Verhandlungen. Seit der Verabschiedung der UN-Klimarahmenkonvention 1992 in Rio de Janeiro ringt die internationale Staatengemeinschaft um verbindliche Reduktionsziele für Treibhausgasemissionen und deren Einhaltung. Die Verabschiedung des Kyoto-Protokolls im Jahr 1997 und dessen Inkrafttreten im Frühjahr 2005 wurden schließlich als Durchbruch für den internationalen Klimaschutz angesehen. Weltweit existiert kein vergleichbares Vertragswerk, das die Industrieländer völkerrechtlich verbindlich verpflichtet, ihre CO_2-Emissionen bis zum Jahr 2012 gegenüber dem Vergleichsjahr 1990 um 5,2% zu reduzieren.

Doch die Zweifel an der Erreichbarkeit schon dieser geringen Zielmarge mehren sich. Die Ausgestaltung der Klimainstrumente wie die Debatten um ein Post-Kyoto-Abkommen, aber auch die EU-Klimastrategie (EU-Kommission 2008) oder die Klima-High-Tech-Strategie der Bundesregierung lassen schnell erkennen: Es geht in den klimapolitischen Aushandlungen nicht um das Finden neuer Ufer, neuer Lösungsstrategien oder um das Finden umfassender, der komplexen Klimaproblematik entsprechender Maßnahmen. Stattdessen wird das bekannte Fahrwasser aus marktwirtschaftlichen Instrumenten, technologischen

Innovationen, Effizienzsteigerungen oder Finanztransfers vom *reichen* Norden in den *armen* Süden nicht verlassen. In der Klimapolitik wird das einmal Erreichte, auch wenn es wenig ist und nicht gut funktioniert, nicht mehr in Frage gestellt. Kritische Kommentare, die die vorhandenen Instrumente wie die Umsetzungsdefizite anklagen, sind bis in die zivilgesellschaftlichen Organisationen hinein unerwünscht. Alternative Perspektiven haben keinen Platz in der (inter)nationalen Klimapolitik. Im Gegenteil: „Neu denken" wird als politisch gefährlich betrachtet. Denn das bestehende internationale Vertragswerk, so weit reichende negative sozial-ökologische und politische Konsequenzen es bereits hat, ist noch immer fragil und seine Zukunft im Rahmen eines Folgeabkommens längst noch nicht gesichert (ausführlich hierzu Brunnengräber 2007a). Das breite gesellschaftliche Augenmerk gilt deshalb der politischen Stabilisierung, detailorientierten Ausgestaltung und diskursiven Stärkung des scheinbar alternativlosen Vertragswerkes.

Das Klima „neu denken" hieße aus unserer Perspektive, den Klimawandel als eine tief reichende Krise der gesellschaftlichen Naturverhältnisse und als Problem globaler Gerechtigkeit zu begreifen (zur Frage der Gerechtigkeit: Khor et al 2007). Erst auf der Grundlage einer Analyse der gesellschaftlichen Produktions- und Konsumtionsweisen, der Verhältnisse zwischen Mensch und Natur und der Widersprüchlichkeiten in der Mehrebenenstruktur der Klimapolitik lässt sich Neues denken. Das vorliegende Buch will sich dieser Herausforderung stellen und Anregungen geben, wie über die bisherigen gesellschaftlichen Antworten auf den Klimawandel hinausgedacht werden kann. Dabei muss von den bereits gefestigten sozial-ökologischen wie politischen Verhältnissen ausgegangen werden: Klimapolitik zielt gegenwärtig darauf, ökonomische Vorteile zu nutzen, erforderliche Anpassungsprozesse ansatzweise zu vollziehen und im Rahmen der bereits institutionalisierten Strukturen effiziente Lösungen zu realisieren. Zugleich wird entsprechend der Deutung des Klimawandels als globales Problemfeld eine *top down*-Perspektive eingenommen. *Klimapolitik* ist ausgehend von der Annahme einer weltweiten Verwundbarkeit „notgedrungen global" und sie muss, so Ulrich Beck (2008), als „kosmopolitische Realpolitik" gefasst werden. Dabei geraten die Komplexität des Klimaproblems, die gesellschaftliche Differenziertheit hinsichtlich der Verursachung und der Betroffenheiten sowie die multiplen gesellschaftlichen (Verteilungs-)Konflikte, die mit dem Klimawandel verbunden sind, schnell aus dem Blickwinkel der politischen und öffentlichen Interessen. Die globale Perspektive ist bestimmend in der internationalen Klimapolitik. Wie sonst könnte begründet werden, dass dem Klimawandel mit lediglich drei flexiblen, marktgesteuerten Instrumenten, nämlich dem Emissionshandel, dem Mechanismus für saubere Entwicklung (Clean Developement Mechanism CDM) und mit Joint Implementation (JI) begegnet werden soll. Wir wollen demgegenüber aufzeigen, dass in der internationalen, aber auch in den nationalen Klimapolitiken letztendlich ein zu enger Pfad der Problembearbeitung beschritten wird.

Das Klima „neu denken" bedeutet aus einer sozial-ökologischen Perspektive den Blick auch auf *die* Aspekte des Klimakonfliktes zu lenken, die in den Arenen politischer Aushandlung und öffentlicher Diskussionen nur eine marginale Position einnehmen oder aufgrund eines breiten gesellschaftlichen Konsens nicht mehr in Frage gestellt werden. Zu den *blinden Flecken* der Klimapolitik gehört für uns das Nicht-Wahrgenommene, das aus einer sprachlich-symbolischen Konstruktion des globalen Umweltproblems Klimawandel resultiert; ebenso die notwendige Vielfalt an Handlungsmöglichkeiten, die der Dominanz der marktkonformen Steuerungsinstrumente zum Opfer gefallen ist; aber auch der lokale Ort, dessen kontextspezifische, soziale und politisch-ökonomische Besonderheiten unberücksichtigt bleiben; und schließlich die Bedeutung demokratischer Entscheidungs- und Implementierungsprozesse, die zunehmend zur Disposition stehen, weil politische Entscheidungen auf globaler Ebene und unter Einflussnahme einer Vielzahl nicht demokratisch legitimierter Akteure getroffen werden. Aus einer solchen Perspektive wird deutlich, dass sowohl die Klimarahmenkonvention als auch das Kyoto-Protokoll für eine umfassende gesellschaftliche Lösung des Problemfeldes Klimawandel bei weitem nicht angemessen sind. Dies belegen nicht nur die steigenden Emissionen der klimaschädlichen Gase in den Entwicklungs-, Schwellen- und auch in den meisten Industrieländern. Auch die Schwächen, die sich beim Emissionshandel wie bei der Umsetzung des CDM heute zeigen, und die zu neuen gesellschaftlichen Konflikten führen, bestätigen diese Einschätzung (vgl. Altvater/Brunnengräber 2008, dort insbes. der Aufsatz von Brouns/Witt 2008). Die Defizite sind aber keinesfalls nur einer fehlerhaften Ausgestaltung der Klimainstrumente geschuldet. Sie sind vielmehr der gesellschaftliche Ausdruck der widersprüchlichen Interessen, die sich im *Klimaregime* artikulieren. Denn der Klimawandel ist auch die Folge eines bestimmten herrschaftsvermittelten Verhältnisses von Gesellschaft und Natur: Er hat seine Ursachen im Wesentlichen in der Förderung, dem Transport und dem Verbrauch der endlichen, fossilen Energieträger. Und er ist die Folge eines spezifischen, auf Wachstum, Beschleunigung und Zentralität ausgerichteten Entwicklungsmodells. Er ist somit tief in unser Weltwirtschaftssystem integriert. Doch auch gesellschaftlich sind seine Ursachen tief verankert: Der hohe Grad an individueller Mobilität und Flexibilität, unser Konsumverhalten und unser Lebensstil geben dem Klimawandel seine Prägung. Die Frage nach dem Umgang mit den klimaschädlichen Treibhausgasen erweitert sich dadurch um die Frage nach den gesellschaftlichen *Aneignungsformen* der

Natur, die wiederum von individuellen und kollektiven Interessen und auch von gesellschaftlichen Kräfte- und Herrschaftsverhältnissen abhängig ist.

So erklärt sich auch, warum gesellschaftliche wie (machtvolle) private und staatliche Akteure, die auf den Klimawandel angemessen reagieren müssten, an einer weit reichenden Transformation des kapitalistischen Gesellschafts- und Wirtschaftssystem kaum Interesse zeigen. Vielmehr wird das Leitbild „Klimaschutz darf nicht weh tun" propagiert. Dieses Leitbild aber verhindert unseres Erachtens das notwendige „neu denken", aus dem sich erst alternative Handlungsansätze entwickeln können. Wenn globale Strukturen und ihre Institutionen sowie wirtschaftliche Interessen integraler Bestandteil des Problems sind, können schnelle Antworten nicht mehr so leicht gegeben und einfache Lösungsansätze nicht mehr so leicht entwickelt werden. Insbesondere muss bezweifelt werden, dass diejenigen Akteure in Wirtschaft und Politik, die wesentlich für die Problemverursachung stehen, zugleich die Adressaten für Lösungsansätze sind. Deren Widerstände gegen einen *effektiven* Klimaschutz sind groß. Auch die Wissenschaften helfen nur bedingt weiter. Denn der Klimawandel ist angelegt zwischen interdependenten Polen: Als wissenschaftlich beschreibbares Problem, in dem Deutungskämpfe um Erkenntnisse ausgetragen werden, und als gesellschaftliches Konfliktterrain, auf dem sich gesellschaftliche Auseinandersetzungen und Interessen widerspiegeln.

Eine Betrachtung des Klimawandels als Krise gesellschaftlicher Naturverhältnisse gestaltet die Suche nach neuen Ufern deshalb nicht einfacher. Ganz verschiedene Dimensionen des Problems greifen ineinander: Wir gehen daher erstens von einer vielschichtigen Problemstruktur des Klimawandels aus, die langfristige politisch-ökonomische, sozio-kulturelle und sozial-ökologische Dimensionen umfasst (*Problemkomplexität*). Zweitens ist die Klimapolitik längst kein ausschließlich staatliches Unterfangen mehr. Auch die Privatwirtschaft und ihre Interessenverbände, Gewerkschaften und Nicht-Regierungs-Organisationen (NGOs, Non-Governmental-Organisations) sind daran beteiligt (*Pluralisierung der Akteurslandschaft)*. Drittens bleibt die Klimapolitik nicht auf die nationalstaatliche und internationale Handlungsebene beschränkt. Sie wirkt vielmehr in einem komplexen und wechselseitigen Prozess international, regional, national und lokal (*Multiskalarität*). Viertens ist die Klimapolitik, weil sie Bereiche aus der Umwelt-, Energie-, Verkehrs-, Handels-, Entwicklungs- oder Sicherheits- und Außenpolitik berührt, durch erhebliche Überschneidungen von Politikfeldern geprägt (*Politikfeldinterdependenzen*).

Es ist also eine Mehrebenenperspektive auf den Klimawandel erforderlich. Diese soll nicht nur helfen die dominanten Strukturen und Prozesse der Klimapolitik zu identifizieren, sondern auch die widersprüchlichen Wechselwirkungen, marginalisierten Diskurse oder die Partizipationsdefizite in den gesellschaftlichen Naturverhältnissen. Unser Ziel ist es, neue, grundsätzliche und kritische Fragestellungen in die Debatte über den Klimawandel einzubringen, die im herrschenden Diskurs kaum berücksichtigt werden. Wir wollen schließlich zu einer Öffnung der gesellschaftlichen Debatte über ein Problem beitragen, das alle Menschen auf der Erde – wenn auch in ganz unterschiedlicher Weise – betrifft.

Theoretisch-konzeptioneller Rahmen

Zu Beginn unserer Suche nach alternativen Ansichten entwickeln wir einen konzeptionellen und analytischen Rahmen. Wir gehen davon aus, dass internationale, am Nationalstaat ausgerichtete Theorien und Konzepte (etwa im Rahmen der Regime-Analyse, der Theorien der Internationalen Beziehungen oder auch der nationalstaatlich ausgerichteten Demokratietheorien) der Komplexität der *glokalen* Problemlagen nicht mehr gerecht werden. Multi-Level-Governance (MLG) bietet hier die Chance zu einem viel versprechenden Perspektivwechsel (Brunnengräber/Walk 2007, Brunnengräber et al. 2008). Obgleich es schwierig ist, von *einem* klar definierten Konzept zu sprechen, werden wir versuchen, aus der MLG-Forschung den für unser Vorhaben relevanten analytischen Mehrwert herauszuarbeiten. Dabei aber zeigen sich auch die Defizite des Konzeptes, so dass uns eine Ergänzung und Weiterentwicklung der MLG-Konzepte um regulationstheoretische Überlegungen sowie Ansätze der kritischen Raumtheorien sinnvoll erscheint. Schließlich werden wir den Klimawandel unter Bezugnahme auf das Konzept der gesellschaftlichen Naturverhältnisse diskutieren.

Multi-Level-Governance: Die Mehrebenenbetrachtung von Klimawandel und Klimapolitik soll dazu beitragen, nicht nur die Konflikte und Prozesse im Rahmen der internationalen Klimaverhandlungen deuten zu können, sondern auch die grenzüberschreitenden Interessenformationen zu beleuchten. Auf diese Weise sollen die Interdependenzen und Wechselwirkungen zwischen den *lokalen* und *globalen* Orten der Politik, dominante wie marginalisierte Diskurse, Strukturen und Prozesse sowie Widersprüchlichkeiten zwischen den Ebenen aufgedeckt und analysiert werden. Multi-Level-Governance definiert sich aber nicht nur durch politisch-räumliche Handlungsebenen. Das Konzept wird ebenso durch eine Reihe von funktionalen Kopplungen geprägt. Denn Treibhausgasemissionen werden in der Energiewirtschaft, der Landwirtschaft, im Verkehrssektor und vielen anderen Wirtschaftsbereichen von der Industrie und privaten Haushalten ausgestoßen. Aus diesem Grund ist Klimapolitik von unterschiedlich starken, zum Teil antagonistischen Interessen geprägt, die sich aus dieser Interdependenz ergeben.

Weil sich im Prozess der transnationalen Politik ganz offensichtlich Macht- und Herrschaftsverhältnisse neu organisieren bzw. restrukturieren, kann aber nicht ohne weiteres an die in der Politikwissenschaft vorhandenen MLG-Konzepte angeschlossen werden (vgl. ausführlich hierzu die Beiträge in Brunnengräber/Walk 2007). Zum einen wird den MLG-Konzepten in der Europaforschung nicht selten ein „Problemlösungsbias" vorgeworfen (Mayntz 2001a), womit die Input-Seite politischer Entscheidungsprozesse und somit Macht- und Herrschaftsverhältnisse nur unzureichend Berücksichtigung finden. Zum anderen können die Ebenen politischer und sozialer Aushandlung nicht als natürlich gegeben angenommen werden. Bereits die interessengeleitete Verortung, bzw. Konstruktion eines Problemfeldes auf einer bestimmten Handlungsebene wird zum Gegenstand politischer Auseinandersetzungen und kann entsprechend instrumentalisiert werden. Anders ausgedrückt gehen wir davon aus, dass die besondere Relevanz der internationalen Politik als zentraler, institutioneller Ausgangspunkt klimapolitischer Aushandlungen bereits als *Ergebnis* eines konfliktiven und interessengeleiteten Politikprozesses gewertet werden kann.

Regulationstheorie: Um auch die strukturellen Ungleichheiten wie die politisch-ökonomischen Machtverhältnisse in der Klimapolitik besser erfassen zu können, knüpfen wir an regulationstheoretische Arbeiten an. Hierüber lässt sich verdeutlichen, dass die räumlich-institutionelle Rekonfiguration politischer und sozialer Prozesse im globalen, transnationalen oder europäischen Raum im Zusammenhang gesehen werden müssen mit ökonomischen, strukturellen Transformationsprozessen – allgemein bekannt als Globalisierung. Die Bearbeitung der sozial-ökologischen Konfliktlage Klimawandel erscheint dadurch als *Regulation* eines krisenhaften Verhältnisses zwischen Gesellschaft und Natur. Allerdings nimmt die Regulationstheorie keine Mehrebenenperspektive ein, weshalb wir auf Ansätze der *radical geography* zurückgreifen. Die Arbeiten zu den „*politics of scale*" (Wissen et al. 2008) verweisen auf die Rolle sozialer Auseinandersetzungen und Kämpfe als „Moment der Produktion räumlicher Maßstabsebenen" (Wissen 2008: 15). Hier wird danach gefragt, unter welchen sozialen Bedingungen bestimmte politische Problemstellungen zum Gegenstand von Aushandlungsprozessen auf bestimmten Handlungsebenen werden.

Gesellschaftliche Naturverhältnisse: Um die aus unserer Sicht vernachlässigten, sozial-ökologischen und transnationalen Aspekte des Klimawandels tiefergehender analysieren zu können, definieren wir den Klimawandel schließlich als eine Krise der gesellschaftlichen Naturverhältnisse. Dies erscheint uns notwendig, da der Klimawandel kein per se klar definiertes Umweltproblem darstellt, sondern eine Vielzahl von komplexen Wechselwirkungen und Unsicherheiten zwischen Natur und Gesellschaft umfasst. Das Konzept der Gesellschaftlichen Naturverhältnisse fokussiert auf die wechselseitige Konstitution von Natur durch Gesellschaft und von Gesellschaft durch die Natur. Damit werden traditionell dualistische Betrachtungsweisen von Gesellschaft und Natur aufgelöst, die einerseits gekennzeichnet sind durch einen Soziozentrismus, wonach Naturgesetze und Naturprozesse als gesellschaftliche Konstruktionen angesehen werden und andererseits einen Naturalismus, wonach soziale Phänomene in ihren grundlegenden Merkmalen über Naturgesetze determiniert sind und daher unveränderlich erscheinen. Die konstitutive Sichtweise geht vielmehr von einer engen Wechselwirkung zwischen Gesellschaft und Natur aus.

Das führt uns schließlich zu der Frage nach den Vermittlungsmechanismen, die das Verhältnis zwischen Gesellschaft und Natur prägen. Hierzu gehören all jene Institutionen, Regeln und Normen, die die Mensch-Umwelt-Beziehungen sprachlich-symbolisch, politisch und physisch materiell konstruieren. Sie dienen nicht nur der Problemlösung, sondern auch der Herstellung vermeintlicher Sicherheiten, Handlungsorientierungen und der Regulation von Widersprüchlichkeiten. Wie diese Mechanismen in der internationalen Klimapolitik ausgestaltet wurden und weshalb sie von einem breiten gesellschaftlichen Konsens getragen werden, behandeln wir im nachfolgenden zweiten Teil.

Klimapolitik und Öffentlichkeit

In diesem Teil widmen wir uns der Wahrnehmung des Klimawandels sowie dessen politischer Bearbeitung. Ebenso wird analysiert, in welcher Form der Klimadiskurs verlaufen ist, wie er sich mit den verschiedenen klimapolitischen Konjunkturen verändert hat und wie der Diskurs die Wahrnehmung und das Bewusstsein über das Problem prägt. Offensichtlich hängen die Deutung der Ursachen und die Einschätzung der Auswirkungen des Klimawandels ganz wesentlich von den jeweiligen räumlichen, sozioökonomischen und strukturellen Kontexten der Akteure und ganz unterschiedlichen Interessenlagen ab. Auch zeigt sich eine große Kluft zwischen dem hohen Bewusstsein über das Problem und dem gesellschaftlichen Handeln, die darauf hindeutet, dass eine zunehmende Fundierung der Wissensgrundlage in der Öffentlichkeit und der Bewusstseinswandel nicht zwangsläufig zu mehr Klimaschutz führt. Dieser Umstand erleichtert es möglicherweise, dass das Klimaproblem den wirtschaftlichen und politischen Akteuren überantwortet und die ökologische Modernisierung des Kapitalismus als Projekt der Zukunft voran gebracht werden können.

Im Kapitel über die internationale Klimapolitik stellen wir die Akteure, Strukturen und Verhandlungsprozesse im Politikfeld Klima vor. Dazu wird zunächst in zeithistorischer Perspektive dargelegt, wie es zur politischen Konzentration auf marktwirtschaftliche Lösungsansätze (Kyoto-Mechanismen) kam und inwieweit die Implementierung dieser Instrumente neue und unerwartete sozial-ökologische sowie sozioökonomische Konflikte auslöst. Gerade aber die Verlagerung der politischen Steuerung von der nationalstaatlichen auf die übergeordnete Ebene (die internationale und europäische Ebene, *upgrade*), bei gleichzeitiger Einbindung der untergeordneten Ebenen (*downgrade*) und die damit verbundene Ausweitung der Akteurskonstellation (*outgrade*) sind Bestandteil der Transnationalisierung der Politik.

Es entstehen dies- und jenseits des Kyoto-Prozesses neue institutionelle Formen, die immer unübersichtlicher werden: Consultingfirmen werden mit dem Ziel gegründet, die Industrie beim Umgang mit dem Emissionshandel zu beraten. An den Börsen werden Anlageformen entwickelt, die das klimaschutzgerechte Verhalten von Firmen berücksichtigen. Internationale Agenturen vermitteln Klimaschutzprojekte in Entwicklungsländern und Internetfirmen bieten Emissionssparprojekte zur Kompensation der privaten, staatlichen oder unternehmerischen Emissionssteigerungen an. Die Bandbreite der unternehmerischen Tätigkeitsfelder ist kaum noch überschaubar. Deutlich wird dabei, dass die vermeintlichen Problemlösungsansätze und Instrumente ganz offensichtlich vor allem Unternehmensgewinne generieren. In der Marktkonformität politischer Interventionen drückt sich der neoliberale Charakter der internationalen und zunehmend transnationalen Klimapolitik aus. Nicht-ökonomische Gestaltungsformen verlieren demgegenüber an Bedeutung.

Gleichzeitig werden auch die Verhandlungsformen und die beteiligten Akteure auf globaler Ebene immer unübersichtlicher. Neben den Regierungen sind auch so genannte Beobachtergruppen, wie UN-Organisationen, NGOs und Unternehmen aktiv, die über unterschiedliche Rollen und Einflussmöglichkeiten verfügen. Einerseits nehmen diese Beobachtergruppen eine Vermittlungsfunktion zwischen nationaler und internationaler Arena bzw. zwischen den einzelnen Nationalstaaten ein, andererseits vertreten sie recht unterschiedliche Interessen, die nicht selten zu erheblichen Spannungen führen, bspw. zwischen den entwicklungs- und klimapolitischen NGOs. Die Analyse der einzelnen Akteursgruppen, die wir im Kapitel zur internationalen Klimapolitik vornehmen, weist auf die unterschiedlichen Interessen- und Dominanzstrukturen sowie auf

Entdemokratisierungsprozesse hin, die der intransparenten Konsultationspraxis geschuldet sind.

Blind Spots

Im dritten Teil wenden wir uns den erneuerbaren Energien sowie dem Thema der Verwundbarkeit und Anpassung an die Folgen des Klimawandels zu. Beide Themen stellen in den Diskussionen sowie den klimapolitischen Verhandlungen immer noch Randthemen dar. Beide Themen erscheinen uns jedoch zentral, wenn wir über Blockaden und Impulse von sozial-ökologischen Transformationsprozessen nachdenken wollen. Zunächst fragen wir, wieso die erneuerbaren Energien in der internationalen Klimapolitik eine nur marginale Rolle einnehmen, während sie in Deutschland zumindest in den vergangenen Jahren einen regelrechten Boom erlebt haben.

Erneuerbare Energien stellen gegenwärtig die einzig verfügbare Alternative zur auslaufenden Energieerzeugung auf Basis fossiler und nuklearer Brennstoffe dar. Sie stoßen keine Treibhausgase aus oder nur geringfügige Mengen (etwa bei der Biomasse), weshalb sie neben der Effizienzsteigerung zu den zentralen Klimaschutzstrategien zählen. Angesichts dieser Tatsache verwundert es auf den ersten Blick, dass erneuerbare Energien in der internationalen Klimapolitik keine maßgebliche Rolle spielen. Darüber hinaus gibt es bisher auch keine spezifische, verbindliche Förderpolitik für erneuerbare Energien auf internationaler Ebene. Demgegenüber sind sie in einigen Staaten wie in Deutschland erfolgreich eingeführt worden.

In dem Kapitel werden die politischen Entwicklungen der erneuerbare Energien-Politik auf der nationalen, der subnationalen, der europäischen und der internationalen Ebene untersucht. Ziel ist es, die Wechselwirkungen zwischen den Ebenen aber auch die Widersprüchlichkeiten, die hier auftreten, aufzuzeigen. Die nationale Entwicklung der erneuerbaren Energien steht dabei im Vordergrund, da Deutschland als ein Vorreiterland der erneuerbaren Energien gilt. Der anfangs schon aufbereitete MLG-Ansatz wird hierfür praktisch angewandt, um nicht nur die verschiedenen Handlungsebenen, sondern auch die darin agierenden relevanten staatlichen wie nicht-staatlichen Akteure und ihr Einfluss auf die Politikentwicklung herauszuarbeiten. Hier wird auch der Bedeutung der Europäischen Union, in der seit Mitte der 1990er Jahre heftige politische Auseinandersetzung um die Richtlinie zur Förderung erneuerbarer Energien ausgetragen werden, für die nationale Klimapolitik nachgegangen. Es wird gezeigt, warum die erneuerbaren Energien fast unbedeutsam in der internationalen Klimapolitik sind, und warum sie dennoch einen wesentlichen Bestandteil der deutschen Klimaschutzstrategie darstellen. Ihre erfolgreiche Implementierung durch das Erneuerbare-Energien-Gesetz (EEG) kann aber nicht darüber hinwegtäuschen, dass auch in Deutschland die sozial-ökologische Transformation des zentralistischen, fossil-atomaren Energiesystems längst noch nicht eingeleitet wurde.

Die Politik der Anpassung an den Klimawandel: Bis Ende der 1990er Jahre spielte das Thema Anpassung in der internationalen Klimapolitik keine bedeutsame Rolle. So wurde lange Zeit befürchtet, dass die Notwendigkeit von Reduktionsverpflichtungen in den Verhandlungen an Bedeutung verlieren könnte, sollte dem Aspekt der Anpassung eine größere Aufmerksamkeit geschenkt werden. Emissionsreduzierung und Anpassung an die Folgen des Klimawandels wurden damit politisch zu Gegenspielerinnen. Parallel hierzu lässt sich bis heute eine Randstellung von sozioökonomisch und politisch marginalisierten Bevölkerungsgruppen und den ökonomisch abhängigen Entwicklungsländer in den internationalen Klimaverhandlungen beobachten – und dass, obwohl sich die Folgen des Klimawandels weltweit am stärksten in den Ländern Afrikas, Lateinamerikas und Asiens manifestieren. Diese doppelte sozial-ökologische und politische Schieflage bestehend aus eingeschränkter Einflussnahme und überproportionaler Betroffenheit spiegelt nicht zuletzt die asymmetrischen Nord-Süd Kräfteverhältnisse in der internationalen Klimapolitik wider (Unmüßig/Cramer 2008, Gupta 2000, Missbach 1999).

Auch wenn in den vergangenen Jahren die Bedeutung der Anpassung gestiegen ist, bleiben doch innerhalb der Politik der Anpassung eine Reihe von Fragen (blind spots) ungeklärt. Dies berührt die Handlungsspielräume lokaler Bevölkerungsgruppen im Umgang mit den Folgen des Klimawandels ebenso wie Fragen nach sozial-ökologischer Gerechtigkeit. Gleichzeitig ist zu erörtern, welche Zielsetzung aktuelle internationale und nationale Anpassungspolitiken verfolgen und wessen Interessen dabei vertreten werden. Diese Aspekte und Fragen werden auf der Grundlage der Erfahrungen aus zwei Entwicklungsländern – Nicaragua und Tansania – analysiert. Dabei bilden sich zwischen der lokalen und globalen Ebene bestimmte soziale Kräfteverhältnisse und Anpassungspraktiken heraus, die nur sehr eingeschränkt zu einer Reduzierung bestehender Verwundbarkeiten beitragen. Die gegenwärtigen Instrumentarien und Strategien zielen kaum auf die Förderung der Anpassungsfähigkeit der marginalisierten Bevölkerung. Die Interessen derjenigen Bevölkerungsgruppen, die aufgrund sozialer, ökonomischer, genderspezifischer und struktureller Aspekte besonders verwundbar gegenüber den Folgen des Klimawandels sind, fließen in die ebenenübergreifenden politischen Planungs- und Entscheidungsprozesse nicht oder nur sehr unzureichend ein. Im Anschluss daran argumentieren wir, dass anstelle von Sektor übergreifenden Analysen und emanzipatorischen politischen Ansätzen sektorale und *top down*-Strategien zur Anpassung dominieren. Dabei geht es – im Verständnis der Regulationstheorie – um die Bearbeitung einer sozial-ökologischen Konfliktlage in den Nord-Süd-Beziehungen und nicht um deren Lösung.

Im Anschluss daran werden wir aus einer multiskalaren Perspektive die Politik der Anpassung an den Klimawandel in der Nicht-OECD-Welt analysieren.

Zusammenführung

Im vierten und letzten Teil des vorliegenden Buches stellen wir hegemonietheoretische Überlegungen an und fassen abschließend den analytischen und erkenntnistheoretischen Mehrwert einer Mehrebenenbetrachtung des sozialökologischen, *glokalen* Konfliktfeldes Klimawandel zusammen.

Es wird zunächst begründet, warum die Institutionen der internationalen Klimapolitik Teil einer strategischen Selektivität sind. Das Konfliktfeld Klima kann auf diese Weise von anderen (mächtigeren) Institutionen des Welthandels, der Weltfinanzmärkte und auch von anderen Institutionen der internationalen Umweltpolitik, wie etwa der Politik zum Schutz der biologischen Vielfalt losgelöst werden. Von zentraler Bedeutung aber ist die Trennung zwischen dem fossilen Energieregime, in dem es um Fragen der Energieversorgung und der Energiesicherheit geht und dem Emissionsregime, in dem erst ganz am Ende der Energiekette die Rechte auf Verschmutzung der Atmosphäre reguliert werden. Wir deuten diese Institutionalisierung daher als erfolgreiche Widerspruchsbearbeitung. Tatsächlich müsste ja der Verbrauch der fossilen Energien verringert werden, wenn der Klimawandel erfolgreich bekämpft werden soll, und zwar noch ehe das letzte Fass Öl aus der Erdkruste gepresst worden ist. Das Regelwerk der internationalen Klimapolitik nimmt aber nur die Emissionsseite in den Blick. Die Förderung und die Sicherung des Zugangs zu den fossilen Energiequellen bleibt zugleich weiterhin ein wichtiges – und immer wichtigeres – außenpolitisches Ziel der Industrie- und zunehmend der Schwellenländer.

Auf die zerstörerischen Auswirkungen fossilistisch-kapitalistischer Produktionsweisen – hier der Ausstoß von CO_2 durch die Verbrennung von Öl, Gas und Kohle – wird also durchaus reagiert. Trotz der sozial-ökologischen Widersprüche, die durch das System des Fossilismus auftreten, der sozioökonomischen Unsicherheiten, die der Klimawandel für viele Menschen bereits bedeutet sowie der Divergenzen zwischen den einzelnen Ländern und Interessensgruppen wird Planbarkeit hergestellt und Beherrschbarkeit im Umgang mit den Treibhausgasen signalisiert. Die CO_2-Emissionen werden aber kaum in ausreichendem Umfang reduziert. Wir kommen daher auch zu dem Schluss, dass kein grundlegender Wandel der CO_2-intensiven klimaschädlichen Produktionsweise angestrebt wird, obgleich die Prognosen der Klimaforschung, allen voran des IPCC (IPCC 1995a, 2007a, b) beunruhigende Bilder und Szenarien vom Klimawandel zeichnen. Der Klimawandel hat in der öffentlichen Diskussion bislang nicht dazu geführt, über ein fundamental anderes Verständnis der Mensch-Umwelt-Beziehung nachzudenken. Technologische Problemlösungsstrategien mit dem Ziel der ökologischen Modernisierung werden bevorzugt, denn sie stellen weder den westlichen Lebensstil noch den Wunsch nach ungebremstem Wirtschaftswachstum in Frage. Unser Buch „Das Klima neu denken" setzt genau hier an. Es will dazu anregen, nicht nur über Bestehendes hinaus zu denken, sondern auch anders und Anderes zu denken.

Teil I:
Theoretisch-konzeptioneller Rahmen

1 Multi-Level-Governance

1.1 Begriffsklärung

Für eine erste allgemeine Charakterisierung von Mehrebenensystemen können die folgenden drei Merkmale dienen: Mehrebenensysteme können *erstens* nach ihrer Reichweite bzw. der Art und Anzahl der räumlich-institutionellen Ebenen unterschieden werden: Beispiele sind ein föderaler Nationalstaat, das EU-System (Staatenbund), die USA (Bundesstaat), oder die UN als ein internationales System. *Zweitens* wird ein solches Mehrebenensystem nicht nur aus den formalen, institutionellen Ebenen konstituiert, sondern ganz wesentlich durch eine spezifische Problemstellung (bzw. ein Policy-Problem).[1] Dies kann grundsätzliche und übergreifende Aspekte, wie die politische Verfasstheit des Mehrebenensystems an sich betreffen, aber auch ein spezifisches wirtschafts- oder umweltpolitisches Problem. Dabei erscheint jedoch das Raster der klassischen Politikfelder zu grob, um eine Anzahl möglicher sachbezogener Mehrebenensysteme festzulegen, zudem gibt es, wie beim Problemfeld Klimawandel, eine Reihe politikfeldübergreifender Problemzusammenhänge.[2] Eine *dritte* grundlegende Eigenschaft von Mehrebenensystemen, die auch die jüngeren Steuerungsdebatten und schließlich den Begriff „Governance" prägen, stellt die zunehmende Bedeutung und Berücksichtigung der Rolle von nicht-staatlichen Akteuren in politischen Prozessen und Strukturen dar (Mayntz 2005).

Der Begriff Multi-Level-Governance fokussiert oftmals auf die zunehmenden Abhängigkeiten der Regierungen von anderen Handlungsebenen bzw. auf Prozesse der Denationalisierung (Beisheim et al. 1998) sowie die zunehmenden Interdependenzen zwischen Regierungen und nichtstaatlichen Akteuren. Gary Marks definierte Multi-Level-Governance als „a system of continuous negotiation among nested governments at several territorial tiers" (Marks 1993: 392). Dabei griff er auf die Ansätze der Politiknetzwerke zurück: „supranational, national, regional and local governments are enmeshed in territorially overarching policy networks"(Marks 1993: 402f). Er beschrieb verschiedene Netzwerkstrukturen, die sich auf der supranationalen, nationalen, regionalen und lokalen Ebene gleichzeitig herausbildeten und sowohl vertikale als auch horizontale Dimensionen aufwiesen.

Die in der Föderalismusdiskussion vielfach negativ bewertete „Politikverflechtung" stellt somit ein wesentliches Merkmal von Multi-Level-Governance dar.

Bei der Verwendung des Begriffs Multi-Level-Governance ist ebenso wie beim Governance-Begriff der normative (wie bei „good Governance") vom analytischen, offenen Gebrauch zu unterscheiden. Für Arthur Benz umfasst ein analytischer Governance-Begriff die Einbeziehung ebenenübergreifender Koordinations- und Steuerungsprozesse. Das bedeutet, dass neben dem Gebietsbezug und dem Verflechtungsaspekt auf besondere institutionelle Konstellationen hingewiesen wird, „die sich aus der Verbindung 'intergouvernementaler' und 'intragouvernementaler' Politik ergeben. Hieraus resultieren besondere Steuerungsprobleme, allerdings bieten Mehrebenenstrukturen den Akteuren auch besondere Möglichkeiten des strategischen Umgangs mit den Regeln der Institutionenordnung. Anders als mit den Kategorien der Föderalismusforschung (Bundesstaat, Staatenbund, Staatenverbund) lassen sich mit dem Governance-Begriff Mehrebenenstrukturen unterschiedlichster Art erfassen und Probleme innerstaatlicher Ebenenbeziehungen mit jenen der europäischen und internationalen Politik vergleichen" (Benz 2004a: 24).

In diesem Zusammenhang wird die Frage aufgeworfen, welche Multi-Level-Governance-Formen es gibt, und ob diese auch hierarchische Formen umfassen können oder diese ersetzen würden. James Rosenau spricht diesbezüglich kritisch von „spheres of authority", die er durchaus als hierarchisches Mehrebenenkonzept beschreibt (Rosenau 2004). Gary Marks und Liesbet Hooghe entwerfen zwei grundsätzliche Typen von Multi-Level-Governance. Type 1 ist vergleichbar mit dem Föderalismus: „a limited number of (non-overlapping) jurisdictional boundaries (Kompetenzbereich) at a limited number of territorial levels. ... the distribution of authority is seen as relatively stable and the focus of analysis is on individual governments or institutions rather than on specific issues or policies". Der Type 2 von Multi-Level-Governance wird demgegenüber als „more complex and fluid" beschrieben, mit dem analytischen Fokus auf „more specific issues and policy areas than on individual governments or institutions more complex and fluid" (Marks/Hooghe 2004: 17). Dabei können auch Formen von Multi-Level-Governance entstehen, die Ian Bache und Matthew Flinders als „Multi-Level-Governance in the shadow of governmental hierarchy: but a hierarchy, where authority is vertically layered" bezeichnen (Bache/Flinders 2004a: 200). Die Formen-Debatte steht erst am Anfang, und ihr theoretischer Gehalt sowie breitere empirische Tauglichkeitstests stehen erst noch aus.

Was kann nun in erster Annäherung als „kleinster gemeinsamer Nenner" einer systematisierenden Betrachtung von Multi-Level-Governance zusammengefasst werden? Bache und Flinders extrahieren aus ihrem Sammelband die folgenden vier grundsätzlichen Gemeinsamkeiten, die sie zu einer ersten rudimentären Definition zusammenfügen (Bache/Flinders 2004a: 197):

- „First, that decision making at various territorial levels is characterized by the increased *participation of non-state actors*.[3]
- Second, that the identification of discrete or nested territorial levels of decision making is becoming more difficult in the context of *complex overlapping networks*.
- Third, that in this changing context the *role of the state is being transformed* as state actors develop new strategies of coordination, steering, and networking to protect and, in some cases, enhance state autonomy.
- Fourth, that in this changing context, the *nature of democratic accountability* has been challenged and need to be rethought or at least reviewed."

In Ergänzung hierzu ist, als häufig thesenhaft genannte Eigenschaft von Multi-Level-Governance die so genannte „scale flexibility" zu nennen. Marks und Hooghe sehen hierin sogar den Hauptvorteil des Konzepts (ebd. 2004: 29). Diese Flexibilität beinhaltet, dass Akteure an der Herausbildung neuer und ggf. zusätzlicher Handlungsebenen im Mehrebenensystem mitwirken können bzw. zur besseren Interessenvertretung (bei Blockaden auf einer Ebene) ihre Aktivitäten gezielt auf eine andere Ebene verlagern. In der Realität dürfte dies aber eher den mächtigen und mit den notwendigen Ressourcen ausgestatteten Akteuren möglich sein.

1.2 Wissenschaftlicher Kontext

Die wissenschaftliche Beschäftigung mit Mehrebenensystemen und Multi-Level-Governance hat ihre Wurzeln insbesondere in den Diskussionen um die Ausgestaltung von politischen Prozessen, Strukturen und Dynamiken in der Europäischen Union. Sie findet aber auch in der Föderalismusforschung, der Policy-Forschung oder der Verwaltungsforschung, hier insbesondere in der Implementationsforschung, statt. Auch in den Theorien internationaler Beziehungen finden Mehrebenenprozesse zunehmend Beachtung, nachdem in der klassischen Politikwissenschaft bis Mitte der 1990er Jahre oftmals eine strikte Trennung zwischen innerstaatlichen und internationalen Politikansätzen, zwischen Innen- und Außenpolitik, vorgenommen wurde (Marks et al. 1996; Scharpf 2001). Diese Trennung spiegelt auch die institutionalisierte Form der wissenschaftlichen Erforschung Internationaler Beziehungen, der Europaforschung oder der innenpolitischen Forschung aus. Eine Berücksichtigung und Zusammenführung der jeweils anderen Gegenstandsbereiche und Analyseansätze findet erst in jüngster Zeit statt. Multi-Level-Governance bietet hierfür eine doppelte Brückenfunktion: Das Konzept kann zur Steigerung der Synergien zwischen den Forschungsein-richtungen und zur Bereicherung spezifischer Forschungsansätze beitragen. Denn es wird immer deutlicher, dass weder innenpolitische Erklärungsmodelle noch internationale Theorien komplexe Globalisierungsprozesse, ebenenübergreifende Strukturen, erweiterte Akteurskonstellationen und neuartige Steuerungsformen ausreichend beschreiben und analysieren können.[4]

In der politikwissenschaftlichen Debatte in Deutschland fand anfänglich vor allem der Begriff der Mehrebenensysteme Anwendung (Zürn 1996; Benz 1998, 2000). Aber sowohl die im angelsächsischen Raum übliche Begriffsverwendung Multi-Level-Governance wie die Begriffe Mehrebenenanalyse oder Mehre-nensystem umschreiben eine nicht klar konturierbare Forschungsrichtung, die sich vorwiegend mit der Europäischen Union oder der Politikverflechtung in Bundesstaaten beschäftigte. In der deutschen Begriffsverwendung wurde jedoch eine stärker an Institutionen orientierte Perspektive eingenommen, während sich die Forschung zu Multi-Level-Governance mit einer veränderten Akteurszu-sammensetzung bzw. den Kooperationen mit nichtstaatlichen Akteuren ausei-nandersetzte. Beide Entwicklungen lassen sich heute aber nicht mehr eindeutig voneinander abgrenzen. De facto wird der Begriff Multi-Level-Governance – wie auch in diesem Band – zunehmend synonym mit Mehrebenenpolitik verwendet (z.B. bei Benz 2004b; Knodt/Große-Hüttmann 2005).

Erste Annäherungen an internationale Mehrebenensysteme legen in der Regel den Schwerpunkt auf den Einbezug der verschiedenen räumlich-institutionellen Ebenen: Vom nationalen Blickwinkel aus betrachtet sind hier in erster Linie die übergeordneten Ebenen der Europäischen Union (EU) und auf der globalen Ebene die Vereinten Nationen bzw. die unterschiedlichen internationalen Or-ganisationen wie die Welthandelsorganisation (WTO) oder der Internationale Währungsfond (IWF) zu nennen. Ebenso zählen aber auch die subnationalen Ebenen zu den Mehrebenensystemen, d.h. in einem föderalen Staat wie der Bun-desrepublik Deutschland die Bundesländer und Gemeinden, die über eigenständi-ge Kompetenzen und Finanzen verfügen. Darüber hinaus spielen vergleichsweise unschärfer gefasste Regionen verschiedener Größenordnungen eine Rolle wie beispielsweise im Kontext der EU-Strukturförderung. Dabei können Regionen sub- wie supranationale Räume umfassen.

Komplexe Mehrebenengebilde von der lokalen bis zur globalen Ebene gehen mit der grundsätzlichen Frage nach der politischen Struktur eines Mehrebenensystems, dem Zusammenspiel der Ebenen, der Kompetenzverteilung oder der (veränderten) Rolle wie der Strategien der Akteure einher. Durch die zunehmenden Prozesse der Regionalisierung und Supranationalisierung wird der Staat in neue Regelsysteme eingebunden, die seine Handlungsoptionen einschränken, aber auch erweitern können. Die normativen Grundlagen demokratischer Systeme, die primär in der Verfassung bzw. Verfassungspraxis zum Ausdruck kommen, werden brüchiger. Dadurch ergeben sich für die politikwissenschaftliche Forschung unterschiedlichste analytische Schwerpunkte. Es können sowohl die Formen staatlicher Souveränitätsabgabe, ihre Erweiterung oder Formen der geteilten Souveränität betrachtet werden, horizontale wie vertikale Politikverflechtungen (Scharpf 1985) oder Kompetenzverteilungen. Für Benz entstehen Mehrebenensysteme der Politik dann, „wenn zwar die Zuständigkeiten nach Ebenen aufgeteilt, jedoch die Aufgaben interdependent sind, wenn also Entscheidungen zwischen Ebenen koordiniert werden müssen" (Benz 2004b: 126). Probleme dieser Mehrebenenverflechtungen können dabei in der Zuweisung von Verantwortlichkeiten entstehen, die mit der Gefahr der Entparlamentarisierung und mit Demokratiedefiziten verbunden sind (Brunnengräber/Beisheim 2006).[5]

In diesem Zusammenhang werden zunehmend die Bedingungen, Muster und Probleme politischer Steuerung in Mehrebenensystemen untersucht. Die Ausweitung der Europäischen Union oder Neuregelungen der föderalen Struktur in Deutschland sind Beispiele für Veränderungsprozesse, die zur Herausbildung von Mehrebenensystemen führen. Aber auch die Politik im Rahmen von WTO, Weltbank oder IWF produzieren quasi Mehrebenenstrukturen (siehe einzelne Beiträge in Brunnengräber/Walk 2007). Diese sind nicht grundsätzlich neu. Jedoch wird eine neue Perspektive auf diese Strukturen und Prozesse eröffnet. Ein Problem dabei ist, dass die verschiedenen Forschungszweige oder Theorierichtungen zwar das Konzept von Multi-Level-Governance aufgreifen, ein einheitlicher analytischer oder theoretischer Rahmen dadurch aber noch nicht entsteht, wenn nicht zugleich interdisziplinäre Ansatzpunkte entwickelt werden. Auf den Nutzen des Begriffs als Bindeglied zwischen den Fachdisziplinen weisen auch Bache und Flinders hin (Bache/Flinders 2004a). Für sie ist die schnelle Verbreitung des Konzepts der Multi-Level-Governance in anderen Disziplinen durch Kontextveränderungen, Komplexitätszunahmen, veränderte Zuständigkeiten, das Anwachsen nichtstaatlicher Akteure und die Herausbildung neuer Steuerungsmechanismen gekennzeichnet.

1.3 Grenzen des Konzeptes

Die Governance-Forschung, zu der hier Multi-Level-Governance gezählt wird, teilt mit der Steuerungstheorie eine gravierende Schwäche: Es wird implizit unterstellt, dass das primäre Ziel der politischen Akteure in der Lösung gesellschaftlicher Probleme liegt. Weder die Governance-, noch die Steuerungstheorie gehen der Frage nach, *ob* politische Akteure wirklich primär an der Lösung gesellschaftlicher Probleme, die das Gemeinwesen insgesamt betreffen, orientiert sind. Auch werden die Probleme als gegeben angesehen und ihre Konstitution nicht in den Blick genommen. Die Annahme, dass staatliches Handeln tatsächlich auf gesellschaftliche Problemlösungen beziehungsweise die Förderung des Gemeinwohls abzielt, sieht auch Renate Mayntz kritisch. Vor dem Hintergrund ihrer eigenen steuerungstheoretischen Analysen bewertet sie die Steuerungstheorie als „krypto-normativ'" (Mayntz 2001b: 5). Den Grund hierfür sieht Mayntz vor allem in der Funktion der Steuerungstheorie als Politikberatung: „Der hauptsächliche Adressat (und oft genug auch Auftraggeber) steuerungstheoretischer Arbeiten war die öffentliche Verwaltung, zu deren Selbstverständnis es gehört, dass sie mit ihrem Tun dem öffentlichen Wohl dient" (Mayntz 2001b: 5). Beide Ansätze, die Steuerungs- sowie die Governancetheorie laufen gemäß Mayntz Gefahr, aufgrund eines stark ausgeprägten Problemlösungsbias „die erfolgreiche Kanalisierung bzw. Transformation partikularer Interessen im Interesse des größeren Ganzen als Normalfall anzusehen bzw. sich in der empirischen Analyse auf solche Fälle zu konzentrieren" (Mayntz 2005: 18).

Während die Annahme der staatlichen Gemeinwohlorientierung aus dem historischen Kontext der Entstehungsgeschichte der Steuerungstheorie heraus verständlich ist – war doch in den 1960er und 1970er Jahren die stillschweigende Annahme demokratischer Legitimität politischer Instanzen weitgehend anerkannt –, so kann dies für die aktuelle Governance-Forschung nicht gelten. Gerade mit den zunehmenden Verregelungsprozessen oberhalb der territorialen Maßstabsebene des Nationalstaats verlieren diese normativen Konzepte weiter an Erklärungskraft. Auf globaler Ebene kann weder von *einer* zentralen politischen Steuerung, noch von einer ausgewogenen Interessenvertretung gesprochen werden. Mit den veränderten Kooperationsformen bzw. der Öffnung gegenüber zivilgesellschaftlichen und privatwirtschaftlichen Akteuren verändern sich auch die Interessens- und Dominanzstrukturen im nationalen wie im internationalen System. Die Partizipation nichtstaatlicher Akteure erfolgt selektiv und die Kontrolle der Politik durch die BürgerInnen ist nicht ohne weiteres gewährleistet. Beobachtet werden kann eine Inkongruenz von Entscheidungsbetroffenheit und

Entscheidungsbeteiligung. Durch die Vernachlässigung der den Entscheidungs-prozessen vorgelagerten gesellschaftlichen Willensbildungsprozesse geraten die normativen Kriterien, Bedingungen und Funktionsweisen der Demokratie aus dem Blick.

Weil Governance-Arrangements neben den formalen Strukturen zunehmend informelle Strukturen umfassen und weiche Steuerungsformen zum Ziel haben, bleiben latente Machtstrukturen, die sich aus einer Vermischung aus personellen und organisatorischen Machtkonstellationen ergeben, gerne unberücksichtigt. In der Klimapolitik ist dies etwa der Fall, wenn staatliche Akteure in enger Kooperation mit privatwirtschaftlichen Akteuren vor allem flexible Rahmen-bedingungen und neue Märkte schaffen, die nicht per se den Gemeinwohlin-teressen entsprechen. So wurde in den internationalen Klimaverhandlungen von den Regierungen die marktwirtschaftliche Steuerungslösung gegenüber ordnungspolitischen Maßnahmen vorgezogen. Darin drücken sich spezifische politisch-ökonomische Interessen aus, die sich im Kontext der internationalen Klimapolitik durchzusetzen vermochten.

In den Untersuchungen zu Multi-Level-Governance müssen also auch Prozesse der Rekonfiguration von Macht durch interessengeleitete Governance-Arrange-ments berücksichtigt werden: „Interest groups at any territorial level are free to lobby government at any number of levels" (Eising 2004: 216). Das heißt, dass sich mit der Erweiterung der relevanten politischen Ebenen auch die Beteiligungsmög-lichkeiten für nicht-staatliche Akteure, insbesondere die Einflussmöglichkeiten wirtschaftlicher Lobbygruppen erweitert haben. Allerdings bedarf es enormer Ressourcen, um auf supranationaler Ebene aktiv zu werden. So hat Rainer Eising in einer Untersuchung von Interessenvertretungen auf nationaler und EU-Ebene festgestellt: „One important explanatory factor is that Multilevel players need to possess substantial governance capacities. Large firms that are highly mobile and well resourced are most likely to represent their interests routinely at both levels of government" (Eising 2004: 236; vgl. Kassim et al. 2000).

Guy Peters und Jon Pierre (2004) weisen in ihren Analysen darauf hin, dass die unterschiedlichen Konzeptionen von Multi-Level-Governance kritische Diskussi-onen möglicher Demokratiedefizite vermissen lassen. Konzepte von Multi-Level-Governance seien deshalb ein so beliebtes Erklärungsmodell zwischenstaatlicher Beziehungen, weil sie von einem konsensualen Verständnis ausgehen würden. Demgegenüber erscheint die Realität häufig konfliktbehaftet. Die beiden Auto-ren stellen daher die Frage nach den Ergebnissen von Multi-Level-Governance hinsichtlich deren demokratischen Legitimität. Es existiert kein institutioneller Rahmen, der die Entscheidung über die Einbeziehung oder die Exklusion von nicht-staatlichen Akteuren regelt. Fritz W. Scharpf (1999) weist darauf hin, dass in den Governance-Analysen wie auch in den Governance-Arrangements die Effektivität und Effizienz der Ergebnisse in den Vordergrund gestellt wird, während legitimatorische Aspekte der Input-Seite vernachlässigt werden.

Das Argument von Scharpf wirft den Blick auf einen weiteren kritischen Aspekt, den die Governance-Ansätze nach Mayntz von der Steuerungstheorie „geerbt" haben: Durch die vordergründige Behandlung des Erfolgs, Misserfolgs oder der Effizienz einer Regelung werden wichtige herrschaftssoziologische Aspekte bzw. „das so eminent politische Motiv des Machterwerbs und Machterhalt um seiner selbst willen" ausgeblendet. „Es ist die gleiche Selektivität, die bereits der Theorie politischer Steuerung mit ihrem „Problemlösungsbias" innewohnt" (Mayntz 2004: 74). Das unterstellte Interesse an einer „konstruktiven" Lösung führt häufig zu einer analytischen Verlagerung auf Aspekte wie die „Problemlösungseffektivität" von Prozessen und Strukturen (Scharpf 2000: 90); ein Fokus, der auch bei der (bisherigen) Analyse von Multi-Level-Governance-Prozessen im Vordergrund steht (Bache/Flinders 2004a).

1.4 Analytische Implikationen

Zusammenfassend lässt sich festhalten, dass die Forschung zur Mehrebenenpolitik, zu Mehrebenensystemen und zu Multi-Level-Governance zwar einerseits stark zunimmt, andererseits nach wie vor wenig strukturiert, sehr divers und daher auch noch wenig „theoriefähig" ist. Eine Analyse von Mehrebenensystemen leidet unter den gleichen Unklarheiten wie die Governance-Analysen im Allgemeinen, da der Terminus Governance meistens heuristisch gebraucht wird (Benz 2004a; Jessop 2004; Bache/Flinders 2004b; Brunnengräber et al. 2004; Benz et al. 2007). Schon der Ansatz scheint problematisch: Wird ein normativer oder aber ein deskriptiver Ansatz vertreten? Werden die Politikergebnisse ins Zentrum gerückt oder aber demokratietheoretische Fragestellungen hervorgehoben? Werden Macht- und Herrschaftsverhältnisse berücksichtigt? Wird von einem gegebenen Problem ausgegangen oder wird die Problemkonstitution selbst zum Gegenstand der Analyse?

Ein wichtiger Ausgangspunkt für weitergehende Konzeptionalisierungen ist, die bislang in der Literatur formulierten Kritikpunkte zu berücksichtigen. Bob Jessop beispielsweise formuliert: *Erstens*, dass „work on governance often tends to remain at the pre-theoretical stage of critique: it is much clearer what the notion of governance is against that what is it for". *Zweitens*, dass „governance theories tend to be closely connected to problem-solving and crisis-management in a wide range of fields ... this can easily lead to a neglect of problems of governance failure" und *drittens*, mit Blick auf die Anwendung im EU-Kontext, dass „because many studies of governance are concerned with specific problem fields or objects of governance, they tend to ignore questions of the relative compatibility or incompatibility of different governance regimes and their implications for the overall unity of the European project and European statehood. And ... many empirical studies have overlooked (or at least failed to theorize) the existence of meta-steering" (Jessop 2004: 61f). In diesem Zusammenhang fordert er, dass sich die Analysen verstärkt auch den Auswirkungen, den Funktionsmechanismen und den Machtstrukturen von Nationalstaaten widmen sollten. In den Untersuchungen wird nach seiner Ansicht zu wenig auf die nach wie vor vorhandenen Mittel und Vorteile staatlicher Akteure zur Stärkung ihrer Rolle und Interessen durch Formen von Multi-Level-Governance geachtet. Er verortet Multi-Level-Governance im Schatten der Regierungspolitik (ebd.: 54). Der Staat verfügt über exklusive Informationsströme, die Möglichkeit zur Mobilisierung von nicht-staatlichen Akteuren, die Schaffung institutioneller Strukturen zur Stärkung *seiner* Multi-Level-Governance und letztlich über die Möglichkeit, eine sub- oder suprastaatliche Regelung wieder auf die nationalstaatliche Ebene „zurückzuholen".

In diesem Zusammenhang ist die Frage aufzuwerfen, inwieweit im Rahmen der Analysen und Theorieentwicklung von Multi-Level-Governance einerseits eine Anschlussfähigkeit zu bestehenden Debatten um Governance-Formen und andererseits eine eigenständige Erweiterung erforderlich ist, welche die oben benannten Defizite berücksichtigt und diesbezüglich eigenständige Kategorien entwickelt. Mit Blick auf die Debatte um Governance-Formen ist zunächst zu entscheiden, ob ein „normatives" (und enger gefasstes) Verständnis des Governance-Begriffs gewählt wird, unter das nur nicht-hierarchische, kooperative Formen gefasst werden, oder ob ein weiter gefasstes, analytisches Begriffsverständnis vorliegt, welches auch hierarchische Formen („Staat") umfasst.[6] Das Spektrum von Governance-Formen erstreckt sich – einem solch breiten, analytischen Verständnis folgend – von den „Polen" Staat (bzw. Hierarchie) bis Markt (bzw. Wettbewerb) und einer Reihe von Koordinations- bzw. Kooperationsformen „dazwischen" wie z.B. Netzwerke oder Regime.

Mit Blick auf die Beschreibung spezifischer Multi-Level-Governance-Formen gibt es erste grobe Ansätze. Beispielsweise unterscheidet Benz „lose" von „eng gekoppelten" Mehrebenensystemen. Empirisch führt er für eine „lose" Kopplung das Beispiel der Regional- und Strukturpolitik der EU an und für eine enge Kopplung die Gesetzgebungsprozesse im deutschen Bundesstaat (Benz 2004b).

Auf die von Marks und Hooghe entworfenen Typen von Multi-Level-Governance wurde oben bereits hingewiesen (Marks/Hooghe 2004). Blickt man zudem auf den „formalen Rahmen", in dem sich die Akteure im politischen Mehrebenensystem bewegen, d.h. die „Funktionslogiken der Politik" (Benz 2004b: 134), so können ebenfalls spezifische Formen identifiziert werden: Benz unterscheidet hier in einseitige Machtausübung (relevant bzgl. Vetoverhalten), Verhandlung, Wettbewerb und wechselseitige Anpassung. Ähnlich definiert auch Scharpf (2001) in seinem Vorschlag zur Theoriebildung („Notes toward a theory of Multi-Level Governing in Europe") ein Set von vier Typen von Mehrebeneninteraktionen, welche auch außerhalb des europäischen Kontexts anwendbar sein sollen: wechselseitige Anpassung, intergouvernementale Verhandlungen, Politikverflechtung und hierarchische Steuerung. Hier stellt sich mit Blick auf Multi-Level-Governance und die oben dargestellten Kritikpunkte die Frage, welche Relevanz diese Kategorien zur Erklärung politischer Prozesse und dem Zustandekommen von politischen Entscheidungen und Ergebnissen haben, oder ob hier nicht andere bzw. zusätzliche Kategorien, die nicht nur auf den „formalen" Aspekt der Interaktion zielen, zu berücksichtigen sind? Nachfolgend sollen einige Kategorien aufgelistet werden, die bei der Analyse der Strukturen und Prozesse in Mehrebenensystemen u.E. von Bedeutung sind:

Erstens sind die – mehrebenenübergreifenden – Probleme bzw. der Regelungshintergrund zu benennen, die für die Mehrebenenpolitik bzw. das Mehrebenensystem relevant sind. Dabei ist auch auf die thematische bzw. politische Einbettung des Problems in neben- oder übergeordnete Zusammenhänge zu achten, die einen Einfluss auf die politische Entwicklung haben können. Je eingegrenzter das Mehrebenensystem zum Zweck der wissenschaftlichen Überschaubarkeit gefasst wird, umso problematischer wird es, die darin praktizierten „new forms of governance" in ihrer gesamten Bedeutung einschätzen zu können. In diesem Zusammenhang ist auch die wesentliche Architektur des betrachteten Mehrebenensystems festzulegen – sowohl vertikal, d.h. politisch-räumlich, als auch im funktionalen Sinne, in dem die thematisch bzw. problembezogen verknüpften Politikbereiche identifiziert und in die Analyse einbezogen werden.

Zweitens sind die relevanten Akteure und Institutionen zu benennen: solche, die am politischen Prozess teilhaben, aber auch Betroffene, formal und informell Beteiligte, staatliche und nicht-staatliche Akteure und Institutionen mit ihren jeweiligen Rollen und Interessen sowie diejenigen, die von den Entscheidungen ausgeschlossen bleiben. Eine besondere Beachtung erfahren die inter- und transnationalen Mehrebenenakteure, die in politisch flexibler Weise ihre Interessen auf mehreren Ebenen durchzusetzen versuchen.

Drittens ist mit Blick auf die Mehrebenenpolitik die Frage nach der Durchsetzung bestimmter Regelungs- bzw. Interaktionsformen zu stellen: Welche Instrumente (soft law oder kodifizierbares Recht) setzten sich durch? Auch hierin drücken sich ambivalente Interessen aus, denn die Regelungs- und Interaktionsformen im Mehrebensystem sind abhängig von rationalen Kosten-Nutzen-Kalkülen, Machtpotentialen, strategischen Überlegungen oder den Wertorientierungen der unterschiedlichen Akteure.

Viertens ist die veränderte Rolle des Staates bzw. die Transformation von Staatlichkeit zu berücksichtigen: In den internationalen Mehrebenensystemen nimmt der Staat nach wie vor eine bedeutende Rolle ein, jedoch vor dem Hintergrund vieler Faktoren, die seine Entscheidungen beeinflussen, wie etwa die Ansprüche transnationaler Konzerne, die Berichterstattung einflussreicher Medien oder die Interessen von NGOs. Diesen Aspekt stellen Bache und Flinders als zentralen Mehrwert von Multi-Level-Governance heraus: „acting as a counterpoint to the state-centric approaches that have dominated analysis of international relations; in this case, Multi-Level-Governance raises questions about the role of non-state actors and highlights variation in different patterns of participation and influence in different cases that state-centric approaches may well overlook" (Bache/ Flinders 2004a: 203).

Schließlich muss *fünftens* eine „anspruchsvolle" Demokratie als normatives Modell herangezogen werden, wenn Multi-Level-Governance zu einem Analyseinstrument weiterentwickelt werden soll: Mit Blick auf die Prozesse der Globalisierung, die intransparenten Prozesse in politischen Mehrebenen(verhandlungs) systemen, die Informalisierung der Politik und die enge Verzahnung von politischen mit ökonomischen Interessen erscheint gerade die Frage der Demokratisierung globaler Politik heute alles andere als beantwortet.

Um diese *fünf* für die Multi-Level-Governance-Forschung wichtigen Dimensionen ausführlicher diskutieren zu können, erscheint es sinnvoll, zunächst auf andere Analysekonzepte und -ansätze zu rekurrieren. Mit Blick auf die oben angesprochenen Defizite der bisherigen Forschungstradition erscheinen uns hierfür drei Forschungs- bzw. Theorieansätze besonders geeignet: Der Regulationsansatz, die in der anglo-amerikanischen „radical geography" geführte scale-Debatte über räumlich-maßstäbliche Veränderungen von Politik und Ökonomie im Zuge der Globalisierung sowie die hegemonietheoretischen Arbeiten nach Antonio Gramsci. Die Erweiterung der Forschungsperspektive um diese drei Forschungsansätze soll dazu beitragen, Macht- und Herrschaftsaspekte sowie die soziale Problemproduktion – und somit die zentralen Blindstellen der Multi-Level-Governance-Forschung – zu überwinden.

2 Regulations- und raumtheoretische Perspektiven

Die Auseinandersetzung mit Multi-Level-Governance hat zu einer ersten Diskussion unterschiedlicher Mechanismen der Politikgestaltung, der Formen der vertikalen und horizontalen Verflechtung sowie der Strukturen und zentralen Analyseansätze (Akteur zentrierte vs. Institutionen bezogene Ansätze) geführt. Gleichzeitig wurde auf zentrale „Blindstellen" der dominierenden governance- bzw. steuerungstheoretischen Perspektive der MLG-Konzepte hingewiesen: Insbesondere wurde das Zustandekommen der Problemdeutung, das Demokratiedefizit und die häufig bei Governance-Analysen vernachlässigten Macht- und Herrschaftsverhältnisse als zu vertiefende Aspekte einer MLG-Analyse identifiziert (Bache/Flinders 2004c). Die meisten MLG-Analysen berücksichtigen den historischen und gesellschaftlichen Kontext von Mehrebenenverflechtungen nur unzureichend, gehen aber gleichzeitig von einem bereits existierenden allgemeinen Problemverständnis unter den beteiligten Akteuren aus (Simonis 2007; Wissen 2007). Ein Hinterfragen des übergeordneten Problemverständnisses findet ebenso wenig statt wie eine Analyse der kontextspezifischen Rahmenbedingungen von sozialem und politischem Wandel. Gleichzeit wird mit dem Blick auf die Problemlösungsfähigkeit von Governance-Strukturen vorausgesetzt, dass das Ziel *der Problemlösung* allen beteiligten Akteuren gemein ist.

Fragen nach dem Bedeutungswandel bestimmter Handlungsebenen (z.B. der europäischen, nationalstaatlichen oder globalen Ebene) und damit einhergehende Verschiebungen in den Herrschaftsverhältnissen werden kaum gestellt. Dementsprechend richtet sich der analytische Fokus auf bereits zu beobachtende Formen der Koordination kollektiven Handelns und nicht auf deren Entstehungsprozesse, auf vertikale Koordinations- und Kooperationsmodi zwischen den unterschiedlichen Akteuren und nicht auf die Kräfteverhältnisse und Machtbeziehungen, die diese Kooperation prägen. Fragen danach, warum bestimmte Akteure auf verschiedenen Ebenen an Entscheidungsprozessen beteiligt sind, werden in der Regel nicht gestellt. Markus Wissen weist darauf hin, dass dort „wo der Fokus auf die *Wirkung* [Herv. i. O.] von Mehrebenensystemen gelegt wird, (...) die Gefahr [besteht], dass die Prozesse der *sozialen Produktion* unterbelichtet bleiben" (Wissen 2007: 233). An diesen Beobachtungen knüpfen die im vorausgegangenen Kapitel identifizierten Aspekte und Implikationen der Analyse an: MLG-Analysen müssen neben dem Problem- bzw. Regelungshintergrund – Problemkonstitution einerseits und übergeordnete gesellschaftliche Transformationsprozesse andererseits – auch machtförmige Akteursbeziehungen, den Gestaltwandel von Staatlichkeit in Verbindung mit politischen und wirtschaftlichen Interessen, die eigentlichen Steuerungsziele sowie Demokratiefragen berücksichtigen.

Im folgenden Kapitel wird deshalb eine Perspektiverweiterung vorgenommen: Aus regulationstheoretischer Perspektive wird verdeutlicht, dass die räumlich-institutionelle Rekonfiguration politischer und sozialer Prozesse als Teil der Krise des Fordismus bzw. als Bestandteil des Übergangs hin zu einer post-fordistischen Entwicklungsweise gesehen werden muss. In diesem polit-ökonomischen Transformationsprozess ist ein Wandel von Staatlichkeit eingebettet, den Bob Jessop als Übergang vom keynesianischen Wohlfahrtsnationalstaat zum „Schumpeterian Workfare Postnational Regime" (Jessop 2002) bezeichnet. Funktionselemente dieses neuen Typus von Staatlichkeit sind unter anderem, eine Relativierung der räumlichen Dimension von Politik zulasten der nationalstaatlichen Maßstabsebene. Mit anderen Worten: die Entstehung neuer räumlicher Dimensionen von Politik ist ein zentrales Element dieses Transformationsprozesses, hierzu zählt zum Beispiel der Bedeutungsgewinn globaler Regelwerke in umwelt- wie handelspolitischen Politikfeldern. Soziale und polit-ökonomische Transformationsprozesse sind basale Prozesse einer so genannten Inter- und Transnationalisierung von Staatlichkeit (vgl. Hirsch 2001a; Brand et al. 2007) sowie einer Informalisierung politischer Entscheidungsprozesse durch eine Akteurspluralisierung. Eine analytische Perspektive, die diese Transformationsprozesse zum Ausgangspunkt einer MLG-Analyse macht, rückt die sozialen Verhältnisse in den Mittelpunkt der Betrachtung. Schließlich ist es das Ziel, die analytischen Implikationen einer regulationstheoretischen Perspektive für sozial-ökologische Konfliktlagen wie dem Klimawandel zu skizzieren (zum Verhältnis von Governance und Regulation: Simonis 2007).

Anknüpfend an die regulationstheoretische Perspektive wird nachfolgend aus dem Blickwinkel kritischer Raumtheorien insbesondere auf die *soziale Produktion* räumlicher Maßstabsebenen hingewiesen (vgl. Lefebvre 1994; Brenner 2001; Harvey 2001; Brenner et al. 2003; Smith 2003). Die in der Tradition marxistischer Raumtheorien begründete Scale-Debatte beschäftigt sich ebenso wie die politikwissenschaftliche MLG-Debatte mit räumlich-institutionellen und akteursbezogenen Veränderungen. Im Gegensatz zum MLG-Ansatz steht jedoch nicht die 'Ebene' der politischen Entscheidungsprozesse im Mittelpunkt der Analyse, sondern die politischen und sozialen Prozesse, die erst zu einem Bedeutungswandel politischer Handlungsebenen beitragen.

Die demokratietheoretischen Implikationen dieser Prozesse werden anhand der Auswirkungen der räumlichen Neuausrichtung von Politik „auf die relative Machtposition sozialer Akteure" (Wissen 2007: 246) und in ihren Auswirkungen auf die sozialen Kräfteverhältnisse diskutiert (vgl. Swyngedouw et al 2002).[1]

2.1 Begriffsklärung

2.1.1 Regulationstheorie

Zunächst ist darauf hinzuweisen, dass sich der Regulationsansatz zu anderen politikwissenschaftlichen oder ökonomischen Theorien deutlich abgrenzt. Beim Regulationsansatz, welcher der kritischen politischen Ökonomie zuzuordnen ist, handelt es sich um eine Theorie der kapitalistischen Regulation, die soziale und auch historische oder länderspezifische Dimensionen berücksichtigt und sich insofern vom Begriff der allgemeinen ökonomischen Selbstregulation (allgemeine Gleichgewichtstheorie) distanziert. Der Regulationsansatz richtet sich außerdem gegen neoklassische Stabilitätsannahmen wie gegen die angenommene Ordnungsfunktion des Weltmarkts. Die kapitalistische Weltwirtschaft wird im Gegensatz zu einer starren, deterministischen Betrachtungsweise als flexibles, veränderbares und widersprüchliches System gesehen. Damit betont die Regulationstheorie die Konflikthaftigkeit (Konflikte zwischen Arbeit und Kapital) sowie die Krisenhaftigkeit des Kapitalismus (Konjunkturkrisen etc.).

Der Regulationsansatz entwickelte sich seit den 1970er und 1980er Jahren vornehmlich in Frankreich, Italien und Deutschland.[2] Er kann als eine Reaktion auf die sich seit den 1970er Jahren abzeichnende, später als „post-fordistische Krise" bezeichnete, Krise des kapitalistischen Gesellschaftssystems der Nachkriegszeit (Fordismus) verstanden werden. Ziel des Regulationsansatzes ist es, nach den Gründen, Ursachen und Einflüssen für den Wandel kapitalistischer Gesellschaften zu fragen und dabei die historischen „Ensembles" ökonomischer und außerökonomischer Mechanismen zu erforschen, die für eine gewisse Zeit eine relativ stabile kapitalistische Entwicklung bzw. Reproduktion kapitalistischer Gesellschaften ermöglichen. Mit dieser Zielsetzung grenzt sich die Regulationsschule *a priori* von steuerungs- und regimetheoretischen[3] aber auch problemlösungsorientierten Governance-Konzepten und Erklärungsansätzen politischer und gesellschaftlicher Transformation ab. Denn gegenüber Letzteren, ist die Regulationstheorie eine explizit erklärungsorientierte Theorie.

Die zentrale Fragestellung, mit der sich die anfänglichen Arbeiten der Regulationsschule beschäftigen, ist diejenige nach der „relativen Stabilität" des kapitalistischen Systems in der Nachkriegszeit, weist die Produktionsweise des Kapitalismus (kapitalistische Akkumulation) doch einen strukturell widersprüchlichen und konflikthaften Charakter auf. Mit anderen Worten: „Wie wird eine Gesellschaft zusammengehalten, die aufgrund ihres ökonomischen Reproduktionsmechanismus strukturell von bestandsbedrohenden Krisen und sozialen Desintegrationsprozessen bedroht ist?" (Hirsch 1990). Darüber hinaus gilt es zu erklären, warum scheinbar stabile Phasen kapitalistischer Akkumulation letztlich in Krisen münden und wie hieraus wiederum stabile kapitalistische Ensembles hervorgehen können.

Zur Erklärung dieser Phänomene geht die Regulationstheorie davon aus, dass zwischen Markt und Staat, also zwischen ökonomischen und außerökonomischen Verregelungssystemen kein dichotomes, sondern ein kongruentes Verhältnis existiert. Damit wird die gesellschaftliche Einbettung ökonomischer Prozesse betont und verdeutlicht, dass die Funktionsweise des kapitalistischen Gesellschaftssystems nicht rein ökonomisch zu erklären ist, sondern nur in ihrer gesellschaftlichen *Regulation*. Damit ist eine erste zentrale Kategorie der Regulationstheorie benannt. Regulation ist – im Unterschied zur Steuerung – als offener Prozess sozialer Auseinandersetzungen zu verstehen, als „Koordinationsleistung marktwirtschaftlich verfasster Gesellschaften, die kontinuierlich zu erbringen ist, damit von der Ökonomie ein – tendenziell – stabiler Wachstumspfad eingehalten werden kann" (Simonis 2007: 213).

Regulation vollzieht sich über bestimmte institutionelle Formen, die zusammen eine spezifische *Regulationsweise* („modes of regulation") bilden. Damit ist eine zweite Kategorie benannt. Der Begriff der Regulationsweise bezeichnet „die Gesamtheit institutioneller Formen, Netze, expliziter oder impliziter Normen, die die Vereinbarkeit von Verhältnissen im Rahmen eines Akkumulationsregimes sichern, und zwar sowohl entsprechend dem Zustand der gesellschaftlichen Verhältnisse als auch über deren konfliktuelle Eigenschaften hinaus" (Lipietz 1985: 121). Die Regulationsweise stellt den gesellschaftlichen Rahmen dar, innerhalb dessen die Kapitalakkumulation in einer bestimmten Periode Unterstützung findet. Es wird dabei davon ausgegangen, dass „'Staat' und 'Markt' als gesellschaftliche Regulierungsmechanismen Verhaltensorientierungen voraussetzen, die den herrschenden gesellschaftlichen Strukturen entsprechen" (Brand/Görg 2003: 21). Institutionelle Formen bzw. soziale Verhältnisse, die in regulationstheoretischen Arbeiten als wesentlich für die Regulationsweise erachtet werden, sind beispielsweise das Lohnverhältnis, das Geldverhältnis, das Konkurrenzverhältnis, das Weltmarktregime oder die Staatsintervention. Letztere etwa besagt, das staatlicherseits in Arbeits- und Kapitalmärkte sowie in die industriellen Beziehungen und die Arbeitskräftereproduktion regulierend eingegriffen wird. Die Frage, die sich daraus ergibt ist, in welcher Form und welchem Maße diese Intervention erfolgt.

Neben den unterschiedlichen, in Form von Werten und Normen zum Ausdruck kommenden, institutionellen Regulierungsmechanismen von Markt und Staat, interessiert die Regulationstheorie aus polit-ökonomischer Perspektive das als *Akkumulationsregime* bezeichnete makroökonomische Entwicklungsmodell einer historischen Periode. Der Begriff des Akkumulationsregimes drückt im Kern das gesellschaftliche Reproduktions- und Konsummuster der jeweiligen Wachstumsperiode in der Entwicklung kapitalistischer Gesellschaftssysteme aus. Dieses Reproduktionsmuster zeigt sich zum Beispiel in der Art der Entlohnung, der Mehrwerterzeugung und Verteilung, der Staatsquote und deren Flexibilität, das heißt in den Normen der Produktion und Konsumtion sowie in der Organisation der Ökonomie und Gesellschaft. Dabei soll über eine bestimmte Produktionsweise von Gütern die Versorgung der Menschen gesichert werden, was wiederum für Stabilität sorgt. Voraussetzung für ein relativ stabiles System ist allerdings die Verhaltenskompatibilität der verschiedenen Akteure aus Markt, Staat und Gesellschaft mit den kapitalistischen Reproduktionserfordernissen. Alain Lipietz beschreibt das Akkumulationsregime als einen „Modus systematischer Verteilung und Reallokation des gesellschaftlichen Produktes, der über eine längere Periode hinweg ein bestimmtes Entsprechungsverhältnis zwischen den Veränderungen der Produktionsbedingungen (dem Volumen des eingesetzten Kapitals, der Distribution zwischen den Branchen und den Produktionsnormen) und den Veränderungen in den Bedingungen des Endverbrauchers (Konsumnormen der Lohnabhängigen und anderer sozialer Klassen, Kollektivausgaben usw.) herstellt" (Lipietz 1985: 120).

Historisch beispielhaft ist hierfür der so genannte „atlantische Fordismus in Nordamerika und Europa" (Jessop 2001). Die Produktion standardisierter Produkte wie z.B. bestimmter Automobilserien ging mit Vollbeschäftigung und einem relativ hohen Lohnniveau einher. Arbeiter im Norden mit entsprechender Lohntüte konnten sich leicht einen 'Ford' leisten; ihr Konsum kurbelte die Produktion weiter an, es entstand eine positive Rückkopplung. Dies aber beschränkte sich im Wesentlichen auf die westlichen Industrieländer, während die Entwicklungsländer als Ressourcenlieferanten und durch die Entwicklungspolitik in den kapitalistischen Verwertungsprozess eingebunden waren. Der „atlantische Fordismus" muss folglich als Bestandteil eines umfassenderen kapitalistischen Weltsystems verstanden werden.

Seine Funktion als gesellschaftlicher Kohäsionsfaktor kommt dem Akkumulationsregime durch die Verbindung mit spezifischen Regulationsweisen zu. Diese erst ermöglichen es, die Konflikte in Verbindung mit der Kapitalverwertung gering zu halten. Das Akkumulationsregime als spezifischer Modus der Kapitalakkumulation und Produktion sowie der Regulationsweise erzeugt eine charakteristische hegemoniale Ordnung, die auf einem breiten gesellschaftlichen Konsens beruht. So wäre die Stabilisierung des Fordismus ohne das staatliche Modell des Wohlfahrtsstaates in Verbindung mit einflussreichen Gewerkschaften sowie einem legitimatorischen Nord-Süd-Transfer in dieser Weise undenkbar gewesen. Die Kompatibilität von Akkumulationsregime und Regulationsweise, wie sie im Fordismus zum Ausdruck kommt, ist jedoch nicht plan- oder bestimmbar, sondern muss nach Lipietz als „historische Fundsache" begriffen werden bzw. als spezifisches Ergebnis sozialer Aushandlungen und politischer Kämpfe (Lipietz 1985; zu den Typen von Akkumulationsregimes: Boyer 2005).

Erst mit der Krise des Fordismus, als die im Akkumulationsregime liegenden Produktivitätsreserven nicht mehr ausreichten, um unter den Bedingungen der keynesianisch-wohlfahrtsstaatlichen Regulationsweise die Stabilität des Kapitalprofits zu gewährleisten, wurde nach neuen Erklärungsmodellen gesucht. Versagt die spezifische Kohärenz stiftende Regulationsweise in ihrem Zusammenwirken mit einem Akkumulationsregime entsteht ein Reproduktionsungleichgewicht, was dann in der Regel in einer Krise mündet und eine Veränderung in der Regulationsweise nach sich zieht. Strukturelle Merkmale einer Regulationsweise sind die Ausrichtung der Wirtschaftspolitik an Innovationen, Wettbewerbsfähigkeit, internationaler Arbeitsteilung und Angebotsorientierung sowie ein erhöhter Druck auf soziale Rechte, wobei die Sozialpolitik einer konzeptionellen Erweiterung der Wirtschaftspolitik untergeordnet wird. Räumlich manifestiert sich dieser Wandel in einer Relativierung der territorialen Verfasstheit nationalstaatlicher Politik, die in einem Bedeutungszuwachs der globalen und supranationalen Handlungsebenen mündet (Jessop 2002; Simonis 2007).

2.1.2 Politics of scale

Um die Kategorien des Regulationsansatzes für eine Mehrebenenbetrachtung der Klimapolitik nutzbar zu machen, bedarf es zunächst der Auseinandersetzung mit einem zentralen Kritikpunkt an regulationstheoretischen Analysen: Aus klassisch regulationstheoretischer Sicht wird davon ausgegangen, dass der Nationalstaat als „archetypische Form kapitalistischer Regulation" (Lipietz 1986, zit. nach Schmid 2003: 229) die zentrale politische, ökonomische und ideologische Einheit sozialer

Formationsprozesse bildet. Für die Betrachtung der räumlich-institutionellen und räumlich-maßstäblichen Rekonfiguration sozialer Verhältnisse und Prozesse, wie sie sich in Mehrebenensystemen bzw. -politiken artikuliert und die als Transformation von Staatlichkeit verstanden werden muss, bedarf es also einer analytischen Erweiterung des Regulationsansatzes.

Mit der *question of scale*, die den Debatten der vornehmlich angelsächsischen kritischen Geographie entstammt (Smith 2003; Swyngedouw 1997) wurde der Regulationsansatz um die räumlich-maßstäbliche Dimension erweitert. *Scales* beschreiben die räumlichen oder geographischen Maßstabsebenen, auf denen sich Akteure organisieren, Institutionen gebildet werden, soziale Prozesse ablaufen und Konflikte ausgetragen werden (Bauriedl/Wissen 2002). „Scale becomes the arena and moment, both discursively and materially, where sociospatial power relations are contested and compromises are negotiated and regulated" (Swyngedouw 1997: 140). Dennoch sind nach Swyngedouws *scales* nicht als räumliche Maßstabsebenen im herkömmlichen Sinne zu verstehen, sondern als räumlich und zeitlich *dynamische*, immer wieder umkämpfte, umdefinierte und umstrukturierte Handlungskontexte, und zwar „[...] in terms of their extent, content, relative importance, and interrelations" (ebd.: 141). Damit wird die Schaffung neuer räumlich-institutioneller Konfigurationen zum Resultat sozialer Auseinandersetzungen und Kämpfe. Räumliche Maßstabsebenen wie die globale oder europäische ebenso wie die regionale Ebene erhalten ihre soziopolitische Bedeutung durch soziale Aushandlungsprozesse und Kämpfe, sie werden *sozial produziert*. Auch das „Globale" ist nur eine, wenn auch immer wichtiger werdende Perspektive, aus der interdependente Problemlagen gedeutet und bearbeitet werden.

Die Entstehung und Wirkung neuer räumlicher Maßstabsebenen wird somit zum wesentlichen Teil eines sich neu herausbildenden, als post-fordistisch bezeichneten kapitalistischen Entwicklungsmodells sowie ein Moment der Transformation von Staatlichkeit. Damit bricht die Scale-Debatte mit der „pervasive naturalization of the nation scale of social relations" (Brenner 1998: 28; vgl. Winter 2003), die lange Zeit eine Grundannahme des Regulationsansatzes darstellte. „Es ist die Produktion räumlicher Maßstabsebenen, an der sich wesentlich entscheidet, inwieweit gesellschaftliche Widersprüche erfolgreich bearbeitet werden können (...)" (Wissen 2007: 238).

Mit dem Konzept der „Politics of Scale" wird danach gefragt, unter welchen sozialen Bedingungen bestimmte politische Problemstellungen zum Gegenstand von Aushandlungsprozessen auf bestimmten Handlungsebenen werden (z.B. das „globale" Umweltproblem Klimawandel, oder die internationalen Verregelungen zur biologischen Vielfalt (Brand/Görg 2003). Die räumliche Ausdifferenzierung politischer Prozesse impliziert somit automatisch eine Konsolidierung bzw. eine Verschiebung sozialer Kräfteverhältnisse. Aus demokratischer Perspektive stellt sich dann die Frage, inwieweit sich machtvolle Akteurskonstellationen verändern und inwiefern es lokalen Akteursgruppen noch gelingen kann, auf diese Prozesse und Entscheidungen Einfluss zu nehmen oder Machtverhältnisse herausfordern zu können.

Am Beispiel der europäischen Wasserpolitik untersuchen Swyngedouw et al. die Verschiebung sozialer Kräfteverhältnisse und deren Institutionalisierung auf europäischer Ebene. Sie kommen dabei zu dem Schluss, dass die Entstehung neuer Regulierungsformen auf der europäischen Ebene verbunden ist mit einem Aufstieg neuer (nicht-)staatlicher Akteure und der Reduzierung von Einflussmöglichkeiten anderer. So zeigt sich, dass sich der Einfluss von großen Umweltverbänden durch die „Europäisierung" der Wasserpolitik erhöht hat. Konsolidiert hat sich der Einfluss von Akteuren (Lobbyvereinigungen etc.), die schon lange als Motoren von Marktorientierung, Liberalisierung und Privatisierung agierten, wohingegen sich der Widerstand gegen Privatisierungsprozesse verringert hat. Gesellschaftlich marginalisierte Bevölkerungsgruppen hingegen erlangten keinen politischen Einfluss (Swyngedouw et al. 2002).

Diese Beobachtungen stehen im Einklang mit der These, dass die dominante Bearbeitung spezifischer Problembereiche auf einer bestimmten geographischen Maßstabsebene immer auch Auswirkungen auf die Fragen nach Legitimation, Repräsentation und Demokratie auf anderen Ebenen hat. Dieser auch als Neudimensionierung der Politik – die nach Neil Brenner (Brenner 1997: 24) immer auch mit einer Politisierung des Raums einhergeht – bezeichnete Prozess des *rescaling* erlangt auch im Bereich der Klimapolitik Bedeutung. So verdeutlicht der gesamte Kyoto-Prozess und vor allem die Einführung des Emissionshandelssystems in der EU die Relativierung des territorialen Rahmens nationalstaatlicher Politik und Regulierung Hierbei ist vor allem die Herausbildung neuartiger, wie auch die Konsolidierung bestehender Akteurskonstellationen und Einflusskanäle im supranationalen Raum zu betonen. So hatten auf europäischer Ebene gut organisierte Unternehmensverbände, z.B. die UNICE (Union of Industrial and Employer' Confederations of Europe), bereits vor der offiziellen Einführung des Emissionshandels in die EU aktiv für ein Handelssystem mit maximaler Flexibilität geworben. International agierende Umwelt-NGOs, wie der WWF (World Wide Fund for Nature) oder das CAN (Climate Action Network), die formal im Rahmen von Stakeholder-Dialogen bei der Ausgestaltung des europäischen Emissionshandels mitwirkten, hatten ihre ablehnende Haltung gegenüber des

Marktmechanismus bereits abgelegt. Kritische Einwände, die seitens nationaler und lokaler Akteure formuliert wurden, fanden entsprechend geringen Eingang in die Verhandlungen (Dietz/Vogelpohl 2005; Braun/Santarius 2007).

2.2 Die Regulation sozial-ökologischer Konfliktlagen

Obwohl der zentrale Analysefokus lange Zeit auf der Untersuchung national-staatlicher Ökonomien und der Regulation sozialer Verhältnisse lag, erweitern jüngere regulations- und raumtheoretische Arbeiten im deutschsprachigen Raum den Analysefokus auf spezifische Konflikte im Umwelt- und Ökologiebereich (Brand/Görg 2003; Missbach 1999; Wissen 2004; Flitner 1998; Dietz/Vogelpohl 2005). Entgegen der allgemeinen Annahmen, dass ökologische und soziale Fragen zwei unterschiedliche Bereiche darstellen, wird aus regulationstheoretischer Perspektive davon ausgegangen, dass „Umweltprobleme zu ihrer 'Lösung' eine andere Form der Bearbeitung sozialer 'Probleme' voraussetzen, genauso wie die *Regulation sozialer Verhältnisse* eine *Regulation der Naturverhältnisse* beinhaltet" (Görg 1998: 39, Herv. i. O.).

Regulation bedeutet hier, nicht wie im ursprünglichen Sinne, eine gesteuerte (regulierte) Intervention durch den Staat oder internationale Organisationen sondern die Reproduktion bestimmter gesellschaftlicher Naturverhältnisse *trotz* ihres krisenhaften Charakters. Unter der Regulation von Naturverhältnissen kann somit eine „gesellschaftlich spezifische Form der Stabilisierung symbolischer wie materieller Naturbeziehungen" (Görg 1998: 39) verstanden werden, wobei dies nichts über die Frage der Problemlösung aussagt. Die Art und Weise der Regulation ist das Ergebnis spezifischer politischer und sozialer Aushandlungen, die wiederum bestehende gesellschaftliche Kräfteverhältnisse im Rahmen eines dominanten Entwicklungsmodells widerspiegeln. Zum Beispiel lässt sich aus regulationstheoretischer Perspektive die aktuelle internationale Klimapolitik weniger als eine Politik zum Schutz des Klimas beschreiben, sondern vielmehr als eine Krisen entschärfende Regulation des gegenwärtigen fossilistischen Wachstumsmodells, und das unter möglichst geringen ökonomischen Kosten (Brunnengräber 2002a, 2006). Als institutionelle Eckpfeiler lassen sich hier die internationalen Vereinbarungen (Klimarahmenkonvention und Kyoto-Protokoll) sowie die als „flexible Mechanismen" bezeichneten marktbasierten Steuerungsinstrumente anführen.

Ein Beispiel für die Anwendung des Regulationsansatzes in der kritischen Bio-diversitätsforschung geben Ulrich Brand und Christoph Görg. In ihrer Analyse der internationalen Verhandlungen zur Regulierung genetischer Ressourcen in der Landwirtschaft wird dargestellt, auf welche Weise die Verhandlungen um das ITPGR (International Treaty on Plant Genetic Resources for Food and Agriculture) zur Eingrenzung der Kommerzialisierung der Biodiversität beitragen sollen. Dabei machen sie deutlich, dass letztlich weder der Prozess der Privatisierung aufgehalten noch die Interessen der KleinbäuerInnen gestärkt werden. Es handelt sich um kompromisshafte Regelungen, die zwar die Handlungschancen verschiedener Akteure und besonders die Rechte schwächerer Interessengruppen tangieren, die aber keinen Ausdruck eines Allgemeininteresses darstellen. Selbst wohlmeinende BeobachterInnen konstatierten, dass sich der Verhandlungsprozess weg von einer gemeinsamen Problemorientierung hin zu einem Verteilungskonflikt um wertvolle Ressourcen entwickelt hat (Brand/Görg 2003: 123).

Letztlich wurden die Kompromisse nach der Maßgabe von Machtverhältnissen und situativen Kräftekonstellationen geschlossen. Die internationalen Verhandlungen zum ITPGR wurden somit zum Ausdruck einer Krisen entschärfenden Regulierung und führten nicht zu einer grundlegenden Neuorientierung der Biodiversitätspolitik, die eigentlich den Erhalt der Agrobiodiversität zur Sicherung der Welternährung zum Ziel haben sollte. Dies gilt insbesondere bezüglich der Patentrechte und der IPR (Intellectual Property Rights). Brand und Görg bemängeln vor allem, dass obwohl die Problemsicht und die Lösung des Problems als Allgemeininteresse definiert werden, die Problemlösung vornehmlich staatlichen und privaten Interessen nutzt. Die Tendenz der Inwertsetzung der Natur hat Vorrang vor dem Schutzgedanken. Die Autoren heben in ihrer regulationstheoretischen Analyse explizit die im komplexen internationalen Regulierungskontext nach wie vor zentrale Rolle der Staatsmacht hervor; nicht zuletzt wird bei der Regulierung der Biodiversität vom Staat die Konzeption eines Allgemeininteresses (hier der Schutz der biologischen Vielfalt) geleistet, was Voraussetzung dafür ist, dass die Inwertsetzung der biologischen Vielfalt legitimiert werden kann.

Ein weiteres Beispiel für eine ökologisch und international ausgerichtete regulationstheoretische Analyse ist die Untersuchung der internationalen Klimapolitik von Andreas Missbach. Er kommt zu dem Schluss, dass die internationale Regulation des Klimas zu keiner grundlegenden Transformation der fossilistischen Energiewirtschaft geführt hat und somit kein zukunftsfähiges Modell durch die internationalen Klimavertragsverhandlungen zu erwarten ist. Bei Missbach ist ein umfassender sozialer Wandel, der auf die Transformation des fossilistischen Energiesystems in Richtung einer solaren Gesellschaft abzielt, nur mittels eines breiten gegenhegemonialen Projektes vorstellbar, welches neben sozialen Bewegungen auch Kapitalfraktionen umfasst. Erst dann gebe es eine wirkliche Chance für einen internationalen Klimaschutz, der dann mehr wäre als die Schnittmenge nationaler Eigeninteressen (Missbach 1999: 288ff).

Missbach kommt weiterhin zu dem Schluss, dass die internationale Klimapolitik nicht in der Lage ist, den Entwicklungsländern eine Alternative zum Fossilismus zu präsentieren und diese innerhalb einer internationalen Regulation zu etablieren. Es sei nicht zu erkennen, dass der bekannte Entwicklungspfad zugunsten eines klimaschonenden Entwicklungspfades verlassen wird. Insofern wird auch hier statt einer grundlegenden Transformation eine Regulierung der Krise zu möglichst niedrigen Kosten – konkret mittels der flexiblen Mechanismen Emissionshandel, Joint Implementation und Clean Development Mechanism – vereinbart: „Das Dilemma der internationalen Klimapolitik lässt sich nun als eine Krise der Hegemonie im regulationstheoretischen Sinne beschreiben. [...] Die dominante Ökonomie [muss] die Grundlagen ihrer Führerschaft neu schaffen. Die interne Dynamik muss ausreichend sein, um den technologischen Vorsprung zu erneuern, neue Möglichkeiten der Bedürfnisbefriedigung auszuprobieren sowie effizientere Formen der Arbeitsorganisation und des Informationsflusses zu entwickeln" (ebd.: 291). Mit den jüngeren Ergebnissen des Kyoto-Prozesses, die sich auf die flexiblen Instrumente stützen, muss heute allerdings gegen Missbach argumentiert werden, da es durchaus zu einer tragfähigen internationalen Regulation des Klimawandels gekommen ist, die auf hoher gesellschaftlicher Unterstützung und in ihren Grundzügen auf einem relativ breiten Konsens der Staatengemeinschaft beruht (Brunnengräber 2008).

Sowohl die Darstellung der internationalen Biodiversitätspolitik als auch die Arbeit von Missbach zur internationalen Klimapolitik verdeutlichen, dass auch unter neuen Rahmenbedingungen mit der fordistischen Tendenz der Naturbeherrschung in Form bestimmter institutioneller Muster nicht gebrochen wird. Dies betrifft sowohl die materiell-stoffliche Dimension kapitalistischer Gesellschaftsentwicklung in Form von Ressourcenverbrauch, Schadstoffbelastung etc. als auch den Glauben, „dass die Steigerung der Naturbeherrschung den Richtungsvektor gesellschaftlicher Evolution ausmache" (Görg 2003: 190). Diese Beispiele verdeutlichen auch, dass mit dem Instrumentarium der Regulationstheorie keine neuen Problemlösungskonzepte entwickelt oder vorgestellt werden sollen. Vielmehr ist es das Ziel, die Widersprüchlichkeiten gegenwärtiger Politiken zu beleuchten, die derzeit als Problemlösung präsentiert werden. Darüber hinaus thematisiert eine regulationstheoretische Herangehensweise die konfliktreiche sozial-ökologische Verfasstheit von globalen Umweltproblemen und bietet damit alternative Ansatzpunkte zur wissenschaftlichen Analyse.

2.3 Analytische Implikationen

Der Regulationsansatz wurde in den vergangenen Jahren mit einer Reihe von Kritik konfrontiert. Auf einzelne dieser Kritikpunkte wurde bereits verwiesen und reagiert: So setzen die raumtheoretischen Überlegen zur *politics of scale* an der Kritik an, dass sich soziale Verhältnisse in erster Line auf nationalstaatlicher Ebene artikulieren (vgl. Beiträge in Brand/Raza 2003). Auch Joachim Hirsch verweist darauf, dass neben der Form der Mehrwertproduktion und des Geldverhältnisses auch die Beziehungen zwischen kapitalistischen (kommodifizierten) und nicht unmittelbar dem kapitalistischen Verwertungsprozess unterworfenen gesellschaftlichen Sektoren, die jeweils herrschenden gesellschaftlichen Naturverhältnisse, die Produktion und Aneignung von Wissen und das Raum/Zeit-Verhältnis berücksichtigt werden müssen (Hirsch 2001b: 173f.). Die traditionelle Fokussierung auf soziale Verhältnisse muss folglich als zu eng angesehen werden (vgl. Missbach 1999; Raza 2003; Görg 2003).

Darüber hinaus besteht die berechtigte Kritik an einer mangelnden Berücksichtigung der Geschlechterverhältnisse, auch wenn immer wieder auf die Notwendigkeit zur Einbeziehung der Genderproblematik als immanenter Bestandteil sozialer Verhältnisse sowie der gesellschaftlichen Naturverhältnisse in regulationstheoretische Ansätze hingewiesen wird (Görg 2003).[4] Dieser „Genderblindheit" zu begegnen stellt eine der Herausforderungen für eine Mehrebenenanalyse der Klimapolitik dar. Eine weitere Kritik ist, dass der Regulationsansatz keine homogene, generalisierbare Theorie darstellt – was er mit Multi-Level-Governance gemein hat. Verschiedene Ansätze wurden zwar unter den Oberbegriffen Regulationstheorie oder Regulationsschule gefasst, aber selbst nach Aussage von zwei ihrer Hauptvertreter, Alain Lipietz und Robert Boyer, stellt der Regulationsansatz eher eine Methode zur Analyse als eine vollständige Theorie dar (Lipietz 1985; Boyer 1995.

Worin liegt dann aber der Mehrwert der Regulationstheorie für eine Mehrebenenanalyse? Unseres Erachtens liegt der Mehrwert einer erweiterten regulations- und raumtheoretischen Perspektive vor allem darin, dass a) räumlich-institutionelle Prozesse des Wandels im Kontext der grundlegenden sozialen, historischen und polit-ökonomischen Kontextbedingungen analysiert werden, dass b) eine Berücksichtigung von Kräfteverhältnissen und Machtbeziehungen in die MLG-Analyse geleistet werden kann und dass c) der räumlich-maßstäbliche Bedeutungswandel politischer Prozesse beobachtet werden kann, der jedoch der krisenhaften und instabilen bürgerlich-kapitalistischen Entwicklung immanent bleibt. Diese Krisenhaftigkeit wird in sich stabilisierende Verhältnisse von Akkumulation und Regulation transformiert. Übertragen auf den anthropogenen Klimawandel würde dies bedeuten, dass es zu einer erfolgreichen Widerspruchsbearbeitung kommt. Eigentlich müsste der Verbrauch der fossilen Energien verringert werden, wenn der Klimawandel erfolgreich bekämpft werden soll. Das Regelwerk der internationalen Klimapolitik nimmt aber „nur" die Emissionsseite in den Blick. Die Förderung und die Sicherung des Zugangs zu den fossilen Energiequellen bleibt weiterhin wichtiges außenpolitisches Ziel der Industrie- und zunehmend der Schwellenländer. Auf die zerstörerischen Auswirkungen kapitalistischer Gesellschaften – hier der Ausstoß von CO_2 durch die Verbrennung fossiler Energieträger – wird also durchaus reagiert. Trotz der sozialökologischen Widersprüche, die durch das System des Fossilismus auftreten, der sozioökonomischen Unsicherheiten, die Klimawandel für viele Menschen bereits bedeutet, sowie der Divergenzen zwischen den einzelnen Ländern und Interessensgruppen wird Planbarkeit hergestellt und Beherrschbarkeit im Umgang mit den Treibhausgasen signalisiert. Es bildet sich, so die noch zu prüfende These, ein internatonales Akkumulationsregime und ein Regulationsmodus heraus, die zur Regulation der sozial-ökologischen Krise in der Lage sind.

In diesem Kapitel konnten erste Konturen einer regulationstheoretischen Perspektive identifiziert werden, mit denen es möglich ist, die Analysen und Konzepte einer MLG-Forschung sinnvoll zu erweitern. Zusammenfassend lassen sich folgende analytischen Ansatzpunkte identifizieren:

Erstens ist mit der Kategorie der *Regulation* als offenem Prozess sozialer Auseinandersetzungen ein analytischer Ansatzpunkt gegeben, der gesellschaftliche Prozesse ebenso wie ihre institutionelle Formen berücksichtigt. Dabei müssen aber über- und untergeordnete gesellschaftliche Transformationsprozesse und Machtfragen in die Analyse der Mehrebenenstrukturen der Klimapolitik mit einbezogen werden. Erst auf diese Weise lassen sich die Widersprüchlichkeiten gegenwärtiger sozial-ökologischer Transformationsprozesse erkennen.

Zweitens ermöglicht ein Verständnis räumlicher Maßstabsebenen als soziales Produkt den Fokus auf die sozialen Verhältnisse und Auseinandersetzungen um die Konfiguration dieser Maßstabsebenen zu legen, womit auch deren Wirkung eine andere Bedeutung erhält. Es geht nun weniger um die Frage, wie die Institutionen und Prozesse auf verschiedenen Maßstabsebenen sowie ihr Verhältnis zueinander die staatliche Entscheidungs- und Problemlösungsfähigkeit beeinflussen, sondern um die Frage, wie die Regulation widersprüchlicher sozialer Prozesse gestaltet ist.

In den nachfolgenden Kapiteln werden diese Analysekategorien der Regulation und der Maßstabsebenen vertiefend behandeln. Um auch sozial-ökologische

Fragestellungen – eines der vernachlässigten Themen der Regulationstheorie – damit verknüpfen zu können, soll aber zunächst das Konzept der „Gesellschaftlichen Naturverhältnisse" (GNV), nach dem „Gesellschaft nicht ohne Natur, Natur nicht ohne Gesellschaft" (Görg 1999) begriffen werden kann, vorgestellt und diskutiert werden. Das Konzept hebt die dichotome Sichtweise auf, in der Natur getrennt von Gesellschaft betrachtet wird und ermöglicht somit, neue Problemansätze und neue Problemlösungsansätze jenseits der „Naturbeherrschung" zu denken.

3 Gesellschaftliche Naturverhältnisse

3.1 Begriffserklärung

Der Klimawandel gilt in der politischen, öffentlichen und wissenschaftlichen Debatte als eine – wenn nicht sogar *die* – globale Herausforderung der Menschheit im 21. Jahrhundert.[1] Vor dem Hintergrund der weitgehend anerkannten wissenschaftlichen Erkenntnisse über die mannigfachen sozial-ökologischen Auswirkungen des Klimawandels – wie die Veränderung des globalen Wasserkreislaufs, die Veränderung von Niederschlagsmustern, geringere Wasserverfügbarkeit, Zunahme von Extremwetterereignissen, Anstieg des Meeresspiegels etc. – verwundert es, dass empirisch angeleitete Untersuchungen, die Klimapolitik, Klimawandel, Klimaforschung und Multi-Level-Governance aus natur- und sozialwissenschaftlicher Perspektive in einen engen Analysezusammenhang stellen, kaum vorhanden sind. Noch immer besteht zwischen einer sozialwissenschaftlichen Governance-Forschung einerseits und einer naturwissenschaftlich ausgerichteten Klimaforschung andererseits ein fragwürdiges Vakuum. Während die Klimaforschung weitestgehend gesellschaftliche und sozial-ökologische Zusammenhänge ignoriert, vernachlässigt die politikwissenschaftliche Governance-Forschung die materiell-stofflichen Bedingungen des Klimaproblems (Brunnengräber et al. 2004). Um beide Forschungsstränge miteinander verknüpfen zu können, bedienen wir uns des Konzeptes der „Gesellschaftlichen Naturverhältnisse". Es zielt darauf ab, „natur- und sozialwissenschaftliche Reduktionismen bei der Untersuchung komplexer ökologischer Krisenphänomene forschungspraktisch zu überwinden. Denn die Analyse der dynamischen Verflechtung von gesellschaftlichen Handlungsmustern, technischen Problemlösungen und ökologischen Wirkungsketten erfordert einen theoretischen Zugang, der diese Krisendynamik weder nur als anthropogene 'Störung' von Ökosystemen, noch lediglich als kulturell bedingte 'Innenweltprobleme' zwischen System und Lebenswelt oder zwischen einfacher und reflexiver Moderne begreift" (Jahn 1990: 80).

Das Konzept der „Gesellschaftlichen Naturverhältnisse" fokussiert auf die wechselseitige Konstitution von Natur durch die Gesellschaft und von Gesellschaft durch die Natur, insofern kann „Gesellschaft nicht ohne Natur, Natur nicht ohne Gesellschaft" begriffen werden (zur Einführung Görg 1999). Diese dialektische Betrachtung von Natur und Gesellschaft trägt der Erkenntnis Rechnung, dass der ökologischen Krise der gesellschaftlichen Entwicklung keine isolierten „natürlichen" bzw. „äußeren Problemlagen entgegenstehen, sondern dass diese Problemlagen vielmehr als Ausdruck einer immanenten und umfassenden Krise gesellschaftlicher Naturverhältnisse verstanden werden müssen (Becker/ Jahn 1987; Brunnengräber/Weber 2004).

Damit wird eine in den Natur- und Gesellschaftswissenschaften lange Zeit verankerte dichotome Sichtweise, ein, wie Egon Becker und Thomas Jahn es bezeichnen „methodischer Dualismus" (ebd. 2006: 182) auf Natur und Gesellschaft aufgehoben. Mit anderen Worten: Die klare Unterscheidung der *ersten Moderne* zwischen Natur und Gesellschaft und die gesellschaftliche Emanzipation der Gesellschaft von der (äußeren) Natur löst sich auf. Aus dieser Perspektive lässt sich der Klimawandel als sozial-ökologisches Krisenphänomen beschreiben, das sich gerade dadurch auszeichnet, dass die Differenz zwischen Gesellschaft und Natur lediglich als wissenschaftliche Kategorie existiert. Das heißt, nicht nur der Klimawandel als solcher ist ein Problem, sondern ebenso die gesellschaftliche Produktion und diskursive Konstruktion des *äußeren* Problems und die darin verankerte Differenzierung zwischen Natur und Gesellschaft. So sind die Bedrohungen, die vom Klimawandel global und für die gesamte Menschheit ausgehen, ebenso wie die Formulierung von Grenzen der Tragfähigkeit der Atmosphäre für klimaschädliche Treibhausgase gleichermaßen real vorhandene Phänomene und sprachlich symbolisierte Konstrukte.

Die entscheidende Frage, die sich aus einer konstitutiven Sichtweise auf Natur und Gesellschaft ableiten lässt, ist, welche Mechanismen, Institutionen, Werte und Normen die historisch spezifischen und teilweise übergeordneten gesellschaftlichen Naturverhältnisse gestalten und bestimmen. Ausgehend davon, dass es sich bei Problemlagen wie dem Klimawandel nicht um monokausale und einfache Ursache-Wirkungs-Problemlagen handelt, sondern um „hybride Krisenphänomene, in denen gesellschaftliche und natürliche Prozesse sich überlagern, interferieren und eine komplexe Krisendynamik entwickeln [...]" (Becker/Jahn 2006: 169), bedarf es zur Beantwortung dieser Frage einer Berücksichtigung der gesellschaftlichen Querschnittsbereiche, die von diesem Krisenphänomen (Klimawandel) tangiert sind. Dies reicht von der auf Verbrennung fossiler Energieträger basierenden kapitalistischen Produktionsweise über auf einem hohen Energieverbrauch basierenden westlichen Konsummustern bis hin zu den Nord-Süd-Asymmetrien, den ungleichen Geschlechterverhältnissen und den historisch und kulturell geprägten gesellschaftlichen Institutionen, Deutungsmustern sowie

Norm- und Wertvorstellungen, die Einfluss auf die Formen der Gestaltung der Naturverhältnisse ausüben. Im Mittelpunkt dieser Betrachtung, der auch in diesem Band gefolgt wird, stehen somit die institutionellen und organisatorischen Formen und Praktiken, die die Verhältnisse zwischen Natur und Gesellschaft vermitteln, regulieren und transformieren (Görg 1998).

Damit sind auch der Facettenreichtum, die Vielfalt und die Komplexität der Problemlage angedeutet, die für eine wissenschaftliche Analyse besondere Herausforderungen darstellen. Ausgehend von weltweit und historisch unterschiedlichen Konstitutionsbedingungen zwischen Natur und Gesellschaft, finden sich hinsichtlich gesellschaftlicher Aneignungs- und Gestaltungsformen auch ganz unterschiedliche Modi der Vermittlung zwischen Natur und Gesellschaft einerseits sowie der Integration scheinbar natürlicher Krisen oder Katastrophen in den sozialen Alltag andererseits. Vor diesem Hintergrund spricht Christoph Görg auch von einer *„Pluralität der Naturverhältnisse"* (ebd. 2003: 184, Herv. i. O.) und bezeichnet damit die Vielzahl der Bereiche, in denen Natur und Gesellschaft sehr unterschiedlich vermittelt sind. In Bezug auf den Klimawandel lassen sich im Bereich der *Gesellschaft* vereinfacht Nord-Süd Asymmetrien sowie Geschlechterdifferenzen hervorheben. Die Differenzierung muss aber auch innergesellschaftliche Spannungs- und Konfliktlinien, wie zum Beispiel Stadt-Land-Asymmetrien oder Verteilungskonflikte zwischen gesellschaftlichen Gruppierungen, berücksichtigen. Als *Natur* können die fossilen Energieträger wie Öl, Gas und Kohle ebenso wie die Erdatmosphäre, die als „natürliches" Schutzschild der Erde aufgrund ihrer Sonnenstrahlen absorbierenden Wirkung Leben auf der Erde erst ermöglicht, angesehen werden. Diese vermeintlich äußere Natur stellt aber nicht nur die materiell-stoffliche Basis kapitalistischer Produktion und Reproduktion dar, sondern erhält durch die „nützliche" Verbrennung fossiler Brennstoffe und die „schädliche" Erzeugung der Treibhausgase ihre gesellschaftliche sowie soziale Bedeutung (Altvater 2006). Das Verhältnis zwischen Natur und Gesellschaft ist im Fall des Klimawandels geprägt durch Aneignung und Belastung.

Die Vermittlung zwischen Natur und Gesellschaft basiert weltweit weder auf der Grundlage gleicher Kontextbedingungen noch gleicher historisch traditioneller Wertvorstellungen (vgl. Bryant/Bailey 1997). So finden sich vor allem in Ländern des Südens Aneignungsmechanismen von Natur, die nicht-kapitalistisch geprägt sind und sich an den Erfordernissen der Subsistenz orientieren. Vor allem aber die Folgen des Klimawandels bzw. die Möglichkeiten darauf zu reagieren verdeutlichen, dass unterschiedliche Kontextbedingungen berücksichtigt werden müssen. Deshalb lassen sich Wirbelstürme, die möglicherweise durch den Klimawandel erzeugt oder verschärft wurden, kaum noch als *natürliche*

Katastrophen beschreiben. Sie müssen vielmehr als gesellschaftlich induzierte Katastrophen verstanden werden, die sozial differenziert wirken (Davis 2005, Blaikie et al. 1994). Am Beispiel des Hurrikan Katrina, der im Spätsommer 2005 über die US-Küstenstadt New Orleans hinwegfegte, kann nachdrücklich gezeigt werden, dass die Vermittlung zwischen Umweltkrise und Alltagswelt eng verwoben ist mit Aspekten sozialer Ungleichheit, Zugangsbarrieren und ethnischer Zugehörigkeit. Dies zeigt sich in der besonderen Betroffenheit armer, vor allem schwarzer Bevölkerungsgruppen sowohl während und unmittelbar nach der Katastrophe (fehlende öffentliche Evakuierungsstrategie, miserabel ausgestattete und unzureichende Zufluchtsstätten in der Stadt) als auch noch zwei Jahre danach (kein Wiederaufbau der Armenviertel). Es zeigt sich auch in der mangelnden Vorsorge auf Seiten der Bundesbehörde für Katastrophenschutz, aber auch in der mangelnden Vorsorge auf Seiten städtischer und bundesstaatlicher Behörden, die über die schlechten Zustände der Schutzdeiche informiert waren (Cutter 2005).

Trotz der vielfältigen Kontextbedingungen und der unterschiedlichen Bereiche, in denen Natur und Gesellschaft miteinander verknüpft sind, lassen sich unter den Bedingungen kapitalistischer Produktionsweisen einheitliche Vermittlungsmuster erkennen, die in spezifischen gesellschaftlichen Institutionen, in Verregelungen wie der Klimarahmenkonvention oder dem Kyoto-Protokoll, in öffentlichen und wissenschaftlichen Deutungsmustern wie in Macht- und Herrschaftsverhältnissen verankert sind. Ulrich Brand und Christoph Görg führen zur Beschreibung sich herausbildender dominanter Formen der Vermittlung von Natur und Gesellschaft den Begriff der „postfordistischen Naturverhältnisse" ein (Brand/Görg 2003). In Anlehnung an die Regulationstheorie (vgl. Kapitel 3) werden mit diesem Begriffspaar Formen der Rationalisierung und ökonomischen Inwertsetzung der Natur beschrieben, die an der Tendenz der „Naturbeherrschung und der Subsumtion der Natur" (ebd.: 46) unter den Bedingungen des Marktes und der kapitalistischen Verwertung anknüpfen. So wird bei der Problembearbeitung von „ökologischen Krisen" auf technologische Innovationen, marktbasierte Mechanismen und eine Ausweitung der Naturbeherrschung gesetzt (Brunnengräber 2006). Naturbeherrschung beschreibt dabei eine Strategie, die der rationalen Vorstellung unterliegt, dass man im Grunde alle Dinge „durch Berechnen beherrschen könne" (Weber 1973: 317, zit. nach Görg 2003: 189). Dementsprechend kann der Klimawandel auch als Krise der Rationalitätsvorstellung und damit Teil der seit den 1970er und 1980er Jahren diskutierten ökologischen Krise verstanden werden. Statt auf diese Krise mit einer Kritik an den bestehenden institutionellen Mechanismen der Naturbeherrschung zu reagieren, zeichnet sich gegenwärtig das Gegenteil ab: CO_2-Speicherung in unterirdischen Lagern (Sequestrierung[2]), Emissionshandel, Clean Development Mechanismen, Deichbauten, Meerwassergewinnung, großflächige Bewässerungsanlagen sind nur einige der markt- und projektbasierten Technologien, mit denen die Krise berechenbarer und die Natur beherrschbar gemacht werden sollen.

Politische und praktische Bearbeitungsformen und wissenschaftliche Erklärungsmuster bestimmen sich dabei gegenseitig, wie gerade am Beispiel des Klimawandels und der Klimapolitik besonders deutlich abzulesen ist. So erklären die Klimaforscher Thomas Bruckner und Hans-Joachim Schellnhuber auf welchen Kurs sich die internationale Klimapolitik angesichts der bestehenden „Unsicherheiten im Wissensstand" in Zukunft begeben sollte: Sie postulieren eine aus verbindlichen Emissionsreduktionszielen und Technologieförderung bestehende Doppelstrategie, auch wenn sie zugeben, dass bislang noch keine gesicherten Erkenntnisse über die Wirksamkeit der so genannten „emissionsarmen Technologien" bestehen (Bruckner/Schellnhuber 2006: 79).

3.2 Wissenschaftlicher Kontext

Das Konzept der „Gesellschaftlichen Naturverhältnisse" geht auf die kritische Theorie der „Frankfurter Schule" zurück. Durch die Betonung der Machtförmigkeit gesellschaftlicher Naturverhältnisse werden vormals als rein „ökologische" Problemstellungen bezeichnete Krisenphänomene, wie beispielsweise das Waldsterben, die Kontamination der Fließgewässer, die Luftverschmutzung ins Zentrum der kritischen Gesellschaftstheorien gerückt sowie im Kontext historisch spezifischer, kapitalistisch geprägter Herrschaftsverhältnisse betrachtet. Mit der feministischen Kritik wurde dabei die integrative Betrachtung von Natur und Gesellschaft um die Frage der Geschlechterverhältnisse erweitert, die als konstitutiv für die gesellschaftlichen Naturverhältnisse erachtet werden (vgl. Görg 2004; Becker/Jahn 2006). Damit wurden disziplinär verankerte, dichotome Denktraditionen ab Ende der 1980er Jahre aufgebrochen. Während die Soziologie in Deutschland bis heute über das Verhältnis zwischen Natur und Gesellschaft streitet[3] und lange Zeit in dichotomer Weise das „naturfrei" gedachte „Soziale" (Brand/Görg 2003: 16) zum Analysegegenstand erklärte, betrachtete die marxistische Theorie die Ökologieproblematik lange Zeit als *Nebenwiderspruch* der für zentral gehaltenen Entwicklung der Produktionsverhältnisse" (ebd.: 17, Herv. i. O.). Gleichzeitig erheben vor allem die Biologie aber auch andere naturwissenschaftliche Teildisziplinen den Anspruch, die menschliche Gesellschaft und ihre Krisen als Naturphänomene zu erklären.

Dass sich Klimawandel und seine vielfältige Auswirkungen jedoch nicht einfach als neuartige Naturgefahren beschreiben lassen, denen sich die Weltgemeinschaft nur entschlossen und mit neuen Technologien entgegen stellen muss, zeigt sich schon in der Anerkennung der anthropogenen Problemverursachung. Daran wird bereits deutlich, dass der Klimawandel unweigerlich etwas mit der kapitalistischen Produktionsweise und mit gesellschaftlichem Verhalten zu tun hat. Unter Hinzunahme aktueller Statistiken über die weltweite Verteilung der jährlichen Pro-Kopf-Emissionen[4] von CO_2 sowie der weltweiten (Ungleich-)Verteilung der Emissionsursachen[5] wird weiterhin deutlich, dass dieses „menschliche Handeln" weder homogen noch im Kontext gleicher oder ähnlicher polit-ökonomischer, sozioökonomischer und kultureller Rahmenbedingungen verläuft. Hieraus leitet sich neben der Ressourcen- auch eine Verteilungsproblematik ab.

Klimawandel hat unumgänglich einen gesellschaftlichen und politischen Gehalt. Diesen Gehalt wissenschaftlich zu erfassen, sowie die Wechselwirkungen zwischen scheinbar natürlichen und gesellschaftlichen Prozessen zu analysieren und politisch zu interpretieren stellt eine Herausforderung an wissenschaftliche Ansätze und an die politische Problembearbeitung dar. Auch wenn mit dem Leitbild der Nachhaltigkeit ein Konzept geschaffen wurde, dass genau diesen Anforderungen Rechnung tragen will, zeigt nicht zuletzt der naturwissenschaftliche Bias in der Klimaforschung, dass diesem Leitbild in der wissenschaftlichen Problembeschreibung bislang nur unzureichend nachgekommen wird.

Doch nicht nur die unzureichende Integration sozialer und ökologischer Elemente in den Umwelt- und Gesellschaftswissenschaften ist zu konstatieren. Eine Integration wirft darüber hinaus neue Fragen auf, die vor allem den Globalcharakter des Klimawandels in Frage stellen (Görg 1998). Diese beziehen sich mindestens auf drei Aspekte:

- die *Problemkonstituierung und Problemdeutung*: Was ist eigentlich das Problem, wie konstituiert es sich und welche Prozesse und Akteure sind an dessen Konstitution beteiligt? Wie wird das Problem gedeutet? Welches (wissenschaftlich) produzierte Wissen wird wie in der Öffentlichkeit vermittelt und fließt in politische Entscheidungsprozesse ein? Und was bedeutet dies wiederum für die politische Bearbeitung der Krise? (vgl. Kapitel 5)
- den potentiell *globalen Charakter* des Klimawandels: Inwiefern handelt es sich im Falle des Klimawandels tatsächlich um ein globales Umweltproblem im Sinne der Verursachung, Betroffenheit und Verantwortlichkeit? Oder muss nicht vielmehr von einer Krise der dominanten gesellschaftlichen Naturverhältnisse ausgegangen werden?

– die *Gestaltung der gesellschaftlichen Naturverhältnisse* bzw. die Problembearbeitung: Was sind die gegenwärtigen Antworten zur Problemlösung? Welche Formen zur Gestaltung der Naturverhältnisse sind hierin verankert und inwiefern tragen diese zum übergeordneten Ziel Klimaschutz bei?

Ausgehend von diesen Fragestellungen lassen sich für eine Mehrebenenanalyse des Konfliktfeldes Klima eine Reihe von analytischen Implikationen ableiten, auf die im Folgenden näher eingegangen wird.

3.3 Analytische Implikationen

In Bezug auf den Klimawandel muss gefragt werden, durch welche konkreten Formen der Naturverhältnisse die Krise hervorgerufen wird, mit welchen spezifischen Gestaltungsmechanismen der Krise gesellschaftlich begegnet wird und welche konkreten Gestaltungsformen sich hierbei durchsetzen. Diesen Fragen wird in diesem Band ausführlich nachgegangen, mit dem Ziel, die Verkürzungen in den gegenwärtigen Problemdeutungen und -bearbeitungen herauszuarbeiten.

3.3.1 Wissen(schaft) und Macht

Der Problemdeutung, wie sie in der Klimarahmenkonvention verankert ist, liegt eine dichotome Sichtweise von Natur und Gesellschaft zu Grunde: Klimawandel wird gemäß UNFCCC definiert als „a change of climate which is attributed directly or indirectly to human activity that alters the composition of the global atmosphere and which is in addition to natural climate variability observed over comparable time periods" (UNFCCC, Art. 1.2). Entscheidend ist hier, dass Klimawandel als eine Störung oder Veränderung der Erdatmosphäre durch menschliche Eingriffe verstanden wird. Die Frage nach den sozialen Verhältnissen bzw. den gesellschaftlichen Prozessen, die diesem Veränderungsprozess unterliegen, wird hier nicht gestellt. Für die Problembeschreibung und -deutung sowie die Problemvermittlung ist Wissen, öffentliches und wissenschaftliches Wissen, zentral. Denn die Gestaltung der gesellschaftlichen Naturverhältnisse verläuft nicht außerhalb und losgelöst von wissenschaftlichen Erkenntnissen, dem Generieren von neuem Wissen und der Politisierung von Wissen. Darauf weisen auch Egon Becker und Thomas Jahn hin: Wissensproduktion wird „(...) zu einer hegemonialen Unterscheidungsmacht, sie zieht die Grenzlinie im wissenschaftlichen Wissen und entwertet damit zugleich die alltäglichen Unterscheidungspraktiken und das sie stützende lebensweltliche Wissen. Diese Entwertungen verschärfen sich noch dadurch, dass auch der Alltag immer mehr technisiert und verwissenschaftlicht wird. (...) Die Dominanz der Wissenschaft als Unterscheidungsmacht lenkt den Blick von anderen Praktiken und Diskursen ab (...). *In all diesen Unterscheidungspraktiken verschränken sich immer Wissen und Macht. Durch den Aufstieg der Wissenschaft zu einer gesellschaftlichen Macht konnte sie auch zu hegemonialen Unterscheidungsmacht aufsteigen*" (Becker/Jahn 2006: 181, Herv. i. O.).

Auf der Grundlage dieser Ausführungen werden die Rolle von Wissen(schaft) sowie das Zusammenspiel von Wissen(schaft) und Macht zu zentralen analytischen Kategorien für die Erfassung sozial-ökologischer Konfliktlagen im Mehrebenekontext. Macht, Wissen aber auch Nicht-Wissen sind, so unsere *These*, maßgeblich an der Gestaltung der gesellschaftlichen Naturverhältnisse im Konfliktfeld Klima beteiligt:

Die internationale öffentliche und politische Debatte um einen anthropogen verursachten Klimawandel war von Beginn an eng mit den wissenschaftlichen Erkenntnissen und Erklärungen zu klimatischen Veränderungen verknüpft. So waren es (natur)wissenschaftliche Erkenntnisse und Interpretationen, die ab Mitte der 1980er Jahre – nicht zuletzt durch den Begriff des „anthropogenen Klimawandels" – maßgeblich zu einer Popularisierung des Klimathemas beigetragen haben. Heike Walk und Achim Brunnengräber bezeichnen diese frühe Phase der Klimapolitik als „Phase der Politisierung" (Walk/Brunnengräber 2000), Anita Engels und Peter Weingart sprechen von einer „Politisierung des Gegenstandes durch Anthropogenisierung" (Engels/Weingart 1997).

Auch wenn die Rolle der Wissenschaft in der klimapolitischen Debatte kontrovers diskutiert wird (Lanchberry/Victor 1995), so täuscht zumindest in der Anfangsphase der internationalen Klimapolitik nichts über ein reziprokes Verhältnis zwischen der politischen und der wissenschaftlichen Klimasphäre hinweg. „Not only has the science of climate change largely driven the national and international politics of climate change, the politics in turn have also influenced the practice of that science.(...) This pattern of reciprocal influence belies the categorial distinction so often made between science, based purely on objective fact, and politics, which involves value-laden decision making that is separable from and downstream of science" (Demeritt 2001: 308f).

Die hier angesprochenen „Science-Policy-Interfaces" lassen sich schnell belegen, wirft man einen Blick auf die Geburt und Genese des in der Politik und Öffentlichkeit hoch angesehenen Beratungsgremiums der internationalen Klimapolitik, des Intergovernmental Panel on Climate Change (IPCC). Das IPCC wurde 1988 als „unabhängiger" zwischenstaatlicher Sachverständigenrat vom UN-Umweltprogramm (UNEP) und der World Meterological Organisation

(WMO) gegründet. Ihm gehören mehr als 3000 WissenschafterInnen aus über 100 Ländern an. Es verfolgt drei übergeordnete Ziele, die in jeweils eigenständigen Arbeitsgruppen bearbeitet werden: *Erstens* die Analyse des anthropogenen Einflusses auf den Klimawandel; *zweitens* die Bewertung der sozioökonomischen Folgen sowie der Umweltfolgen, die durch den Klimawandel zu erwarten sind und *drittens* die Formulierung von Lösungsvorschlägen und Managementmaßnahmen. Die Reziprozität zwischen Wissenschaft und Politik ist dem IPCC bereits immanent, entsprechend beschreiben Sebastian Oberthür und Hermann Ott das IPCC als Gremium, in dem politische und wissenschaftlich-technische Zielvorstellungen zusammentreffen (Oberthür/Ott 2000). So werden die Berichtsentwürfe des IPCC, die als Konsens den Stand der globalen klimawissenschaftlichen Forschung der drei Arbeitsgruppen darstellen, regelmäßig zur Stellungnahme an die Unterzeichnerstaaten des UNFCCC gesandt. Für politische EntscheidungsträgerInnen hängen jedem der drei Berichte Politikrelevanz erlangende Zusammenfassungen an, die sogar von der Vollversammlung des IPCC, in der die politischen VertreterInnen der Mitgliedsstaaten vertreten sind, Wort für Wort gebilligt werden müssen (Oberthür/Ott 2000: 28). Mit den oben genannten Zielsetzungen hat sich die Klimafolgenforschung auf eine Zwischenebene begeben, auf der sich Grundlagenforschung von Interessen vermittelter Politikberatung kaum noch unterscheiden lässt. Mit anderen Worten: „Verwissenschaftlichung und Politisierung (...) lassen sich immer weniger voneinander trennen" (Walk/ Brunnengräber 2000: 43).

Bereits der erste von bislang vier Sachstandsberichten des IPCC (1990, 1995a, 2001a, 2007) legte den Grundstein für eine Problemkonstruktion, in der Natur zum Gegenstand globalen Managements wird und die spezifischen sozialen, politischen und politökonomischen Kontextbedingungen der Produktion von Treibhausgasen sowie der Betroffenheit ausgeblendet werden. Der wissenschaftlich und politisch anerkannten Problemdefinition des Klimawandels (UNFCCC, Art. 1.2) ist ein gesellschaftliches Verhältnis zur Natur immanent, dass durch „Störung" und „Dualismus" gekennzeichnet ist und wonach der Klimawandel zum Ausdruck einer anthropogen verursachten Störung integrierter biochemischer und -physikalischer Prozesse in der Erdatmosphäre wird. „This line of reasoning frames the problem of global warming in biophysical terms and avoids any discussion of social and political determinants or consequences of the issue" (Linnér/Jacob 2005: 409).

Die Frage der Problembeschreibung sowie der -verursachung ist für die Klimaforschung somit geklärt: Die erhöhte Konzentration von Treibhausgasen in der Erdatmosphäre, die durch steigende anthropogene Emissionen verursacht wird, verändert die biochemische und biophysikalische Zusammensetzung und Funktionsweise dieser Atmosphäre irreversibel. Treibhausgase, die natürlich in der Erdatmosphäre vorkommen[6], absorbieren die von der Erde zurückstrahlende Wärme der Sonne und erzeugen dadurch eine globale Durchschnittstemperatur von ca. +14 Grad. Eine erhöhte Konzentration dieser Gase führt zu einer veränderten Absorption der Wärmestrahlung in der Atmosphäre – diese heizt sich auf und es kommt zu dem bekannten anthropogenen Treibhauseffekt bzw. zu einer „globalen" Erderwärmung. Die globale Mitteltemperatur steigt mit einem Durchschnitt von 0,2°C pro Dekade gegenwärtig rasant an (Bruckner/Schellnhuber 2006). Dieser globale physikalisch-chemische Prozess zeigt sich unabhängig vom lokalen Standort der Emissionsquellen. Aus globaler Perspektive erscheint es deshalb unbedeutend, ob die Treibhausgasemissionen aus der Verbrennung fossiler Energieträger stammen, durch den Flugverkehr hoch oben in der Luft, aus kleinbäuerlicher landwirtschaftlicher Produktion[7] oder den Mägen von Kühen, die das klimaschädliche Methan erzeugen (vgl. Linnér/Jacob 2005). Auf der Grundlage der hier stark vereinfachten naturwissenschaftlichen Beschreibung der Problemstellung, besteht an dem globalen Charakter des Klimawandels und der Notwendigkeit eines globalen Managements also kein Zweifel.

Entsprechend der Zielsetzungen des IPCC und auch der Forschungsagenden nationaler Klimaforschungsinstitutionen z. B. des Potsdam-Institut für Klimafolgenforschung (PIK) lag der Schwerpunkt der Klimaforschung von Anfang an auf den physischen und chemischen Veränderungen des Klimasystems und war verbunden mit dem Anspruch, Erkenntnisse über die Wechselwirkungen einer erhöhten Treibhausgaskonzentration und den daraus zu erwartenden systemischen Veränderungen zu erforschen und zu prognostizieren. Dieses politisch induzierte Forschungsinteresse verfolgt die Klimaforschung im Wesentlichen mithilfe so genannter „General Circulation Models (GCM). GCMs simulieren das Verhalten des Klimasystems, indem die Erde in ein dreidimensionales Netz unterteilt wird. Mithilfe von „Supercomputern" werden mathematische Gleichungen berechnet, die den Austausch von Materie und Energie zwischen den Netzpunkten repräsentieren. Verschiedene Einflussfaktoren auf die Atmosphäre, die Ozeane und die Biosphäre werden dabei berücksichtigt, um ein nahezu authentisches Bild der Wirklichkeit zu erhalten. Wurden die ersten Klimamodelle „global" erstellt, so gibt es zunehmend regionale Klimamodelle und -szenarien (Demeritt 2001). Aber so aufwendig die Forschung auch betrieben wird: Klimaforschung hat nicht nur mit der Generierung von Wissen zu tun, sondern immer auch mit dem Umgang mit Unsicherheiten und Nicht-Wissen. Dies liegt daran, dass sich komplexe Systeme wie die Erde, das Klima und die gesellschaftlichen Einflüsse auf diese Systeme nicht vollständig erklären, abbilden und modellieren lassen. Alle verfügbaren computergestützten Instrumentarien stoßen an Grenzen.

Trotz oder gerade wegen der unentbehrlichen wissenschaftlichen Erkenntnisse der Klimaforschung und dem Umgang mit Unsicherheiten bleibt diese partiell und latent reduziert. Dies ist deshalb der Fall, weil sie bis heute eine vornehmlich nördliche Forschung geblieben ist, die den Ländern des „globalen Südens" Erkenntnisse vermittelt und zur Verfügung stellt ohne dabei eine Süd-Nord-Perspektive einzunehmen. Den Ländern des Südens selbst fehlt es nicht zuletzt an Forschungsgeldern, um in gleichem Maße die wissenschaftliche Ausrichtung der Forschungsarbeiten und die Übersetzung der Erkenntnisse in politikrelevante Empfehlungen organisieren zu können. Auch das erklärt, weshalb die lokal und regional spezifischen Wirkmechanismen und sehr unterschiedlichen sozioökonomischen Folgen des Klimawandels nicht ausreichend in der Klimaforschung berücksichtigt werden. Erst ein Verständnis des Klimawandels als dynamisches Krisenphänomen, das entsprechend gesellschaftlicher, geschlechtlicher oder ethnischer Differenzierungen ganz unterschiedliche Auswirkungen auf die bestehenden sozialen Praxen und Livelihoodstrategien[8] in vielen Ländern der Erde hat, würde zur notwendigen Ausdifferenzierung der Klimaforschung beitragen. Dagegen wird die besondere Vulnerabilität der Länder des Südens nach wie vor mit den bestehenden physisch-räumlichen Ausgangsbedingungen von z.B. semiariden Regionen oder tief liegenden Küstenregionen begründet. Sozioökonomische Faktoren und die ungleiche gesellschaftliche Machtverteilung bleiben bislang als Einflussfaktoren erhöhter Vulnerabilität unberücksichtigt (IPCC 2001a; O'Brien 2006; Dietz 2006, vgl. Kapitel 8).

3.3.2 Wider die Unsicherheiten

Die neueren Diskussionen zum Klimawandel befassen sich mit der „Tragfähigkeit" des Systems Erde bzw. den Grenzen des Umweltraums und vollziehen damit einen Perspektivwechsel: Wie viel Erderwärmung können unsere gesellschaftlichen und natürlichen Systeme verkraften – oder ökonomisch gefragt: Wie viel können wir uns leisten? Wann ist die Grenze erreicht? Mit diesen Fragen wird direkt auf das Dilemma der wissenschaftlichen Unsicherheiten und dem Arbeiten mit Wahrscheinlichkeiten reagiert. Anstelle von klaren Richtungsaussagen „mit Spannbreiten" wird nun mit konkreten, Klarheit suggerierenden Werten gearbeitet. Das Gutachten des Wissenschaftlichen Beirats Globale Umweltveränderungen (WBGU) beispielsweise argumentiert, dass basierend auf modellhaften Berechnungen die Überschreitung der 2°-Celsius-Grenze zu einer fundamentalen

Veränderung für alle Lebewesen, einschließlich der Menschen, zum „Point of no return" führt (Graßl et al. 2003; CAN 2003; WBGU 2003a). Da viele NGOs, PolitikerInnen, Ministerien und Unternehmen sich mittlerweile auf diese politisch sowie sprachlich symbolisierte Tragfähigkeitsgrenze und Zielformulierung einigen konnten, setzt sich diese Zielformulierung nun in der öffentlichen Debatte durch. Die Konstruktion einer solchen Tragfähigkeitsgrenze kann jedoch maßgebliche gesellschaftliche und politische Fehlsteuerungen zur Folge haben. Negativ gedeutet darf diese Grenze nicht überschritten werden, weil sonst die Kapazität der Erde und auch des ökonomischen Systems[9] überbeansprucht würde. Positiv gedeutet wurde das „2°C-Ziel" ja noch nicht erreicht. Zudem scheint keine Gefahr zu drohen, wenn es – mit technischen Mitteln – gelingt das Ziel einzuhalten. Auch wenn KlimaforscherInnen und NGOs mittlerweile die Gefahren durch die Reduktion auf einen einzigen unterkomplexen Durchschnittswert sehen, hat sich das „2°C-Ziel" bereits in der öffentlichen Debatte als Orientierungsmarke verfestigt.

Die gesicherten und ungesicherten Erkenntnisse der Klimafolgenforschung, der hieran anknüpfende klimawissenschaftliche Diskurs sowie die Konstruktion der „natürlichen Grenzen" zeigen, dass „die Realität der ökologischen Bedrohungen nicht geleugnet, sondern oft sogar als kaum noch rückgängig zu machende Wirklichkeit aufgezeigt [wird] – aber gerade deswegen geht es auch gar nicht mehr um die mögliche Vermeidung von Risiken, sondern nur noch um die Bewältigung der Nebenfolgen und den Umgang mit Unsicherheit angesichts nur schwer kalkulierbarer Bedingungsgefüge" (Görg 2004: 206).

3.3.3 Der Klimawandel – ein „globales Umweltproblem"?

Die Beantwortung dieser Frage kann nicht unabhängig von der „wissenschaftlichen" Problembeschreibung, der sich hiermit in Wechselwirkung befindlichen politischen Bearbeitung und dem jeweils zu Grunde liegenden Verständnis der Mensch-Umwelt Beziehungen geleistet werden. Doch was genau beschreibt den „globalen" Charakter des Klimawandels? Was lässt sich über die gesellschaftliche Verursachung, über gesellschaftliche Betroffenheiten oder die „globale" Beschaffenheit der Probleme aussagen?

Aus klimawissenschaftlicher Perspektive ergibt sich der globale Charakter aus den biophysikalischen Eigenschaften der Treibhausgase, die sich in der Erdatmosphäre konzentrieren und seit über 150 Jahren den kontinuierlichen Anstieg der globalen Mitteltemperatur verursachen. Aus diesem Problemverständnis ergeben sich zentrale Forschungsaufgaben: die Präzisierung der quantitativen Aussagen über die Entwicklung des globalen Klimasystems, die Reduzierung bestehender wissenschaftlicher Unsicherheiten über die Folgen erhöhter anthropogen verursachter Treibhausgaskonzentrationen und die wissenschaftliche Schärfung der Aussagen über potentielle Wechselwirkungen zwischen Extremwetterereignissen und Klimawandel.

Aus politikwissenschaftlicher bzw. governancetheoretischer Perspektive wird der Klimawandel, basierend auf der Grundannahme einer allgemeinen und globalen Betroffenheit und Verursachung, als *„globales Umweltproblem"* charakterisiert. „Global" wird hierbei zur Metapher, mit der Absicht, „to reflect our shared vulnerability to and responsibility for global insecurities" (Elliott 2002: 66). Dabei wird von einem kollektiven und undifferenzierten Interesse der Weltbevölkerung an der Problemlösung ausgegangen. Angesichts der Dringlichkeit, Lösungen zu präsentieren, werden gesellschaftliche Ungleichheiten, ungleiche Kontextbedingungen in der Verursachung des Klimawandels und der Betroffenheit durch seine Folgen, politische Machtasymmetrien innerhalb und zwischen Nationalstaaten sowie zwischen unterschiedlichen privaten und zivilgesellschaftlichen Akteuren vernachlässigt. Im Sinne der naturwissenschaftlichen Beschreibung basiert die politische Problembearbeitung auf einem dualistischen Verständnis von Natur und Gesellschaft, wobei die soziale, politische und ökonomische Vermittlung des Klimawandels weitestgehend ausgeblendet werden. Der dem Klimawandel zugeschriebene Globalcharakter wird zur Legitimationsressource der gegenwärtigen politischen Bearbeitungen und Lösungsvorschläge. Dementsprechend steht die internationale Klimapolitik aus liberal-institutioneller Perspektive vor allem vor der Herausforderung, die Umsetzung der internationalen Vereinbarungen effektiv und effizient zu gestalten und dabei sicher zu stellen, dass die Verfahren und Verhandlungen grundsätzlich kollektiv, kooperativ und formal demokratisch verlaufen (Elliot 2002). Mit anderen Worten, dass die Global Governance der internationalen Klimapolitik reibungslos funktioniert. Inwiefern jedoch bereits die „Diagnose" über den globalen Klimawandel partiell und reduziert ist und deshalb auch die Problembehandlung, spielt hierbei nur noch eine sekundäre Rolle.

Spätestens bei der Berücksichtung gesellschaftlicher und politischer Dimensionen wird deutlich, dass das Phänomen Klimawandel und dessen Problemcharakter aus unterschiedlicher Perspektive unterschiedlich wahrgenommen und unterschiedlich in den sozialen und politischen Alltag integriert werden. Während Klimawandel für die im „Norden" ansässige Tourismusindustrie oder die Rückversicherer eine Bedrohung der ökonomischen Existenz dieser Wirtschaftszweige bedeutet, stellen der Anstieg der Meerestemperaturen und der ansteigende Meeresspiegel aus Sicht der Küstenbevölkerung Tuvalus oder

Bangladeshs eine Vernichtung der Lebensgrundlagen dar. Es sind somit unterschiedliche ökonomische, soziokulturelle und polit-ökonomische Perspektiven auf die Natur zu konstatieren, die zu unterschiedlichen „Bedrohungslagen" und unterschiedlichen Reaktions- und Handlungsmustern führen. Welche sich dabei durchsetzen (z. B. technologische Innovationen oder veränderte Konsummuster) ist eine Frage von Machtverhältnissen, die wiederum eingeschrieben sind in wissenschaftliche Problemdeutungen und Politisierungen sowie in kulturell-historische Norm- und Wertsetzungen.

Die vielfältigen Deutungen über den „globalen" Klimawandel sind weder einfach gegeben noch finden sie in einem Macht- und Interessenvakuum statt. In diesem Kapitel wurde deshalb anhand des Konzeptes der Gesellschaftlichen Naturverhältnisse, also der Integration von sozialen, ökologischen, ökonomischen und politischen Elementen, verdeutlicht, dass die wissenschaftlichen Interpretationen über die Ursachen und Wirkungen von Klimawandel sowie deren politische Bearbeitung einer „desintegrierten", dualistischen Betrachtungsweise von Natur und Gesellschaft unterliegen. Ferner wurde festgestellt, dass der globale Charakter des Klimawandels konstruiert ist und die gegenwärtigen Debatten um die Grenzen der Tragfähigkeit in Bezug auf die globale Erwärmung ein weiteres Indiz dafür sind, dass die klimapolitischen Maßnahmen sich eher an einem „Mehr" der gesellschaftlichen Naturbeherrschung orientieren als an einer tatsächlichen Internalisierung der Problemlage und damit einer Neugestaltung der gesellschaftlichen Naturverhältnisse. Somit bleiben die wissenschaftlichen Analysen und politischen Konsequenzen, die hieraus gezogen werden, auf mindestens einem Auge blind.

3.4 Schlussfolgerungen

Aus Unsicherheiten, Nicht-Wissen, Risiken, Skepsis, Interessen und Deutungen besteht, so kann zusammengefasst werden, das komplexe Geflecht, in dem die politische Bearbeitung des Klimawandels erfolgt. Selbst die Programme zur Erforschung des Klimawandels können zum Teil unter politischen Gesichtspunkten bewertet werden, da nur bestimmte Zugänge zum Problemfeld gefördert werden, was sich dann in dementsprechenden Lösungsansätzen manifestiert (Loske/Steffe 2001). Derzeit besteht die politische Notwendigkeit darin, aus den wissenschaftlichen Ergebnissen, dem öffentlichen Diskurs und den materiellen ökologischen Veränderungen Handlungsansätze abzuleiten, die den etablierten und mächtigen Wirtschaftsinteressen weitgehend entsprechen. Ob damit die vom IPCC schon 1995 und seither beständig wiederholt geforderte 50-70 %

Reduktion der Treibhausgase bis zum Jahr 2100 gegenüber dem Basisjahr 1990 erreicht werden kann, wird immer unwahrscheinlicher.

Was können diese Erkenntnisse für den künftigen wissenschaftlichen Umgang mit der Klimathematik und für das Verhältnis zwischen Politik und Wissenschaft bedeuten? Eine Konsequenz für die Wissenschaft muss sein, dass sie sich intensiver als bisher ihre Funktion und Rolle als Teil des politischen Entscheidungsprozesses, eines interessengeleiteten Akteursumfeldes und eines breiten öffentlichen Diskurses sieht. Denn die Ansätze und Methoden zur Bereitstellung von Orientierungswissen bzw. Orientierungshilfen müssen die Gemengelage berücksichtigen, in der sie entwickelt und als Sachwissen kommuniziert werden. Dazu gehört auch eine angemessene Verbindung aus Wissenserzeugung, Bewertung dieses Wissens und Handlungsempfehlungen. Diese drei Aspekte zu verknüpfen ist nicht unproblematisch. Mit der Einbindung der Wissenschaft in politische Entscheidungs- und Regulierungsprozesse steht das vor allem in den naturwissenschaftlichen Disziplinen betonte Paradigma der Wertfreiheit und Neutralität zur Disposition. Außerdem besteht dadurch die Gefahr, für bestimmte Zwecke oder Interessen instrumentalisiert zu werden.

Erschwerend kommt hinzu, dass – wie die sozial-ökologische Forschung verdeutlicht – Inter- und Transdisziplinarität in der Forschung eine wichtige Rolle spielen müssten. Mit anderen Worten: Klimatologische Erkenntnisse über den Klimawandel sind in ihren Verursacher- und Betroffenenstrukturen immer auch gesellschaftsrelevant; sie haben eine sozial-ökologische Dimension. Diese Verbindung, die auch im Begriff der gesellschaftlichen Naturverhältnisse angelegt ist, fordert nicht nur zur interdisziplinären Forschung heraus, sondern auch zu neuen Forschungsansätzen, die sich in transdisziplinären Ansätzen und Erkenntnissen niederschlagen müssten (Brunnengräber et al. 2004). Mit der Forderung nach Inter- und Transdisziplinarität geht eine Verknüpfung von Sozialem, Politik, Ökonomie und Ökologie einher. Es wäre deshalb verkürzt, den Klimawandel als reines Umweltproblem zu bezeichnen. Genau dies aber geschieht oft. Weil Wissen, Nicht-Wissen und insbesondere die Wissensproduktion zum festen Bestandteil politischer Auseinandersetzungen um den Klimawandel und seine Bearbeitung geworden sind, kommt die Wissenschaft schließlich nicht umhin, sich mit der Rolle der Medien als Vermittlungsinstanz ihrer Ergebnisse zu beschäftigen. Ihre Erkenntnisse finden nur in dem Maße Akzeptanz, wie sie mit problemrelevanten gesellschaftlichen Präferenzen und Konfliktlinien oder den Medienfiltern „Aktualität", „Neuigkeitswert" und „Dramaturgie" übereinstimmen (vgl. Kapitel 5). Das komplexe Problem Klimawandel wird dadurch zu einem leicht verdaulichen, auf einzelne Folgewirkungen beschränktes globales Umweltproblem.

Aus einer sozial-ökologischen Mehrebenenbetrachtung heraus sind es aber gerade die in der Klimaforschung und -politik vernachlässigten Dimensionen, die Zweifel an dem wissenschaftlich und politisch konstatierten Globalcharakter des Klimawandels aufkommen lassen. So führt eine rein naturwissenschaftliche Beschreibung des Treibhauseffektes, die die zu Grunde liegenden ungleichen gesellschaftlichen Aneignungs- und Gestaltungsformen von Natur negiert, zu einer verengten Problembeschreibung (Demeritt 2001), die wiederum nur partielle, politische Antworten zulässt. Vor diesem Hintergrund ist es unumgänglich den engen Blickwinkel der Problembeschreibung zu öffnen. Eine Forderung, der im weiteren Verlauf des Buches nachgekommen werden soll.

Teil II:
Klimapolitik und Öffentlichkeit

4 Klimawandel und Öffentlichkeit

4.1 Wahrnehmung des Klimawandels und Klimadiskurs

4.1.1 Klimabewusstsein im Mehrebenensystem

Erkenntnisse zur öffentlichen Wahrnehmung der globalen Erwärmung sind zum einen wichtig für die Analyse der Herausbildung zivilgesellschaftlichen Engagements, zum anderen sind sie zentral für die Frage nach zivilgesellschaftlicher Kontrolle politischer Akteure und Institutionen. Staatliche Akteure fordern häufig von den Bürgern und Bürgerinnen umwelt- und klimabewusstes Handeln. Das setzt voraus, dass diese über genügend Informationen und Orientierungsvermögen verfügen, um die Tragweite und Relevanz der Umweltprobleme wahrzunehmen. Darüber hinaus erfordert es ein Bewusstsein für individuelles Engagement im Alltag, für das wiederum Handlungsmöglichkeiten Voraussetzung sind. Die bekannten Diskrepanzen zwischen vorhandenem Bewusstsein und dessen Umsetzung in Handlungen treffen auf das Thema Umweltschutz ebenso zu wie auf andere Bereiche des Alltagsverhaltens. Was passiert aber, wenn die Umweltprobleme globale Reichweite besitzen? Erweitert sich die Diskrepanz zwischen Wissen und Handeln bzw. wird dadurch die Forderung nach individuellem Handeln erschwert? Wie werden globale Umweltprobleme wie der Klimawandel überhaupt wahrgenommen und auf welcher Grundlage basiert das Wissen über sie? Dabei spielt für die öffentliche Wahrnehmung nicht zuletzt eine Rolle, wie der Klimawandel über politische Akteure im Mehrebenensystem kommunaler, nationaler und internationaler politischer Regulierung diskursiv behandelt wird.

Die Frage nach klimapolitischem Handeln beinhaltet die Frage nach Handlungsverflechtungen von der globalen bis zur lokalen Ebene. Eine Mehrebenenbetrachtung, die die *Ebenenverflechtung* nicht berücksichtigt, beschreibt Klimapolitik folgendermaßen: Klimawandel wird als globales Umweltproblem angesehen und die politischen Lösungsstrategien werden dementsprechend auf der internationalen Ebene angesiedelt. Als Beispiel hierfür können die Klimarahmenkonvention von 1992 und das Kyoto-Protokoll von 1997 gelten. Die globale bzw. internationale Ebene, auf der sowohl die Problembeschreibung erfolgt als auch die Problemlösung formuliert wird, kann somit als 'Problemlösungsebene' bezeichnet werden.

Die EU-Ebene kann wiederum als 'subsidiäre Verhandlungsebene' beschrieben werden. Sie ist als Einheit Teil der internationalen Klimaverhandlungen teilnimmt und hat (insbesondere im Vergleich zu den USA) bisher den Verhandlungsprozess vorangetrieben. Die nationale Ebene kann als 'Performanzebene' charakterisiert werden, denn die im top down-Prozess verordneten Klimaschutzverpflichtungen der internationalen Abkommen müssen über die nationalstaatlichen Verwaltungs- und Ordnungsapparate umgesetzt werden. Die regionale Ebene repräsentiert die 'Betroffenenebene', auf der Umweltveränderungen beobachtet und gemessen und zu weltweiten Klimaveränderungen in Beziehung gesetzt werden. Für die lokale bzw. individuelle Ebene schließlich wird der Anspruch der Klimabewusstseinsbildung und des lokalen Handelns formuliert. Den Dokumenten der Lokalen Agenda 21[1] und der Klimarahmenkonvention (UNFCCC)[2] zufolge stellt die lokale Ebene die 'Umsetzungsebene' dar und ist deshalb von zentraler Bedeutung. Aus der generellen politischen Forderung nach einer „guten globalen Naturordnung" wird ein global gültiges und allgemein anerkanntes Leitbild abgeleitet und der Umgang mit Natur bestimmt (Neubert/Reusswig 2001).

Für das Klimabewusstsein auf lokaler oder individueller Ebene spielen allerdings Faktoren eine Rolle, die über ein schematisches Mehrebenenverständnis hinausgehen. Neben den genannten Mehrebenenperspektiven, welche von einer globalen Problemdefinition und -regelung ausgehen, die über nationale, regionale und kommunale Institutionen an die Bürger und Bürgerinnen weitergeleitet werden, sind weitere Querschnittsaspekte zu berücksichtigen, die im Folgenden analysiert werden:

– der komplexe Problemzusammenhang,
– wissenschaftliche Unsicherheiten in der Klimadebatte,
– und der medial vermittelte, von zentralen Akteuren geführte Klimadiskurs. Diese haben zentralen Einfluss auf die öffentliche Wahrnehmung und werfen Fragen bezüglich Demokratiedefiziten auf (bspw. von welchem Problemverständnis in der Bevölkerung ausgegangen werden muss und inwieweit dieses auf klimapolitische Entscheidungen zurückwirkt bzw. wirken kann).

4.1.2 Der Umgang mit Unsicherheiten

Klimaforschung hat nicht nur mit der Generierung von Wissen zu tun, sondern auch mit Unsicherheiten und dem Umgang mit Nicht-Wissen. Dies hat damit zu tun, dass sich komplexe Systeme wie die Erde und das Klima nicht vollständig erklären, abbilden und modellieren lassen und alle bislang verfügbaren computergestützten Instrumentarien an ihre Grenzen stoßen. Auch wenn der Aussage, dass sich ein anthropogener, also von Menschen verursachter Treibhauseffekt nachweisen lässt, kaum noch widersprochen wird, so sind damit längst nicht alle Leerstellen beseitigt. Denn die zentralen Fragen bleiben nach wie vor unbeantwortet: Zu welchem Zeitpunkt, an welchem Ort oder mit welcher Intensität macht sich der Klimawandel heute oder in der nahen und fernen Zukunft bemerkbar? Klimaforschung bewegt sich zwangsläufig in einem von Unsicherheiten geprägten Wissensgebiet. Das Arbeiten mit Hypothesen und Wahrscheinlichkeiten ist unumgänglich. Der Unsicherheitsbegriff in der Klimaforschung wird von Jon Barnett definiert „(...) as imperfect knowledge of an event's probability, magnitude, timing and location. Insofar as the future cannot be known with certainty, any attempt to prepare for the future is characterized by uncertainty. In this sense 'a modicum of uncertainty is a universal condition', and it is important to recognize that uncertainty about the future cannot be reduced to zero – what Wildavsky calls 'the principle of irreducible uncertainty'" (Barnett 2001: 981).

Die Untersuchungen klimatischer oder ökologischer Zusammenhänge, die mit Hilfe von Szenarien in Spannbreiten aufgearbeitet werden, sind also für sich genommen in ihrer Aussagekraft und Reichweite begrenzt. Problematisch werden sie vor allem dann, wenn die ihnen immanente Unterkomplexität und der Umgang mit derselben nicht explizit thematisiert und offen gelegt wird. Solange Klimamodelle nicht mit den sozialen, politischen, ökonomischen und kulturellen Wirkungsfaktoren verknüpft werden, können sie der Komplexität des Klimawandels nicht gerecht werden. Schließlich wäre es ohne die Verbrennung der fossilen Energieträger seit dem Beginn der industriellen Revolution, d.h. der Grundlage der industriegesellschaftlichen Produktionsweisen sowie des Konsum- und Mobilitätsverhaltens, nicht zu einem anthropogenen Treibhauseffekt gekommen. Betrachtet man die Kopplung von sozialen und ökonomischen mit ökologischen Wirkungsfaktoren wird deutlich, dass immer auch Interessen mit berücksichtigt werden müssen, wenn über Klimawandel und die daran anknüpfenden Klimaschutzmaßnahmen gesprochen wird.

Die Reduktion von Unsicherheiten in der Klimaforschung durch bessere Modelle und Datengrundlagen allein bietet deshalb keine hinreichende Entscheidungsgrundlage für politisches Handeln. Letztlich bleiben wissenschaftliche Unsicherheiten bestehen und damit auch medienvermittelte Interpretationsspielräume, die in der einen oder anderen Weise zur Durchsetzung politischer Interessen genutzt werden. Da die nationale wie internationale Klimapolitik u.a. mit Fragen nach ökonomischem Wachstum, geopolitischen Strategien und dem Bedürfnis nach einer gesicherten Energieversorgung verknüpft ist, findet Klimaschutz auf einem Konfliktterrain statt (Walk/Brunnengräber 2000: 25ff). Auf diesem Terrain bestehen komplexe Interdependenzen zwischen wissenschaftlichen Erkenntnissen und Unsicherheiten, politischen Interessen und normativ begründeten Forderungen. Es wäre also falsch, von einem klaren Problemverständnis bzw. einer eindeutigen Problemdefinition auszugehen.

4.1.3 Klimawandel zwischen Anerkennung und Skepsis

Die naturwissenschaftliche Klimaforschung hat zahlreiche Erkenntnisse über den Treibhauseffekt, über dessen Ursachen sowie seine Auswirkungen zusammengetragen. Mithilfe mathematischer und rechnergestützter Modelle, in denen verschiedene Einflussfaktoren auf die Atmosphäre, die Ozeane und die Biosphäre berücksichtigt werden, entstehen Klimaszenarien. In der Folge warnt mittlerweile ein großer Teil der Forscher und Forscherinnen vor den möglichen katastrophalen Auswirkungen des Klimawandels. Allerdings lässt sich daraus weder ein einheitliches Problemverständnis noch ein eindeutig definierbares globales Problem ableiten. Zu den mittlerweile weithin anerkannten Ergebnissen der Klimaforschung gehört, dass die durchschnittliche Temperatur auf der Erde aufgrund der anthropogenen Treibhausgase angestiegen ist. In den Projektionen wird darüber hinaus mit Spannbreiten operiert. Die Schwankungsbreite des Anstiegs der globalen Erdoberflächentemperatur wird bis zum Jahre 2100 mit +1,1° bis +6,4° Celsius angegeben (IPCC 2007a), d.h. das Ausmaß des anthropogen bedingten Anstiegs ist nicht exakt vorhersagbar. Dafür herrschen zu große Unsicherheiten: „Die Spanne [...] wird überwiegend bestimmt von der Unwissenheit über das Verhalten der Menschheit. Werden wir multilaterale Abkommen wie das Kyoto-Protokoll einhalten, wie entwickeln sich die ärmsten Länder, sind wir innovationsfreudig genug für ein radikal verändertes Energieversorgungssystem? Das sind wichtigere Punkte als die Frage, wann die Klimamodelle die mittlere Erwärmung genauer berechnen können" (Graßl 2005).

Dass es einen Anstieg der globalen Mitteltemperatur geben wird, wird kaum noch bezweifelt (Rotte 2001).[3] Weitere Annahmen sind, dass es zu regional unterschiedlichen Effekten kommen wird, wobei die Auswirkungen in den so genannten Entwicklungsländern gravierender sein werden als in den Industrieländern, hierbei aber auch lokal spezifischen sozioökonomischen Wirkmechanismen unterliegen (vgl. Kapitel 7). Als potentielle Folgen der Erderwärmung werden das Abschmelzen von Gletschern, der Meeresspiegelanstieg und die Zunahme von Wirbelstürmen und Sturmfluten sowie Dürreperioden genannt. Diese Folgen des anthropogen verursachten Klimawandels können zwar mit einer gewissen Wahrscheinlichkeit dargestellt und die damit verbundenen gesellschaftliche Risiken und Gefahren benannt werden, gleichzeitig lassen sich aber nicht alle gegenwärtigen Klimaereignisse direkt und eindeutig dem Klimawandel zuordnen. Wenn Ereignisse wie Stürme oder Dürren in untypischer Weise gehäuft oder heftiger auftreten, kann allenfalls von Indikatoren gesprochen werden. Diese Unsicherheit wird auf absehbare Zeit bestehen bleiben, sie darf jedoch nicht davon ablenken, dass es die oben genannten „gesicherten Risiken" und hohe Plausibilitäten gibt.

Die globale Erderwärmung bleibt nicht ohne gravierende Auswirkungen auf Klima- und Vegetationszonen, auf den gesamten organischen und anorganischen Haushalt und natürlich auf den Menschen. Allerdings werden die Auswirkungen in Wechselwirkung mit den jeweiligen spezifischen ökologischen, sozialen, ökonomischen und kulturellen Rahmenbedingungen lokal stark variieren. Nur in hoch aggregierter Form und im Diskurs kann daraus ein globales Problem abgeleitet werden.

Trotz der wissenschaftlichen und mittlerweile in den Grundzügen auch politisch weithin anerkannten Meinung, nach der der anthropogene Klimawandel existiert – selbst die USA haben dies mittlerweile im so genannten Pentagon-Report (Schwartz/Randall 2003) sowie auf dem G8-Treffen im Juli 2005 in Großbritannien anerkannt – sind einige Akteure in Wissenschaft, Wirtschaft und Politik nach wie vor anderer Meinung. Seit Beginn des Klimadiskurses gibt es neben den warnenden Stimmen auch die KlimaskeptikerInnen. Sie bewerten auch dann, wenn sie den anthropogenen Klimawandel als gegeben ansehen, die möglichen Auswirkungen als übertrieben oder sehen die Erderwärmung als einen überwiegend natürlichen Vorgang ohne schwerwiegende anthropogene Einflüsse an. So vertritt beispielsweise Nigel Calder die Auffassung, dass die Sonne allein Verursacherin für den Klimawandel sei (Calder 1997). Aaron McCright und Riley Dunlap, die eine Untersuchung über die wissenschaftliche Fundierung der Aussagen von KlimaskeptikerInnen und deren Motivation durchführten, kamen zu dem Ergebnis, dass sich diese häufig weniger mit Forschung beschäftigen, sondern dass ihr Hauptinteresse auf der Verbreitung ihrer Meinungen in der Öffentlichkeit liegt. Darüber hinaus gibt es weitere Arbeiten, die den Einfluss von klimaskeptischen wissenschaftlichen Instituten und Lobbygruppen, die der fossilistischen Energiewirtschaft nahe stehen, auf die Klimapolitik der USA wie auch auf die internationale Klimapolitik analysieren (Levy/Egan 2003; McCright/Dunlap 2003).

Inzwischen ist es auch in der breiten Bevölkerung zu einer Problemwahrnehmung des Klimawandels gekommen, und dies gilt nicht nur für Industrie-

sondern auch für Schwellen- und Entwicklungsländer (Dunlap 1998; European Commission 2005). Dass diese Wahrnehmung aber auf einigen bemerkenswerten Erklärungsfaktoren beruht, wird im folgenden Abschnitt näher erläutert.

4.1.4 Wahrnehmung von Klimawandel und Klimapolitik in der Öffentlichkeit

Nach repräsentativen Ergebnissen internationaler, nationaler und regionaler Umfragen zur Risikowahrnehmung des Klimawandels ist das diesbezügliche Umweltbewusstsein in der Bevölkerung westlicher Industrieländer sehr hoch (BMU 2004; Dunlap 1998; European Commission 2005; Peters/Heinrichs 2004; Zwick 2001). Gleichwohl kann festgestellt werden, dass der Wissensbestand der Bürger und Bürgerinnen über den Klimawandel häufig diffus bis falsch ist, was die Beurteilungsfähigkeit von Laien gegenüber komplexen globalen Umweltproblemen generell in Frage stellt (Bostrom et al. 1994; Dunlap 1998; Kempton 1997; Lorenzoni et al. 2005).

Einer Studie aus Baden-Württemberg zufolge ist Klimaschutz aus Sicht der Bevölkerung, trotz Skepsis im Hinblick auf die Problemlösungskompetenz von nationaler oder internationaler Politik und Industrie, in erster Linie deren Aufgabe und weniger eine Aufgabe der Bürger und Bürgerinnen. Gleichwohl sind sie aber auch skeptisch, ob das Problem Klimawandel durch (nationale oder internationale) Politik und Industrie gelöst werden kann (Höhle 2002; Zwick/Renn 2002). Hohe öffentliche Problemwahrnehmung bei niedrigem Wissensstand und hoher Verantwortungsübergabe an Dritte (politische, ökonomische oder mediale Akteure) hängen dabei eng mit der Problemkomplexität und der Entwicklung des Klimadiskurses, auf den in den folgenden Kapiteln eingegangen wird, zusammen. Es liegt nahe, die unzureichende Problemwahrnehmung des Klimawandels in der Öffentlichkeit auf dessen komplexe zeitlich-räumlich variierende Ursachen-Folgen-Struktur zurückzuführen. Beim Klimawandel handelt es sich um ein so genanntes glokales Problem, bei dem ein Zusammenhang zwischen dem weltweit stattfindenden Ausstoß von Klimagasen und den lokalen Folgen besteht. Gleichzeitig folgt dieser kausale Effekt keinem linearen Zeitfenster, sondern die Folgen des Klimawandels, also Meeresspiegelanstieg, Häufung von Extremwetterereignissen, Abschmelzen von Gletschern etc., treten unregelmäßig und in unterschiedlichen Regionen der Welt auf. Demnach ist die Problemsicht auf den Klimawandel durch Glokalität und Zeit-Raum-Faktoren gekennzeichnet.

Hinzu kommt, dass die globale Erwärmung ein andauernder und von fundamentalen gesellschaftspolitischen Fragen begleiteter Prozess eines nicht abgrenzbaren oder unmittelbar zu lösenden Problems ist. Sowohl Ursachen als auch

Folgen des Klimawandels hängen mit zentralen Fragen der Energieversorgung und -nutzung zusammen, die wiederum in der interessenspolitischen Auseinandersetzung stehen. Die Wahrnehmung des Klimawandels ist deshalb nicht unabhängig von Überlegungen zur Umstrukturierung von gesellschaftlichen Teilbereichen wie Mobilitäts-, Energie- und Güterversorgungssystemen zu verstehen. Gleichzeitig sieht die Öffentlichkeit in den Industriestaaten, nach den genannten Umfragen, in erster Linie negative Auswirkungen des Klimawandels für Entwicklungsländer und für die ferne Zukunft, also für die nachkommenden Generationen. Das Problem scheint also aus westlicher Sicht ausreichend weit weg zu sein, so dass es nicht mit aktuellen alltagsweltlichen Problemen und Bedürfnissen kollidiert.

Der komplexe Zusammenhang verursacht dabei einerseits eine hohe Risikowahrnehmung und andererseits ein niedriges individuelles Verhaltenspotential. Diese Einschätzung wird durch die genannte baden-württembergische Regionalstudie (Höhle 2002; Zwick/Renn 2002) bestätigt, nach der das Risikopotential des Klimawandels im Vergleich zu allen anderen Risikothemen (Gentechnik, Kriminalität, BSE) befragten Personen am Höchsten bewertet wird, gleichzeitig aber aufgrund der vermeintlichen zeitlich-räumlichen Entfernung des Problems kein Handlungsimpuls folgt: „Obgleich die Befragten mit dem Klimawandel hohe Bedrohlichkeit und erhebliches Katastrophenpotential assoziieren, räumen die meisten ein, das Risiko globaler Klimaveränderungen ließe sich durch den Nutzen eines modernen konsum- und komfortorientierten Lebensstiles (mehr als) aufwiegen. [...] Gleichzeitig lässt die raum-zeitliche Ungleichheit in der Risiko-Nutzen-Verteilung den globalen Klimawandel in einem besonders zwiespältigen Lichte erscheinen. Ihm wird hohe Schrecklichkeit und Relevanz zugesprochen, gleichzeitig aber der Problemlösung wegen des verzögerten Schadenseintritts geringe Dringlichkeit eingeräumt. Für die meisten folgt daraus, dass zum jetzigen Zeitpunkt keine Notwendigkeit besteht, persönlich Schritte zu ergreifen." (Zwick/Renn 2002: 138).

4.1.5 Die Genderdimension des Klimabewusstseins

Bei der Frage nach der öffentlichen Wahrnehmung des Klimawandels in Industrieländern ist es im Hinblick auf die Genderdimension wichtig, über rein quantitativ-vergleichende Analysen hinaus auf implizite und explizite Geschlechterverhältnisse hinzuweisen (Weller 2004). Hier steht die Notwendigkeit einer Kategorisierung in Frauen und Männern dem Problem der Stigmatisierung aufgrund dieser Geschlechterkategorien gegenüber. Zentrales Argument für die kategoriale Betrachtung ist, dass die Gegenüberstellung von Männern und Frauen Voraussetzung für die Identifikation von Geschlechtsspezifika ist. Diese kategoriale Trennung sollte aber um die Untersuchung impliziter Geschlechterverhältnisse ergänzt werden, um Rollenzuschreibungen zu verhindern. Der Genderbegriff, der Geschlecht als soziales Konstrukt beschreibt, bildet dabei einen grundlegenden Differenzierungsmaßstab.

Zunächst zur kategorialen, quantitativ-vergleichenden Analyse: Laut repräsentativer Studien unterscheiden sich Frauen und Männer hinsichtlich ihrer Wahrnehmung der natürlichen Umwelt ebenso wie in ihren Einstellungen, ihrem Verhalten und im Betroffenheitsgefühl bei Umweltgefahren (BMU 2004). Auch im Umweltverhalten selbst unterscheiden sich Frauen und Männer. Frauen sind demnach umweltbewusster und technikskeptischer als Männer. In einer in Deutschland durchgeführten Umfrage des Potsdam-Institut für Klimafolgenforschung (PIK) wurde herausgestellt, dass Frauen sensibler auf extreme Wetterereignisse reagieren als Männer (Flechsig et al. 2000). Gemäß der o.g. Umweltbewusstseinstudie des BMU neigen Männer im Gegensatz zu Frauen eher zur Umweltrhetorik, was sich in hohem Umweltbewusstsein, aber einer vergleichsweise gering ausgeprägten Handlungsintention ausdrückt. Frauen gelten häufig als problem- und risikobewusster gegenüber Umweltproblemen, weil sie in größerem Maße für Kindererziehung zuständig sind. Die Atomenergienutzung wird außerdem von Frauen stärker abgelehnt, insbesondere bei höher gebildeten Frauen mit hohem technischem Wissen. Bei Männern hingegen steigt die Akzeptanz von Atomenergie sogar mit zunehmendem Technikwissen (Grunenberg/Kuckartz 2003; Preisendörfer 2001). Die geschlechtsspezifischen Unterschiede im Umweltbewusstsein zeigen sich in der Ursachenbetrachtung, im Umgang mit der natürlichen Umwelt und in der Betroffenheit durch die Folgen von Umweltschäden; dies gilt ebenso für den Klimawandel.

Diese Unterschiede sind jedoch abhängig von Bildungsstatus, sozioökonomischen Rahmenbedingungen, Erwerbsstatus und (finanziellen) Ressourcen von Männern und Frauen. Dies lässt darauf schließen, dass die reine Gegenüberstellung dieser Unterschiede implizite Geschlechterungleichheiten überdeckt, welche nicht direkt auf den Geschlechterunterschied, sondern auf bestehende soziale Differenzen zurückzuführen sind. Beispielsweise müssen die ökologischere Verkehrsnutzung von Frauen oder die bessere Mülltrennung mitunter als Folgen geschlechtsspezifischer sozialer Ungleichheit und nicht als expliziter Verhaltensunterschied zwischen Frauen und Männern interpretiert werden.

Kritik an der Interpretation rein deskriptiver Unterschiede zwischen Frauen und Männern betrifft die Identifizierung von Geschlechterkategorien. Bei der Analyse (vermeintlicher) geschlechtsspezifischer Wahrnehmungs- und Verhaltensmuster muss deshalb zwischen den gesellschaftlichen, kulturellen und ökonomischen Ursachen spezifischer Geschlechterverhältnisse, den daraus resultierenden Geschlechterunterschieden und den daraus wiederum konstruierten Rollenbildern unterschieden werden. Die von Ines Weller vorgeschlagene Systematisierung entlang einer Trennung impliziter und expliziter Genderbezüge kann hierbei hilfreich sein. So können situative Geschlechterunterschiede, zum Beispiel unterschiedliche Risikowahrnehmung, Umweltverhalten, Wissen oder Ressourcennutzung, von impliziten, strukturell-symbolischen Dimensionen der Geschlechterverhältnisse, also dem Verhältnis von Produktion und Reproduktion oder den Konsum-, Einfluss- und Gestaltungsmöglichkeiten der Akteure und Akteurinnen, analytisch getrennt werden (Weller 2004).

4.1.6 Der mediale Klimadiskurs

Aus den vorangegangen Befunden wird deutlich, dass der Klimadiskurs vor dem Hintergrund der genannten klimaspezifischen Charakteristika (Problemkomplexität, wissenschaftliche Unsicherheiten, implizite und explizite Genderaspekte) stattfindet. Um das öffentliche Legitimationspotential für politische Strategien diskursiv zu nutzen ist wesentlich, dass klimapolitische Maßnahmen auf einen bestimmten gesellschaftlichen Resonanzboden stoßen, der entweder kooperativ oder oppositionell sein kann. Nach Karl-Werner Brand bestimmen sieben Faktoren das Agenda-Setting der öffentlichen Klimadebatte (Brand 1995):

1. Die Eigendynamik der wissenschaftlichen Klimadebatte, deren zunehmende Erkenntnisse zu einer Komplexitätszunahme geführt haben.
2. Die nationale Betroffenheit und die Interessenkonstellationen spielen ebenso wie unterschiedliche kulturelle Resonanzen eine Rolle.
3. Die Intensität, mit der Gesellschaften zum Klimaschutz mobilisiert werden können hängt davon ab, wie ihre kulturell bedingte „emotionale Resonanz" auf Umweltprobleme ist. Mythen, Symbole oder Traditionen spielen eine wichtige Rolle für die Mobilisierungsfähigkeit beim Umweltschutz. So hat beispielsweise der Landschaftsschutz in Großbritannien eine hohe emotionale Resonanz.
4. Das klimapolitische Agenda-Setting hängt von zyklischen Verlaufsmustern nationaler (Umwelt-)Stimmungen ab, die von Parteien oder kollektiven Akteuren wie Umweltbewegungen und NGOs beeinflusst werden können. Das öffentliche Aktivierungspotential der Bürger und Bürgerinnen ist abhängig von der aktuellen Resonanzfähigkeit. Ist die nationale Stimmung gerade so,

dass andere, wichtigere Themen in den Vordergrund rücken, gerät Klimaschutz in den Hintergrund und lässt sich nur schwer aktivieren.

5. Die aktuelle Themendebatte ist abhängig von der „politischen Großwetterlage". Jeder Diskurs gibt dabei der Klimadebatte einen anderen Stellenwert. So gab es Ende der 1960er Jahre den kapitalismuskritischen Reformdiskurs, in den späten 1970er Jahren den antimodernistischen Diskurs, in den 1980er Jahren den neoliberalen, postmodernen und in den 1990er Jahren den ökonomischen und sozialen Krisendiskurs.

6. Parteipolitische Machtkonstellationen beeinflussen das klimapolitische Agenda-Setting ebenso, wie

7. die Selektivität der massenmedialen Berichterstattung.

Medien sind dabei Teil eines symbolisch strukturierten Konfliktfeldes, in dem die jeweilige Sicht auf die Umweltproblematik in einem ständigen Prozess rekonstruiert wird. Die beteiligten Akteure verfügen dabei über unterschiedliche Ressourcen, Selektions- und Steuerungsmechanismen. Für den Klimawandel gilt, dass Ursachen und Folgen in erster Linie durch wissenschaftliche Übersetzung und mediale Vermittlung für Laien wahrnehmbar werden. Die für den wissenschaftlichen Prozess üblichen, aber für die öffentliche Wahrnehmung irritierenden Revidierungen in der Klimadebatte haben deshalb zu Verunsicherungen in der Bevölkerung geführt. Dies wiederum verursachte Diskussionen bei internationalen KlimaforscherInnen, ob und zu welchem Zeitpunkt die Öffentlichkeit in die Klimadebatte zu involvieren ist (Weingart et al. 2002). Dabei kommen einige Autoren zu dem Schluss, dass es weniger um die systemimmanenten wissenschaftlichen Unsicherheiten geht, die in den letzten 30 Jahren insbesondere durch die anerkannten IPCC-Berichte geringer wurden und auch so vermittelt werden konnten (IPCC 1995b, 2001b, 2001c, 2007), sondern vor allem um die mediale Vermittlung des Klimawandels (Weingart 2002). Im Zusammenhang damit spielt der Faktor Unsicherheit eine wesentliche Rolle, denn je größer die Unsicherheiten beim Nachweis über Verursachung und Folgen sind, umso stärker ist auch die Interpretationsspanne für die Medien, die mit den Mitteln der Übertreibung und der Selektivität Themen inszenieren.

Peter Weingart hat den medialen Klimadiskurs mit einem Kassandra-Ruf verglichen: Nachdem die Klimawissenschaft das „mediale Katastrophenszenario" seiner Ansicht nach mitzuverantworten hatte, weil der Klimawandel in der erwarteten Heftigkeit damals nicht eintrat, brachte dies denjenigen Wissenschaftler und Wissenschaftlerinnen, die die These des Treibhauseffekts vertraten, einen Glaubwürdigkeitsverlust ein. Weiterhin führte es dazu, dass klimaskeptische Wissenschaft mehr Raum bekam. Infolge dessen sei der Klimadiskurs laut Weingart vorsichtiger und differenzierter geworden, weniger häufig wird der Begriff der „Klimakatastrophe" verwendet, und zunehmend wird auf wissenschaftliche Unsicherheiten und gesicherte Hinweise verwiesen (Weingart 2002; Weingart et al. 2002).

Medien besitzen nicht nur eine vermittelnde Funktion, sondern ebenso eine konstruierende und legitimatorische, indem sie über die Themenpräsenz und die Art der Darstellung auch über deren Relevanz mitentscheiden. Sie nehmen Einfluss durch die Art der thematischen Vermittlung, die selektiv, verzerrt, suggestiv, falsch, einseitig, subjektiv, normativ aber auch aufklärend, informativ, bildhaft, diskursiv etc. sein kann. Ferner reduzieren Medien durch symbolhafte Darstellungen die Komplexität des Klimawandels. Beispielhaft hierfür gilt das oft zitierte Bild der Zeitschrift „Der Spiegel" vom in den Fluten untergehenden Kölner Dom als Übersetzung der Meldungen über den Meeresspiegelanstieg.[4] In derartiger Form überführen die Medien komplexe Zusammenhänge in einfache Kausalitäten und tragen damit dazu bei, dass in der Öffentlichkeit Ängste geschürt werden (so genannte „Angstkommunikation"). Doch die Medien tragen nicht die alleinige Verantwortung für die Aufmerksamkeitsbildung bezüglich des Klimawandels. Vielmehr besteht ein interdependentes Verhältnis zwischen Medien, Wissenschaft und politischen Akteuren.

Die Medien nehmen als Akteure in der Klimadebatte eine Sonderrolle ein, da sie nicht nur Positionen vertreten, sondern außerdem durch ihre Vermittlungsorgane einen Diskurs überhaupt erst möglich machen. Wie stark der Einfluss auf den zyklischen Verlauf der Themenpräsenz beim Klimawandel sein kann, zeigt eine Zeitungsstudie von Anabela Carvalho und Jacquelin Burgess (2005). Die Autorinnen untersuchten über einen Zeitraum von fast 20 Jahren den britischen Klimadiskurs anhand einer Auswertung der Zeitungen Guardian, Observer, Independent und Times. Sie stellen fest, dass zwar einerseits durch die Medienkommunikation die Problematik des Klimawandels überhaupt erst an die Öffentlichkeit übermittelt wird, dass aber andererseits die Problemwahrnehmung stark durch die Schwerpunktsetzung bei der medialen Darstellung beeinflusst wird. Sie unterscheiden zunächst drei Phasen des medialen Klimadiskurses im Vereinigten Königreich Großbritannien und Nordirland. In der Phase zwischen 1985 und 1990 stieg zunächst die mediale Aufmerksamkeit für den Klimawandel signifikant an. Durch die Präsidentschaft Margaret Thatchers entwickelte sich der Klimadiskurs allerdings zu einer neoliberalen Kostendebatte. In dieser Zeit flaute die anfängliche hohe öffentliche Aufmerksamkeit ab, weil die „Klimakatastrophe" nicht wie medial präsentiert und erwartet eintrat. Dementsprechend kam es in den Folgejahren bis Mitte der 1990er in den genannten Tageszeitungen zu einem massiven Rückgang der Klimaberichterstattung. Trotz kleinerer Höhepunkte (Rio Summit 1992 und COP 1 1995) sank die mediale Präsenz. Der zweite IPCC-Bericht 1995 und der Einstieg der internationalen Versicherungswirtschaft in die öffentliche Klimadebatte führten dann zusammen mit dem Kyoto-Protokoll 1997 erneut zu einer hohen öffentlichen Aufmerksamkeit für den Klimawandel. Mit dem dritten IPCC-Report 2001 wurde schließlich die Dringlichkeit zu Handeln forciert. Nicht zuletzt unterstützten regionale Ereignisse (Überflutungen 2000, Hitzewelle 2003) die öffentliche Problemwahrnehmung.

Die Autorinnen der Medienanalyse kommen zu dem Schluss, dass „Dangerous climate change is thus both politically defined and ideologically constrained" (Carvalho/Burgess 2005: 1467). Auch Willy Viehöver kommt in seiner Studie zu der Erkenntnis, dass der Klimadiskurs sehr stark von der medial präsentierten Erzählweise (Narration) abhängt (Viehöver 2004). Er bestätigt den bis in die 1980er Jahre hineinreichenden „Katastrophendiskurs", bei dem die Klimaforscher als narrative „Helden" die Menschheit vor dem drohenden Klimawandel zu retten versuchen. Viehöver geht sogar soweit zu sagen, dass es nur über den Diskurs möglich ist, die Grenze zwischen natürlichen und gefährlichen Klimaveränderungen zu bestimmen und somit Klimawandel öffentlich wahrzunehmen.

Die Kritik an seiner Sichtweise bezieht sich auf die geringe Berücksichtung der den Diskurs bestimmenden Akteure. Denn das hohe Konstruktionspotential des Klimawandels bietet den diskurssteuernden Akteuren auf der Basis wissenschaftlicher Unsicherheiten und Kontroversen eine breite Plattform: „… discourses were transformed as scientific uncertainty was used to sustain different value-based positions with regard to what should be done." (Carvalho/Burgess 2005: 1464).

4.1.7 Das Klima im Diskursverlauf

Seit jeher prägen wechselnde klimatische Bedingungen (Klimavariabilitäten) die Geschichte der Erde und der sie umgebenden Atmosphäre. Dürreperioden, Überschwemmungen oder Hurrikans werden als Naturkatastrophen beschrieben. Für das 21. Jahrhundert jedoch sagt das IPCC eine Reihe von Klimaveränderungen voraus, die auf die erhöhte globale Oberflächentemperatur zurückgeführt werden und nicht auf natürliche Klimaschwankungen: Die Zunahme von Extremwetterereignissen, die Zunahme von Niederschlägen, das Abschmelzen von Polkappen und Gletschern oder das Aussterben von Arten, die sich nicht schnell genug an die veränderten Umgebungstemperaturen anpassen können. Der durch Messungen nachgewiesene Temperaturanstieg von 0,74° Celsius zwischen 1906 und 2005

(IPCC 2007a) und die elf bislang wärmsten Jahre seit 1850, die zwischen 1995 und 2006 gemessen wurden – wobei 2005 das zweitwärmste jemals gemessene Jahr war – gelten als Indizien für eine nicht-natürliche Klimaänderung.

Interessant ist, dass es die auf Grundlage von Modellen berechnete Schwankungsbreite des erwarteten Temperaturanstiegs ermöglichte, dass sich verschiedene Diskursstränge über den Klimawandel, seine Auswirkungen und über Ansätze zur Problembearbeitung in den letzten Jahren herausgebildet haben. Dabei ist ein diskursiver Wandel parallel zum naturwissenschaftlichen Erkenntnisfortschritt des Klimawandels und der politischen Interessenspolitik erfolgt. Nun ist der Klimadiskurs seit der Entdeckung des Treibhauseffekts nicht linear verlaufen. Die Diskursstränge sind eng miteinander verknüpft. Vor allem durch das Zusammenspiel von Unsicherheiten in der naturwissenschaftlichen Klimaforschung und den daraus resultierenden Deutungsspielräumen und Interessenlagen wird klar, dass die entsprechenden Strategien der Problembearbeitung dem jeweiligen Wissensstand und dem daraus resultierenden dominanten Diskurs entsprechen.

Wird der historische Verlauf des Klimadiskurses betrachtet, so können drei Phasen benannt werden (Weingart et al. 2002), die sich aufgrund der jüngeren Entwicklung noch um eine vierte Phase erweitern lässt. Weingart et al. bezeichnen die erste Phase des Klimadiskurses als „selbstbezügliche Phase", in der zwischen Anfang der 1970er Jahre bis Mitte der 1980er Jahre zunächst ausreichende wissenschaftliche Nachweise zur Bestätigung des anthropogen beeinflussten Klimas gesammelt wurden. In dieser Phase steht die Frage im Mittelpunkt, „Ob" ein anthropogener Einfluss auf das Klima, d.h. die Erhöhung des Treibhauseffekts durch die Verbrennung fossiler Brennstoffe und Eingriffe in die Senkenkapazität der Erde, überhaupt vorliegt. In den ersten Jahren der internationalen Klimapolitik im Umfeld der Toronto-Konferenz von 1988 blieb dies die grundlegende Frage.

In der zweiten Phase, die bis zum Anfang der 1990er Jahre reicht, richtete sich die Wissenschaft mit politischen Forderungen zunehmend an die Außenwelt, so dass sie als „politikorientierte Phase" gelten kann. In diesem Zeitraum liegt auch die erste von zwei Enquête-Kommissionen der Bundesregierung „Vorsorge zum Schutz der Erdatmosphäre" (1987-1990), welche im Vergleich zur zweiten, „Schutz der Erdatmosphäre" (1990-1994), von den Autoren als sehr erfolgreich eingeschätzt wird.

Die dritte Phase (1991-1995) wird als „Institutionalisierungsphase" des wissenschaftlichen Diskurses bezeichnet, in der sich das Thema durch die Schaffung von Institutionen wie der Klimarahmenkonventionen (United Nations 1992) und der regelmäßig stattfindenden Conferences of the Parties (COPs, seit 1995) etabliert. Wissenschaftliche Unsicherheiten wurden durch die Berichte des Intergovernmental Panel on Climate Change (IPCC) weitreichend reduziert. So wurde im zweiten Lagebericht des IPCC formuliert: „The balance of evidence suggests a discernible human influence on global climate" (IPCC 1995b: 4). Freilich wurde auch in dieser Phase argumentiert, dass weitere Beweise erforderlich seien, um übereilte und vor allem teure Reaktionen zu vermeiden. Hieran finden die oben beschriebenen Positionen der Klimaskeptiker und -skeptikerinnen Anschluss. Im dritten IPCC-Report wird hingegen der anthropogene Einfluss auf den Klimawandel klar bestätigt: „Carbon dioxide concentrations, globally averaged surface termperature, and sea level are projected to increase under all IPCC emissions scenarios during the 21st century" und „There is new and stronger evidence that most of the warming observed over the last 50 years is attributable to human activities." (IPCC 2005a: 8, 51).

Seither kann der Klimadiskurs um eine vierte Phase ergänzt werden. Sie lässt sich als vertragliche „Etablierungsphase" bezeichnen, die mit den jährlichen Treffen der Unterzeichnerstaaten der Klimarahmenkonvention (UNFCCC) 1995 beginnt. Mit dem Kyoto-Protokoll wurde 1997 ein völkerrechtsverbindlicher Vertrag zur Senkung von Treibhausgasemissionen verabschiedet, der allerdings erst Anfang 2005 in Kraft trat, nach dem er Ende 2004 durch Russland ratifiziert wurde. Trotz Kritik an den zu niedrigen Emissionsreduktionszielen, der Nicht-Einbindung der Entwicklungsländer und an den flexiblen Mechanismen (Emissionshandel, Clean Development Mechanism und Joint Implementation), ist durch die flexiblen Mechanismen eine markwirtschaftliche Strategie völkerrechtsverbindlich vereinbart worden, die kosteneffizient Treibhausgasemissionen reduzieren soll. Das Kyoto-Protokoll hat darüber hinaus eine symbolische Funktion für den politischen Klimadiskurs erlangt.

Während zu Beginn des Klimadiskurses, dass „Ob" zur Disposition steht, ändert sich der Diskurs im Laufe der Zeit hin zu den Fragen „Wie", „Wo" und „Wann". Mit zunehmender Häufigkeit von Wetterextremen und Katastrophen sowie der Zunahme direkter Betroffenheit – auch in den Industrieländern – steigt die Sensibilität für die Auswirkungen des Klimawandels, so dass der anthropogene Treibhauseffekt von einer breiten (Fach-)Öffentlichkeit kaum noch in Frage gestellt wird. Stattdessen rücken Fragen nach den Folgen, dem Ort, der Zeit und dem Ausmaß des Klimawandels in den Vordergrund. Da sich nur die Extremwetterhäufung, nicht aber jedes einzelne Ereignis für sich, mit dem anthropogenen Treibhauseffekt in Verbindung bringen lässt, bleibt eine Restunsicherheit der Folgerisiken weiterhin bestehen. Dabei beeinflussen die Restunsicherheiten die Frage, wie gesellschaftlich auf den Klimawandel reagiert wird: Was ist zu tun, welche Instrumente und Maßnahmen zur Emissionsreduktion sind geeignet und wie wirken diese? Oder wäre es nicht besser, statt teure Maßnahmen zur Reduktion von Treibhausgasen Anpassungsmaßnahmen durchzuführen? Oder auf den technischen Fortschritt zu hoffen? Bei allen Maßnahmen gilt, dass eine Verzögerung auf spätere Jahre riskant ist, da das Klimasystem „träge" ist, d.h. nicht unmittelbar auf Emission senkendes Handeln reagiert.

Bei der chronologischen Betrachtung des Klimadiskurses muss zudem berücksichtigt werden, dass unterschiedliche Akteure und Machtverhältnisse das Diskursfeld mitbestimmen und dadurch Thematisierungsschwankungen und -zyklen beeinflusst werden. Regierungswechsel, wie der in den USA im Jahr 2001, der zum unmittelbaren Rückzug aus dem Kyoto-Prozess führte[5] sowie der Einfluss von nicht staatlichen Akteuren wie Umweltbewegungen, NGOs und Wirtschaftsakteure, haben den Diskursverlauf dabei maßgeblich mitgeprägt.

Es kann festgestellt werden, dass der Klimadiskurs seit seinen Anfängen weniger durch Skepsis und Katastrophismus und mehr durch Fragen der politisch-ökonomischen Regulation beeinflusst wird. Heute steht weniger die wissenschaftliche Glaubwürdigkeit als die Debatte um Emissionsreduktionsziele und Anpassungsstrategien im Mittelpunkt des Klimadiskurses. Dass die Wahl der Klimaschutzmaßnahmen und -instrumente eng mit wirtschaftlichen Interessen verknüpft ist, zeigt sich auch daran, dass sich in der internationalen Klimapolitik ökonomische, marktbasierte Instrumente zur Bearbeitung der sozial-ökologischen Krise durchsetzten (vgl. Kapitel 6). Die hohe öffentliche Aufmerksamkeit nach der Präsentation der Studie des ehemaligen Weltbank-Ökonomen Paul Stern (Stern 2006), bei der er die wirtschaftlichen Folgen des Klimawandels in den Mittelpunkt der Studie stellte, bestätigen dies. Der Bericht bekräftigt, dass ökonomisches Nicht-Handeln im Vergleich zu klimaschützendem Handeln aus Sicht der Unternehmen teurer wird, und zwar um das fünf- bis 20fache.

Inzwischen hat sich mehr und mehr die Erkenntnis durchgesetzt, dass die Risiken des Klimawandels mit Kosten einhergehen. Claudia Kemfert vom Deutschen Institut für Weltwirtschaft (DIW) prognostiziert, dass im Jahr 2100 mit globalen Klimaschäden von bis zu 20 Bill. US-Dollar zu rechnen ist (Kemfert 2005). Bereits seit einigen Jahren klagt die Versicherungswirtschaft, insbesondere die Rückversicherer, über steigende Leistungsansprüche auf Grund von ökologischen Katastrophen (Münchner Rück 2004). Gleichzeitig werden von der Lobby der Erneuerbaren Energien ebenfalls finanzielle Argumente wie die Preisentwicklung auf dem Gas-, Kohle- und Ölmarkt angeführt, um ein schnelles Umsteuern in der Energieversorgung zu unterstreichen. Das Kostenargument spielt vor dem Hintergrund des europäischen Emissionshandels zunehmend eine Rolle in der Bewertung des Klimawandels.

Dies zeigt, dass die Erkenntnis einer Bedrohung von Mensch und Natur durch die Folgen des Klimawandels nicht zu einer Diskussion über ein grundlegendes Umdenken im Mensch-Natur-Verhältnis führt. Stattdessen dominieren ökonomische Instrumente wie der Emissionshandel und die technische Anpassung an die Folgen des Klimawandels, zum Beispiel die Installation von Frühwarnsystemen für Hurrikane oder Techniken zur CO_2-Sequestrierung und -lagerung, die klimapolitische Debatte.

Der Rückblick auf die Entwicklung und die Veränderung des Klimadiskurses lohnt sich nicht zuletzt deshalb, weil er verdeutlicht, wie sich die Debatte um die Identifizierung eines realen „Globalproblems" in eine Debatte um seine Lösungen – und weniger um seine Verursachung – entwickelt hat. Insbesondere in der dritten Diskursphase („Institutionalisierung") ist es zu einer Diffusion der Problemlösungsstrategien gekommen. So wurde der Klimawandel auf der Rio-Konferenz als Teil der Nachhaltigkeitsproblematik und somit als Teilproblem einer sozial-ökologischen Krise, die im Zusammenhang mit Gerechtigkeitsfragen und Ressourcenverbrauch steht, diskutiert. Dies hat zur Diffusion des „Meta-Problems" Klimawandel in eine Vielzahl einzelner Maßnahmen auf allen Ebenen geführt. In der Praxis lässt sich das an der Gründung von lokalen Klimabündnissen nachvollziehen, theoretisch an Arbeiten zur Krisendynamik gesellschaftlicher Naturverhältnisse (Jahn/Wehling 1998).

Im Zusammenhang mit dem zuvor problematisierten Mediendiskurs kann deshalb festgestellt werden, dass es einerseits eine erhöhte öffentliche Aufmerksamkeit des Klimawandels durch das medial vermittelte politische Agenda-Setting als Folge der politischen Institutionalisierung wissenschaftlicher Erkenntnisse gibt. Andererseits darf nicht darüber hinweggetäuscht werden, dass der medial vermittelte politische Diskurs die primäre Quelle der öffentlichen Wahrnehmung ist, vor dessen Hintergrund die tatsächlich stattfindenden Klimaveränderungen und dessen Folgewirkungen interpretiert werden.

4.1.8 Konfliktlinien und Problemfelder

Es kann also festgestellt werden, dass es eine unterschiedliche Problemwahrnehmung zwischen Laien und Klimaexperten und -expertinnen gibt, dass der komplexe Klimawandel ein hohes Konstruktionspotential besitzt und dass die öffentliche Wahrnehmung häufig auf einer geringen oder falschen Wissensgrundlage über den Klimawandel basiert. Diese Erkenntnisse haben, bei einem gleichzeitig feststellbaren Konsens über die Notwendigkeit einer politischen Bearbeitung des Problems, Folgen sowohl für die öffentliche Klimadebatte als auch für die verschiedenen Interessensvertretungen innerhalb der klimapolitischen Diskussion. Die Unkenntnis in der Öffentlichkeit bei gleichzeitiger Akzeptanz der Dringlichkeit politischer Lösungen führt zu einer breiten Legitimationsgrundlage politischer Ziele.

Dies hat weitreichende Konsequenzen und zeigt sich daran, dass die klimapolitische Diskussion als kontrovers strukturiertes Feld bezeichnet werden kann mit Lösungsvorschlägen, die von der Ausweitung der Kernenergie, über die Sequestrierung und unterirdische Lagerung von Kohlendioxid (IPCC 2005a) bis zur „solaren Weltwirtschaft" (Scheer 1999) reichen. Zunehmend wird ein Festhalten an der Atomenergie als Alternative bzw. Ergänzung zur Erneuerbaren Energie mit dem Argument gestützt, dass *erstens* erneuerbare Energien den Energiebedarf (noch) nicht ausreichend decken und dies auch zukünftig schwer erreichen würden. Das gibt der Atomkraft angesichts der Dringlichkeit des Klimaproblems und dem weltweiten „Hunger nach Energie" Auftrieb. *Zweitens* sei Atomenergie quasi-emissionsfreie und somit klimaschützende Energie. Die Risiken, die Atomkraftwerke und Atommüll in sich bergen, werden hinten angestellt. Was die Möglichkeiten der CO_2-Speicherung durch 'Carbon Capture and Storage' angeht wird kontrovers diskutiert. Die Folgewirkungen dieser Technik sind bis dato unbekannt. Wissenschaftliche Unsicherheiten hängen z.B. bei der ozeanischen Sequestrierung mit den unvorhersehbaren Folgen für im Wasser lebende Organismen zusammen (IPCC 2005a).

Die Frage nach den Problemwahrnehmungen im kontroversen Diskursfeld Klima wird – berücksichtigt man das soziale Konstruktionspotential des Klimawandels – zur Frage nach dem jeweiligen Naturbild, Gesellschaftskonzept und den Interessen- und Wertepräferenzen. Ferner gilt, dass der herrschende Diskurs häufig nur von wenigen Akteuren gesteuert wird. So konkurrieren im öffentlichen Klimadiskurs lediglich eine begrenzte Anzahl an Problemdeutungen und Lösungsvorschlägen miteinander. Diese dominanten Akteure müssen identifiziert werden, nicht zuletzt um auch marginalisierte Positionen im Klimadiskurs hiervon abzugrenzen und sichtbar zu machen. Als dominante Strategien lassen sich hauptsächlich ökonomisch-technisch motivierte Lösungen identifizieren. Im Sinne des Wertekonflikts „Klimaschutz contra ökonomische Kosten" sind vorrangig solche Lösungen konsensfähig, die diesen Konflikt auflösen. Was aber durch die ökonomische Argumentationskette aus dem Blickwinkel gerät ist das Problem selbst. Es wird nicht mehr gefragt, wie gut das Klima durch die Instrumente geschützt wird und welche sozial-ökologischen Folgen die am wenigsten kostenintensiven Lösungen haben, sondern danach wie gut es sich in die bestehende markwirtschaftliche Regulationsweise integrieren lässt.

4.1.9 Rückschlüsse für eine Mehrebenenanalyse

Im Rückbezug auf die in der Einleitung formulierten Annahmen, kann festgehalten werden, dass der Klimadiskurs maßgeblichen Einfluss auf die Einstellungsstruktur der Bevölkerung (auf der Grundlage von hohem Risikobewusstsein einerseits und geringem Handlungspotential und den o. g. geschlechtsspezifischen Differenzierungen andererseits) hat. Aufgrund seines hohen Konstruktionspotentials werden Bevölkerungsmeinungen vor allem durch die dominanten Akteure und deren Positionen beeinflusst.

Für eine Mehrebenenbetrachtung ist mit Blick auf den Klimadiskurs deshalb besonders relevant, nicht allein aus einem schematischen Ebenenverständnis heraus die Ebene der BürgerInnen im Wechselverhältnis zu den zentralen Akteuren im Klimadiskurs zu analysieren, sondern darüber hinaus das Kräfteverhältnis zwischen Diskursdominanz und gesellschaftlicher Legitimation auf der Basis des vorhandenen oder fehlenden Klimabewusstseins zu identifizieren.

Ein derartiges Vorgehen ist die Voraussetzung dafür, marginalisierte Diskursstränge sichtbar zu machen. Dabei gilt, dass der hohe Anteil an sozialem Konstruktionspotential des Klimadiskurses maßgeblich zur Instrumentalisierung des Problemgegenstandes beigetragen hat und immer noch dazu beiträgt. Zwar konnten grundlegende Zweifel an der Existenz des Klimawandels durch die Klimawissenschaft ausgeräumt werden, doch besteht weder über den Umgang mit bereits stattfindenden klimatischen Veränderungen noch über die Art und Reichweite gesellschaftspolitischer Lösungen Konsens. Dies zeigt sich an der Bandbreite der politischen Lösungsformeln.

Kommt man noch einmal auf die Diskrepanzen zwischen Klimabewusstsein und (mangelnder) Verhaltensbereitschaft in der Bevölkerung zurück, so ist festzuhalten, dass, selbst wenn durch verstärkte bewusstseinsbildende Maßnahmen ein höherer Informations- und Wissensgrad über Ursachen, Folgen und individuelle Handlungsmaßnahmen erreicht werden würde, dies nicht zwangsläufig zu Klimaschutz im Sinne von Emissionsreduktion führen muss. Dies wiederum hat mit dem dominanten Problemverständnis zu tun, bei dem der Klimawandel nicht als tief greifende Gesellschaftskrise, sondern vielmehr als ökonomisch zu integrierendes ökologisches Problem kommuniziert wird.

In diesem Kapitel wurde gezeigt, dass die Betrachtung des Klimadiskurses aus der Sicht gesellschaftlicher Naturverhältnisse marginalisierte Fragestellungen zutage fördert, die aus einer problemorientierten sozial-ökologischen Perspektive zu anderen Ergebnissen kommen als dies aus der dominanten Sichtweise ökologischer Modernisierung der Fall ist. Damit kann die Annahme, die den Mehrwert einer Mehrebenenanalyse herausstellt, bestätigt werden. Mit anderen

Worten ist die Kenntnis darüber, dass es ein hohes Problembewusstsein der BürgerInnen bezüglich des Klimawandels bei gleichzeitig höherer Handlungsintention gibt, nicht gleichbedeutend mit einer Entschärfung des Problems. Die Diskrepanz zwischen Wissen und Handeln auf individueller Ebene ist nur eine Erklärungsvariable für mangelndes individuelles Klimaverhalten; eine andere ist der Interessen geleitete diskursive Kontext, der sowohl die Bewusstseinsbildung als auch die Handlungsmöglichkeiten maßgeblich beeinflusst.

5 Internationale Klimapolitik

5.1 Die Klimapolitik aus der Mehrebenenperspektive

Der 16. Februar 2005 wird in die Geschichte der Umweltpolitik eingehen. Nach zweieinhalb Jahrzehnten internationaler Klimapolitik trat das Kyoto-Protokoll in Kraft[1] und leitete gleich in mehrfacher Hinsicht eine neue Phase im Ringen um internationalen Klimaschutz ein. Die Reduktion der Treibhausgase ist seither völkerrechtsverbindlich. Die Industrieländer müssen ihre Emissionen bis 2012 um 5,2 Prozent gegenüber dem Basisjahr 1990 verringern. Um dieses Ziel zu erreichen, wurden im Kyoto-Protokoll zwar nur drei flexible Mechanismen verankert, diese aber lassen den Industrieländern einen weiten Handlungsspielraum bei der Frage nach dem *Wie* der Zielerreichung. Seit 2005 vollziehen sich daher beim Emissionshandel, dem Mechanismus für saubere Entwicklung (Clean Development Mechanism, CDM) und dem Mechanismus für gemeinsame Umsetzung (Joint Implementation, JI) dynamische Entwicklungen, die weit über die im Vertragswerk verregelten Bereiche hinausreichen. Nicht alle diese Entwicklungen waren voraussehbar und führen zum gewünschten Ziel der Emissionsreduktion. Den Hoffnungen auf einen weit reichenden Klimaschutz, die mit *Kyoto* heute verbunden wurden, stehen deshalb ganz neue Konfliktlagen gegenüber, die vor allem der komplexen Konstruktion des Emissionshandels wie des CDM geschuldet sind.

Die Arena, in der Klimapolitik, Klimakonflikte und Klimaschutz heute ausgetragen bzw. umgesetzt wird, wird immer unübersichtlicher. Einerseits werden klimapolitische Ziele und Maßnahmen in dem eigentlichen internationalen Verhandlungssystem bestehend aus COPs und MOPs ausgehandelt (Conferences of the Parties/Vertragsstaatenkonferenzen der UN-Klimarahmenkonvention und Member of the Kyoto-Protocol/Mitgliedskonferenzen des Kyoto-Protokolls). An diesen offiziellen Verhandlungen nehmen im engen Sinne nur Regierungsdelegationen der Vertragsstaaten teil. Aber auch Nicht-Regierungsorganisationen (Non Governmental Organisations, NGOs) und privatwirtschaftliche Lobbyverbände versuchen, ihre Interessen in den internationalen Verhandlungsprozess einzubringen. Jenseits dieser formalen zwischenstaatlichen Klimapolitik bestimmen noch eine Vielzahl an „neuen" Akteuren die Bühnen der klimapolitischen Debatten: Hierzu zählen Akteure aus dem Finanzsektor, den Emissionshandelsstellen, Zertifikatehändler, Broker und Spekulanten. Ferner ist der Bedarf an Beratungsfirmen immens gestiegen, zahlreiche Durchführungs- und Prüfgesellschaften konkurrieren auf dem neuen Markt um die richtigen und profitabelsten Wege zum Klimaschutz. Vor allem der Markt mit CDM-Projekten in Schwellen- und Entwicklungsländern boomt. Das Kyoto-Protokoll als Ergebnis langwieriger internationaler Verhandlungen mit dem Ziel der Reduktion der schädlichen Treibhausgase ist heute nur eine, vielleicht sogar die unbedeutendere Seite der klimapolitischen Medaille. Die andere Seite besteht aus der Suche nach *first-mover advantages*, neuen Geschäftsfeldern und -praktiken und den daraus resultierenden ökonomischen Profiten.

Nachfolgend wollen wir darlegen, wie sich diese beiden Seiten einer Medaille aus den internationalen Verhandlungen heraus entwickelt haben, wie es zur Prägung der Medaille kam und welche ersten lokalen und nationalen Wirkungen die flexiblen Mechanismen haben. Schließlich war auch eine Vielzahl anderer Lösungsansätze auf der anfänglichen Agenda der Klimaverhandlungen. Es soll herausgearbeitet werden, warum sich die marktwirtschaftlichen Bearbeitungsformen durchgesetzt haben. Die systematische Darstellung dieser Entwicklung verdeutlicht nicht zuletzt, dass sich Klimapolitik am ehesten als eine Form von Multi-Level-Governance beschreiben und analysieren lässt. Dabei ist bereits die Deutung des Problems als globales Umweltproblem zentral, wie es bereits im Kapitel über die gesellschaftlichen Naturverhältnisse veranschaulicht wurde. Die Regulation des Klimawandels setzt zunächst auf der internationalen Ebene an. Sie findet aber stets unter breiter Beteiligung ganz unterschiedlicher Interessengruppen statt, zu denen neben den Regierungen und den internationalen Organisationen auch die Atom- und Öl-Lobby, die transnational vernetzten, vorwiegend umweltpolitischen NGOs, Gewerkschaften oder die Verbände der erneuerbaren Energien gezählt werden müssen. Spätestens die Implementierung klimapolitischer Maßnahmen auf nationaler Ebene oder am lokalen Ort lässt jedoch die Interdependenzen und Widersprüchlichkeiten zwischen internationaler *top down*-Politik und den *bottom up*-Ansprüchen derjenigen sichtbar werden, die in den Verhandlungen kaum oder gar nicht repräsentiert und schon gar nicht beteiligt sind. Insofern stellt auch die internationale Klimapolitik ein Politikfeld dar, in dem eine Kompetenz-, Ressourcen- und Entscheidungsverlagerung auf die internationale Handlungsebene zu beobachten ist, die nicht konfliktfrei verläuft. Es wird in diesem Kapitel deshalb auch danach gefragt, inwiefern es hier zu einer *Transformation des Politischen* kommt, weil mit dem Entstehen einer spezifischen klimapolitischen Multi-Level-Governance eine Entdemokratisierung politischer Entscheidungs- und Implementierungsprozesse einhergeht.

Das Kapitel gliedert sich wie folgt: In einem historischen Rückblick beschreiben wir zunächst kurz die Vorgeschichte der internationalen Klimaverhandlungen. Daran anschließend werden die wichtigsten Akteure und Institutionen des internationalen Klimaregimes vorgestellt. Hierzu zählen die Regierungen und internationalen Organisationen und darüber hinaus auch verschiedene Länderallianzen sowie die privatwirtschaftlichen Verbände, NGOs und ihre Netzwerke. Wir werden die Entscheidungs- und Verhandlungsprozesse der internationalen Klimapolitik herausarbeiten und dabei verdeutlichen, weshalb sich die Verhandlungen in einem komplexen MLG-System vollziehen, in dem sich lokale, nationale und internationale Ebenen ebenso wie staatliche, unternehmerische und ökologische Interessen permanent überschneiden, im Einklang oder im Widerspruch zueinander stehen bzw. wie es zur sozialen Produktion ganz neuer Räume kommt (siehe die *scale*-Debatte).

Schließlich werden wir die zentralen Regelungsmechanismen, d.h. die flexiblen Mechanismen der internationalen Klimapolitik analysieren. Ihre Herkunft, ihre ProtagonistInnen und ihre Wirksamkeit stehen dabei im Zentrum der Analyse. Im abschließenden Teil werden bestehende Legitimations- und Demokratiedefizite in den Verhandlungsprozessen sowie wichtige Aspekte der Transparenz, Repräsentation und Partizipation thematisiert. Denn bei aller gesellschaftspolitischen und wirtschaftlichen Dynamik, die als Folge internationaler Klimaverhandlungen entstanden ist, stellt neben dem Schutz des globalen Gemeinschaftsgutes Atmosphäre die demokratische Gestaltung dieses Prozesses sowie eine gerechte Nutzen- und Lastenverteilung nach wie vor eine der größten und bisher unerfüllten Herausforderungen einer sozial-ökologischen Transformation der globalen Energiesysteme dar. Und wenig deutet darauf hin, dass die demokratischen Herausforderungen im Rahmen der Verhandlungen zu einem Kyoto II, das heute für die Zeit nach 2012 intensiv diskutiert wird, wirklich angenommen werden.

5.2 Die Vorgeschichte der Klimaverhandlungen

Bereits Ende des 19. Jahrhunderts war die grundsätzliche Möglichkeit der Veränderung der Zusammensetzung der Atmosphäre, z.B. durch das Verbrennen fossiler Energieträger, und der daraus resultierenden Klimaänderung bekannt. Aber erst in den 1970er Jahren begann die Wissenschaft, sich systematisch mit dem Thema zu befassen. Die kontinuierlich ansteigende Kohlendioxidkonzentration und ihre Auswirkungen alarmierten zunächst eine breitere Öffentlichkeit, weniger jedoch politische Entscheidungsträger oder Wirtschaftsverbände. Die erste Weltklimakonferenz 1979 in Genf war daher in erster Linie eine Informationsveranstaltung, auf der WissenschaftlerInnen ihre Erkenntnisse zum Klimawandel präsentierten. Die Regierungen der Welt wurden hier erstmalig dazu aufgefordert, potentielle von Menschen verursachte Änderungen im Klima, die sich nachteilig auf das Wohl der Menschheit auswirken könnten, zu verhindern. Zudem wurde der Entwicklung eines Weltklimaforschungsprogramms (WCRP) zugestimmt, das durch die Weltorganisation für Meteorologie (WMO), das Umweltprogramm der Vereinten Nationen (UNEP) und den Internationalen Rat wissenschaftlicher Vereinigungen (ICSU) getragen werden sollte.

Auf der folgenden zweiten Weltklimakonferenz 1988 in Toronto, an der bereits 137 Staaten und die Europäische Union teilnahmen, wurden schließlich konkrete Verhandlungen über eine Konvention zum Schutz des Klimas eingefordert (Houghton et al. 1990; Ott 1997). Gleichzeitig wurde eine Erklärung unterschrieben, die die Prinzipien der internationalen Klimapolitik festlegte und später Eingang in die Klimarahmenkonvention fand. So sollte fortan der Klimawandel als ein die gesamte Menschheit betreffendes Problem angesehen werden, dem gegenüber alle Länder der Erde mit gemeinsamen aber unterschiedlichen Verantwortlichkeiten verpflichtet sein sollen. Eine Folge der wachsenden Erkenntnis über die damit verbundenen Prozesse war im Jahr 1988 schließlich auch die Gründung des Intergovernmental Panel on Climate Change (IPCC) durch UNEP und die WMO. Hauptaufgabe des zwischenstaatlichen Gremiums aus insgesamt 48 Staaten ist es, den aktuellen Kenntnisstand über Ursachen und Folgen einer globalen Klimaänderung zu bündeln, umfassend darzustellen und zu evaluieren (www.ipcc.ch).

Im Jahr 1990 präsentierte das IPCC seinen ersten Sachstandsbericht[2], der die Situation und die Prognosen der globalen Klimaentwicklung darstellte. Der anwachsende Wissensstand über den Klimawandel und dessen Auswirkungen bot die wissenschaftliche Grundlage für das „Rahmenübereinkommen der Vereinten Nationen über Klimaänderungen", die so genannte UN-Klimarahmenkonvention (Framework Convention on Climate Change – UNFCCC), die im Rahmen der UNCED (United Nations Conference for Environment and Development), der ersten internationalen Konferenz für Umwelt und Entwicklung, im Jahre 1992 in Rio von über 150 Staaten unterzeichnet wurde. In dieser Konvention wird in Artikel 2 das Ziel formuliert, eine „Stabilisierung der Treibhausgaskonzentrationen in der Atmosphäre" zu erreichen, das „eine gefährliche anthropogene Störung des Klimasystems verhindert" (Vereinte Nationen 1992: 5). Diese Stabilisierung soll innerhalb eines Zeitraums erreicht werden, „der ausreicht, damit sich die

Ökosysteme auf natürliche Weise den Klimaänderungen anpassen können, die Nahrungsmittelerzeugung nicht bedroht wird und die wirtschaftliche Entwicklung auf nachhaltige Weise fortgeführt werden kann" (ebd).

Nach der Ratifizierung der Konvention von der festgelegten Zahl von 50 nationalen Parlamenten, trat sie im Jahr 1994 völkerrechtlich in Kraft. Daraufhin folgte, wie in der Konvention festgelegt, 1995 die erste Vertragsstaatenkonferenz (COP) der Klimarahmenkonvention in Berlin. Seither finden Vertragsstaatenkonferenzen im jährlichen Turnus statt. Sie sind als multilaterale und am Konsensprinzip ausgerichtete Regierungskonferenzen konzipiert, d.h. die Regierungsdelegationen der teilnehmenden Nationalstaaten verhandeln miteinander und können nur gemeinsam verbindliche Regelungen verabschieden. Andere Akteure wie NGOs oder die Lobbyverbände der Wirtschaft haben einen BeobachterInnenstatus inne und können versuchen, die Entscheidungen durch öffentliche Stellungnahmen, gezielte Gespräche sowie taktische Koalitionsbildungen zu beeinflussen[3]. Ein Recht auf Mitsprache haben sie jedoch nicht (Oberthür/ Ott 2000; Treber et al. 2000).

5.3 Das Kyoto-Protokoll – eine kurze Genese

Die COP 1 1995 in Berlin wurde von dem zuvor veröffentlichten zweiten Sachstandsbericht des IPCC begleitet. Der von rund 2000 WissenschaftlerInnen und ExpertInnen aus aller Welt verfasste Bericht kam zum Schluss, dass es einen erkennbaren Einfluss des Menschen auf das globale Klima gibt: *„The balance of evidence suggests a discernable human influence on global climate"* (IPCC 1995c: 22). Diese Aussage des IPCC wurde zwar seit der COP 2 1996 in Genf in die Verhandlungstexte integriert. Die deutliche Aussage und wissenschaftliche Fundierung der Ergebnisse dieses IPCC-Berichtes führte jedoch ebenso wenig wie die nachfolgenden wissenschaftlichen Berichte dazu, dass der anthropogene Klimawandel von allen Akteuren als reale Gegebenheit anerkannt wird (wenngleich die Zahl der Skeptiker im Zeitverlauf deutlich zurückgegangen ist). Als Ergebnis bracht die COP 1 1995 in Berlin dann auch nur das Berliner Mandat hervor, das den weiteren Fahrplan der Verhandlungen definierte: Innerhalb von zwei Jahren sollte ein Protokoll verabschiedet werden, das angemessene Maßnahmen gegen den anthropogenen Klimawandel festlegt und zunächst die Industrieländer zu Emissionsreduktionen verpflichtet. Während der darauf folgenden COP 2 in Genf 1996 wurde erneut auf die Notwendigkeit eines Zusatzprotokolls zur Klimarahmenkonvention hingewiesen, welches verbindliche quantitative Ziele festlegt.

Mit der Verabschiedung des „Protokolls von Kyoto zum Rahmenübereinkommen der Vereinten Nationen über Klimaänderungen" – kurz Kyoto-Protokoll – während der dritten COP 1997 in Japan, verabschiedeten die Vertragsstaaten schließlich ein Regelwerk, das sowohl Reduktionsziele und Zeitpläne als auch Instrumente für die Zielerreichung, die so genannten flexiblen Mechanismen, enthält (Kyoto-Protokoll 1997). An dieser bis dato größten und bedeutendsten internationalen Klimakonferenz nahmen neben den über 170 teilnehmenden Nationalstaaten bzw. ihren Regierungsdelegationen mehrere hundert NGOs (Umwelt- und Entwicklungsorganisationen, Wirtschaftsverbände und Unternehmen) und eine Vielzahl internationaler Organisationen als BeobachterInnen teil (Oberthür/Ott 2000: 39). Insgesamt waren über 10.000 TeilnehmerInnen anwesend. Die Verhandlungen wurden jedoch ausschließlich von den Regierungen geführt, bei deutlicher Dominanz vor allem der einflussreichen westlichen Industrieländer (Missbach 1999; Oberthür/Ott 2000; Brunnengräber 2007c). Als zentrale Ergebnisse der Verhandlungen können angeführt werden:

- eine Reduktionsverpflichtung von mindestens 5,2% aller Treibhausgasemissionen innerhalb des Verpflichtungszeitraums 2008 bis 2012 in Relation zum Basisjahr 1990 (Art. 3 Kyoto-Protokoll 1997)[4].
- länderspezifische quantifizierte Emissionsbegrenzungs- und Reduktionsverpflichtungen für die 38 verpflichteten Industrieländer (Annex-B-Staaten gemäß Kyoto-Protokoll)[5]. Die EU-Länder verpflichteten sich dabei auf durchschnittlich 8% Reduktion, die USA auf 7%, während Russland keinerlei Reduktionsverpflichtungen auferlegt wurden.
- Die Einführung der flexiblen Mechanismen: den Emissionshandel und Joint Implementation (JI), die innerhalb und zwischen verpflichteten Industrieländern durchgeführt werden, sowie den Clean Development Mechanism (CDM), der die Verknüpfung zwischen verpflichteten Industrie- und (nicht verpflichteten) Entwicklungsländern darstellt. Außerdem wurde die Berücksichtigung von CO_2-Senken[6] geregelt.

Als Voraussetzung für ein Inkrafttreten des Kyoto-Protokolls einigten sich die Unterzeichnerstaaten auf einen doppelten Schwellenwert: Eine parlamentarische Ratifizierung in mindestens 55 Staaten, die zugleich für mindestens 55% der weltweiten CO_2-Emissionen der Industrieländer verantwortlich sind. Nachdem die USA in Folge der Regierungsübernahme durch die Bush-Administration die Ratifizierung des Kyoto-Protokolls im Jahr 2001 verweigerte, wurde Russland zum Zünglein an der Waage. Das Protokoll konnte erst Anfang 2005 in Kraft treten, nachdem Russland Ende 2004 die Ratifizierungsurkunde bei den UN hinterlegt hatten. Die vereinbarte Reduktionsverpflichtung in Höhe von 5,2%

war jedoch bereits 1997 angesichts der Erkenntnisse des beratenden IPCC weit entfernt von einem anspruchsvollen und ausreichenden Reduktionsziel. Dem hohen Risiko eines weit reichenden, von Menschen verursachten Klimawandels kann damit nicht begegnet werden (IPCC 1995b, 2007). Trotz der in vielerlei Hinsicht unzureichenden Zielsetzungen, Anforderungen und Maßnahmen-portfolios markiert das Kyoto-Protokoll dennoch einen Meilenstein in der internationalen Umweltpolitik: Zum ersten Mal in der Geschichte wurden auf internationaler Ebene völkerrechtlich verbindliche Umweltziele vereinbart und mit dem Protokoll ein Grundstein für internationale und formal verbindliche Anstrengungen zur Reduzierung der Treibhausgasemissionen gelegt.

Der Weg der Ausgestaltung des Kyoto-Protokolls aber blieb steinig. Die Post-Kyoto-Vertragsstaatenkonferenzen befassten sich im Wesentlichen mit der Konkretisierung einzelner Aspekte des Protokolls. Trotz Auseinandersetzungen um vermeintliche „Detailfragen" bestimmten und bestimmen grundlegende Kontroversen die internationalen Klimaverhandlungen. So stand am Ende der beiden auf Kyoto folgenden COPs, der vierten COP 1998 in Buenos Aires und der fünften COP 1999 in Bonn, lediglich die Forderung, die offenen Fragen des Kyoto-Protokolls zu lösen, um den Weg zur Ratifizierung und damit zum Inkrafttreten des Protokolls freizumachen. Diese als „Debatierrunden" oder „Klima-Zirkus" in den Medien herabgewürdigten Verhandlungen (z.B. Oster-mann in Frankfurter Rundschau, 16.02.2005) zeigten bereits auf welch dünnes Eis die Vereinbarungen von Kyoto gebettet waren. Wolfgang Sachs fragte, ob sich die Rettung des Kyoto-Protokolls überhaupt noch lohnt (Sachs 2001) und Hermann Scheer bezeichnet die Anstrengung, Klimaschutz durch internationale Konferenzen bewerkstelligen zu wollen, als „Fata Morgana" (Scheer 2001b).

Die COP 6 2000 in Den Haag stand schließlich unter dem Druck, die end-gültige Klärung der bis dato debattierten Details des Protokolls herbeizuführen. Bei vielen umstrittenen Punkten, wie der Anwendung der flexiblen Mechanismen und der Auslegung der Verrechnung von Kohlenstoff-Senken, der Kontrolle der Einhaltung der Länderverpflichtungen und der Unterstützung der Entwicklungs-länder, waren allerdings die Fronten inzwischen so verhärtet, dass diese Konferenz ohne nennenswertes inhaltliches Ergebnis vertagt wurde. Bezüglich der Senken kam es insbesondere zwischen der EU und den USA zu Auseinandersetzungen, da sich die EU nicht bereit erklärte, die Möglichkeit der CO_2-Speicherung in Biomasse in dem Maße als Maßnahme der CO_2-Reduktion anzuerkennen, wie es von Seiten der USA angestrebt wurde (Sachs 2001).

Parallel zu den zähen Verhandlungen um die Ausgestaltung des Kyoto-Proto-kolls veröffentlichte das IPCC den dritten Sachstandsbericht (IPCC 2001d), der die früheren Befunde über die anthropogene Verursachung des Klimawandels bekräftigte. In das Jahr 2001 fiel auch der zweite Teil der COP 6 im Juli in Bonn, die aufgrund der verfehlten Ergebnisse ein Jahr zuvor in Den Haag einen Neuanlauf versuchte. Die Folgekonferenz stand jedoch im Schatten einer wichtigen Wende in der internationalen Klimapolitik: Die neue republikanische Regierung der USA unter George W. Bush verkündete ihre Abkehr vom Kyoto-Prozess (Bush 2001). Damit waren das größte und mächtigste Industrieland und zugleich der größte Treibhausgasemittent aus dem Prozess ausgestiegen. Als zentrale Gründe wurden der ökonomische Schaden einer solchen Verpflichtung für die US-Wirtschaft sowie die Nicht-Verpflichtung von großen Entwicklungsländern wie China und Indien genannt. Damit rückten auch andere Staaten von vorher vereinbarten oder angenäherten Positionen ab, was die Verhandlungen in Bonn äußerst schwierig und die Fragilität des Klima*regimes* deutlich werden ließ.

Die Blockadepolitik der US-Administration mobilisierte aber insbesondere die EU und ihre Mitgliedstaaten, in der Ausgestaltung des Regelwerkes eine Vorreiterrolle zu übernehmen und das Kyoto-Protokoll auch ohne die USA auszugestalten. „Für einen Moment", so schreibt Sachs, „zeichnete sich gar ab, dass (...) mit der Klimafrage ein (...) Umweltthema zu einem Stück europäischer Identität gegenüber Amerika verhelfen könnte" (Sachs 2001: 854f). Allerdings mussten zur Erlangung einer Einigung nun weitgehende Zugeständnisse an andere Vertragsstaaten wie Japan, Australien, Russland und Kanada gemacht werden (Treber et al. 2003). Dies war sicherlich mitverantwortlich dafür, dass schließlich nur ein Minimal-Konsens in Bezug auf die wesentlichen Geltungsbereiche des Kyoto-Protokolls erzielt werden konnte. Die EU untermauerte ihre Vorreiter- und Antreiberposition dadurch, dass sie unabhängig vom Ausgang der internationalen Klimaverhandlungen zur Erfüllung ihrer eigenen Reduktionsverpflichtungen im EU-Raum die Einführung eines Emissionshandels beschloss.

Obwohl von vielen KonferenzbeobachterInnen das politische Signal, auch ohne die USA am Prozess einer international koordinierten Politik zum Schutz des Klimas festzuhalten, grundsätzlich positiv gedeutet wurde, blieb der Zweifel an der Effektivität, Umsetzbarkeit und Glaubwürdigkeit des Kyoto-Protokolls erhalten. Hinzu kam, dass die weiteren Konferenzen erneut geprägt waren von Detailverhandlungen, den Zugeständnissen an die Länder mit neuer Verhandlungsmacht (wie Russland) und dem „Warten auf die Ratifizierung Russlands" (Treber et al. 2003). Trotz der deutlichen Absage der USA gegenüber dem Kyoto-Prozess sendete die COP 7 2001 in Marrakesh das Signal aus: „Multilaterale Klimapolitik ist möglich". Allerdings verblassten der gemeinsame politische Nenner schnell vor dem Hintergrund des Ansteigens der CO_2-Emissionen, der voranschreitenden Erderwärmung und den sozial-ökologischen Folgen der anthropogenen Störung des Klimas. Als Ergebnis der COP 7 standen die so genannten „Marrakesh Accords" (UNFCCC 2002, UNFCCC 2001), „that finally pave the way for the entry into force of the Protocol" (Ott 2001). Zu den inhaltlich wichtigen Punkten der 245 Seiten umfassenden Vereinbarungen zählen die bislang detailreichsten Regelungen zur Implementierung der flexiblen Mechanismen, auch wenn viele respektiven Formulierungen weiterhin sehr vage blieben: So konnte eine konkrete Begrenzung der Anrechnungshöhe von CO_2-Reduzierungszertifikaten, die im Rahmen von CDM- oder JI-Projekten „ex-situ" – also außerhalb der jeweiligen nationalstaatlichen Territorien der Industrieländer – zur Erreichung nationaler Reduktionsziele erzielt werden, nicht durchgesetzt werden. Vielmehr lautet die Formulierung der Marrakesh Accords, dass „the use of the mechanisms shall be supplemental to domestic action and that domestic action shall thus constitute a significant element of the effort made by each Party" (UNFCCC 2001). Somit blieb über die Regulierung des Verhältnisses zwischen inländischen und nicht-inländischen CO_2-Reduktionen auf internationaler Ebene den jeweiligen Verpflichtungsstaaten eine Hintertür für die Auslagerung ihre Reduktionsverpflichtungen offen.

Weiterhin schufen die Marrakesh Accords die politisch-rechtlichen und institutionellen Grundlagen für die weitere Ausgestaltung des klimapolitischen Nord-Süd Verhältnisses (Mace 2006). Ein besonderes Augenmerk lag dabei auf den so genannten „Least Developed Countries" (LDCs), deren Verwundbarkeit gegenüber den Folgen des Klimawandels als besonders hoch und deren Anpassungskapazitäten als besonders gering eingeschätzt werden (vgl. Kapitel 8). Zentrale Ergebnisse der COP 7 im Bereich Anpassung sind die Etablierung spezifischer Transfer- und Unterstützungsmechanismen zum Ausgleich zwischen Nord und Süd. Dies drückt sich u.a. in der Etablierung eines für LDCs entwickelten Planungsinstruments aus, den „National Adaptation Programms of Action" (NAPAs). Ziel dieser in nationaler Verantwortung zu erstellenden Planungs- und Koordinationsinstrumente ist es, die zentralen und „drängenden" Anpassungserfordernisse zu identifizieren, „whose further delay could increase vulnerability, or lead to increased costs at a later stage" und diese horizontal in andere Politikbereiche hinein zu kommunizieren (UNFCCC 2002: 28/CP.7)[7]. Ferner wurden über die Einrichtung von drei Finanzfonds auf globaler Ebene – der „Special Climate Change Fund" (SCCF), der Least Developed Country Fund (LDC-Fund) und der Adaptation Fund – neue Mechanismen zur Finanzierung von Anpassungsmaßnahmen, -programmen und -planungen in den Ländern des „Südens" institutionalisiert (vgl. Kapitel 7).

Eine Besonderheit der COP 8 stellten die kontroversen Diskussionen und Auseinandersetzungen dar, die insbesondere zwischen Industrie- und Entwicklungsländern – genauer EU versus Entwicklungsländer versus USA/Saudi Arabien/OPEC – über die möglichen Ziele und Prioritäten für die Zeit nach Ende der ersten Verpflichtungsperiode (2008-2012) entstanden waren. Die Europäische Union und die Entwicklungsländer (wie die G77) zogen seit der ersten COP in Berlin lange Zeit am gleichen Strang. In Delhi kam es jedoch zu Konflikten, da die Entwicklungsländer internationalen Klimaschutz nur in Verbindung mit Entwicklungs- und Gerechtigkeitszielen vertreten wollten, während die EU nach wie vor allein den Klimaschutz als oberstes Ziel der COPs ansah (Brunnengräber 2002b, vgl. Kapitel 8). In Delhi wurde auch die Ausarbeitung eines Arbeitsprogramms zum Artikel 6 der Klimarahmenkonvention festgeschrieben. Die Nationalstaaten werden darin aufgefordert in Kooperation mit den zwischenstaatlichen Organisationen, den NGOs und kommunalen Organisationen sowie dem privaten und öffentlichen Sektor bis 2007 ein Arbeitsprogramm über Bildungsangebote, Öffentlichkeitsarbeit und bewusstseinsbildende Maßnahmen aufzustellen.

Nachdem auf der COP 9 2003 in Mailand nur vergleichsweise kleinere Ergänzungen offener Umsetzungsfragen erreicht wurden, stand die COP 10 2004 in Buenos Aires im Zeichen des bevorstehenden Inkrafttretens des Kyoto-Protokolls, denn im Oktober desselben Jahres hatte die russische Duma das Kyoto-Protokoll ratifiziert. Dass Russland zustimmte, kann zum einen auf weitere Zugeständnisse in den Regelbereichen von „hot air" und Senken zurückgeführt werden, zum anderen aber auch auf die Zusage der EU, Russland in seinen Bestrebungen hinsichtlich einer WTO-Mitgliedschaft zu unterstützen (Brunnengräber et al. 2004). Zudem wurde ein Arbeitsprogramm für Anpassungsmaßnahmen an die Klimaveränderungen in Entwicklungsländern verabschiedet. Während der vorausgegangenen beiden COPs in Neu Delhi (2002) und Mailand (2003) verblasste das in Marrakesh aufgekeimte Interesse an der Frage der Anpassung in den Hauptverhandlungen[8] erneut. In beiden Konferenzen wurden konkretisierende Richtlinien für die drei Finanzfonds verabschiedet sowie Versprechungen der Industrieländer hinsichtlich der Einzahlung von Mitteln in diese Fonds beteuert und wiederholt. Erst die COP 10 in Buenos Aires sollte zu einem Meilenstein in der Aufwertung der Anpassungsthematik in den internationalen Verhandlungen werden und wurde inoffiziell auch als die „Anpassungs-COP" bezeichnet. Das verabschiedete *Buenos Aires programme of work on adaptation and response measures* kann jedoch aus Sicht der faktisch Betroffenen nicht als der große Wurf gesehen werden. Außer der Aufforderung an das SBSTA, ein „*five-year-*

programme of work on the scientific, technical and socio-economic aspects of impacts, vulnerability and adaptation" zu entwickeln, beinhaltet das Aktionsprogramm keine konkretisierenden Verpflichtungen der Industrieländer gegenüber dem Süden (vgl. Dietz 2006; Brouns et al. 2004).

Schließlich gewann in Buenos Aires die Diskussion über die weitere Zukunft der internationalen Klimapolitik nach der Verpflichtungsperiode 2008-2012 an Brisanz. Die USA, Indien und die Mitgliedstaaten der OPEC lehnten eine Erörterung weiterer Klimaschutzverpflichtungen kategorisch ab. Seither steht ungeachtet dieser Ablehnung die Ausweitung der Verpflichtungen auf bestimmte Entwicklungs- und Schwellenländer auf der Tagesordnung. Mit dem Inkrafttreten des Kyoto-Protokolls nach der COP in Buenos Aires gingen zudem zwei weitere Entwicklungen einher: Zum einen wurden die internationalen Klimaverhandlungen noch komplexer. Zusätzlich zu den jährlichen Zusammenkünften der Vertragsstaaten der Klimakonvention, den COPs, finden seither auch die Konferenzen der Vertragsstaaten des Kyoto-Protokolls statt, MOPs (*Meeting of the Parties of the Kyoto Protocol*) genannt. Zum anderen reagierte die US-Regierung auf die Ratifizierung des Kyoto-Protokolls, die auch als deren diplomatische Niederlage auf der internationalen politischen Bühne gewertet werden kann (Ostermann 2005), mit der „*Asia Pacific Partnership on Clean Developement and Climate*" (APP). Diese Partnerschaft kann als ein bewusst inszeniertes Alternativkonzept bezeichnet werden, durch das versucht wurde, die Aufmerksamkeit von der internationalen Klimapolitik auf bi- und multinationale Partnerschaften zu lenken, in denen vor allem freiwillige Maßnahmen der Privatwirtschaft im Vordergrund stehen. Auf diese Weise sollten die verbindlichen Verpflichtungen des Kyoto-Protokolls unterlaufen und die asiatischen Wachstumsländer in die US-amerikanische Klimastrategie eingebunden werden.[9]

Bisher haben die Aktivitäten dieser Partnerschaft zu keinem nennenswerten Ergebnis geführt. Zudem ist der politische Dialog mit den stark wachsenden Ländern wie China, Indien und Brasilien seit dem G8-Treffen 2005 in Gleneagles, aber auch mit dem Treffen 2007 in Heiligendamm auf die Ebene der G8-Verhandlungen verlagert worden, während in den USA zunehmend die subnationale Ebene aktiv wird. Die Zahl der US-Bundesstaaten wie z.B. Kalifornien, die sich dem Thema Klimaschutz und dem Kyoto-Protokoll öffnen und selbst ambitionierte Ziele und Maßnahmen formulieren (Ostermann 2005), nimmt stetig zu. Weil außerdem die US-amerikanische Öffentlichkeit sensibilisierter auf den Klimawandel reagiert und die Konzerne Wettbewerbsnachteile vermuten, wenn sie sich nicht rasch auf effizientere Produktionsweisen umstellen, befindet sich US-Präsident Bush in keiner komfortablen Situation. Er hat zwar seine grundsätzliche Ablehnung der Erkenntnisse der Klimawissenschaft aufgegeben[10], für eine konstruktive Mitarbeit in der internationalen Klimapolitik sieht die Bush-Regierung deshalb aber noch keinen Grund. Dass einige WissenschaftlerInnen bereits davon ausgingen, dass „mittelfristig wieder mit der Unterstützung der USA" (WBGU 2003b), d.h. mit ihrer Re-Integration in die internationale Klimapolitik zu rechnen sei, erwies sich als zu optimistisch (für eine solche Position auch Bals 2007; Germanwatch 2007).

Von einer unterstützenden Mitarbeit auf den Verhandlungen der COP 11 (Mailand) und COP 12 (Nairobi) war die USA dann auch weit entfernt. Die Sorge vor den First-Mover-Disadvantages ließ die bekannte „Allmende-Konstellation" (USA vs. Schwellenländer vs. EU) aufleben und führte mit Blick auf die Debatten über die Post-Kyoto-Periode zu keinerlei Ergebnissen (Bals 2007: 8).[11] Dagegen nährten sich auf einem anderen internationalen Parkett neue Hoffnungen: Beim G8-Gipfel in Heiligendamm erkannten die Staats- und Regierungschefs sowohl den anthropogenen Klimawandel an, wie er im 4. IPCC-Bericht von 2007 neuerlich unterstrichen wird, als auch die Vereinten Nationen als das legitime Organ für weitere Klimaverhandlungen (Bundesregierung 2007). Alle Staaten in Heiligendamm riefen dazu auf, sich „konstruktiv an der UN-Klimakonferenz im Dezember 2007 in Bali/Indonesien zu beteiligen mit dem Ziel, eine umfassende Übereinkunft für die Zeit nach 2012 (Kyoto-Folgeübereinkommen) zu erzielen, die alle wesentlichen Emissionsländer einbeziehen sollte" (Bals 2007: 3).

Doch die Ergebnisse blieben auch bei der COP 13 in Bali weit unter den Erwartungen. Sie wurden dennoch von Politik, Wirtschaft und Zivilgesellschaft eher gefeiert als grundsätzlich kritisiert. Der Charme der dramatischen Schlussverhandlungen wie der Verheißungen auf einen verbesserten Finanz- und Technologietransfer von Nord nach Süd und vor allem der erste Entwurf einer „roadmap" (Straßenkarte) zum Kyoto II-Abkommen reicht bis weit in die Gesellschaft hinein: Die EU freute sich, dass zumindest in einer Fußnote auf die Notwendigkeit weit reichender Emissionsreduzierungen hingewiesen wird[12]; die USA freuten sich, dass es bei vagen Zugeständnissen blieb; die Entwicklungsländer freuten sich, dass sie für eigene Emissionsreduzierungen entsprechende technologische oder finanzielle Gegenleistungen einfordern konnten; und die NGOs freuten sich schließlich, dass unter den gegebenen Bedingungen wenigstens der Weg nach Kyoto II nicht verschlossen wurde. Außer den Bekundungen, an einem multilateralen Prozess – bei freilich weiterhin ungewissem Ausgang – festzuhalten, wurde in Bali kaum Konkretes erreicht. Gezeigt hat sich hier zum wiederholten Mal, dass ganz offensichtlich nur soviel politisch umgesetzt werden kann, wie interessenpolitisch akzeptiert wird. Daran scheinen auch die

sich zuspitzenden Warnungen der KlimawissenschaftlerInnen des IPCC wenig
zu ändern (Dietz/Brunnengräber 2008).

5.4 Die zentralen Akteure und Institutionen im Verhandlungsprozess

Die internationale Klimapolitik wird maßgeblich durch die im vorangegangenen
Abschnitt beschriebenen Verhandlungen zwischen Regierungen, ihren ministe-
riellen Apparaten und durch sich im Zeitverlauf verändernde Länderkoalitio-
nen bestimmt. Klimapolitische Absprachen – wie z.B. die oben angesprochene
Asien-Pazifik-Initiative der USA – spielen de facto kaum eine Rolle. Wie ist vor
diesem Hintergrund die Bedeutung privater (wirtschaftlicher) Akteure auf den
internationalen Klimaprozess einzuschätzen? Die Atomlobby bspw., die Kohle-
und energieintensive Aluminiumlobby oder die Lobby der Automobilindustrie
mussten sich nicht grundsätzlich gegen die politischen Positionen der Regierungen
positionieren. Vielmehr spiegeln sich in den Ergebnissen der COPs nicht zuletzt
die *gemeinsamen* Interessen von Regierungen und privaten Akteuren wieder. Sie
sind häufig deckungsgleich, wenn es um die Absicherung von Standortvorteilen
und der nationalen Wettbewerbsfähigkeit geht. Nationale Nachteile durch eine
internationale Regulierung wurden weitgehend verhindert. Aufgabe der Regierungspolitik ist es daher, zwischen den nationalen wie wirtschaftlichen Interessen
und einer (nationalen) Öffentlichkeit im Verbund der so genannten Staatengemeinschaft Kompromiss zu schließen, die möglichst auf *win-win*-Lösungen
abzielen. Dies verdeutlicht, warum im klimapolitischen Mehrebenensystem eine
Einigung häufig nur auf einen Minimalkonsens möglich ist.

Dem konnten auch NGOs nicht entgegen wirken, deren Rolle sich im Laufe der
Verhandlungen, vom agenda setting bis zur Implementierung, grundsätzlich verändert hat. In den ersten Jahren der Verhandlungen bemühten sich die ca. 360 im
Climate Action Network (CAN) organisierten NGOs, öffentliches Bewusstsein
hinsichtlich der Problemlage und der Notwendigkeit seiner Lösung herzustellen.
Zugleich drängten sie die Regierungen, weit reichende Klimaschutzmaßnahmen
international zu verabschieden. Sie forderten die Pro-Kopf-Angleichung der Emissionen, mehr Gerechtigkeit in den Nord-Süd-Beziehungen und eine andere, das
Klima schützende Wirtschaftsweise. Heute sind viele NGOs zunehmend in die
Umsetzung der Kyoto-Mechanismen eingebunden. Sie übernehmen Beratungs-,
Monitoring- und Kontrollfunktionen und sehen das Kyoto-Protokoll als alternativlos an. Sie können daher auch als „Legitimationsressource" bezeichnet werden,
weil sie dazu beitragen, die Akzeptanz internationaler Beschlüsse zu erhöhen

und ihre lokale Implementierung zu erleichtern (Brunnengräber et al. 2001)
Dagegen hat sich in Bali Widerstand in Form eines neuen, zivilgesellschaftlichen
Netzwerkes geregt, das grundsätzliche Kritik am Protokoll und den flexiblen
Mechanismen übt. Zusammenfassend kann gesagt werden, dass die internationale
Klimapolitik kaum als reine Regierungspolitik im internationalen System erfasst
werden kann. Wichtig sind auch andere Akteure und ihre Funktionen. Daher
wollen wir die Interessenlagen von zentralen Akteuren und Akteursgruppen im
Folgenden darstellen. Wir werden auf Staatenkoalitionen, BeraterInnen und
BeobachterInnen genauer eingehen.

5.4.1 Staatenkoalitionen

Nach der Klimarahmenkonvention können die Unterzeichnerstaaten grob in drei
verschiedene Ländergruppen aufgeteilt werden. Die Annex A-Staaten umfassen
die Industrie- und Schwellenländer, während zu den Annex B-Staaten nur die
Industrieländer gezählt werden. Als Industrieländer zählen dabei die Staaten, die
im Jahr 1992 Mitglieder der OECD waren. Schwellenländer sind z.B. Russland,
die baltischen und viele mittel- und südosteuropäischen Staaten. Die dritte Gruppe der so genannten Nicht-Annex-A-Staaten bilden die Entwicklungsländer. Je
nach Zugehörigkeit weist die Klimarahmenkonvention den Ländern bestimmte
Verpflichtungen und Rechte bei den internationalen Bemühungen gegen den
Klimawandel zu. So wird von den Annex-B-Staaten, also den Industrieländern,
erwartet, dass sie auch für die Entwicklungsländer die finanziellen Grundlagen
für nötige Verminderungs- und Anpassungsmaßnahmen bereitstellen. Sowohl
in den Entwicklungs- als auch in den Schwellenländern sollen die Industrieländer die Entwicklung und den Transfer umwelt- und das Klima schützender
Technologien vorantreiben.

Die Konvention berücksichtigt außerdem die besonders problematische Situation der Nicht-Annex-A-Staaten, also der Entwicklungsländer (inklusive der Least
Developed Countries (LDCs)). So verfügen beispielsweise die besonders vom
globalen Klimawandel bedrohten kleinen Inselstaaten und die Länder mit hohen
Risiken durch Trockenheit und Dürren kaum über die notwendigen Ressourcen,
sich gegenüber einem möglichen Klimawandel zu schützen. Andererseits hängen
die Entwicklungschancen vieler Nicht-Annex-A-Staaten – hier insbesondere
der OPEC-Staaten – häufig stark vom Export fossiler Brennstoffe ab, so dass
sich Klimaschutzmaßnahmen negativ auf ihre wirtschaftliche Entwicklung
auswirken könnten. Daher wird in der UN-Klimarahmenkonvention verlangt,
die speziellen Bedürfnisse und Verwundbarkeiten der Entwicklungsländer in

klimapolitischen Entscheidungen zu berücksichtigen. Gemäß UNFCCC sind die Industrieländer dazu verpflichtet, die Länder, die als besonders vulnerabel gegenüber Klimawandel eingestuft sind, finanziell und technisch zu unterstützen.[13] Auch wenn eine solche Einteilung der Vertragsstaaten in Bezug auf deren Verpflichtungen und Rechte sinnvoll erscheint, erweist sich diese grobe Dreiteilung hinsichtlich der vielfältigen Interessenslagen und Machtkonstellationen nicht nur zwischen, sondern auch innerhalb der verschiedenen, auf den COPs vertretenden Ländergruppen für eine Betrachtung der beteiligten Akteure als nicht ausreichend. So treten die einzelnen Regierungen in den Verhandlungen häufig in anderen, sich neu formierenden und zeitlich befristeten Gruppen und Koalitionen auf, die ähnliche Ziele und Interessen verfolgen. Zum Teil bestehen diese Gruppen bereits aus anderen Zusammenhängen, teils bilden sie sich aber auch erst im Rahmen der Klimapolitik heraus. Dennoch erscheint es sinnvoll, die dynamischen Gruppenprozesse in der Klimapolitik durch eher grobe Kategorien zu systematisieren. Dafür erscheint die Einteilungen der Vertragsstaaten in „Bremser", „Blockierer" „Progressive" und „Unentschiedene" durchaus sinnvoll (Klöppel 2003: 250). Diese Verhandlungsgruppen, die sich im Laufe der COPs gebildet haben, wollen wir nachfolgend kurz beschreiben:[14]

– USA und Japan bildeten zusammen mit Kanada, Australien, der Schweiz, Norwegen und Neuseeland über lange Zeit eine informelle Gruppe, die abgekürzt als JUSCANZ bezeichnet wird.[15] Darin waren vor allem die Industrieinteressen vertreten, weshalb die JUSCANZ in den Verhandlungen als „Bremser" wahrgenommen wurden. Diese Gruppe stellte sich lange gegen bindende Verpflichtungen. Mit dem Austritt aus dem Kyoto-Prozess wollte die USA im Jahr 2001 nicht zuletzt ihren Führungsanspruch in dieser Gruppe unterstreichen. Sie bewirkte damit jedoch eher die Spaltung der Gruppe, weil etwa Länder wie Japan aus dem Prozess keinesfalls ausscheren wollten. Neben den USA spielte auch die frühere, konservative Regierung Australiens zeitweise eine wichtige Rolle in der JUSCANZ, weil sie seine Zustimmung zum Protokoll erst nach dem Zugeständnis der Einbeziehung von Wäldern in die THG-Bilanzierung geben wollte. Im Dezember 2007 machte Australien dann allerdings positiv auf sich aufmerksam. Der neue, nunmehr sozialdemokratische Regierungschef Kevin Rudd (Australian Labor Party) vollzog umgehend nach der Ablösung seines konservativen Vorgängers John Howard die Ratifizierung des Protokolls. Somit standen die USA im Vorfeld der Klimaverhandlungen von Bali als letzte verbliebene „Bremser-Nation" da.

– Die Europäische Union galt lange als „Vorreiterin" in den Klimaverhandlungen, weil sie immer wieder auf weit reichende Klimaschutzmaßnahmen oder anspruchsvollere Zielvereinbarungen hinsichtlich der Emissionsminderungen zielte. Allerdings bietet die EU insgesamt kein einheitliches Bild. Dänemark, die Niederlande und Deutschland verfolgen beispielsweise eine vergleichsweise ehrgeizige Klimaschutzpolitik, haben aber Probleme, ihre Reduktionsverpflichtungen einzuhalten.[16] Die südeuropäischen Länder beharren dagegen auf ihrem Nachholrecht und verwehren sich gegen zu hohe Auflagen. Die neuen Mitgliedsstaaten aus Ost- und Mitteleuropa werden zu den „Schwellenländern" gezählt. Auch hier sind die Emissionen durch den drastischen Rückbau der energieintensiven alten Industriebetriebe im letzten Jahrzehnt stark zurückgegangen (vgl. „hot air"-Problematik im Abschnitt 6.3). Diesen Länderspezifika entspricht das in der EU-Richtlinie zur Umsetzung der Kyoto-Verpflichtungen entwickelte „burden sharing". Es ist Ausdruck der unterschiedlichen Interessen, Möglichkeiten, des Willens und auch der Verhandlungsmacht der „geteilten Verantwortlichkeit" innerhalb Europas. Dennoch wird die EU nach außen hin insbesondere seit dem Austritt der USA aus dem Prozess als ein oder der einzige Hoffnungsträger für eine Weiterentwicklung des Kyoto-Prozesses angesehen. Mit ihrer integrierten Energie- und Klimastrategie vom Januar 2008 und den darin enthaltenen Reduktionszielen in Höhe von 20% bis zum Jahr 2020 sowie ihrer Ankündigung, in Abhängigkeit von den internationalen Verhandlungen ggf. auch höhere Ziele anzustreben (Europäische Kommission 2007a, 2008a), geht die EU weiterhin mit vergleichsweise hohen Zielsetzungen voran. Sie hat aber noch nicht die zusätzlichen Instrumente benannt, mittels derer die Ziele auch erreicht werden können. Offen bleibt auch, wie der steigende Importbedarf an fossilen Energieträgern, die der Wettbewerbspolitik der EU geschuldet sind, und die anspruchsvollen Klimaschutzbemühungen in Einklang gebracht werden können (Wolf et al. 2008).

– Quer zu der Gruppe der Industrieländer des Nordens liegen zusammen mit Russland die G8-Staaten. Von der G8 gingen bis dato aufgrund der heterogenen Zielsetzung keine spezifischen Impulse für die internationale Klimapolitik aus. Vor allem seit Gleneagles 2005 und Heiligendamm 2007 hat das Thema einen hohen Stellenwert in der Politik der G8 (s.o.). Es darf aber nicht vergessen werden, dass die G8-Politik vor allem auf die Versorgungssicherheit mit bezahlbaren fossilen Energieträgern abzielt. Die Versorgungssicherheit war nicht zuletzt einer der Gründe, warum sich die „Gruppe der Sechs" 1975 im Rahmen eines Kamingespräches auf Schloss Rambouillet (Frankreich) gegründet hat. Der Ausbau erneuerbarer Energien soll nun helfen, die fossilen Abhängigkeiten in der Energieversorgung der EU zu verringern. Die Klimapolitik wird dabei der Energiepolitik untergeordnet (Brunnengräber 2007c; Altvater/Brunnengräber 2008).

– Einen nahezu einheitlichen Block bilden in der Klimapolitik die OPEC-Länder, die – gemäß ihrer kurz- und mittelfristigen Interessen einer ungebremsten Nutzung fossiler Energieträger – als „Blockierer" bezeichnet werden und daher häufig mit den USA koalieren.

– Auf der Seite der Entwicklungs- und Schwellenländer sind die schnell wachsenden, großen Schwellenländer, die so genannten BRICS-Staaten Brasilien, Russland, Indien, China und Südafrika, von den wenig entwickelten und deutlich ärmeren Ländern, insbesondere den LDCs zu unterscheiden.[17] Während erstere auf Grund ihrer enormen wirtschaftlichen und industriellen Entwicklung starke Emissionssteigerungen verbuchen müssen, tragen letztere fast vernachlässigbar wenig zum globalen Treibhauseffekt bei. Gleichzeitig werden sie auch auf Grund ihrer geografischen Lage sowie ihrer geringen wirtschaftlichen, infrastrukturellen und finanziellen Ressourcen in besonderer Weise negativ von Folgen des Klimawandels bedroht. Die Entwicklungsländer werden in der Regel durch die Gruppe der 77 (G77) vertreten, unter denen China aufgrund seiner Größe und Wirtschaftsmacht eine Sonderrolle einnimmt (die absolute Menge an ausgestoßenen Treibhausgasen hat sich mittlerweile denen der USA angeglichen). Außerdem muss in dieser Ländergruppe unterschieden werden zwischen Ländern, die über fossile Energien verfügen und diese exportieren können, und jenen, die vom Import dieser Energien und damit von deren Preisentwicklung abhängig sind. Ein gewisser Konsens besteht unter den Entwicklungs- und Schwellenländern hinsichtlich der „Gerechtigkeitsfrage", sofern darunter die globale Angleichung der Pro-Kopf-Emissionen als auch die historische Verantwortung der Industrieländer bei der Verursachung des Klimawandels verstanden wird.

– Die moralische Instanz der Klimaverhandlungen sind neben indigenen Bevölkerungsgruppen die AOSIS-Staaten (Alliance of Small Island States). Letztere sind direkt und existenziell von den Folgen des Klimawandels betroffen, nämlich von einem Anstieg des Meeresspiegels. . Allerdings haben sie nur die Möglichkeit mittels der Kraft von moralischen Appellen, über den Weg der Öffentlichkeit einen Einfluss auf die Klimapolitik zu nehmen. Einen schwerwiegendes Gewicht bei der Aushandlung von klimapolitischen Zielen und Instrumenten haben sie hingegen kaum (Missbach 1999).

5.4.2 Berater und Beratungsgremien

Neben den Regierungen und ihren (wechselnden und strategischen) Koalitionen sind an der internationalen Klimapolitik noch zahlreiche andere Akteure beteiligt, die insgesamt die komplexe institutionelle Architektur der Klimapolitik kennzeichnen. Der regelmäßige Konferenzzyklus aus COPs und MOPs (s.o.) kann nur veranstaltet werden, weil der Prozess von einem ständigen Sekretariat mit Sitz in Bonn begleitet wird. Neben diesen „formalen" Institutionen – dem Rahmen und den Organen – muss aber auch die Rolle von einzelnen Funktionsträgern berücksichtigt werden. So können die jeweiligen Verhandlungs- bzw. Sitzungsleitungen, die in der Regel nach einem festgelegten Verfahren ausgewählt werden, auf den einzelnen Treffen zum Teil erheblichen Einfluss auf den Verhandlungsverlauf und das -ergebnis haben. Auch das IPCC, das nach seiner Größe und Bedeutung als weltweit einzigartiges Gremium bezeichnet werden kann, hat eine wissenschaftliche wie politische Rolle in den Verhandlungen eingenommen. Es hat zuletzt im Jahr 2007 durch die Veröffentlichung des vierten Sachstandsberichts eine große öffentliche Aufmerksamkeit bezüglich des Klimawandels hergestellt und auf die Notwendigkeit des Gegensteuerns hingewiesen. Auf das Sekretariat, auf einzelne Funktionsträger und auf das IPCC wollen wir nun kurz eingehen.

(1) Das Sekretariat der Klimarahmenkonvention (Klimasekretariat oder „Climate Change Secretariat") hat seinen Sitz in Bonn und umfasst mittlerweile rund 200 MitarbeiterInnen (Stand Ende 2007).[18] Zu den Aufgaben des Sekretariats gehören u.a. die Vorbereitung der jährlichen Vertragsstaatenkonferenzen der UN Klimarahmenkonvention und des Kyoto-Protokolls, die Überwachung und Kontrolle der zu implementierenden Vereinbarungen aus beiden Regelwerken, die Beratung der Unterzeichnerstaaten bezüglich der Erfüllung ihrer Verpflichtungen, die Koordination mit anderen UN-Organisationen wie UNDP und UNEP, mit der GEF (Global Environment Facility) und Weltbank sowie die Zusammenarbeit mit dem IPCC. Das Sekretariat wird von einem Exekutivsekretär geleitet, der vom Generalsekretär der UN in Abstimmung mit der COP ernannt wird. Die Mittel zur Finanzierung des Sekretariats werden auf der Basis eines Finanzplans für jeweils zwei Jahre durch die COP bewilligt und im Rahmen eines UN-üblichen Verteilungsschlüssels anteilig von den beteiligten Staaten finanziert. Die Struktur des Sekretariats und seine Aufgabenschwerpunkte werden je nach Bedarf und Politikentwicklung angepasst.

(2) In den Verhandlungen können neben den offiziellen und beisitzenden bzw. beratenden Akteuren auch einzelne FunktionsträgerInnen Einfluss auf das

Ergebnis nehmen. Dies gilt in der Regel dann, wenn sie eine wichtige Schlüsselstellung im Prozess, z.B. als SitzungsleiterIn, SprecherIn etc., innehaben. Als besonders charismatische Einzelperson in den Verhandlungen der internationalen Klimapolitik wird z.B. der ehemalige Leiter der argentinischen Verhandlungsdelegation, Raul Estrada-Oyuela auf der COP 3 in Kyoto erwähnt, ohne den das Kyoto-Protokoll womöglich nicht zu Stande gekommen wäre. Ein weiteres Beispiel ist der indische Umweltminister T.R. Baalu, der auf der COP 8 in Delhi äußerst ambitionierte Ziele verfolgte. Nicht zuletzt dem strategischen Geschick solcher Verhandlungsleiter ist es zu verdanken, dass nicht doch die eine oder andere Klimaverhandlung gänzlich ohne Ergebnis beendet worden wäre.

(3) Ziel des IPCC ist es, umfassende wissenschaftliche, technische und sozioökonomische Informationen bereitzustellen, die für das Verständnis des Klimawandels von Bedeutung sind. Basierend auf diesen wissenschaftlichen Analysen zeigt das IPCC mögliche Szenarien bei der Klimaentwicklung auf. Die Berichte, die das IPCC veröffentlicht (technische, Sonder- und Sachstandsberichte), werden im Auftrag der Konvention erstellt, betreffen aber häufig auch spezielle andere Umweltkonventionen wie bspw. der Wüstenkonvention (Convention to Combat Desertification). Seine mittlerweile vier Sachstandsberichte umfassen jeweils die Analyse des anthropogenen Einflusses auf den Klimawandel, die Bewertung der sozioökonomischen Folgewirkungen sowie der Umweltfolgen, die durch den Klimawandel zu erwarten sind und die Formulierung von Lösungsvorschlägen.

Die in den Sachstandberichten enthaltenen Informationen und Erkenntnisse des IPCC bilden die Grundlage für die Zielsetzungen und Argumentationsstrategien der Akteure auf den COPs. Insofern ist auch die politische Bedeutung, die dem IPCC durch die Auswahl bestimmter Fragestellungen und Forschungsbereiche innewohnt, nicht zu unterschätzen. Dies wird besonders in der zwischen Regierungen ausgehandelten „Zusammenfassung für politische Entscheidungsträger" deutlich (Bojanowski 2007), die immer auch politisch motiviert ist. Die Aussagen über den Klimawandel werden darin eher beschönigend als in ihrer ganzen Dramatik dargestellt. Die Zusammenfassung des vierten Sachstandsberichtes sei vorrangig von RegierungsvertreterInnen mit Unterstützung von Juristen, und nicht durch die IPCC-WissenschaftlerInnen selbst formuliert worden (ebd.). Andererseits tut sich das IPCC nicht durch konkrete Vermeidungsforderungen und –Vorschläge hervor. Beispielsweise spielen erneuerbare Energien in den Analysen und Empfehlungen des Gremiums nur eine untergeordnete Rolle; ihre Potenziale wurden bisher in keinem Bericht spezifisch untersucht (Rowlands 2005). Ein solcher Sonderbericht ist erstmalig auf Antrag der Bundesregierung für 2009 in Aussicht gestellt. Demgegenüber hat das IPCC bereits im Jahr 2005 ausführlich die Frage der Kohlenstoffabscheidung und -speicherung (Carbon Capture and Sequestration – CCS) behandelt (IPCC 2005b). Auch durch diese Art der Selektion wird die politische Bedeutung des IPCC unterstrichen.

In Kapitel 5.1.4 „Wahrnehmung von Klimawandel und Klimapolitik" wird auf die Rolle des IPCC im Zusammenhang mit der Entwicklung des Klimadiskurses eingegangen. Dabei spielt das IPCC als wissenschaftliche Instanz eine wichtige Rolle, um das Umweltproblem ins politische und öffentliche Bewusstsein zu heben. Gleichwohl ist seine Rolle nicht frei von interessengeleiteten Einflüssen der Staaten, die sowohl bei der Entscheidung über das Arbeitsprogramm des IPCC als auch bei der Formulierung der Inhalte starken Einfluss nehmen.

5.4.3 „BeobachterInnen" der Verhandlungen

Die Gruppe der BeobachterInnen bzw. der Institutionen mit BeobachterInnenstatus ist sehr weit gefasst und unspezifisch. Sie umfasst verschiedene UN-Organisationen von UNEP über UNDP bis zum IPCC, internationale Organisationen, die thematisch betroffen sind wie die GEF, die WMO aber auch die OECD und die Internationale Energieagentur (IEA). Die IEA nimmt als zentrale energiepolitische Beratungseinrichtung der Industrieländer bzw. OECD-Länder in der internationalen Klimapolitik eine wichtige Rolle ein.[19] In dieser Funktion hat die IEA traditionell seit ihrer Gründung in Folge der ersten Ölpreiskrise 1974 eine für klimapolitische Bemühungen kontraproduktive Bedeutung: Sie flankiert und unterstützt durch ihre Studien die Ausweitung der Versorgung mit fossilen Rohstoffen und die Energieerzeugung auf der Basis von Großkraftwerksstrukturen. Dennoch ist die IEA nach dem Willen der G8 auch die zentrale Beratungsorganisation in Fragen der Strategiefindung gegen den Klimawandel: in Folge des G8-Gipfels von Gleneagels etwa wurde die IEA beauftragt, eine Klimaschutzstrategie zu entwerfen und die geplanten Maßnahmen auch federführend umzusetzen (G8 2005; IEA 2005a). Dazu gehört u.a. die Verantwortung für die internationale Entwicklung und Verbreitung erneuerbarer Energien. Vor dem Hintergrund der traditionellen Aufgabe und Gründungsintention der IEA erscheint sie jedoch in hohem Maße ungeeignet, gleichzeitig das Anliegen einer verstärkten Verbreitung dezentraler erneuerbarer Energien sowie einer Transformation des Energiesystems in diese Richtung voranzutreiben (Steiner et al. 2004; Pfahl et al. 2005).

BeobachterInnenstatus haben auch die „grünen" umwelt- und entwicklungspolitischen NGOs, die im Detail sehr unterschiedliche Ziele und politische Strategien zum Schutz des Klimas verfolgen können. Um ihre Gewicht in den Verhandlungen zu erhöhen, haben sich die NGOs dennoch zum Climate Action Network (CAN) zusammengeschlossen. Das CAN koordiniert seit 1989 die Arbeit der klimapolitischen Organisationen, deren Zahl mittlerweile auf 365 angestiegen ist (Stand Anfang 2008). Der Großteil der hier versammelten NGOs unterstützt den offiziellen Verhandlungsmarathon, sieht das Kyoto-Protokoll als alternativloses internationales Vertragswerk an und in den flexiblen Instrumenten wichtige Bausteine zum Klimaschutz (z.B. Germanwatch, WWF). Allerdings treten mit den Problemen, die sich bei der Implementierung des Kyoto-Protokolls zeigen, auch soziale Bewegungen und Organisationen wieder stärker in Erscheinung, die dem Protokoll, den marktwirtschaftlichen Instrumenten und den einflussreichen Akteuren in den Verhandlungen eher kritisch bis ablehnend gegenüber stehen (etwa das Transnational Institute (TNI) und Carbon Trade Watch).[20]

Vorwiegend die ressourcenstarken und insbesondere transnational ausgerichteten NGOs sind jedoch in der Lage, das Verhandlungssystem kontinuierlich zu begleiten. Zeitlich, terminologisch, inhaltlich und von ihren Aktionen her beziehen sich die NGOs affirmativ auf den entstandenen institutionellen Rahmen und arbeiten sich in die jeweiligen inhaltlichen Themenvorgaben ein, um gezielte Vorschläge in den internationalen Verhandlungen platzieren zu können. Neben den Lobby- und Monitoring-Aktivitäten sowie der Intervention mittels Expertisen wird von den NGOs auch eine intensive Öffentlichkeitsarbeit betrieben. Eine professionelle Pressearbeit, internationale Kampagnen oder öffentlichkeitswirksame Aktionen transportieren zwar die Kritik an der öffentlichen Agenda, weitgehend aber wird der Klimaprozess produktiv begleitet.

Aus der Binnenperspektive des CAN treten allerdings Konflikte zwischen konkurrierenden „Groß"-NGOs, zwischen finanzstarken und finanzschwachen NGOs oder zwischen NGOs der Umwelt- und der Entwicklungspolitik auf. Von Seiten der Süd-NGOs (auch wenn es sich hier um keine per se homogene Gruppe handelt) wurde bspw. die Frage nach der entwicklungspolitischen Bedeutung der Kyoto-Instrumente oder die Frage nach sozialer *Gerechtigkeit* wesentlich stärker betont als von Nord-NGOs, die sich innerhalb der Klimaverhandlungen deutlicher auf umweltpolitische Fragestellungen konzentrierten. Hieraus wird die enge Orientierung der NGOs an ihrem jeweiligen nationalen Kontext deutlich. Erst mit den Maßnahmen im Rahmen des CDM (s.u.) werden die Interdependenzen zwischen umwelt- und entwicklungspolitischen Belangen stärker wahrgenommen und problematisiert.

Die „grauen" NGOs, d.h. die Wirtschaftsunternehmen und deren Verbände, hielten sich lange Zeit eher „im Verborgenen" auf und agierten im Rahmen der Klimaverhandlungen weniger öffentlichkeitswirksam als die Umwelt- und

Entwicklungs-NGOs (Brunnengräber 1997). Dies hat sich jedoch seit der Verabschiedung des Kyoto-Protokolls deutlich gewandelt (Walk/Brunnengräber 2000: 65).[21] Unternehmensverbände haben die ökonomischen Risiken, aber auch Chancen erkannt, die mit der internationalen Klimapolitik verbunden sind und intervenieren heute intensiver. Außerdem findet eine Verschiebung in der politischen Zielsetzung der Verbändepolitik statt. Die Position der „Blockierer" wird geschwächt, während die „Befürworter" technologischer oder Markt generierender Lösungswege auch in der Öffentlichkeit die Diskurshoheit gewinnen. Doch darüber hinaus muss auch die Wirtschaftslobby differenziert betrachtet werden. So unterscheiden sich grundsätzlich die Interessen und Ansichten von Versicherungsunternehmen (insbesondere der Rückversicherer) von denen der Öl- und Kohleindustrie ebenso wie von denen der Automobilkonzerne, der Atomkraftwerksbetreiber oder der sonstigen Groß- und Schwerindustrie. Während der Klimawandel bereits jetzt schwerwiegende finanzielle Folgen für z.B. große Versicherungsunternehmen und Rückversicherer hat, die demzufolge als erste proaktiv reagierten, profitieren beispielsweise die etablierten internationalen Energiekonzerne zunächst angesichts eines weltweit steigenden Energiebedarfs von einer Strategie des „Weiter so". Gleichzeitig entwickeln sich mit der Förderung erneuerbarer Energien neue Wirtschaftsinteressen, die jedoch im Vergleich zu denjenigen der großen Energiekonzernen international eher marginalisiert werden. Dagegen tritt die institutionalisierte Interessenvertretung zur Verbreitung von Atomkraftwerken und fossil betriebenen Großkraftwerken auch während der Klimaverhandlungen massiv in Erschienung (IEA und die Internationale Atom-Energie-Organisation IAEA).

Wir unterteilen vor diesem Hintergrund die Wirtschaftslobby in drei Gruppen: die *Hardliner*, die *Gemäßigten* und die *Fortschrittlichen* (vgl. auch Walk/Brunnengräber 2000: 67ff). Zu den *Hardlinern* zählen wir die konventionelle, häufig energieintensive Industrie, die zur Zeit der Verhandlungen des Kyoto-Protokolls maßgeblich durch die US-amerikanisch geführte Global Climate Coalition (GCC) angeführt wurde.[22] Die Argumentation der GCC – die auch heute noch in Teilen dieser Industriezweige vorherrscht – sah in vielen Klimaschutzmaßnahmen einen Wettbewerbsvorteil internationaler Konkurrenten und lehnte Reduktionsverpflichtungen für die Industrieländer daher grundsätzlich ab. Auch wenn einige Ölkonzerne wie Shell und BP mittlerweile publikumswirksam einen Richtungswechsel vorgeben, in dem sie durch Tochterfirmen und in groß angelegten Werbeoffensiven neue Technologien wie erneuerbare Energien und Brennstoffzellen als für sie zukunftsweisend darstellen und auf Großkonferenzen wie 2002 dem Weltgipfel in Johannesburg ihre gesellschaftliche Verantwortung betonen, bleiben die grundsätzlichen Strategien der Mutterkonzerne in der Regel bestehen. Auf den COPs versuchen VertreterInnen dieser Gruppe insbesondere die Positionen der OPEC-Staaten und der USA zu unterstützen.[23] Die vorgebrachten Argumente der GCC entsprechen auch den wesentlichen klimapolitischen Argumentationslinien der Bush-Regierung.

Zur *gemäßigten* Gruppe zählen wir die Internationale Handelskammer (ICC) und den *World Business Council for Sustainable Development* (WBCSD). Beide Verbände halten globale Maßnahmen und größere Investitionen in klimafreundliche Technologien für grundsätzlich notwendig. Sie sehen dabei sowohl die Kosten und Risiken für manche Wirtschaftzweige, aber auch die Chancen und Wettbewerbsvorteile, die klimaschützende Innovationen bieten. Das so genannte *Clean-Energy-Bündnis* bildet schließlich ein Beispiel für die Gruppe der *Fortschrittlichen*. Ihm gehören Lobbyverbände wie der *European Business Council for a sustainable Energy Future e5*[24] an, die pragmatische Kooperationen mit der Wirtschaft und den Umweltgruppen eingehen. VertreterInnen dieser Gruppe heben insbesondere die positiven Effekte hervor, die klimaschützende Maßnahmen wie Energieeffizienztechnologien und vor allem erneuerbare Energien auf Arbeitsplätze und Wettbewerbsfähigkeit haben können. Auch die oben erwähnten Rückversicherungen können zu dieser Gruppe der *Fortschrittlichen* gezählt werden.

5.4.4 Exkurs: Das demokratische Potential von NGOs

Aus der Beschreibung der unterschiedlichen Akteursgruppen ergeben sich Fragen nach den unterschiedlichen Rollen und Einflussmöglichkeiten der NGOs. Insbesondere wird gefragt, ob NGOs und ihre transnationalen Netzwerke zur Demokratisierung oder eher zur Entdemokratisierung der internationalen Klimapolitik beitragen? Zur Beantwortung dieser Fragen müssen zunächst die unterschiedlichen Aktionsformen der NGOs näher beleuchtet werden. Eine spezifische Aktionsform der NGOs auf globaler Ebene ist die sorgfältige Beobachtung von Unternehmen, Staaten und internationalen Organisationen. Die häufige Verwendung der Silbe „watch" im Namen vieler Organisationen (Germanwatch, CorporateWatch, Global Trade Watch usw.) hebt diesen Aspekt ausdrücklich hervor. NGOs selbst bezeichnen ihre Funktion meist als Wächterfunktion, um ihre Rolle in der internationalen Politik zu kennzeichnen (Walk/Brunnengräber 2000). Darüber hinaus nehmen NGOs und ihre Netze in den Klimaverhandlungen durch ihre Öffentlichkeitsarbeit eine Vermittlungsfunktion zwischen nationaler und internationaler Ebene ein. Sie dienen als MultiplikatorInnen von

Informationen über die internationale Politik, die sie rund um den Erdball streuen. Sie decken Fehlverhalten und Missstände auf, berichten aus ihrem Blickwinkel über die Verhandlungen und weisen auf alternative Handlungsmöglichkeiten und Maßnahmen hin. Indem sie die Aufmerksamkeit für den Treibhauseffekt erhöhen, wird außerdem ein gewisser Rechtfertigungs- und Ergebnisdruck auf die Regierungen erzeugt.

Öffentlichkeitswirksame Protestaktionen, die meist am Rande der jährlichen Klimaverhandlungen stattfinden, sind in diesem Kontext der Ausdruck der Grenzen ihres kooperativen Handelns. Der öffentlichkeitswirksame Protest wird gerade so weit betrieben, dass der Zugang zur Konferenz nicht verspielt und die konstruktive Zusammenarbeit nicht verhindert wird. Mit anderen Worten: NGOs beziehen sich auch aus Eigennutz affirmativ auf den Gesamtprozess der internationalen Klimapolitik. Denn es ist gerade der Strategiemix bzw. die „konfliktive Kooperation", die die relative Bedeutung und Stärke der NGOs ausmacht. In diesem heterogenen Akteursumfeld suchen die NGOs nach den systemimmanenten Spielräumen und nach Möglichkeiten der Kurskorrekturen. Doch hat sich die Rolle der NGOs, wie oben bereits erwähnt wurde, im Zeitverlauf verändert.

NGOs werden als neue vertrauenswürdige Dienstleistungsproduzenten und als kostengünstige Quasi-Unternehmer für Klimaprojekte nachgefragt. Die erheblichen Projektmittel, die die NGOs über internationale Geldquellen wie dem Finanzinstrument der Klimapolitik im Bereich des Nord-Süd Ausgleichs, der Global Environmental Facility (GEF), aber auch durch die Kooperationen mit den Marktakteuren akquirieren können, werden zum Anreizsystem für nördliche NGOs, sich mit Klimaprojekten in den so genannten Entwicklungsländern zu engagieren. Das heißt auch, dass sich ihre politische Organisations- und Handlungslogik verändert. Daraus erwächst schließlich ein Spannungsverhältnis zwischen dem demokratischen Engagement für den Schutz des Klimas, das eher auf die Teilhabe am Prozess, auf Öffentlichkeitsarbeit abzielt sowie auf Versäumnisse und ungleiche Machtverhältnisse hinweist, und den organisatorischen Eigeninteressen, die sich stärker auf die Vermittlung zwischen ökologischen Forderungen mit staatlichen und wirtschaftlichen Interessen und folglich auf die Projektebene konzentrieren.

Darüber hinaus wurden trotz der langen Konsultationspraxis keine transparenten und demokratischen Partizipationsmöglichkeiten für NGOs geschaffen. Einklagbare Beteiligungsrechte existieren nicht. KritikerInnen weisen vielmehr darauf hin, dass die verschiedenen Grade der Beteiligung der NGOs an politischen Entscheidungsprozessen eher negative Folgen für die Zivilgesellschaft haben. Sie führen zu einer Art neuer „Ständestruktur" der Zivilgesellschaft bzw. zu einer Form von „Elitenherrschaft" (Roth 2005). Mit den veränderten Koope-rationsformen und der Öffnung gegenüber zivilgesellschaftlichen und privatwirt-schaftlichen Akteuren verändern sich vor allem auf der supranationalen Ebene die Interessen- und Dominanzstrukturen (Kersbergen/Waarden 2004). Empirische Analysen kommen zu dem Ergebnis, dass die Beteiligung nichtstaatlicher Akteure im Mehrebenensystem selektiv erfolgt und die Kontrolle der Politik durch die BürgerInnen nicht gewährleistet ist (Swyngedouw/Page et al. 2002).

Es ist zu befürchten, dass sich im Mehrebenensystem neben den formalen Strukturen zunehmend informelle und latente Machtstrukturen aus einer Mi-schung aus personellen und organisatorischen Machtkonstellationen herausbil-den, die sich immer weniger am so genannten Gemeinwohl orientieren: „Interest groups at any territorial level are free to lobby government at any number of levels" (Constantelos 1996: 30). Das heißt, dass sich mit der Erweiterung der relevanten politischen Ebenen die Beteiligungsmöglichkeiten für nichtstaatliche Akteure, insbesondere die Einflussmöglichkeiten ökonomischer Akteure erweitert haben. Allerdings bedarf es enormer Ressourcen, um auf supranationaler Ebene aktiv zu werden. So hat Rainer Eising in einer Untersuchung über Interessenvertretungen auf nationaler und EU-Ebene festgestellt: „One important explanatory factor is that multilevel players need to possess substantial governance capacities. Large firms that are highly mobile and well resourced are most likely to represent their interests routinely at both levels of government" (Eising 2004: 236). Sowohl auf europäischer wie auf internationaler Ebene identifizieren Studien massive, Interessen geleitete Interventionen von einzelnen Lobbygruppen (Kassim/Peters et al. 2000). Gerade in der Klimapolitik ließ sich im Verlauf der internationalen Verhandlungen beobachten, dass die umweltpolitischen Gruppen an Einfluss verloren und die Interessen der fossilen Energiewirtschaft sich wirkungsmächtig durchsetzten konnten (Walk/Brunnengräber 2000).

Bei der Frage hinsichtlich des demokratischen Potentials stellt sich zwangs-läufig die Frage nach der demokratischen Legitimation von NGOs bzw. nach der demokratischen Legitimität transnationaler Politik. Während im Natio-nalstaat vergleichsweise noch eine relative Deckungsgleichheit zwischen dem demokratischem Souverän, politischer Beteiligung, Öffentlichkeit und den von gesetzlichen Regelungen Betroffenen besteht, gelten diese Bedingungen für die internationale Politik nicht mehr. Trotz der zunehmenden Bedeutung von Ent-scheidungen, die in inter- und supranationalen Institutionen getroffen werden, ist es den von diesen Entscheidungen Betroffenen kaum noch möglich, sich am Entscheidungsprozess politisch zu beteiligen. „Durch die Internationalisierung der Politik, durch die Etablierung transnationaler politischer Beratungsforen, Verhandlungsrunden und Entscheidungsgremien enteilt die Politik dem Legitimität stiftenden Volkssouverän und kehrt als Fremdherrschaft in den Nationalstaat zurück" (Kersting 2003: 114; vgl. auch Brunnengräber/Beisheim 2006). NGOs stoßen hier, wie oben beschrieben, in ein Vakuum vor und dienen als demokratischer Helfer, um den strukturellen Legitimitätsproblemen internationaler Politik entgegenzuwirken. Sie können aber auch, wie gezeigt wurde, zur weiteren Vermachtung der internationalen Prozesse und Strukturen beitragen.

5.5 Die Kyoto-Instrumente – Funktionsweise und Kritik

Die Zielvorgabe der Klimarahmenkonvention fordert zunächst in unspezifischer Weise die Stabilisierung der Treibhausgaskonzentrationen. Erst im Laufe langwieriger Klimaverhandlungen konnten konkrete Reduktionsziele festgelegt werden. Die „Blockierer"-Staaten, die im Grunde verbindliche Ziele ablehnten, konnten nur durch ausreichend flexible Instrumente zur Zustimmung bewegt werden. Insbesondere auf Druck der US-amerikanischen Wirtschaftslobby und Verhandlungsdelegationen aber auch mit Unterstützung anderer Industrieländer wurden die Kyoto-Instrumente schließlich mit dem Argument verabschiedet, eine möglichst kostengünstige Erfüllung der Verpflichtungen zu gewährleisten (Oberthür/Ott 2000; Treber et al. 2000; Lohmann 2006; Brunnengräber 2007c). Doch eigentliches Ziel war es, eine direkte finanzielle Belastung der heimischen Industrie und Wettbewerbsnachteile möglichst zu verhindern, in dem ausreichend Möglichkeiten (die auch gerne als Schlupflöcher bezeichnet werden) zur Reduktion angeboten wurden. Indem marktwirtschaftliche Instrumente gegenüber ordnungspolitischen Maßnahmen vorgezogen wurden, wurde das bisher ökonomischste internationale Regelwerk geschaffen, das es unter dem Dach der Vereinten Nationen je gab.

5.5.1 Die flexiblen Instrumente

Konkret wurden nur drei neue ökonomische Instrumente eingeführt, die dem Grundprinzip folgen, dass emissionsmindernde Maßnahmen dort durchgeführt werden können, wo sie am kostengünstigsten sind. Kernelement des Kyoto-Protokolls, dem in der Öffentlichkeit die größere Aufmerksamkeit beigemessen wird, ist der Emissionshandel, d.h. der Handel mit Zertifikaten über Emissionsrechte der verpflichteten Industriestaaten. Daneben wurden projektbasierte Instrumente entwickelt, mit denen die verpflichteten Staaten in anderen Ländern anrechenbare

Minderungsmaßnahmen durchführen können: Erstens den Mechanismus „Joint Implementation" (JI), bei dem emissionsmindernde Maßnahmen innerhalb und zwischen verpflichteten Industrieländern durchgeführt werden können, sowie zweitens der „Clean Development Mechanism" (CDM), der zwischen verpflichteten Industrie- und (nicht verpflichteten) Entwicklungsländern Klimaprojekte fördern soll. Außerdem wurde die Berücksichtigung von CO_2-Senken vorgesehen.

Die Funktionsweise des Kyoto-Emissionshandelssystems lässt sich wie folgt beschreiben: Im Emissionshandelssystem wird auf der Basis der im Kyoto-Protokoll festgelegten Reduktionsziele jedem Annex-B-Staat für einen bestimmten Zeitraum eine festgelegte Anzahl CO_2-Zertifikate zugesprochen (im Englischen „Assigned Amount Units" (AAU) oder auch „allowances", also Emissions*erlaubnis*). Die Begrenzung der Emissionsrechte soll zur Erreichung der im Kyoto-Protokoll festgelegten Emissionsminderungsziele und der Handel dieser Rechte zur Realisierung der günstigsten Maßnahmen beitragen. Emittiert ein Land mehr klimaschädliches CO_2, als es ihm laut seiner Zertifikate zusteht, kann es entweder seinen CO_2-Ausstoß verringern, indem es in klimafreundlichere Technologien und Brennstoffe investiert, oder es muss zusätzliche Zertifikate erwerben. Maßnahmen zur Verringerung der Treibhausemissionen müssen also nicht zwingend in einem Annex-B-Staat durchgeführt werden, sondern können in andere Regionen der Erde verlagert werden, wenn sie dort kostengünstiger durchführbar sind. Die Deutsche Emissionshandelsstelle formuliert das so: „Die Idee ist also ganz einfach: Für den weltweiten Klimaschutz ist es unerheblich, wo Treibhausgas-Emissionen abgebaut werden – entscheidend ist, dass sie insgesamt abgebaut werden" (www.dehst.de, ges. 15.01.2008).

Das Kyoto-Protokoll betont zwar, dass der Handel mit Emissionsrechten nur *zusätzlich* zu den nationalen Reduktionsmaßnahmen erfolgen soll, dennoch blieb die vor allem von Entwicklungsländern vorgetragene Forderung, dass mindestens 50% der Emissionsreduktionen innerhalb des jeweiligen verpflichteten Industrielandes umgesetzt werden sollten, genauso chancenlos wie die Diskussionen um quantifizierte Obergrenzen für den Emissionshandel (*cap* oder *concrete ceiling*). Letztlich setzten sich diejenigen durch, die im Bonner Beschluss keine Festlegung auf eine Obergrenze sehen wollten. Lediglich ein „signifikanter Anteil" der Emissionsreduktionen soll im eigenen Land erbracht werden (UNFCCC 2005b). Begrenzt wurde im EU-Emissionshandel (s.u.) aber die Menge, die im Rahmen des CDM generiert und in das Handelssystem des Industrielandes integriert werden kann.

Bei den beiden projektbasierten Instrumenten JI und CDM erfüllen Regierungen oder Firmen (die mit ihren Aktivitäten zur Erfüllung des nationalen Reduktionsziels beitragen) ihre Reduktionsverpflichtungen nicht durch den Ankauf von Zertifikaten, sondern indem sie in einem anderen Land emissionsmindernde Maßnahmen und Projekte durchführen. Beim CDM (Art. 12 Kyoto-Protokoll) kann sich ein verpflichtetes Land oder Unternehmen an einem emissionsmindernden Projekt in einem Entwicklungs- oder Schwellenland beteiligen bzw. dieses finanzieren (kaufen), und sich die Reduktionsgutschriften, die im Vergleich zu einer Referenzentwicklung ermittelt werden, anrechnen lassen. Die Besonderheit dieses Mechanismus liegt darin, dass die Maßnahmen zum Ziel haben, die nicht verpflichteten Staaten – also die Entwicklungsländer – explizit auf ihrem Weg zu einer nachhaltigen Entwicklung zu unterstützen.[25] Der CDM gilt bereits in der ersten Verpflichtungsperiode. Darüber hinaus können auch zertifizierte Projekte ab dem Jahr 2000 rückwirkend berücksichtigt werden.

5.5.2 Allgemeine Kritik an den flexiblen Instrumenten

Das Kyoto-Protokoll wurde auf der einen Seite von den Unterzeichnerstaaten und von vielen der in den Prozess involvierten Akteure als ein bedeutendes internationales Abkommen gefeiert, welches die Tür zu einem wirksamen Klimaschutz aufgestoßen habe. Der damalige UN-Generalsektretär Kofi Annan bezeichnete in seinem Grußwort an die COP 4 (1998) die Annahme des Kyoto-Protokolls als „landmark event" und als „the most far-reaching agreement on environment and sustainable development ever adopted" (zitiert in Treber et al. 2000: 10). Selbst der deutsche BDI begrüßte den „Durchbruch in Kyoto", da er einen globalen Ansatz darstelle und realistische und erreichbare Ziele formuliere. Gleichzeitig wurde jedoch eine zu hohe Last Deutschlands im Rahmen des geplanten EU-burden sharings abgelehnt (BDI 1997). Eine häufig vertretene Position der grünen NGOs war, das der Kyoto-Prozess, wie Germanwatch es ausdrückte, „trotz der bislang unbefriedigenden Reduktionsverpflichtungen und seines langsamen Fortschreitens (…) alternativlos" sei (Treber et al. 2000: 14). „Ein Scheitern des Prozesses würde einen Zeitverlust von zehn Jahren bedeuten, bis möglicherweise neue Anstrengungen auf UN-Ebene Erfolg zeitigen. Es bestünde auch die Gefahr, dass anstatt der völkerrechtlich legitimierten UN selbsternannte Gremien wie die G8 (möglicherweise unter Hinzuziehung einiger zentraler Entwicklungsländer) über die Zukunft des globalen Klimas entscheiden" (ebd.).

Die Unterstützer der flexiblen Instrumente führten (und führen) meist die Flexibilität und Kosteneffektivität bei der Emissionsreduktion sowie die möglichen zusätzlichen Finanzflüsse in Entwicklungsländer als Vorteile an. Der Emissionshandel wurde und wird insbesondere von vielen ÖkonomInnen als

– zumindest in der ökonomischen Theorie – effizientes Instrument gelobt. Zu den BefürworterInnen der Instrumente gehörten bald auch eine Reihe von Umweltverbänden. Viele von ihnen wurden zu Expertinnen der komplexen Materie „Emissionshandel" und sahen darin ein wichtiges Instrument zum Klimaschutz (u.a. WWF, Germanwatch, s.o.).

Eine generelle Kritik an den flexiblen Mechanismen bezieht sich u.a. darauf, dass sie die Reduktionsverpflichtung bzw. die Reduktionsbemühungen in den Industriestaaten aushöhlen können (Loske/Steffe 2001). Axel Michaelowa argumentiert ähnlich, wenn er schreibt, dass das „internationale klimapolitische Regime" zwar institutionell stark, aber in Bezug auf seine Ziele sehr schwach ausgeprägt sei, da sie nicht über das business-as-usual" hinausreichen würden (Michaelowa 2001). Unbegründet ist diese Kritik nicht. So ist der CDM über die *EU-Linking-Directive* unmittelbar mit dem europäischen Emissionshandelssystem verknüpft. Diese Direktive schreibt vor, dass die Mitgliedsstaaten eine Obergrenze für aus dem CDM generierte Zertifikate definieren müssen. Sahen die ersten Entwürfe zum 2. Nationalen Allokationsplan (NAP II) und des Zuteilungsgesetzes in Deutschland noch vor, dass Anlagenbetreiber maximal 12% ihrer Zuteilungsmenge in Form von CDM- und JI-Gutschriften abrechnen können, erhöhte das beschlossene Zuteilungsgesetz diese Quote auf 22% (Brouns/Witt 2008). D.h. deutsche Firmen können 90 Millionen Tonnen CO_2-Zertifikate im Ausland „produzieren" und müssen diese Menge dementsprechend nicht in Deutschland reduzieren. Es soll nach offizieller Formulierung (s.u.) auf diese Weise ein Anreiz zum Technologietransfer in die Entwicklungsländer gegeben werden. Vor allem aber wird die Möglichkeit verbessert, über eine kreative Kohlenstoffbuchführung die Emissionen rechnerisch in den Industrieländern nicht senken zu müssen.

Der zweite Kritikpunkt wurde im Grundsatz auch von vielen BefürworterInnen des Protokolls geteilt, die sich in den folgenden Verhandlungen für ein Schließen der so genannten „Schlupflöcher" einsetzten. So formulierte beispielsweise Germanwatch diesbezüglich: „Damit eine (...) Emissionsreduktion tatsächlich eintritt, müssen im weiteren Verlauf der Klimaverhandlungen möglichst die so genannten 'Schlupflöcher' gestopft werden. Geschieht dies nicht, erfolgen die Emissionsreduktionen möglicherweise nur auf dem Papier. Dabei sind auch die so genannten 'flexiblen' oder 'neuen ökonomischen' Instrumente von Bedeutung" (Treber et al. 2000: 11). Sachs verweist darauf, dass die Schlupflöcher, die so groß „wie Scheunentore" seien, im Wesentlichen bewusst durch die US-amerikanischen Verhandlungsführer eingeführt worden waren, um von der Verantwortung der fossilen Energiewirtschaft abzulenken (Sachs 2001).

Folgende zentrale Schlupflöcher und Umsetzungsprobleme, die von den genannten Autoren identifiziert wurden, bestehen nach wie vor. Denn sie sind grundsätzlicher Natur:

– Die Substitution von CO_2-Reduktionen durch andere Treibhausgase (THG) und der Korb-Ansatz[26] des Kyoto-Protokolls können zur Untätigkeit in einigen wichtigen Verursachersektoren führen. Die in physikalischer Hinsicht richtige Berücksichtigung weiterer THG neben CO_2 (wie z.B. Lachgas, Methan etc.) kann dazu führen, dass in zentralen Verursacherbereichen wie dem Energiebereich de facto zu wenig bis keine Emissionsminderungen erfolgen, weil andere Maßnahmen (aufgrund ihrer erhöhten THG-Minderungswirkung) günstiger sind.

– Große wissenschaftliche Unklarheiten sowie generelle Unsicherheiten bei der Bestimmung von Kohlenstoff-Senken und der Senkenpotentiale. Laut Kyoto-Protokoll können CO_2-Emissionen gegen Maßnahmen zur erhöhten CO_2-Speicherung aufgerechnet werden. So können sich nach Artikel 3.3 Länder mit einem hohen Waldbestand Aufforstungsmaßnahmen positiv auf ihr CO_2-Budget anrechnen lassen.[27]

– Unsicherheiten bei der Bestimmung von Emissionsreduktionen (bzw. Senkenprojekten) in Drittländern durch die projektbasierten Mechanismen CDM und JI. Diesbezüglich sind die Festlegung von Referenzentwicklungen („Baselines") und die damit zusammenhängende Gewährleistung von zusätzlichen Emissionsminderungen durch die Maßnahmen („Additionality"-Kriterium), die Erfassung der Emissionen des Projekts und die grundsätzliche Einhaltung und Bewertung des Zusatzkriteriums der „nachhaltigen Entwicklung" zu nennen.

– Die „Hot Air"-Problematik, nach der insbesondere von den Transformationsländern wie Russland große Mengen überschüssiger Zertifikate veräußert werden können, da nach dem Basisjahr 1990 weite Teile der energieintensiven, veralteten Industriezweige stillgelegt wurden.

– Unzureichende Sanktionsmechanismen bei Nichteinhaltung der Ziele. Im europäischen Emissionshandel müssen Unternehmen für die Phase 2005-2007 pro Tonne ungedeckter CO_2-Emissionen 40 Euro zahlen, ab 2008 sind es 100 Euro pro Tonne. Die „verpasste" Emissionsminderung muss in der folgenden Handelsperiode zusätzlich erbracht werden. Es ist aber fraglich, ob diese Sanktionen greifen, wenn Emissionszertifikate sehr günstig gekauft werden können.

– Ausklammerung des internationalen Flug- und Seeverkehrs.

Um die Schlupflöcher zu schließen, wurde eine Fülle von Detailregelungen entwickelt. Dies führte jedoch zu einem hohen bürokratischen Aufwand und der Ausbildung von hochgradigem ExpertInnenwissen, welches bei der Anwendung und Umsetzung der Mechanismen erforderlich ist. Darüber hinaus werden zur Erzielung der Wirksamkeit der Regelungen auch eine Vielzahl von Kontrollmechanismen und -organisationen notwendig, die jedoch zum Teil noch gar nicht eingerichtet wurden.[28]

Die KritikerInnen des Emissionshandels zielen jedoch nicht nur auf seine Probleme und Schwachpunkte in der Umsetzung, sondern auch auf seine generell fehlende Wirkung mit Blick auf die erforderliche Veränderung und grundlegende Transformation des fossilen Energiesystems hin (Scheer 2001a; Lohmann 2006: 101ff, Brunnengräber 2007b). Dies ist zwar nicht das explizite Ziel des Protokolls – und somit auch nicht der Kyoto-Mechanismen – allerdings wird in den klimapolitischen Debatten, und gerade in den Debatten um die Förderung erneuerbarer Energien, häufig die Vereinheitlichung aller Klimaschutzinstrumente bzw. ihre Reduzierung auf den Emissionshandel als alleiniges, zentrales Instrument gefordert. In Bezug auf diese grundlegende Kritik am Emissionshandel wird zum einen seine geringe Innovationswirkung kritisiert, und zum anderen, dass sein eigentlich zentraler Vorteil, die Kosteneffizienz, in der Realität häufig nicht gegeben ist bzw. lediglich auf den Aspekt der betrieblichen, nicht jedoch der volkswirtschaftlichen Effizienz ziele.

Larry Lohmann verweist auf eine Reihe von Studien, in denen diese beiden Eigenschaften – insbesondere beim häufig zitierten Paradebeispiel des US-amerikanischen SO_x-Handels – negativ bewertet wurden (Lohmann 2006: 101ff).[29] Vor diesem Hintergrund bewertet er die generellen Eigenschaften von Emissionshandelssystemen wie folgt: „While trading schemes can in theory save participating private firms money in reducing emissions of specific substances to a particular degree over particular time periods and within a particular larger technological system, the same schemes are unlikely to be the best choice if the objective is to save money for society or industry as a whole, or attain a more general environmental improvement, or make more drastic reductions with long-term goals in mind, or bring about a change in a larger technological system" (Lohmann 2006: 118). Die fehlenden Transformationseigenschaften des Emissionshandels führt Lohmann zudem auf die „Lock-in-Effekte" und Pfadabhängigkeiten der fossilen Energieversorgungssysteme in Industrieländern zurück (ebd.: 110ff). Damit kann festgehalten werden, dass erstens die pauschale Zuschreibung der im Vergleich zu anderen Instrumenten höhere Kosteneffizienz von Zertifikatehandelsmodellen deutlich zu relativieren ist, und dass sie zweitens in Bezug auf die Reduzierung volkswirtschaftlicher Kosten, die gezielte (längerfristige) Transformationen von technologischen Systemen sowie als prioritäres Instrument für die Förderung erneuerbarer Energien wenig geeignet sind.

Die oben genannten Kritikpunkte gelten in großem Ausmaß auch für die projektbasierten Mechanismen. Da mittlerweile erste Erfahrungen mit dem CDM vorliegen, können einige der oben ausgeführten „theoretischen" Kritikpunkte nicht nur mit den realen Entwicklungen und Erfahrungen abgeglichen werden. Im Ergebnis können sie heute noch deutlicher formuliert werden. Beispiel Komplexität: Für jede CDM-Projektkategorie muss eine genaue Methodendefinition und ein spezifischer Begutachtungsprozess erfolgen, damit die Wirkung gemessen und in Zertifikaten umgerechnet werden kann. Im April 2007 lagen knapp 100 bestätigte Methoden zur Durchführung von Projekttypen vor, über 100 weitere Methoden befanden sich in der Prüfung. Zu diesem Zeitpunkt waren knapp 600 Projekte im Rahmen des CDM durch das UN-Klimasekretariat offiziell registriert und damit genehmigt (http://cdm.unfccc.int, ges. 05.04.2007), weitere 1.200 befanden sich in einer Vorphase (http://cd4cdm.org, ges. 05.04.2007).[30] Für die zu dieser Zeit registrierten Projekte wurden vom Klimasekretariat gemäß der methodenbasierten Berechnungen jährliche Emissionsminderungen in Höhe von 130 Mio. Tonnen CO_2 (CERs) angegeben, bis 2012 werden aus diesen Projekten insgesamt Reduktionen in Höhe von 840 Mio. Tonnen erwartet. Zusammen mit allen zu diesem Zeitpunkt in der Pipeline befindlichen Projekten wurden für 2012 erwartete CERs von mehr als 1.900 Mio. Tonnen angegeben.[31] Ein Jahr später, im Frühjahr 2008 waren schon an die 1.000 Projekte offiziell registriert und weitere 3.000 in der in Vorbereitung.

Die CDM-Praxis der letzten Jahre zeigt, dass der flexible Mechanismus die in ihn gesetzten Erwartungen hinsichtlich der CO_2-Reduktion und der Förderung einer nachhaltigen Entwicklung kaum erfüllt. Im besten Falle lässt sich der CDM als ein Nullsummenspiel beschreiben, weil höhere Emissionen im Norden über Emissionsreduktionen im Süden ausgeglichen werden. Aber selbst das ist fraglich. Bei einem Großteil dieser CDM-Projekte besteht vor allem Kritik hinsichtlich ihrer tatsächlichen Zusätzlichkeit sowie in Bezug auf ihren Beitrag zur nachhaltigen Entwicklung – eigentlich ein konstituierendes Element des CDM. Axel Michaelowa formulierte dazu: „Dark clouds are gathering over the CDM as media, researchers and NGOs increase their criticism of lacking sustainability and additionality" (Michaelowa 2007: 1). Konkret entzündete sich die Kritik an den durch den CDM geförderten großen Industrieprojekten wie solchen zur Vermeidung bzw. Entsorgung von teilhalogenierten Kohlenwasserstoffen (HFCs) und Lachgas (N2O) in China, Indien und Brasilien (Elliesen

2007; Wara 2007). Mehr als ein Drittel der handelbaren Zertifikate werden mit diesen so genannten *end-of-pipe* Technologien generiert. Das Gas, das bei der Herstellung von Kühlmitteln anfällt, hat ein hohes „Global Warming"-Potential und ist somit ein extremer Klima-Killer. Durch die Verbrennung dieses Gases lassen sich viele Emissionszertifikate schnell und kostengünstig generieren. Das weckt Begehrlichkeiten: Es besteht die Gefahr, dass über das Kyoto-Instrument der ökonomische Anreiz zur Produktion von Klimakillern erst geschaffen wird, um diese dann nachträglich – profitabel – zu entsorgen. Denn durch, so Michael Wara, die Finanzierung dieser Anlagen durch den CDM werde teilweise der weitere Bau von Anlagen, welche die schädlichen Industriegase produzieren, induziert. Einzelne Unternehmen würden mehr Geld durch den CDM verdienen als durch den Verkauf des eigentlichen Produktes selbst, den Kühlmitteln. Zudem sei das aufgewendete CDM-Finanzvolumen deutlich höher als die Kosten, die für eine Vermeidung oder Entsorgung zu zahlen wären (Wara 2007).

Das Beispiel verweist auf einige grundsätzliche Probleme des CDM, die damit verbunden sind, dass durch das Instrument primär große und industrielle Projekte adressiert werden. Große Projekte senken die Transaktionskosten, umgekehrt sind kleinere Projekte, gerade dezentrale Erneuerbare Energie-Projekte, in der Regel mit hohen Transaktionskosten verbunden (Bachram et al. 2003; Michaelowa 2005; Michaelowa/Jotzo 2005). Verbesserungsansätze zur Verringerung der Transaktionskosten für kleinere, insbesondere für EE-Projekte, werden bereits seit einigen Jahren diskutiert (u.a. bei Michaelowa 2005; Oppermann 2006; Sterk 2006). Bislang sind die finanziellen Anreize durch den CDM bei den zu niedrigen und unsteten CER-Preisen jedoch noch zu gering (Luhmann/Sterk 2007). Ein weiterer Nachteil von EE- und Energieeffizienzprojekten ist, dass sie durch den Korb-Ansatz gegenüber den anderen Treibhausgasen einen deutlich geringeren Minderungseffekt erzielen als andere Kyotogas-Projekte, in denen Methan oder HFCs mit der 21-fachen bzw. 11.700-fachen Wirkung von Kohlendioxid reduziert wird. Dies ist die Folge der naturwissenschaftlichen Logik des Korb-Ansatzes im Kyoto-Protokoll. Damit diese Rechnung in Bezug auf tatsächliche Minderungsleistungen aufgeht, kommt dem Kriterium der Zusätzlichkeit (Additionality) eine zentrale Bedeutung zu. Dieses Kriterium ist deshalb so zentral, weil es die reale Reduktionsleistung der flexiblen Mechanismen gravierend beeinträchtigen kann, „da die durch den Mechanismus generierten Emissionsreduktionszertifikate das Emissionsbudget erhöhen, das den Industrieländern gemäß Kyoto-Protokoll zur Verfügung steht. Ist diese Budgeterhöhung im Norden nicht durch entsprechende tatsächliche Emissionsreduktionen im Süden gedeckt, sind die globalen Emissionen höher, als wenn es den CDM nicht gäbe" (Luhmann/Sterk 2007: 14).

Vor diesem Hintergrund erscheinen die oben genannten Bedenken gegenüber großen Industrieprojekten ein gewichtiger Kritikpunkt, der mit der grundsätzlichen Frage verbunden ist, inwieweit das Kriterium der Additionality in den großen Wachstumsländern wie China oder Indien überhaupt erfüllbar bzw. messbar ist.[32] Auch die räumliche Verteilung der CDM-Maßnahmen ist für die Diskrepanz zwischen Anspruch und Wirklichkeit des Mechanismus verantwortlich. Über 90% der handelbaren Zertifikate im Bereich CDM kommt aus Indien, China, Süd-Korea und Brasilien. Die Menschen in den meisten ländlichen Regionen Afrikas, Lateinamerikas und Asiens erreicht folglich nur ein verschwindend geringer Anteil von den CDM-Investitionen der Industrieländer. Die nachhaltige Transformation von Energiesystemen oder die Reduzierung der weltweiten „Energiearmut" durch den Ausbau dezentraler erneuerbarer Versorgungssysteme bleibt beim CDM komplett außen vor. Die Kyoto-Mechanismen führen also insgesamt dazu, dass solche Länder bevorzugt werden, in denen ohnehin ein günstiges Investitionsklima und gute wirtschaftliche Rahmenbedingungen vorliegen. Damit ist die Frage verbunden, welchen Stellenwert das – im Grunde für den CDM konstitutive – Kriterium der nachhaltigen Entwicklung hat bzw. haben wird; in der Einführungsphase des Instruments stand es bisher nicht im Vordergrund (Friberg et al. 2006; Luhmann/Sterk 2007; Pearson 2007). So ist zu konstatieren, dass eine Ausweitung und Fortführung des CDM unter den gegebenen Umständen weder dem Klima, noch den Bevölkerungsgruppen nutzt, die weltweit aufgrund ungleicher Verteilungsmechanismen und politischer Machtasymmetrien von den Folgen des Klimawandels besonders betroffen und gleichzeitig vom Zugang zu Energieversorgungssystemen ausgeschlossen sind.

5.5.3 Der Emissionshandel am Beispiel des EU-Systems

Mit der Entscheidung, als zentrale Maßnahme zur Erfüllung der Kyoto-Verpflichtungen ein Emissionshandelssystem einzuführen, initiierte die EU einen neuen Markt. Dieser wird auch als Markt für den Handel mit Verschmutzungsrechten bezeichnet, durch den die Atmosphäre in Wert gesetzt wird. Nun liegen erste Erfahrungen mit dem System vor, nachdem es in allen Mitgliedsländern am 1. Januar 2005 eingeführt worden war. Seither überwogen die Schwierigkeiten des Systems (ausführlich siehe die Beiträge in Altvater/Brunnengräber 2008). Ein zentrales Problem für die Funktionsweise des Marktes lag darin, dass die tatsächlichen Emissionen der registrierten Anlagen von den vorab geschätzten und infolgedessen verteilten Zertifikatemengen erheblich abwichen. Es wurden im Ergebnis zu viele Emissionsrechte ausgegeben, nämlich im Umfang von über 44 Millionen Tonnen CO_2 (2,4%) der insgesamt 1.829 Millionen Tonnen (Europäische Kommission 2006). Nach der Bekanntgabe dieser Überallokation Anfang Mai 2006 durch die Kommission und die zuständigen nationalen Stellen brachen die CO_2-Börsenkurse drastisch ein, nachdem sie zuvor lange Zeit eher überhöht waren (Kemfert/Diekmann 2006, zur Zwischenbilanz des deutschen Emissionshandels vgl. Brouns/Witt 2008).[33]

Diese Entwicklungen, insbesondere der zuvor hohe Preis trotz eines massiven Überangebots an Zertifikaten, gingen damit einher, dass vor allem die Stromerzeuger den Wert der Zertifikate als Opportunitätskosten auf den Marktpreis für Strom aufschlugen (Heymann 2007: 2). Sie profitierten also in erheblichem Maße vom Emissionshandel. Dazu trug nicht zuletzt die geringe Wettbewerbsintensität im deutschen Energiesektor bei (ebd.). Nicht zuletzt aus diesem Grund wurde Anfang des Jahres 2007 nach massiven Vorwürfen gegen die Energiekonzerne, Börsenmanipulationen zu betreiben, eine stärkere Börsenaufsicht und -transparenz gefordert.[34] Auf ein weiteres gewichtiges Problem in der Umsetzung des Emissionshandels weist zudem die Deutsche Umwelthilfe hin (DUH 2007): Durch den Scheinbetrieb von Altanlagen, die aus betriebswirtschaftlicher und technischer Sicht längst stillgelegt werden sollten, können ausgegebene Zertifikate behalten und so auf einfache Weise alle Reduktionsverpflichtungen für den gesamten Kraftwerkspark eines Unternehmens erfüllt werden.

Dass die Differenz zwischen vorab geschätzten und realen Emissionen nicht maßgeblich aus Reduktionsmaßnahmen, sondern überwiegend aus einer Überschussausstattung sowie speziell in Deutschland aus einer Reihe von Sonderregelungen resultieren, wird auch von der EU-Kommission und der Deutschen Emissionshandelsstelle gesehen (DEHSt 2007). Der Überschuss in Deutschland lag bei 4,3%, d.h. die zugeteilte Menge von 495 Mill. Tonnen in 2005 lag 21,3 Mill. Tonnen über den tatsächlichen Emissionen (DEHSt 2007). Claudia Kemfert und Jochen Diekmann (2006: 668) machen für diese Überausstattung „politische Kompromisse und den Lobby-Einfluss bei der Zielfestlegung" sowie eine unsichere Datenbasis verantwortlich. Zudem blieben in der Allokationsplanung die Minderungsbeiträge der erneuerbaren Energien, die nach Angaben des BMU für diesen Zeitraum in Höhe von 12-20 Mill. Tonnen anzurechnen gewesen wären, unberücksichtigt.

Im Vorfeld der Festlegung der nationalen Regelungen für die zweite Handelsperiode (2. Nationaler Allokationsplan, NAP II) wurde sowohl EU-weit, insbesondere jedoch in Deutschland, von vielen Akteuren die gemäß Richtlinie mögliche Versteigerung eines Anteils von 10% der Zertifikate gefordert, ebenso wie eine deutlich geringere Ausgabe an Zertifikaten. Eine Versteigerung der Zertifikate wird es jedoch in Deutschland nicht geben, im Unterschied dazu beginnt z.B. Großbritannien damit, einen Anteil von 7,5% zu versteigern (DNR 2007). Die deutsche Zertifikateausstattung für die zweite Periode wurde schließlich maßgeblich auf Druck der EU-Kommission nach unten korrigiert, so dass nun (Stand Februar 2007) CO_2-Zertifikate im Umfang von 456 Mill. Tonnen jährlich in der Handelperiode 2008-2012 verteilt werden können (BMU 2007a).

Betrachtet man die Wirkung des Emissionshandels auf die Energiepreise – und somit die mögliche Lenkungswirkung durch Preissignale, wie sie auch Steuern z.B. die deutsche Ökosteuer intendieren – so ist gegenwärtig noch von einer nahezu vernachlässigbaren Wirkung auszugehen. So wird auch der Anreiz, in den nächsten Jahren bei der Erneuerung des Kraftwerkparks auf CO_2-ärmere Energieträger umzusteigen, als gering eingeschätzt (Heymann 2007: 4). Zieht man zum Vergleich die Ölpreisentwicklung auf dem Weltmarkt in den letzten Jahren heran, die durch die allgemeine Verknappung sowie die politischen Krisen im Irak, Iran und Nahen Osten geprägt war, so zeigt sich, dass diese eine deutlich größere Wirkung hatte.

Bei einem angenommenen Wert von 30 US-Dollar für eine Tonne CO_2, der bisher erst selten erreicht wurde, ergeben sich nach Berechnungen von Mohssen Massarrat (2006) Mehrbelastungen für die Emissionsberechtigten von ca. 1,6 US-Dollar pro Barrel. Demgegenüber standen in den letzten Jahren jedoch drastische Preiserhöhungen des Ölpreises von 20 US-Dollar in 1999 bis auf 115 US-Dollar Anfang 2008. Vor allem der jüngste Ölpreisanstieg dürfte sich nachhaltiger auf den Energieverbrauch und die Investition in effizientere Anlagen auswirken, als der EU-Emissionshandel, dem vor allem „Symbolcharakter" zugesprochen wird (Heymann 2007: 4). Vor diesem Hintergrund kann die Wirkung des Emissionshandels als vernachlässigbar bezeichnet werden.[35] Angesichts der beschriebenen Probleme gibt es mittlerweile auch Forderungen nach seiner völligen Abschaffung. Beispielsweise fordert der Ökonom Axel Ockenfels einen Wechsel zu einer Klimaschutzsteuer (zitiert in Hübner 2007). Der Emissionshandel wirke über den Zertifikatspreis zwar im Grundsatz ebenfalls wie eine Steuer, allerdings würde dann die kostspielige Preisvolatilität[36] entfallen.

5.5.4 Anspruch und Wirklichkeit – geringe Reduktionen

Die Emissionen befinden sich, wird die kreative Kohlenstoffbuchführung einmal beiseite gelassen, nicht nur auf globaler Ebene, sondern auch in vielen nach dem Kyoto-Protokoll verpflichteten Industrieländern im Ansteigen. Weltweit, d.h. mit Berücksichtigung der USA und Australien, aber auch der stark wachsenden

120

Schwellenländern wie China und Indien, sind die Emissionen im Jahr 2005 gegenüber 2004 um 2,5% angestiegen. Nimmt man das Basisjahr 1990 sind die Emissionen weltweit sogar um 27% höher (Ziesing 2006). In der Europäischen Kommission konnten die Emissionen gegenüber dem Basisjahr 1990 zwar annähernd stabilisiert werden (2004 lag die Reduktion bei etwa 0,9%, EEA 2006). Bis 2012 muss die EU jedoch ihre Emissionen um 8% verringert haben. Als besonders schwierig dürfte sich diesbezüglich erweisen, dass die partiell verzeichneten Reduktionen primär auf externe Effekte und nicht auf gezielte Klimaschutzmaßnahmen zurückzuführen sind (s.u.).

5.5.4.1 Entwicklungen in der EU und den verpflichteten Staaten

Blickt man zunächst auf die EU-Länder, die durch ihre vergleichsweise frühe Einigung auf die Einführung eines Emissionshandelssystems sowie ihren Vorreiteranspruch mit positivem Beispiel voran gehen wollten, so zeigt sich, dass bislang von den gestarteten Ländern der EU-15 nur Schweden und Großbritannien ihre Ziele auf der Basis ihrer eingeschlagenen Maßnahmen erreichen werden (EEA 2006). Sechs weitere Länder (Deutschland, Finnland, Frankreich, Griechenland, Luxemburg und Niederlande) geben an, dass sie die Ziele noch erreichen wollen, indem sie zusätzliche Maßnahmen einführen. Sieben Länder (Belgien, Dänemark, Irland, Italien, Österreich, Portugal, Spanien) gehen demgegenüber bereits davon aus, dass sie auch mit zusätzlichen Maßnahmen die Reduktionsziele nicht mehr erreichen werden. Demnach ist das 8%-Ziel der EU nur zu erreichen, wenn alle Staaten die angekündigten und zum Teil erhebliche weitere Maßnahmen tatsächlich umsetzen, und die Zielverfehlungen einiger Staaten durch eine substantielle Übererfüllung anderer Staaten ausgeglichen wird. Hier ist die *EU-Linking-Directive* wieder von Bedeutung, auf die oben schon hingewiesen wurde. Sie stellt eines der Schlupflöcher dar, durch die die Kyoto-Ziele rechnerisch vielleicht doch eingehalten werden können.

Für die Annex-I oder Annex B-Staaten sieht die Bilanz wie folgt aus (vgl. nachfolgende Abbildung): Im Jahr 2004 wurde ein Reduktionswert von -3,3% im Vergleich zu 1990 ermittelt, unter Berücksichtigung der anrechenbaren Senken (LULUCF) liegen die Reduktionen sogar bei -4,9%. Damit scheint das ursprünglich angestrebte Reduktionsziel von 5,2% erreichbar zu sein. Ein differenzierter Blick relativiert dieses positive Gesamtergebnis jedoch deutlich. Die Darstellung des Klimasekretariats (s.u.) zeigt, dass die bisher erzielten Reduktionen nahezu ausschließlich auf die Emissionsrückgänge der Transformationsstaaten Anfang bis Mitte der 1990er Jahre zurückzuführen sind (ohne Berücksichtigung der Senken). Seit 1996 steigen die Emissionen in den Nicht-Transformationsländern nahezu kontinuierlich wieder an. Der Gesamtanstieg wurde also bislang durch den anhaltenden Emissionsrückgang in den Transformationsstaaten gebremst. Seit 2002 steigen jedoch auch dort die Emissionen erneut an, so dass die Kompensation des Emissionsanstiegs in vielen Industrieländern dadurch nicht mehr möglich ist.

Noch drastischer zeigt sich dieser „wall fall profit"-Effekt durch die industriellen Stilllegungen in den Transformationsstaaten, wenn man nur die Länder betrachtet, die sich im Kyoto-Protokoll zu Emissionsbegrenzungen oder -reduktionen verpflichtet hatten, und die das Protokoll auch ratifizierten. Die Emissionen dieser Länder waren im Jahr 2005 um 0,4% im Vergleich zum Vorjahr angestiegen, lagen jedoch im Vergleich zum Basisjahr 1990 insgesamt um 14% niedriger (Ziesing 2006). Der Emissionsrückgang „im Zuge des Transformationsschocks in den Ländern Mittel- und Osteuropas" (Ziesing 2006: 485) lag zwischen 1990 bis 1998 bei -40%, was in der Kyoto-Systematik daher nach wie vor zu Buche schlägt. Inzwischen ist es aber auch in dieser Ländergruppe zu einer Trendwende gekommen, d.h. zu einem deutlichen Emissionsanstieg um rund 10% zwischen 1998 bis 2005 (ebd.).

Und auch die quantitativ bedeutsamen Emissionsrückgänge der erfolgreicheren EU-Staaten wie Großbritannien und Deutschland sind letztlich auf den Zusammenbruch veralteter, energieintensiver Industriezweige bzw. Überkapazitäten im Kraftwerkspark zurückzuführen (Ziesing 2006). Damit gilt für die „alten" EU-Industrieländer: ohne die hohen stilllegungsbedingten Emissionsrückgänge in Großbritannien und Deutschland war für die verbliebenen Länder (EU-13) ein Anstieg von 13% gegenüber 1990 zu konstatieren, mit weiter steigender Tendenz (ebd.). In Deutschland selbst sind die Emissionen auch im Jahr 2006 wieder angestiegen, und zwar sowohl insgesamt (+0,6%, von 872,9 auf 878,1 Mio. Tonnen CO_2) als auch in dem Bereich, der unter den Emissionshandel fällt (+0,7% von 473,7 auf 477,3 Mio. Tonnen CO_2) (UBA 2007).

Aus diesen Entwicklungen können mehrere Schlussfolgerungen gezogen werden: Zum einen ist mit Blick auf die aktuelle europäische Klimapolitik das vereinbarte Ziel einer Reduktion um 20% bis 2020 (Europäische Kommission 2008a) deutlich weniger ambitioniert, wenn man die Entwicklungen der erweiterten EU-27 betrachtet. Im Vergleich zu 1990 ist hier mit etwa 15% bereits drei Viertel der Emissionsziels erreicht (Ziesing 2006; Luhmann/Sterk 2007). Aus diesem Grund sprechen KritikerInnen des Beschlusses auch von einer „Mogelpackung" (Greenpeace 2007). Viele politische Akteure und ExpertInnen fordern daher auch von Deutschland und der EU (beispielsweise Luhmann/Sterk 2007; WBGU 2007a), das konditionierte Minderungsangebot in Höhe von 30% für die EU – falls sich die „internationalen Partner" auch auf ambitionierte Ziele festlegen würden – von vorneherein verbindlich zu vereinbaren.[37] Derartigen, deutlich ambitionierteren Zielen steht jedoch gleichzeitig die zweite Schlussfolgerung diametral entgegen: die Tatsache, dass die stilllegungsbedingten Reduktionen bisher de facto erst wenig von einer aktiven und erfolgreichen Klimaschutzpolitik begleitet wurde. Zudem muss die erste Phase des EU-Emissionshandels als gescheitert bezeichnet werden. Die Realisierung der Kyoto-Ziele und vor allem einer aktiven Klimaschutzpolitik, die mit konkreten Politikentscheidungen einhergeht, ist noch kaum erkennbar.

Damit ist die Verbindlichkeit einer jeden Klimaschutzpolitik angesprochen, die als sektorübergreifende Querschnittspolitik einem Vollzugsdilemma ausgesetzt ist. Allgemeine Vereinbarungen zum Klimaschutz können nur dann erfolgreich sein, wenn sie nationalstaatlich in den relevanten Sektoren von gezielten Maßnahmen begleitet werden, und wenn auf politischer Ebene auf ihre Einhaltung geachtet, und die Nichteinhaltung sanktioniert wird. Hierzu ist festzustellen, dass sich gerade die deutschen Regierungen immer wieder auf EU-Ebene gegen konkrete und strengere Beschlüsse z.B. in den Bereichen Energieeffizienz oder CO_2-Emissionsauflagen bei Fahrzeugen eingesetzt haben.[38] Die fehlende Sanktionierung kann ein Grund dafür sein, dass die Staaten, nimmt man die bisherige Reduktionsentwicklung als Maßstab, ihren (völkerrechtlich verbindlichen) internationalen Verpflichtungen bisher offensichtlich nur eine geringe Verbindlichkeit entgegenbringen.

5.6 Fazit: Inhaltliche Engführung in dominante Strukturen

Der Verhandlungsprozess im Rahmen der UN-Klimaverhandlungen wird – trotz der bislang eher zaghaften Reduktionsverpflichtungen und seines zähen Fortschreitens – von vielen BeobachterInnen als alternativlos betrachtet. Die Ergebnisse der Verhandlungen werden häufig als gerade noch akzeptabel bewertet, und der Kyoto-Prozess als einzigartige Errungenschaft der internationalen Klimapolitik angesehen. Ergänzt wird diese Argumentation damit, dass ein Scheitern des Verhandlungsprozesses einen immensen Zeitverlust bedeuten würde.

Viele AutorInnen bzw. Akteure kritisieren jedoch die langsamen Fortschritte, die Zuständigkeitsabwälzung auf die internationale Ebene sowie die zunehmende Engführung der gesamten Klimapolitik auf das vorhandene Instrumentarium. Einig ist sich die Mehrzahl der KlimaexpertInnen und PolitikerInnen inzwischen darüber, dass die Reduktionsziele und Instrumente des Kyoto-Protokolls allein nicht ausreichen werden, die absoluten Treibhausgasemissionen zu senken, geschweige denn die Treibhausgaskonzentration in der Atmosphäre zu stabilisieren

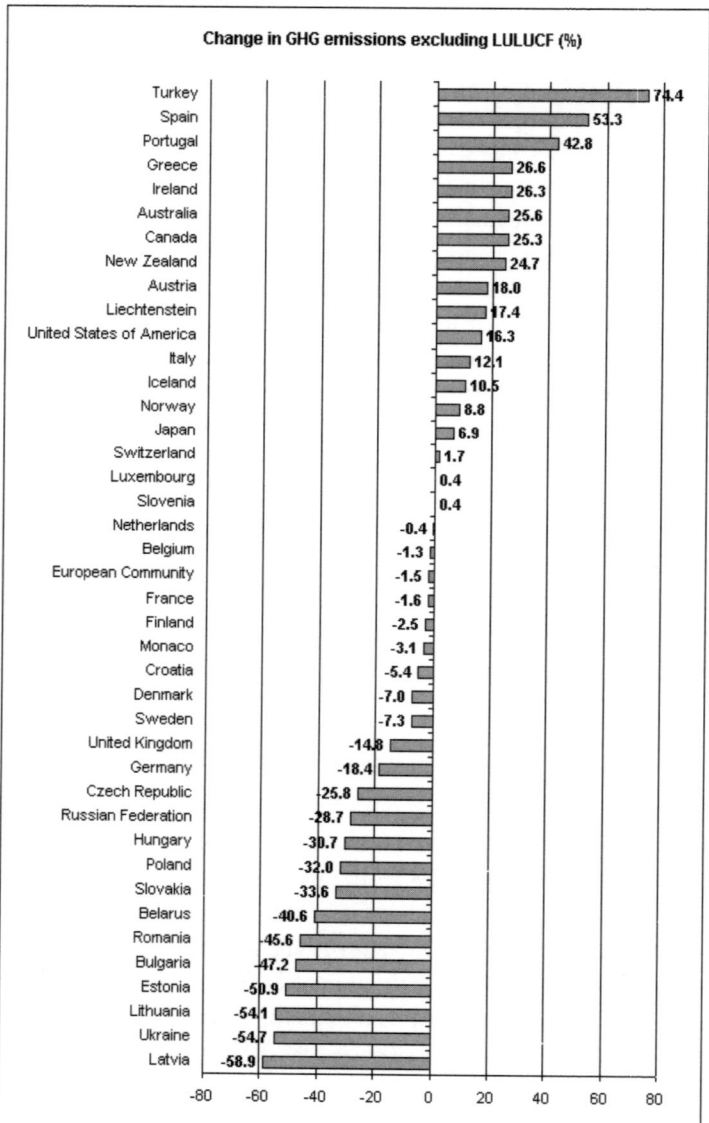

Change in GHG emissions excluding LULUCF (%)

Turkey	74.4
Spain	53.3
Portugal	42.8
Greece	26.6
Ireland	26.3
Australia	25.6
Canada	25.3
New Zealand	24.7
Austria	18.0
Liechtenstein	17.4
United States of America	16.3
Italy	12.1
Iceland	10.5
Norway	8.8
Japan	6.9
Switzerland	1.7
Luxembourg	0.4
Slovenia	0.4
Netherlands	-0.4
Belgium	-1.3
European Community	-1.5
France	-1.6
Finland	-2.5
Monaco	-3.1
Croatia	-5.4
Denmark	-7.0
Sweden	-7.3
United Kingdom	-14.8
Germany	-18.4
Czech Republic	-25.8
Russian Federation	-28.7
Hungary	-30.7
Poland	-32.0
Slovakia	-33.6
Belarus	-40.6
Romania	-45.6
Bulgaria	-47.2
Estonia	-50.9
Lithuania	-54.1
Ukraine	-54.7
Latvia	-58.9

Note: (1) The Parties that are allowed to use a base year other than 1990 have also provided data for their respective base year as per COP decisions 9/CP.2 and 11/CP.4. These Parties and their base years are Bulgaria (1988), Hungary (average of 1985-1987), Poland (1988), Romania (1989) and Slovenia (1986); (2) For Croatia, Greece and Turkey, data from their 2006 submissions are used; for 2005, 2004 values are used as the latest available estimate.

Quelle: UNFCCC (unter http://unfccc.int/files/inc/graphics/image/gif/graph3_2007_ori.gif, 24.3.2007) und so die Erwärmung des globalen Klimas tatsächlich aufzuhalten oder zu stoppen. Grund für diesen Pessimismus sind z.B. die großen Treibhausemittenten und Kyoto-Gegner USA (bis Ende 2008?) und Australien (bis Ende 2007) sowie die wirtschaftlichen Entwicklungen in zahlreichen Entwicklungs- und Schwellenländern, vorrangig in China und Indien. Insgesamt fürchten viele ExpertInnen – betrachtet man die Entwicklung der letzten Jahre – zu Recht einen weiteren Anstieg der Emissionen bis 2012.

Während die ursprünglichen Zielvorgaben der Klimarahmenkonvention eine Verpflichtung für jedes Land bedeutet hätten, zur Erreichung im eigenen Land entsprechend Ziel führende Maßnahmen durchzuführen, wurde die Handlungspflicht eines jeden Landes durch die flexiblen Mechanismen zugunsten einer ökonomisch legitimierten Regelung stark aufgeweicht. Solange kein Instrumentarium vorgeschrieben war, hätten die Vertragsstaaten autonom – und innerhalb ihres Territoriums – die verschiedenen, in den Ländern hochgradig unterschiedlich verursachenden und betroffenen Bereiche (Haushalte, Industrie, Verkehr etc.) mit spezifischen und selbst gewählten Instrumenten zur Verantwortung ziehen können. Mit der Einführung der flexiblen Mechanismen wurde dieses Prinzip insoweit aufgegeben, als dass die Ebene des Handelns globalisiert und damit die Einhaltung nationaler Reduktionsziele „flexibilisiert" wurde. Nun können auch Maßnahmen im Ausland zur Einhaltung nationaler Reduktionsziele angerechnet werden. Die Logik der Förderung der jeweiligen (weitgehend unvorhersagbar) günstigsten Maßnahme am günstigsten Ort scheint nun aber das Gegenteil einer zielorientierten Effizienzstrategie zu sein, die auf die Transformation der Treibhausgase verursachenden Sektoren ausgerichtet ist.

So werden als Folge der oben dargestellten *instrumentellen Engführung* bei weitem nicht alle ökonomischen, gesellschaftlich-kulturellen und technischen Möglichkeiten ausgeschöpft: Es fehlen Diskurse über einen grundlegenden ökonomischen Wandel in den Industriestaaten ebenso wie die nötige Änderung von Lebensstilen und Werten. Wissenschaftliche und politische Unsicherheiten bleiben ebenso ausgeklammert wie die gesellschaftlichen und sozialen Dimensionen des Klimaproblems. Dies hat auch mit dem marktwirtschaftlichem Pfad zu tun, der im Wesentlichen beschritten wird und den Interessen der einflussreichen Akteure. Schon institutionell wird festgelegt, dass auf Grund der involvierten Akteure der internationalen Klimapolitik, des Beteiligungsmodus und des Entscheidungsprozesses weit reichende gesellschaftliche Alternativen kaum diskutiert, sondern eher marginalisiert werden. Dafür drücken sich gerade in den Defiziten des Kyoto-Protokolls die mächtigen ökonomischen Interessen aus, die mit umfassenden Maßnahmen zum Klimaschutz nicht kompatibel sind.

Die Instrumente sind viel zu flexibel, um wirkliche Steuerungsimpulse aussenden zu können. Darüber hinausreichende Themen wie die Frage der Verwundbarkeit durch und die Anpassung an den Klimawandel, von der vor allem Menschen in den Entwicklungsländern berührt sind (Dietz 2007), oder Fragen der globalen Gerechtigkeit (Santarius 2002; Brouns 2004), geraten erst allmählich wieder auf die klimapolitische Agenda (Khor et al. 2007). Ausgeklammert aber werden nach wie vor die Politiken und Maßnahmen anderer internationaler Institutionen wie der WTO, des IWF oder der Weltbank. Deren problematische klimapolitische Rolle und die Kohärenzfrage zwischen verschiedenen Politikzielen (wie etwa dem Freihandel, der Finanzmarktstabilität und der Wettbewerbsfähigkeit) werden kaum angesprochen. Vieles weist dagegen darauf hin, dass auch in der nächsten Verpflichtungsperiode des Kyoto-Protokolls (2008-2012) alles beim Alten bleiben soll. Der enge Pfad wird weiterverfolgt, der mit Kyoto einmal eingeschlagen wurde (Brouns 2003). Es entspricht nicht der Philosophie internationaler Klimapolitik, das einmal Erreichte auf der Grundlage einer Ist-Analyse in Frage zu stellen. Die Ende 2007 offiziell begonnenen Verhandlungen über die Ausgestaltung der Post-Kyoto-Periode, müssten sich ansonsten auch mit den realen Emissionsbilanzen, die allenthalben für Ernüchterung sorgen, mit den neuen lokalen Konfliktlagen, die mit CDM-Maßnahmen provoziert werden, oder mit den Schwächen der Inwertsetzung der Natur durch Zertifikate viel kritischer auseinandersetzen. Vielleicht ist die internationale Klimapolitik überhaupt der falsche Ort, um verbindliche und hohe Reduktionsziele (d.h. inklusive der USA und der stark wachsenden Schwellenländer) durchzusetzen. Nach zweieinhalb Jahrzehnten Klimapolitik ist jedenfalls zu bezweifeln, dass die erforderlichen und dem Klimawandel angemessenen Maßnahmen auf internationalem Parkett in einem vertretbaren zeitlichen Rahmen erzielt werden können. Anders lassen sich die Erfahrungen mit Kyoto I nicht bewerten. Demgegenüber müsste sich gerade unter demokratischen Gesichtspunkten die öffentliche Debatte über Klimapolitik ausweiten. Es ist zu vermuten, dass den mächtigen fossilistischen Interessen in Markt, Staat und Gesellschaft, die die energiepolitische Wende zu verhindern versuchen, nur über soziale Auseinandersetzungen und eine breite Öffentlichkeit begegnet werden können.

Teil III:
Blind Spots

6 Erneuerbare Energien

6.1 Einführung

Betrachtet man die internationale Klimapolitik und deren zentrale Instrumente, so fällt auf, dass diese wenig direkte Bezüge zu erneuerbaren Energien (EE) aufweisen. Dabei weisen erneuerbare Energien unbestreitbare umwelt- bzw. klimafreundliche Eigenschaften auf. Unter dem Stichwort erneuerbare Energien wird eine Vielzahl von bereits heute verfügbaren Technologien gefasst, darüber hinaus sind viele weitere EE-Technologien in der Entwicklung.[1] Im Unterschied zu Großtechnologien wie den Kernspaltungsreaktoren (Atomkraftwerke), den geplanten Fusionsreaktoren sowie den geplanten fossilen Großkraftwerken mit CO_2-Abscheidung und -Speicherung[2] weisen erneuerbare Energien keine vergleichbaren Gefahrenpotenziale und Risikodimensionen auf.[3] Außerdem sind sie nicht von einer zeitnahen Endlichkeit der Brennstoffe betroffen, da sie entweder gar keine oder im Fall der Bioenergie keine endlichen sondern nachwachsende Brennstoffe benötigen. Zudem ermöglichen erneuerbare Energien eine dezentrale, effiziente Energieversorgung, weshalb sie auch den Energiezugang für die 2 Mrd. Menschen in Entwicklungsländern liefern könnten, die gegenwärtig noch über keine Stromversorgung verfügen und für die kostspielige zentrale Versorgungssysteme und fossile Brennstoffe auf Dauer nicht bezahlbar sind (United Nations 2000, 2005; BMZ 2007).

Obwohl die erneuerbaren Energien kein expliziter Bestandteil der internationalen Klimapolitik sind, spielen sie dennoch auf nationaler Ebene in einzelnen Ländern eine zunehmend wichtige Rolle. Insbesondere Deutschland gilt international als das Vorreiterland für den erfolgreichen Ausbau erneuerbarer Energien. Auch die EU hat seit einigen Jahren die Förderung der erneuerbaren Energien in ihre Agenda aufgenommen und diesbezügliche Richtlinien und Ziele erlassen. Gleichwohl gab es lange Zeit – und gibt es nach wie vor – deutlich kritische Töne von der EU-Kommission am deutschen und damit am international betrachtet erfolgreichsten Förderinstrument, dem Erneuerbare-Energien-Gesetz (EEG). Und ähnlich kritisch äußerten sich die Vertreter der konventionellen Energiewirtschaft gegenüber den Potenzialen und der Integration erneuerbarer Energien in das Energiesystem. Trotz dieses Gegenwindes und der Konflikte auf mehreren Ebenen wurde die deutsche EE-Politik eingeführt und erfolgreich umgesetzt.

Wie passen diese ersten Befunde der EE-Politik im Mehrebenensystem zusammen und wie lassen sie sich erklären? Welche dominanten und marginalisierten Diskurse waren für die Entwicklung der EE-Politik auf den einzelnen Ebenen verantwortlich, und wie sehen die Wechselwirkungen zwischen den Ebenen bzw. den darin agierenden Akteuren aus? Mit der Beantwortung dieser Fragen können die eingangs formulierten Thesen zur Mehrebenenperspektive und zur Transformation des Politischen überprüft und Hinweise auf die Thesen zur Dominanz „marktkonformer Mechanismen", zur Verschiebung der Problemarbeitung auf andere Ebenen und veränderten Steuerungsformen erlangt werden.

Zum hier skizzierten Thema der EE-Politik im Mehrebenensystem liegen bereits einzelne Arbeiten vor, in denen die Entwicklung auf nationalstaatlicher Ebene (konkret zu dem in diesem Kapitel im Vordergrund stehenden deutschen Markt: Reiche 2004; Lauber/Mez 2004) sowie zu den Entwicklungen, die zur Richtlinie auf der EU-Ebene geführt haben (Lauber 2005a, 2005b), analysiert wurden. Die politischen Entwicklungen zur Förderung erneuerbarer Energien auf globaler Ebene, aber auch die Wechselwirkungen zwischen den Ebenen wurden jedoch bisher kaum untersucht. In diesem Kapitel wird daher eine Mehrebenenperspektive eingenommen, bei der die deutsche EE-Politik im Strombereich aufgrund ihres im internationalen Vergleich herausgehobenen Beispielcharakters (Europäische Kommission 2004, 2005; Lauber 2005a) im Zentrum steht.[4] Damit werden auch Aussagen zur Bedeutung und Reichweite solcher MLG-Analysen möglich.

Bei der Analyse des Mehrebenensystems, das auf die deutsche EE-Politik im Strombereich Einfluss ausgeübt hat und dessen Ebenen in mehr oder weniger engen Wechselbeziehungen stehen, werden nachfolgend sowohl funktionale als auch politisch-räumlichen Ebenen berücksichtigt.[5] In funktionaler Hinsicht ist die deutsche EE-Politik in ein immer komplexer werdendes und zunehmend internationales Geflecht von energie- und klimapolitischen Rahmenbedingungen eingebunden. Dabei wird auch die Frage untersucht, ob diese Rahmenbedingungen unterstützenden, hemmenden oder letztlich neutralen Einfluss hatten. Auf nationaler Ebene wird diesbezüglich insbesondere der geänderte energiepolitische Rahmen durch das Energiewirtschaftsgesetz betrachtet (Abschnitt 6.3.2), während auf der internationalen Ebene nach relevanten Wirkungen der Energie- und Klimapolitik für die nationale EE-Politik gefragt wird (Abschnitt 6.2, auch Abschnitt 6.3.2).

In politisch-räumlicher Hinsicht werden im Rahmen der Analyse der nationalen EE-Politik in Deutschland auch relevante subnationale Bezüge (Länder,

Kommunen) integriert berücksichtigt (Abschnitt 6.3.1).[6] Mit Blick auf die internationale EE-Politik werden zum einen die Konflikte und Synergien mit der EU-Ebene rund um die entsprechende „Richtlinie zur Förderung erneuerbarer Energien im Strombereich" aus dem Jahr 2001 (nachfolgend EE-Richtlinie) analysiert (Abschnitt 6.4.1). Zum anderen gab es in jüngeren Jahren insbesondere ein Bemühen der deutschen Regierung, eine internationale Förderung erneuerbarer Energien in einem spezifischen Prozess neben der Energie- und Klimapolitik zu initiieren und zu etablieren (Abschnitt 6.4.2). Der Startpunkt dieses Prozesses, die Regierungskonferenz „Renewables 2004" in Bonn, war eine Reaktion auf die gescheiterten Verhandlungen auf UN-Ebene in Johannesburg sowie auf das bis dato zu konstatierende Defizit einer internationalen EE-Politik. Vor diesem Hintergrund wird nachfolgend mit der Darstellung dieses Defizits begonnen und mit der jüngsten EE-spezifischen Politik auf internationaler Ebene geendet. Am Schluss dieses Kapitels wird ein Fazit gezogen, bei dem auch auf die oben genannten Thesen Bezug genommen wird (Abschnitt 6.5).

6.2   Die Nebenrolle erneuerbarer Energien in der internationalen Energie- und Klimapolitik

Die Nutzung erneuerbarer Energien erfolgt im globalen Maßstab mit einem Anteil von ca. 13% (2005) am gesamten Primärenergieverbrauch zwar durchaus in einer bereits relevanten Größenordnung (BMU 2007b: 44). Allerdings handelt es sich hierbei vorrangig noch um die traditionelle Nutzung der Biomasse (ca. 10%)[7] sowie die Großwasserkraft (über 2%), und damit überwiegend um nicht-nachhaltige Formen. Mit über 80% dominieren nach wie vor Energiewandlungstechnologien auf der Basis fossiler Brennstoffe, die Atomkraft hat einen Anteil von 6,5%. Das Wachstum des Anteils der erneuerbaren Energien wird nach den Prognosen vieler Branchenvertreter und Experten zwar weiterhin dynamisch zunehmen, ihr Anteil wird jedoch gemäß Referenzszenario der Internationalen Energieagentur (IEA) aufgrund des prognostizierten, stärker steigenden Energieverbrauchs in Ländern wie China, Indien, aber auch den USA nur konstant bleiben oder sogar leicht sinken (OECD/IEA 2006) – wenn die politischen Rahmenbedingungen sich nicht signifikant ändern.

Im Strombereich lag der Anteil erneuerbarer Energien an der globalen Stromerzeugung im Jahr 2005 bei 18%; davon entfielen über 16% auf große Wasserkraftanlagen (BMU 2007b: 47). Dies zeigt, dass der Anteil „neuer" EE-Technologien wie Windkraft, Biogas- oder Photovoltaikanlagen im globalen Maßstab gegenwärtig sehr gering ist. Die Technologien des konventionellen Energiesystems dominieren nicht nur die globalen Märkte, sie sind darüber hinaus seit Jahrzehnten und bis heute hoch subventioniert. Von den in einigen Studien ermittelten jährlichen Subventionen im Energiebereich in Höhe von etwa 240 Mrd. US-Dollar werden von einer Reihe von AutorInnen über 200 Mrd. als so genannte „perverse subsidies" eingestuft, die negative Effekte sowohl für die Umwelt als auch für die gesamte Ökonomie bzw. die Gesellschaft aufweisen (Pershing/Mackenzie 2004; Kjellingbro/Skotte 2005). Insgesamt entfällt mit weniger als 4% der Subventionen nur ein kleiner Teil auf EE-Technologien und Effizienzmaßnahmen. Der Großteil negativer externer Effekte, die durch den Einsatz fossiler Brennstoffe und Atomtechnologie entstehen, ist dabei ebenso wenig berücksichtigt wie die Subventionierung durch unterschiedliche Außenhandelszölle. Auch die weltweiten Ausgaben für Forschung und Entwicklung für erneuerbare Energien liegen in den OECD-Ländern bei nur 8% aller F&E-Ausgaben im Energiebereich – mit sinkender Tendenz in den letzten Jahren. Der höchste Teil der Mittel fließt nach wie vor in die Atomenergieforschung (IEA 2004).

Diese Entwicklung wurde bisher maßgeblich durch die *Energie- und Außenhandelspolitik* der dominierenden Industrieländer vorangetrieben, sie ist nicht auf konkrete internationale Vereinbarungen zurückzuführen. Ohnehin existiert kein stetiger, expliziter Energiepolitikprozess auf internationaler Ebene, wie etwa bei der Klimapolitik. Ein zentraler Grund dafür ist, dass Energiepolitik von den Nationalstaaten – ebenso von allen EU-Mitgliedsstaaten – bislang vorrangig als nationale, hoheitliche Versorgungsaufgabe gesehen wurde (Brummer/Weiss 2007). Das Thema Energiepolitik führte deshalb lediglich in Krisenzeiten, wie beispielsweise den beiden Ölpreiskrisen aus den 1970er Jahren, verstärkt zu koordinierten internationalen energiepolitischen Aktivitäten der ölabhängigen Industrieländer. Als Reaktion auf die Ölpreispolitik der OPEC-Staaten verabredete die Mehrzahl der OECD-Staaten ein einheitliches Vorgehen und gründeten für internationale Maßstäbe vergleichsweise zügig und unbürokratisch im Jahr 1974 die Internationale Energieagentur (IEA) (Scott 1994), die bis heute eine zentrale energiepolitische Beratungseinrichtung der OECD-Staaten ist.

Weitere zentrale Beispiele institutionalisierter Energiepolitik auf internationaler Ebene sind die G7/G8-Treffen sowie der Energiecharta-Vertrag, bei denen jeweils der Aspekt der Energiesicherheit im Sinne der Sicherung der Energieversorgung bzw. der Rohstoffquellen im Vordergrund steht. Die in der G7/G8 seit dem Treffen von Gleneagles im Jahr 2005 ebenfalls verstärkt behandelten Themen Klimaschutz, Energieeffizienz und erneuerbare Energien führten zwar zu einigen spezifischen Aktionsplänen (wesentlich: G8 2005), bisher erfolgten jedoch noch keine signifikanten Beschlüsse oder Aktivitäten wie z.B. die Vereinbarung von konkreten Zielen beim Ausbau von Klimaschutztechnologien, die Einrichtung neuer bzw. zusätzlicher Fördermaßnahmen für solche Technologien etc., die zu einer unmittelbaren Veränderung des Status quo des internationalen Energiesystems oder nationaler Policies beigetragen hätten. Die traditionelle Energiepolitik der OECD-Staaten ist zudem eng verbunden mit der IEA, ebenso wie mit den internationalen Finanzierungseinrichtungen wie z.b. der Weltbank, die jeweils aktiv an der Verbreitung des konventionellen Energiesystems mitgewirkt haben. Eine wirksame Veränderung des Energiesystems hin zu mehr erneuerbarer Energien und dezentraler Energieversorgung ist bislang weder in der Energiepolitik der G8 noch in den Aktivitäten von Organisationen wie der IEA und der Weltbank zu erkennen.

Für die *Rolle erneuerbarer Energien in der internationalen Klimapolitik* bzw. bei den zentralen Klimaschutzinstrumenten gilt im Grunde ein ähnliches, in Teilen sogar noch schärferes Fazit als bei der internationalen Energiepolitik: Sie werden kaum erwähnt und behandelt, spielen nur am Rande und indirekt eine Rolle. Zum einen liegt dies daran, dass der politisch-instrumentelle Ansatz in der internationalen Klimapolitik derart gewählt wurde, dass die Emissionen technologieunabhängig und sektorübergreifend reguliert werden sollen und keine Präferenz für spezifische Lösungen wie erneuerbare Energien vorgesehen war. Dem entsprechend wurden sie weder in der Klimarahmenkonvention noch im Kyoto-Protokoll explizit erwähnt, und auch das IPCC befasste sich bisher nicht ausführlicher mit dem Thema. Im Gegensatz dazu wurde beispielsweise bereits ein ausführlicher Bericht zu CCS-Kraftwerken erarbeitet (IPCC 2005c). Zum anderen wurden in der Klimarahmenkonvention und im Kyoto-Protokoll nur sehr geringe Reduktionsziele vereinbart, die für einen Anstoß zu einer grundlegenden Transformation ohnehin nicht ausreichen (vgl. Kapitel 5).

Vor dem Hintergrund der weit reichenden Kritik an der Genauigkeit der Zielerreichung sowie dem generellen Nutzen angesichts des hohen Aufwands des Emissionshandelssystems betonen Vertreter der EE-Branche, dass erneuerbare Energien CO_2-Reduktionen in einem Umfang ermöglichen, die in Deutschland bisher den gegenwärtigen, und in der Prognose auch den zukünftigen Beitrag des Emissionshandels übersteigen (BEE 2006; Kortlüke/Nitzschke 2006).

Die flexiblen Kyoto-Mechanismen können dennoch *Auswirkungen auf den Ausbau erneuerbarer Energien* haben. Bisher ist dies nur in geringem Ausmaß der Fall. Bei steigenden CO_2-Preisen können Investitionen in erneuerbare Energien zwar tendenziell begünstigt werden, nach den bisherigen Erfahrungen im *Emissionshandelsmarkt* reicht die Stabilität der Preisentwicklung jedoch nicht aus, um – im Unterschied zu Einspeisevergütungsregelungen – genügend Investitionssicherheit und damit Investitionsanreize zu bieten. Konkretere Bezüge bzw. direkte Investitionsmöglichkeiten bieten die *projektbasierten Mechanismen*, in deren Rahmen EE-Projekte durchführbar sind. EE-Projekte werden zwar bezogen auf die Anzahl am häufigsten realisiert, insgesamt sind es bislang allerdings nur einige Hundert, und sie generieren als CO_2-basierte Projekte deutlich geringere Reduktionsmengen als Industrieprojekte, die auf andere Treibhausgase zielen (Fenhann 2007). Wie bei den Industrieprojekten geht aufgrund der Transaktionskosten auch bei den EE-Projekten der Trend hin zu größeren Anlagen, mit Problemen des Nachweises der Zusätzlichkeit (Additionality), des Beitrags zur nachhaltigen Entwicklung sowie einer höheren Projektzahl in Wachstumsländern als in den Least Developed Countries (vgl. Kapitel 6.5.2).

Die Analyse belegt, dass mit dem Emissionshandelssystem im Wesentlichen der Erhalt, allenfalls die inkrementelle Veränderung des bestehenden Energiesystems hin zu mehr Effizienz intendiert war, jedoch damit eine *gezielte Transformation des Energiesystems* hin zu mehr dezentralen, erneuerbaren Energien auf nationaler wie internationaler Ebene nicht möglich ist. Der Emissionshandel fördert, so die Theorie und auch die bisherige Praxis, nur die kurzfristig rentablen Investitionen an den günstigsten Standorten. Investitionen und mit diesen verbundene Innovationsentwicklungen in mittel- bis längerfristig rentable Technologien, also in strategisch wichtige Zukunftstechnologien wie die erneuerbaren Energien unterbleiben. Sie können durch das Instrument allein nicht entwickelt werden (hierzu auch Hirschl 2008). Dieser Zusammenhang steht daher auch der Forderung von Akteuren aus den Reihen der konventionellen Energiewirtschaft entgegen, die den Emissionshandel zum zentralen oder sogar alleinigen Instrument machen, und dafür andere, spezifische und strategische Instrumente wie z.B. zur Förderung erneuerbarer Energien abschaffen wollen.

6.3 Erneuerbare Energien in Deutschland: Ein Vorreitermodell

Während von der internationalen Ebene weder durch die Ölpreiskrisen der 1970er noch durch die seit den 1990er Jahren einsetzende Klimapolitik nennenswerte Impulse zur Förderung erneuerbarer Energien ausgingen, war es insbesondere Deutschland, welches mit einer international viel beachteten Vorreiterpolitik für den Ausbau im eigenen Land sorgte. Dieser Ausbau erfolgte auf der Basis vieler neuer kleiner und mittelständisch geprägter Unternehmen, die sich einer überwiegend wenig aufgeschlossenen konventionellen Energiewirtschaft gegenübersahen. Viele der neuen Energieakteure waren aus Bürgerinitiativen oder der Umweltbewegung hervorgegangen, andere junge UnternehmerInnen profitierten von einer gezielten Forschungs- und Entwicklungsförderung in den 1970er bis in die 1990er Jahre hinein. In der frühen Phase der EE-Entwicklung in Deutschland spielte neben einer Reihe neuer Entrepreneure und gesellschaftlicher Akteure das Zusammenspiel aus F&E-Förderung auf Bundesebene sowie Landes- und kommunaler Förderung von Anlagen eine bedeutende Rolle. Dass dies im Ergebnis zu einer fruchtbaren Marktentwicklung geführt hat, ist nicht zwangsläufig, war aber dennoch ein wichtiger Erfolgsfaktor, wie internationale Vergleiche gezeigt haben (Jacobsson/Bergek 2004; Jacobsson/Lauber 2006).

Die genannten Akteure bildeten gleichzeitig eine wichtige Keimzelle der politischen Überzeugungskoalition für den Ausbau erneuerbarer Energien. Diese Koalition sah sich der konventionellen Energiewirtschaft und ihren politischen Vertretern gegenüber, die bis heute an den zentralen Technologien und Infrastrukturen festhalten und den EE-Markt politisch überwiegend bekämpft haben, wenn gleich sie sich zunehmend an diesem lukrativen Markt beteiligen. Die zentralen Repräsentanten der konventionellen Energiewirtschaft auf dem deutschen Strommarkt sind die vier großen Energiekonzerne EON, RWE, Vattenfall und EnBW, die bisher außer der Abnahmepflicht des EE-Stroms in ihre Netze nur wenig konventionelle Konkurrenz auf dem Markt fürchten müssen. Vor diesem Hintergrund ist es für die Analyse der deutschen EE-Politik interessant, nicht nur deren engere Entwicklung (vgl. Abschnitt 6.3.1), sondern auch die Entwicklung der zentralen Rahmenbedingung, die für die Wettbewerbssituation mit verantwortlich ist, zu analysieren: das Energiewirtschaftsgesetz (vgl. Abschnitt 6.3.2).

6.3.1 Erfolgreicher Institutionalisierungsprozess: Von der Nische zur Industrie

Die Geschichte der deutschen Policy zur Förderung erneuerbarer Energien auf Bundesebene begann mit dem Engagement einzelner Abgeordneter aus dem konservativen Lager der damaligen CDU/CSU-FDP-Regierung, die sich als Interessenvertreter der BetreiberInnen von Wind- und Wasserkraftanlagen Ende der 1980er Jahre für eine Förderung dieser Technologien einsetzten. Gegen den Widerstand aus den eigenen Regierungsfraktionen und der oppositionellen SPD sowie des federführenden Bundeswirtschaftsministeriums (BMWi) und der konventionellen Energiewirtschaft, dafür mit Unterstützung der Grünen, gelang es den Abgeordneten in einem günstigen Zeitfenster im Jahr 1990 einen eigenen Entwurf für das Stromeinspeisegesetz in den politischen Verhandlungen durchzubringen. Wichtige Erfolgsfaktoren in diesem Zeitfenster waren dabei situativer Art, da die EE-Politik nur eine untergeordnete Rolle neben dem damaligen Bundestagswahlkampf spielte und die Gegner die Wirkung des Gesetzes

– zunächst berechtigterweise – als gering einstuften (Kords 1993). Daneben gab es damals ein breites positives Medienecho für erneuerbare Energien, das durch die Tschernobyl-Katastrophe 1986 wie durch die aufkommenden Umwelt- und Klimaschutzdebatten verstärkt wurde und die Regierungsfraktionen und das zuständige BMWi zumindest zu symbolischen Handlungen zwang.

Im Ergebnis handelte es sich beim Stromeinspeisungsgesetz (StrEG) tatsächlich zunächst aufgrund der geringen Vergütungsanreize um ein relativ schwaches Gesetz mit geringem quantitativen Ausbaueffekt (vgl. Abbildung 2). Dennoch war die Einführung des Gesetzes äußerst wichtig für die Entwicklung der Koalition der BefürworterInnen einer stärkeren Förderung erneuerbarer Energien in Deutschland. Insbesondere das einsetzende Wachstum bei der Windenergie führte zum Aufbau von Unternehmen, zu wichtigen technischen Lerneffekten und ersten Lobby-Strukturen (Jacobsson/Lauber 2006).[8] Zudem bot das Gesetz in späteren Jahren gekoppelt mit anderen Förderinstrumenten ein praktikables finanzielles Fundament zum Aufbau einzelner Nischenmärkte für die erneuerbaren Energien. Praktische Erfahrungen und wichtige politische Lerneffekte erleichterten die spätere Entwicklung zum EEG (Lauber/Mez 2004).

Der entscheidende Grund für die Weiterentwicklung vom StrEG zum EEG kann zunächst im Regierungswechsel zur rot-grünen Koalition aus SPD und Bündnis 90/Die Grünen gesehen werden. In ihrem Regierungsprogramm von 1998 verankerten die Koalitionäre den Ausbau erneuerbarer Energien, den Atomausstieg und die Ökosteuer als zentrale umwelt- bzw. energiepolitische Vorhaben. Trotz dieser Ankündigung muss auch die vergleichsweise reibungslose Einführung des EEG, wie zuvor beim StrEG, auf das zügige Handeln einzelner engagierter Akteure sowie die Nutzung eines günstigen Zeitfensters zurückgeführt werden. Bei den engagierten Akteuren handelte es sich wieder um Parlamentarier, welche die Arbeit des zuständigen, und erneut blockierenden Wirtschaftsministeriums übernahmen und eigene Entwürfe vorlegten.[9] Das Bundesumweltministerium (BMU)[10] unterstützte hingegen, wie bereits zuvor beim StrEG, den politischen Prozess und die Ausformulierung der Entwürfe (Bechberger 2001). Es gab darüber hinaus im Vorfeld der politischen Entscheidungsprozesse einige Gutachten in Auftrag, die wichtige Inputs für die Gesetzesentwicklung lieferten. Zusammen mit den Verbänden der erneuerbaren Energien und den oben angesprochenen Parlamentariern bildete das BMU seit 1998 den „harten Kern" einer Advocacy-Koalition[11], die sich für eine signifikante Förderung erneuerbarer Energien und im Strombereich insbesondere für das EEG einsetzen. Die Verabschiedung des EEG wurde letztlich auch dadurch begünstigt, dass es als „Parlamentariergesetz", d.h. federführend von den engagierten Abgeordneten und nicht durch das zuständige, blockierende Ressort (BMWi) ausgearbeitet wurde, und damit in geringerem Maße den traditionellen Lobbyeinflüssen und Zugängen der konventionellen Energiewirtschaft ausgesetzt war. Die konventionelle Energiewirtschaft war überdies durch andere politische Vorhaben, insbesondere den Atomausstieg, stark gebunden.

Außerdem erwarteten zur damaligen Zeit nicht einmal die größten BefürworterInnen den derartigen, einige Jahre später einsetzenden Erfolg des Gesetzes (Hinrichs-Rahlwes 2007). Die Abbildung 2 zeigt deutlich, dass mit der Einführung des EEG im Jahr 2000 der maßgebliche Ausbau der so genannten „neuen" EE-Technologien im Strombereich einsetzte. Viele klein- und mittelständische Unternehmen und neue Arbeitsplätze entstanden und im Laufe weniger Jahre entwickelte sich eine stabile und breit aufgestellte deutsche EE-Industrie (Reiche 2005). Damit wurde auf der Basis einer erfolgreichen Nischenpolitik der Schritt zur Industrialisierung der EE-Branche vollzogen, die darüber hinaus mittlerweile in hohem Maße auf internationalen Märkten erfolgreich agiert. Die Exportumsätze übersteigen in einigen EE-Branchen (z.B. der Windenergie) mittlerweile den inländischen Absatz, so dass diese heimische Industrie mit ihren Exporten mehr Geld verdient als durch die EEG-Umlage finanziert wird (Staiß 2007).

Beitrag der erneuerbaren Energien zur Stromerzeugung 1990 – 2007

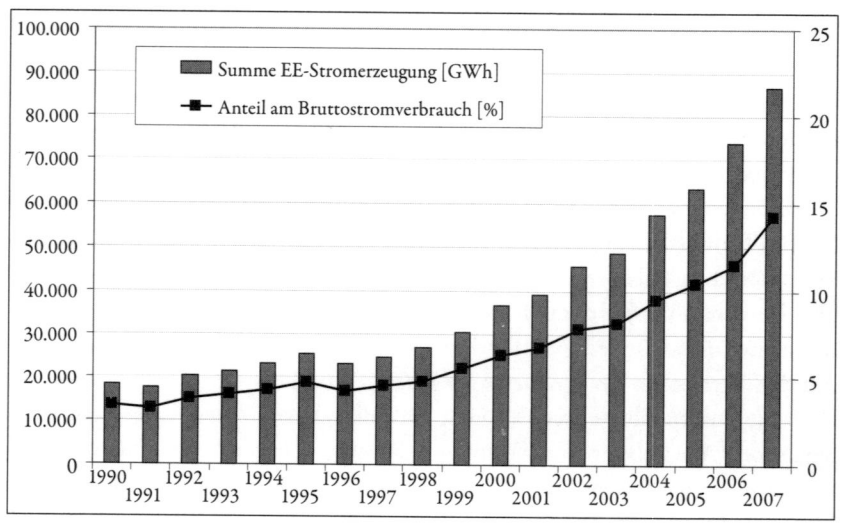

Quelle: eigene Darstellung nach Daten BMU (2007: 12) und BEE (BEE 2008)

Vor dem Hintergrund der großen Widerstände aus dem zuständigen BMWi war es nach der zweiten gewonnenen Bundestagswahl 2002 ein Kernanliegen des grünen Koalitionspartners, die Zuständigkeit für die erneuerbaren Energien in das von den Grünen geführte Umweltministerium zu übertragen (Reiche 2004). Nach der gesetzlichen Institutionalisierung durch das EEG erfolgte mit dieser Kompetenzübertragung ein zweiter wesentlicher Institutionalisierungsschritt, der in den folgenden Jahren maßgeblich zur Stabilisierung des EEG beigetragen hat. Durch den Aufbau erheblicher Kapazitäten und Kompetenzen im Bereich erneuerbarer Energien im BMU[12], die „traditionelle" Zuständigkeit für die Atomreaktorsicherheit sowie ab 2004 die Zuständigkeit für den Emissionshandel wurde die energiepolitische Kompetenz des Umweltministeriums unter Rot-Grün insgesamt deutlich erweitert und gestärkt. Das BMU wurde zum wichtigen Kompetenzträger für energiepolitische Fragen und konnte sich fortan stärker in energiepolitische Verhandlungen einbringen sowie eine intensive, wissenschaftlich fundierte Öffentlichkeitsarbeit für seine Interessen machen.

Die Analyse der deutschen EE-Politik vom StrEG bis zum EEG zeigt, dass einzelne Personen wie in diesem Fall einige Abgeordnete bzw. die noch junge Advocacy-Koalition durch geschicktes Agieren und Engagement ein Gesetz auch gegen große Widerstände federführender Ressorts, gegen Mehrheiten bzw. starke Flügel in der eigenen Partei und gegen mächtige Marktakteure durchsetzen können, wenn sich dafür günstige, situative Zeitfenster oder Verhandlungsgelegenheiten ergeben. In den analysierten Fällen kam dem Parlament eine starke Rolle zu, allerdings jeweils bei nicht zustimmungspflichtigen Gesetzen. Das große und international viel beachtete Ausbauwachstum der erneuerbaren Energien im Strombereich ist rückblickend klar auf die Bundesgesetze zurückzuführen, deren Erfolg jedoch auf eine Reihe subnationaler Maßnahmen im Vorfeld sowie auf einem hohem Engagement von neuen UnternehmerInnen und BürgerInnen aufbaute.

Große gesellschaftliche Zustimmung hat die politische Förderung wie auch die Implementierung erneuerbarer Energien bis heute unterstützt und begleitet. Dies machte sich auch in der überwiegenden Unterstützung des Bundesrates, d.h. der Bundesländer bemerkbar, die zwar je nach EE-technologischer Präferenz, jedoch im Regelfall mehrheitlich für den Ausbau erneuerbarer Energien votiert haben, auch wenn das Gesetz nicht zustimmungspflichtig war. Gleichzeitig haben die Bundesländer und Kommunen ihre EE-Förderung im Strombereich fast komplett zurückgefahren. Mit steigender Verbreitung der dezentralen, vergleichsweise kleinen und daher vielzahligen EE-Anlagen, wächst allerdings der Widerstand gegen einzelne Projekte auf lokaler und z.T. auf regionaler Ebene (ausführlich hierzu Hirschl 2008). Gleichzeitig entschließen sich aber auch immer mehr

Kommunen und Regionen, voll bzw. in hohem Maße und damit deutlich über dem Anspruch der Ausbauziele auf Bundesebene auf erneuerbare Energien zu setzen (beispielhafte Übersicht in Haus & Energie 2006).

6.3.2 Politischer Rahmen auf dem Strommarkt

Auch wenn es sich bei der Versorgung mit traditionellen Großkraftwerken und erneuerbaren Energien um überwiegend getrennte Märkte handelt (s.o.), so sind alle energiewirtschaftlichen Akteure und alle Energie erzeugenden Anlagen an einen allgemeinen energiepolitischen Rahmen gebunden: das Energiewirtschaftsgesetz (EnWG). Dieses Gesetz bestand seit 1935 in unveränderter Form und war Grundstein der staatlich garantierten regionalen Gebietsmonopole der großen Energieversorger, bis die Europäische Union sich im Jahr 1996 auf die Liberalisierung der Energiemärkte einigte, wodurch in der Folge neuen StromerzeugerInnen und -händlerInnen der Marktzutritt ermöglicht werden sollte (Richtlinie 1996). Erst auf Basis dieser Richtlinie konnte sich der Markt für erneuerbare Energien – in Verbindung mit der Vorrangregelung und Einspeisevergütung des EEG – entwickeln.

Die Richtlinie wurde noch von der schwarz-gelben Regierung im Jahr 1998 im Rahmen der ersten EnWG-Novelle in nationales Recht umgesetzt. Sie löste jedoch im Ergebnis nur wenig Wettbewerb und kurzfristige Preissenkungen, dafür einen Anstieg der Preise für die Netznutzung und letztlich einen Konzentrationsprozess zu Gunsten der großen Energiekonzerne aus (Mez 1999; Monstadt 2004). Diese, nun privatwirtschaftliche Re-Monopolisierung noch stärkeren Ausmaßes führte dazu, dass der Druck aus Brüssel zur Schaffung von wirksamen Wettbewerbsbedingungen und somit zu einer zweiten Novellierung des EnWG zunahm. Eine maßgebliche Forderung bestand in der Einführung einer Regulierungsbehörde, da Deutschland bis dato als einziger EU-Mitgliedsstaat auf der Basis einer freiwilligen Verbändevereinbarung agierte. Demzufolge forderte eine Koalition der „Regulierungsbefürworter" die Einführung einer starken Regulierungsbehörde, die zur Erhöhung von Wettbewerb und Transparenz auf dem Energiemarkt beitragen und die Kontrolle der Netzkosten übernehmen sollte. Die zweite EnWG-Novellierung zog sich über mehrere Jahre der ersten und zweiten Regierungszeit der Rot-Grünen Bundesregierung und verlief überwiegend parallel zum ersten großen EEG-Novellierungsprozess.

Von den zentralen Regelungen der geplanten EnWG-Novelle waren auch die erneuerbaren Energien direkt und indirekt betroffen. Durch die Vorrangregelung des EEG vergleichsweise gut geschützt standen dennoch eine Reihe von Maßnahmen zur Debatte, die diesen Vorrang hätten beschränken oder gar aushebeln können (Schwarz 2005). Außerdem betreffen die Gestaltung von Wettbewerbs- und Netzzugangsbedingungen, die Höhe der Netzkosten und die diesbezüglichen Kompetenzen der Regulierungsbehörde auch die einspeisenden erneuerbare Energien-Anlagen. Direkt betroffen waren die erneuerbaren Energien darüber hinaus von Themen wie der Entgeltregelung für vermiedene Netznutzung und der Stromkennzeichnung, nach der jeder Stromverkäufer seinen Energiemix nach zu vereinbarenden Regeln anzeigen soll.[13]

Eine Analyse des politischen Prozesses bis zur Verabschiedung der Novelle im Juli 2005 zeigt folgende *Wechselwirkungen* mit der politischen Arena der erneuerbaren Energien: Erstens sind insgesamt nur sehr wenige Akteure aus der EE-Wirtschaft im gesamten EnWG-Prozess sichtbar geworden.[14] Zweitens beschränkten sich die wenigen involvierten Akteure vornehmlich auf die oben genannten Konfliktpunkte, die sie direkt betrafen, wie die Stromkennzeich- nung oder offensichtlich erkennbare Diskriminierungstatbestände gegenüber erneuerbaren Energien. Als ein Grund hierfür wird unter anderem die enorme Komplexität der EnWG-Novelle genannt (Schwarz 2005; Jensen 2006), sowie die zum Teil parallel laufenden Verhandlungen zur EEG-Novelle, die die Kapa- zitäten der Branche überwiegend absorbierten. Beide Aspekte stehen aber auch mit dem dritten Punkt in Verbindung, denn das BMU hat im Rahmen dieses Policy-Prozesses seine energiepolitische Bedeutung weiter ausgebaut und hat dadurch wiederum die EE-Branche entlastet bzw. „vertreten" (Hirschl 2008). Die Verhandlungsposition des BMU im EnWG-Prozess wurde dabei durch das Zugeständnis zu einer vom BMWi und der energieintensiven Industrie geforder- ten EEG-Härtefallregelung verbessert (Leuschner 2003; Gammelin/Hamann 2005).[15] Somit wurde das BMU zu einem der wichtigsten Gegenspieler des BMWi und zu einer treibenden Kraft der Regulierungsbefürworter.

Die Regulierungsbefürworter bekamen schließlich dadurch eine starke Positi- on, dass sich ihnen die in dieser Zeit im Bundesrat dominierenden CDU-Länder und in Folge dessen auch die CDU-Bundestagsfraktion anschlossen. Damit verlief der Streit im Wesentlichen zwischen den Regierungsfraktionen bzw. dem SPD- geführten BMWi sowie dem von den Grünen geführten BMU. Dennoch blieb die Federführung für das komplexe Gesetzeswerk und seine noch umfangreicheren Verordnungen über die gesamte Zeit in den Händen des BMWi, das traditionell durch die konventionelle Energiewirtschaft, insbesondere durch die großen Ener- giekonzerne beraten wurde (Becker 2005; Gammelin/Hamann 2005).

Nach der oft verschobenen Verabschiedung des EnWG, die gerade noch recht- zeitig vor dem Ablauf der zu Ende gehenden zweiten rot-grünen Regierungszeit und einer drohenden Klage der EU (Vertragsverletzungsverfahren) zustande kam, wurde zwar oft von einem Erfolg der Regulierungsbefürworter gesprochen, da sie formal wesentliche Forderungen durchsetzen konnten. Die bisherigen Entwicklungen auf dem Energiemarkt zeigen jedoch noch keine signifikanten Veränderungen in Bezug auf Wettbewerb und Preiswirkungen. Im Gegenteil nehmen die Marktkonzentration und die Endverbraucherpreise, ebenso wie die Profite der Konzerne zu, nicht jedoch der Wettbewerb (Hirschl 2008). Obwohl hier also eine im Vergleich zur vorherigen freiwilligen Vereinbarung „hierarchische" staatliche Instrumentierung mit dem Ziel einer stärkeren Regulierung stattgefunden hat, konnten die Konzerne aufgrund ihres Einflusses die Regeln offensichtlich so mit gestalten, dass ihre Gewinnmöglichkeiten nicht beeinträchtigt, sondern ausgeweitet wurden und Wettbewerb nach wie vor behindert wird. Vor dem Hintergrund dieser Erkenntnis werden daher von vielen der Regulierungsbefürworter in Deutschland und auf EU-Ebene erneut weitere Schritte gefordert, die von einer verschärften Preisprüfung durch die Kartellbehörden bis hin zur Enteignung von Kraftwerken oder des Netzes gehen.

Die Analyse des energiepolitischen Rahmens und seines politischen Prozesses offenbart den hohen Einfluss der konventionellen Energiewirtschaft, insbesondere der großen Energiekonzerne auf die Energiepolitik und die Energiemärkte. Es zeigt sich auch, dass das „neue Grundgesetz" der Energiewirtschaft aufgrund dieses Einflusses keine signifikanten Zeichen in Richtung einer Transformation der Energiewirtschaft setzt und nicht einmal seiner zentralen Intention – der Schaffung von mehr Wettbewerb – gerecht wird. Die EE-Branche hat diesen politischen Prozess nicht genutzt bzw. war nicht in der Lage, ihm entscheidende Impulse für eine Stärkung der dezentralen Energieversorgung zu geben. Allerdings wurden zumindest die Kernanliegen der EE-Branche durch das BMU vertreten. Das BMU wurde in diesem Prozess zu einem zentralen energiepolitischen Akteur neben dem BMWi, was seine ohnehin bereits herausgehobene Rolle in der EE-Advocacy Koalition unterstreicht.

6.4 Abhängigkeiten und Gestaltungspotenziale im Mehrebenensystem

6.4.1 Bedeutungszuwachs der EU: zwischen Damoklesschwert und schützender Hand

Während die Entstehung des Stromeinspeisegesetzes noch als ein rein national-staatlicher Politikprozess bezeichnet werden kann, setzte etwa Mitte der 1990er Jahre auf EU-Ebene der Prozess zur Förderung der erneuerbaren Energien ein, der im Jahr 2001 in eine Richtlinie mündete und daher in weiten Teilen parallel zum deutschen EEG-Politikprozess verlief (Oschmann 2002). Vor diesem Hintergrund sind die Prozesse auf der europäischen Ebene und ihre zentralen Akteure sowie die Wechselwirkungen mit dem nationalen Prozess im Rahmen dieser Analyse einzubeziehen. Dabei sind die drei zentralen EU-Organe Kommission, Parlament und Rat differenziert zu betrachten, und auch die Rechtsprechung des Europäischen Gerichtshofes (EuGH) ist zu berücksichtigen, da der politische Prozess und die damit verknüpften Auseinandersetzungen von rechtlichen Kontroversen begleitet wurde.

Während die Europäische Kommission bei der Einführung des StrEG aufgrund der damals geringen Bedeutung der erneuerbaren Energien zunächst keine Einwände gegen das deutsche Gesetz hervorgebracht hatte, änderte sich dies aufgrund des deutlichen Wachstums bei der Windenergie Mitte der 1990er Jahre, da nun dadurch Nachteile für die konventionellen Energieversorgungsunternehmen (EVU) entstanden. Von nun an betrachtete die Kommission das deutsche Einspeisegesetz zunehmend kritischer und unternahm eine Reihe von Versuchen, das Instrument zu verändern und seine Verbreitung in Europa zu verhindern – zum Teil nach Aufforderung bzw. mit Unterstützung von deutschen EVU (Lauber 2005b). Die Kommission wandte sich gegen Einspeisevergütungen, weil sie aus ihrer Sicht markerzerrende Instrumente seien und sprach sich ausschließlich für Quoten- und Zertifikatemodelle aus, die im EU-Binnenmarkt harmonisiert, d.h. einheitlich verbreitet werden sollten (Oschmann 2002).[16]

Während der Kommission kein explizites Interesse an einer Verhinderung der erneuerbaren Energien unterstellt werden kann, ist dies bei den vom deutschen Einspeisegesetz negativ betroffenen EVU überwiegend anzunehmen. Gemeinsam vertraten die EVU wie die Kommission die Meinung, dass es sich bei der deutschen Einspeisevergütung um eine unerlaubte Beihilfe handele und dass, wenn überhaupt, eine europaweit harmonisierte Quotenregelung einzuführen sei (Lauber 2001, 2004). Eine solche Regelung war, nach den bisherigen Erfahrungen in anderen Ländern, für die konventionellen EVU deutlich leichter politisch wie am Markt beherrschbar. Eine Klage eines betroffenen deutschen EVU (PreussenElektra) vor einem deutschen Gericht landete schließlich beim Europäischen Gerichtshof (EuGH). Somit wurde die politische Frage parallel vom EuGH behandelt – in einem Prozess, in dem sich alle relevanten Konfliktparteien, von den EVU und EE-Akteuren über die Kommission bis hin zur deutschen Bundesregierung einbrachten (EuGH 2001).

Auf der anderen Seite standen BefürworterInnen eines stärkeren, verbindlicheren Ausbaus, die Einspeisemodelle offen und zum Teil demonstrativ favorisierten, insbesondere nach dem sich gezeigt hatte, dass einzig die in Deutschland und Dänemark praktizierten Einspeisemodelle bis dato zu einem signifikanten Ausbau geführt hatten. Neben den EE-VertreterInnen und den Umweltverbänden gehörte auch das Europäische Parlament als wichtiger Gegenspieler zur Kommission zu dieser Koalition (Oschmann 2002; Piria 2000).[17] Ähnlich wie die konventionellen EVU aus Deutschland richtete die deutsche EE-Szene zunehmend ihr Augenmerk auf Brüssel, als klar wurde, dass mit der instrumentellen Präferenz für Quoten- und gegen Einspeisemodelle die deutsche Förderung unter Druck geraten würde. Aufgrund mangelnder Kapazitäten waren jedoch nur einzelne Personen aktiv, die hauptsächlich aus den Reihen des damals größten EE-Verbandes, dem Bundesverband Windenergie (BWE), kamen. Innerhalb kürzester Zeit konnten diese wenigen Personen jedoch ein funktionierendes Netzwerk aus internationalen EE-Verbänden und gleich gesinnten ParlamentarierInnen aufbauen und eine neue EU-Lobbyorganisation gründen, die sich für Einspeisevergütungen einsetzte und Kontakte zu wichtigen Personen in der EU-Kommission herstellte (Hirschl 2008). Zusammen mit den ParlamentarierInnen der deutschen EE-Koalition und dem BMU intensivierte dieses Netzwerk seit 1998 die Lobbyarbeit gegenüber der Kommission.

Während nun die Kommission aufgrund ihrer Forderungen zum Advocatis diaboli und das Parlament zur großen Unterstützerin der EE-Branche wurde, signalisierte der Rat eine mittlere Position: Zwar wollten die Mitgliedstaaten den ambitionierten Forderungen des Parlaments nicht folgen, allerdings sprachen sie sich in deutlicher Weise wiederholt gegen die Harmonisierungsforderungen der Kommission aus. Hintergrund hierfür waren die Autonomie- und Souveränitätsbedürfnisse der Mitgliedstaaten, die traditionell insbesondere in Energiefragen eine Rolle spielen (Subsidiaritätsprinzip). Diese Argumentation teilte auch das BMWi als damals verantwortliches Ressort im Rat, während das BMU die Position des Parlaments einnahm.

Die Auflösung der Blockade zwischen Kommission und Parlament war schließlich im Wesentlichen auf externe Ereignisse zurückzuführen: Erstens wechselte im Jahr 1999 die Kommission – und damit auch die Federführung für die Richtlinie in der Kommission – von der Binnenmarkt- zur Energieabteilung. Zweitens trat im Jahr 2000 in Deutschland das EEG in Kraft, welches schnell sichtbare Ausbauerfolge zeigte und massiv von der in der EU einflussreichen deutschen Regierung vertreten wurde. Und drittens kam der EuGH zur Entscheidung, dass das StrEG (und folglich auch das EEG) rechtmäßig sei, und stärkte somit die BefürworterInnen der Einspeisevergütungsmodelle. Vor diesem Hintergrund wurde die Richtlinie 2001/77/EG am 27. September 2001 als eine Rahmenrichtlinie verabschiedet, in der keine verbindlichen, sondern indikative Richtziele mit einem „mittleren" Anspruchsniveau enthalten waren und in der die Frage der Instrumente offen gelassen wurde.[18] Allerdings definierte sich die Kommission einen Harmonisierungsvorbehalt in die Richtlinie – und sorgte damit in den Folgejahren bis heute immer wieder für Unruhe in der Branche, und für viele ebenenübergreifende politische Auseinandersetzungen.

Nachdem im Laufe der Jahre noch einige weitere Länder wie z.B. Spanien sehr erfolgreiche Einspeisevergütungsmodelle eingeführt hatten und im Vergleich dazu die wenigen Quoten- und Zertifikatemärkte nur unzureichend funktionierten (Reiche 2005), kam auch die Kommission in einer ersten Evaluation zu einer positiven Bewertung des „deutschen" Modells (Europäische Kommission 2004, 2005). Dennoch sind nach wie vor wichtige Akteure in der Kommission (z.B. einzelne Kommissare) überzeugte und vehemente Verfechter von Quoten- und Zertifikatelösungen und einer diesbezüglichen Harmonisierung, auch mit Blick auf eine perspektivisch komplette Vereinheitlichung aller klimapolitischen Instrumente. Zu den offenen Verfechtern solcher Forderungen gehören u.a. der der deutsche Industriekommissar Verheugen (SPD), der auch Vizepräsident der Kommission ist (Verheugen 2006; Witt 2006).[19] Mit der „Roadmap" für erneuerbare Energien (Europäische Kommission 2007b), die auf Vorschlag der Kommission vom Rat verabschiedet wurde, wird zwar ein auf EU-Ebene verbindlicher Anteil von 20% erneuerbare Energien bis zum Jahr 2020 gefordert (was sogar viele EE-VertreterInnen als „ambitioniert" bezeichnen), da jedoch jenseits des Globalziels weder für die Mitgliedsstaaten noch die Sektoren verbindliche Teilziele gefordert werden, besteht die Gefahr, dass das verbindliche EU-Globalziel eine politische Luftnummer bleibt.

6.4.2 Erste Schritte auf globaler Ebene:
der Renewables-Prozess und deutsche Diffusionspolitik

Nach dem die erneuerbaren Energien im Kontext der internationalen Energie- und Klimapolitik nicht explizit bzw. nur am Rande behandelt wurden (vgl. Abschnitt 6.2), kamen sie erstmals auf dem zweiten *Weltgipfel für nachhaltige Entwicklung 2002 in Johannesburg* (WSSD) als prominenter Verhandlungspunkt auf die Agenda einer UN-Regierungskonferenz. Da jedoch sowohl der vorbereitende UN-CSD-Prozess[20] als auch der WSSD selbst in dieser Frage im Wesentlichen durch die in der Energie- und Klimapolitik bekannten politischen Blöcke und Positionen geprägt waren (s.o.), scheiterten die Verhandlungen zu konkreten Ausbauzielen und Fördermaßnahmen für erneuerbare Energien.

Zu dieser Zeit schien es für viele Kritiker, insbesondere aus den Reihen der NGOs, offensichtlich zu sein, dass internationale Initiativen zum Ausbau erneuerbarer Energien und zur Reduzierung fossiler Energien und diesbezüglicher Subventionen auf multilateralen UN-Konferenzen grundsätzlich nicht erreichbar seien. Als nach den gescheiterten Verhandlungen zu einer internationalen EE-Initiative eine Gruppe von Staaten am Ende des Gipfels die *Johannesburg Renewable Energy Coalition (JREC)* gründete, wurde dieser Zusammenschluss von vielen nicht-staatlichen EE-BefürworterInnen als die erhoffte internationale Vorreiterkoalition angesehen, mit der die Konsenszwänge des UN-Systems gebrochen und somit auch Druck auf blockierende Staaten ausgeübt werden könnte. Die JREC-Gründung sowie die gleichzeitige Ankündigung des damaligen deutschen Bundeskanzlers Gerhard Schröder, eine internationale Regierungskonferenz – die „renewables2004" in Bonn – abzuhalten, wurden angesichts der ansonsten überwiegend negativen Beurteilung der Gipfelergebnisse zu den Hoffnungsträgern für eine spätere Förderung erneuerbarer Energien auf internationaler Ebene (Dehmer 2002; Forum Umwelt & Entwicklung/EE-Netz 2002; Greenpeace 2002; Martens/Sterk 2002).

Mit der „Renewables 2004" in Bonn wurde nun erstmalig eine hochrangig besetzte Regierungskonferenz ausschließlich zum Thema erneuerbare Energien abgehalten. Aufgrund der Ölpreise, die unmittelbar im Vorfeld der Konferenz neue Höchstwerte erreichten, sowie einer zeitgleich *gesteigerten Medienresonanz* für die Themen Energieversorgungssicherheit und Klimaschutz, bekam die Konferenz zusätzliche Aufmerksamkeit. Damit kann jenseits der politischen Ergebnisse die mediale Wirkung bzw. die Verbreitung des Themas durch die „Renewables 2004" als ein zentraler Erfolg genannt werden (BDE 2004; Bröer 2004; Milke/Bals 2004; Unmüßig 2004), der zusätzlich durch die breite Einbeziehung von Akteuren und eine Reihe von regionalen Vorbereitungskonferenzen unterstützt wurde.

Die *politischen Ergebnisse* wurden demgegenüber von vielen Akteuren *weniger positiv bewertet* (u.a. bei Greenpeace 2004; Maier 2004; Milke/Bals 2004; Scheer 2004; Unmüßig 2004). Es wurde zum einen eine politische Deklaration verabschiedet, die in ähnlichen Akteurskonstellationen und mit ähnlichen Positionen wie in Johannesburg debattiert worden war und die ebenfalls letztlich keine konkreten Ziele oder Maßnahmen beinhaltete. Das zweite offizielle und wichtigere Ergebnis der Konferenz war das Internationale Aktionsprogramm (IAP), in dem alle TeilnehmerInnen der Konferenz, staatliche wie nicht-staatliche, diverse Beiträge zur Förderung erneuerbarer Energien einbringen konnten, egal ob es sich um politische Ausbauziele, finanzielle Mittel oder Informationskampagnen handelte. Das dritte formale Ergebnis war die Gründung eines weiteren Netzwerks, das sich erstmalig explizit auch politischen Fragen widmen und politische Anliegen auf der internationalen Ebene begleiten und vorantreiben sollte (REN21).

Die *Kritik an den Ergebnissen* entzündete sich im Kern an der Grundfrage, ob die gesamte Konferenz von vornherein stärker als Vorreiterinitiative hätte gestaltet werden müssen, um verbindlichere Ergebnisse zu erzielen, oder ob mit der UN-weiten Einladungspolitik (und damit der Berücksichtigung von GegnerInnen einer internationalen EE-Initiative wie den USA, vielen OPEC-Staaten etc.) sowie der breiten Beteiligung aller Stakeholdergruppen und internationaler Organisationen (inklusive der konventionellen Energiewirtschaft, Industrie sowie Organisationen wie der Weltbank) der größere Effekt erzielt werden könne. Entlang dieser entscheidenden Frage spaltete sich auch die Gruppe der BefürworterInnen einer internationalen EE-Förderpolitik. Mit der (frühen) Entscheidung der Veranstalter – der deutschen Bundesregierung unter Federführung von BMU und BMZ – die Konferenz im Stile der zweiten Option durchzuführen, und nicht zwischen VorreiterInnen, BefürworterInnen und GegnerInnen zu unterscheiden, wurde der Rahmen gesetzt, in den sich die TeilnehmerInnen und auch die Reichweite der Ergebnisse fügen mussten (Hirschl 2008). Diese Entscheidung war im Grundsatz auf die breite Einladung Schröders auf dem UN-Weltgipfel zurückzuführen (Hinrichs-Rahlwes 2007). Die weitere Konzeptentwicklung der Konferenz wies darüber hinaus hohe Übereinstimmung mit einigen Studien des BMU auf, die den Spielraum für exklusive Vorreiterkoalitionen und die Gründung einer internationalen EE-Organisation als gering einstuften (Pfahl et al. 2005; Steiner et al. 2004). In den verantwortlichen Gremien zur Vorbereitung der Konferenz gab es zwar mehrfach Auseinandersetzungen in dieser Frage, letztlich stützten jedoch auch sie das Vorgehen der Veranstalter, obwohl in den Gremien viele NGOs und EE-VertreterInnen beteiligt waren, die nach Johannesburg im Grunde einen anderen multilateralen Prozess gefordert hatten (BMU/BMZ 2003a, 2003b, 2004b, 2004a).

Als Konsequenz dieser Beteiligungspolitik wurde bereits im Vorfeld entschieden, nicht über Ziele (im Sinne einer top down-Politik) zu debattieren, und die Deklaration in diesem Punkt unbestimmt zu belassen. Stattdessen wurde mit dem aus freiwilligen Beiträgen bestehenden Internationalen Aktionsprogramm (bottom up-Ansatz) politisches Neuland betreten. Im Programm waren einzelne umfassendere Beiträge (z.B. aus China, den Philippinen, Deutschland) enthalten, die eine besondere öffentliche Aufmerksamkeit und positive symbolische Wirkung erhielten. Insgesamt wiesen jedoch nur wenige der 197 Beiträge des IAP konkrete Ziele oder finanzierte Aktivitäten auf (Fritsche/Kristensen 2005). Die Zusammenstellung der Beiträge erfolgte nicht unter strategischen Gesichtspunkten und der Aspekt der „Additionality", d.h. einer messbaren zusätzlichen Ausbauwirkung gegenüber dem Status Quo, konnte nicht als harte Anforderung erhoben werden. Darüber hinaus gab es eine Reihe von Beiträgen, die als „Greenwashing" negativ auffielen, darunter der Beitrag der Weltbank, dessen angekündigte relative Steigerung an Mitteln für EE-Projekte in absoluten Zahlen nach wie vor sehr gering blieb (May 2006).

Obwohl die Konferenz ihrem eigenen Anspruch, explizit keine UN-Konferenz zu sein und deshalb zu besseren Ergebnissen gelangen zu können, nur eingeschränkt gerecht werden konnte, setzte sie einige *symbolisch und medial wichtige Akzente*. Das Thema erneuerbare Energien bot einigen Akteuren bzw. Regierungen die Gelegenheit, sich entgegen ihrer sonstigen Positionen in der Energie- und Klimapolitik nicht „koalitionskonform" zu verhalten. So brachten einige G77-Staaten, allen voran China, progressive Beiträge ein, die hohe politische und öffentliche Resonanz fanden. Die chinesische Regierung wurde mit ambitionierten Zielen und einem dem EEG ähnlichen Förderinstrument zu einer wichtigen Treiberin und zum Vorbild im weiteren internationalen EE-Prozess, wenngleich sie sich auf UN-Ebene nicht in die „Koalition für verbindlichen Klimaschutz" eingliederte, wie sich in späteren Verhandlungen z.B. der UN-CSD-15 zeigte (Nachhaltigkeitsrat 2007). Die JREC hingegen verlor im renewables-Prozess an Bedeutung bzw. trat in den Hintergrund, was u.a. daran lag, dass das einstige Zugpferd der JREC, die EU bzw. die EU-Kommission, ohne ausdrückliche EE-Zielsetzungen nach Bonn angereist war.[21]

So lässt sich resümieren, dass es der deutschen Regierung und hier insbesondere dem federführenden BMU in Kooperation mit dem BMZ gelungen ist, in einem günstigen Zeitfenster einen politischen Prozess zu initiieren und maßgeblich zu prägen, der erneuerbare Energien auf internationaler Ebene sichtbarer gemacht hat. Die deutsche Regierung wirkte damit aktiv an der Schaffung neuer internationaler EE-Märkte mit und stärkt durch den Versuch einer internationalen Diffusionsstrategie das eigene Förderinstrument auf nationaler Ebene. Gleichzeitig war ihr Spielraum in der Gestaltung des selbst angestoßenen Prozesses trotz breiter Partizipation sehr groß, weil die in hoher Zahl beteiligten, heterogenen Akteure keine wesentlichen Anteile an der Prozessgestaltung für sich beanspruchten. Seitens der EE-Branche fehlte es an einer konkreten Vorstellung, wie eine internationale Initiative zur Förderung erneuerbarer Energien instrumentell und institutionell aussehen könnte, aber auch an Kapazitäten, ein solches Thema neben den nationalen politischen Aktivitäten rund um das EEG zu entwickeln. Das Thema wurde de facto dem BMU „überlassen", was erneut seine herausgehobene Stellung in der EE-Advocacy-Koalition bestätigt.[22]

Mit der „renewables"-Regierungskonferenz ist ein Prozess zur Förderung erneuerbarer Energien auf internationaler Ebene entstanden, der eng mit dem UN-System gekoppelt ist. Die deutschen Initiatoren setzten auf eine medial wirksame Symbolpolitik mit möglichen Nachahmereffekten und nicht auf die Bildung einer exklusiven Vorreiterkoalition. Schwer einzuschätzen ist, inwieweit der renewables-Prozess und seine „weichen" Strukturen (IAP, Nachfolgekonferenzen BIREC 2006 und WIREC 2008, REN21) zur internationalen Verbreitung erneuerbarer Energien beigetragen haben. Auf das UN-System und die darin stattfindenden Verhandlungen zur Klima-, Energie- oder Umweltpolitik hatte der Prozess bisher de facto noch keine Auswirkungen. Dies gilt auch nach den jüngsten internationalen Klimaverhandlungen in Bali im Dezember 2007, aus denen sich keine stärkere bzw. konkrete Einbeziehung erneuerbarer Energien in das internationale Klimaschutzinstrumentarium erkennen lässt.

6.5 Fazit und Thesenprüfung

Die deutsche Politik zur Förderung erneuerbarer Energien im Strommarkt hat eine international beispiellose Marktentwicklung angestoßen. Verantwortlich dafür ist das Erneuerbare-Energien-Gesetz (EEG), das im Jahr 2000 von der rot-grünen Bundesregierung eingeführt wurde. Was steuerungstheoretisch vereinfacht wie ein hierarchischer Akt nationalstaatlicher Politik aussieht, erweist sich bei genauerer Analyse als eine politische Entscheidung, die in hohem Maße in ein Mehrebenensystem eingebunden ist. Der Erfolg des nationalen Gesetzes hing zunächst von vielen subnationalen Vorentscheidungen und aufeinander aufbauenden Fördermaßnahmen ab, die neben der gesellschaftlichen Unterstützung in den 1980er und 1990er Jahren für ein entsprechendes Innovations- und Marktklima gesorgt haben. Auf der anderen Seite war das Gesetz lange Jahre durch die Aktivitäten und Pläne der EU-Kommission bedroht, wobei auf der einen Seite deutsche EVU sowohl die Bedrohung unterstützten bzw. induzierten und auf der anderen Seite deutsche PolitikerInnen und EE-Akteure für den Erhalt des deutschen Modells intervenierten. Im Ergebnis konnten die Akteure der EE-Koalition die Beibehaltung der erfolgreichen Vergütungsmodelle bewirken, allerdings fiel die betreffende Richtlinie im Jahr 2001 dafür weniger ambitioniert aus.

Neben den politisch-räumlichen Wechselwirkungen mit hoher Bedeutung für die Entwicklung des nationalen EE-Marktes ist bei einer Mehrebenenanalyse auch eine Reihe von funktionalen Bezügen zu beachten. Dies betrifft bei den erneuerbaren Energien in erster Linie ihre – mehr oder weniger gegebene – Einbettung in die Klima- und Energiepolitik. Hier zeigt die Analyse der internationalen Politik, dass es noch keine „harten" politischen Verhandlungen oder Beschlüsse zum Thema erneuerbare Energien gibt, weder als eigenständigen Regelungsgegenstand, noch im Rahmen der internationalen Klima- oder Energiepolitik. Während in der internationalen Klimapolitik mit der Reduktion von Treibhausgasen ein übergreifender, emissionsseitiger Ansatz gewählt wurde (vgl. Kapitel 5), finden bei den bisherigen internationalen energiepolitischen Dialogen wie dem Gleneagles-Dialog der G8 – von einer etablierten internationalen Energiepolitik kann nicht die Rede sein – erneuerbare Energien zwar eine positive Erwähnung, die allerdings bislang ohne Konsequenzen für die nationalen EE-Politiken bleibt. Im Gegenteil stärkt die internationale Energie- und Klimapolitik bislang mit ihrem Ansatz, ihrer Agenda und ihren Institutionen wie z.B. der Internationalen Energieagentur (IEA) de facto das etablierte Energiesystem, dass auf fossilen und nuklearen Großkraftwerken basiert.

Der Konflikt zwischen dem zentralistischen Energiesystem und den dezentralen erneuerbaren Energien existiert trotz des jährlichen Wachstums der EE-Branche und -Anlagen nach wie vor. Immer noch erfolgen über 85% der Stromerzeugung mit fossilen bzw. nuklearen Brennstoffen betriebenen Kraftwerken. Bezogen auf den Primärenergieeinsatz liegt der Anteil noch weit über 90% (Stand 2007). Außerdem verfügen nur vier Konzerne über den größten Teil dieser Erzeugungskapazitäten, die darüber hinaus die Stromübertragungsnetze vollständig in ihrem Besitz haben und über eine sehr hohe Beteiligung an regionalen und kommunalen EVU verfügen. Dies verweist auf eine weitere wichtige Kontextbedingung, die bei einer Analyse funktionaler Bezüge erneuerbarer Energien eine Rolle spielt – den energiepolitischen Rahmen. Die Analyse des Politikprozesses zum Energiewirtschaftsgesetz hat gezeigt, dass hier trotz einer stärkeren staatlichen Regulierung das Ziel eines verstärkten Wettbewerbs und erhöhter Preistransparenz nach wie vor nicht erreicht werden konnte. Das bei diesem „Grundgesetz der Energiewirtschaft" nicht über eine Stärkung dezentraler und umweltfreundlicher Energieerzeugung nachgedacht wurde, kann auch als ein Versäumnis der wenig engagierten EE-Branche angesehen werden, die sich aus Kapazitätsgründen vorrangig um den Erhalt des Status Quo – des EEG – gekümmert hat. Allerdings wurden die Belange der EE-Branche vom BMU vertreten, dass sich in diesem Politikprozess zu einem gewichtigen energiepolitischen Akteur neben dem BMWi entwickelt hat.

Das BMU spielte auch im ersten internationalen EE-Politikprozess, der in der Folge der Renewables-Konferenz in Bonn 2004 entstand, eine zentrale Rolle. Auch wenn dieser „weiche" Prozess bisher eher symbolischen Charakter hatte, so zielten eine Reihe von Aktivitäten (z.B. die Gründung einer Feed-in-Kooperation) der deutschen Initiatoren auf die Stabilisierung der deutschen EE-Policy und die Schaffung von internationalen Märkten – und damit von Exportmärkten für die deutsche EE-Branche. Während die weitere Entwicklung der internationalen EE-Politik derzeit ungewiss und ihr Einfluss auf nationale Policies tendenziell als gering einzustufen ist, bleibt ein hoher Einfluss seitens der EU-Ebene gegeben, der nach wie vor Gefahren für das deutsche Instrument in sich birgt. Dennoch sind auf nationaler Ebene die erneuerbaren Energien mittlerweile derart etabliert, dass der Fortbestand des EEG auf mittlere Frist als sicher angesehen werden kann. Das BMU versucht im Rahmen dieser Novellierung mit neuen Regelungen einen Transformationsprozess in Richtung einer stärker durch erneuerbare Energien geprägten Stromversorgung einzuschlagen. Diese Transformation des konventionellen Stromversorgungssystems wird nach der in den letzten Jahren erfolgten Einführung erneuerbarer Energien im Strommarkt die nächste große und konfliktreiche energiepolitische Herausforderung sein. Vor diesem Hintergrund sind die vielen Planungen und Neubauten von Kohlekraftwerken durch die Energiekonzerne und die von ihnen angestoßene Debatte um Laufzeitverlängerung der Atomkraftwerke zu verstehen: sie wollen damit die Existenz des zentralen Stromsystems und ihre Vormachtstellung am Markt absichern.

Aus der obigen Mehrebenenanalyse offenbaren sich eine Reihe von Ereignissen und Zusammenhängen, die für die Erklärung der nationalen EE-Policy-Entwicklung wichtig sind, und die darüber hinaus auch Hinweise auf den Mehrwert dieses Ansatzes sind. Es konnten erstens zentrale Akteure im politischen Mehrebensystem identifiziert werden, die eine wichtige oder gar zentrale Rolle über die nationale Ebene hinaus hatten. Zweitens können nationale Akteure über strategische Ebenenwechsel versuchen, ihre Position und Einflussmöglichkeiten zu stärken oder für sie negative Entwicklungen auf einer Ebene durch politischen Druck von einer anderen Ebene zu beeinflussen. Drittens ermöglicht der Gesamtblick auf das Mehrebenensystem auch Aussagen über die Rolle und Bedeutung einzelner Ebenen über die Zeit. Im vorliegenden Beispiel hat die EU im Vergleich zu den subnationalen Ebenen für die nationale Policy-Entwicklung deutlich an Bedeutung gewonnen, so dass von einem Bedeutungswandel der Ebenen für die nationale Politik gesprochen werden kann.

Die internationale Ebene der UN und G8 (bzw. OECD) ist bis heute wenig bedeutsam für die deutsche EE-Politik, sie ist allenfalls ein unterstützender oder hemmender Randfaktor, jedoch kein bedeutender Rahmen- oder Impulsgeber. Dennoch kann die Intensivierung einer internationalen EE-Politik große Chancen für den nationalen EE-Markt in sich bergen, ebenso wie ihre Unterlassung nachteilig sein kann, da viele deutsche EE-Branchen auf eine raschere Zunahme von Exportmärkten angewiesen sind, wenn sie weiter erfolgreich sein bzw. wachsen wollen. Risiken können hingegen von einer internationalen Energie- und Klimapolitik ausgehen, die – wie bisher – vorrangig das konventionelle Energiesystem stützt und mit seinen Instrumenten eine Transformation hin zu dezentralen Technologien wie erneuerbaren Energien eher verhindert als fördert.

Vor dem Hintergrund der skizzierten Ergebnisse kann für den hier untersuchten Fall der EE-Politik nicht von einer Verlagerung der Problembearbeitung von der nationalstaatlichen auf eine „übergeordnete" internationale oder europäische Ebene (upgrade) und untergeordnete Ebenen (downgrade) gesprochen werden. Im Gegenteil wurde ein breiter Ausbau erneuerbarer Energien erst durch eine erfolgreiche Bundesregelung erzielt, die allerdings auf vorherige subnationale Regelungen aufbauen konnte, die somit als wichtige Erfolgsfaktoren zu bezeichnen sind. Die EU-Ebene setzte ihren Rahmen durch eine Richtlinie erst später, und es war primär die deutsche Regelung, die viele Impulse für die Entwicklung der europäischen EE-Politik sowie derjenigen in den Mitgliedstaaten gegeben hat (Policy-Diffusion). Darüber hinaus wirkte die deutsche Regierung als maßgeblicher Akteur auch auf internationaler Ebene bei dem Versuch mit, eine spezifische EE-Förderpolitik zu erzielen, die dann zur Stärkung der nationalen EE-Politik und -Märkte betragen sollte. Im Zusammenhang mit diesen Ausführungen ist mit Blick auf die These, die von einer Verschiebung der Problemarbeitung auf andere Ebenen oder veränderten Steuerungsformen ausgeht, festzustellen, dass eine wirksame Behandlung des EE-Themas auf internationaler Ebene gegenwärtig noch als Manko bzw. als „blinder Fleck" in der internationalen Energie- und Klimapolitik zu bezeichnen ist. Der bisher existierende „weiche" internationale Institutionalisierungsprozess zeichnete sich durch eine hohe Partizipation aus, die jedoch im Ergebnis zu einem (möglicherweise intendierten) Minimalkonsens führte.

Die Analyse der Konflikte um Instrumente und Ziele zur Förderung erneuerbarer Energien auf nationaler, auf internationaler und auf EU-Ebene bestätigt auch die weitere These, dass es eine breite Tendenz zur Durchsetzung so genannter „marktgängiger" Instrumente wie dem Emissionshandel und quoten- und zertifikatebasierten Lösungen gibt. Dies ist im Fall der Debatte um die EE-Richtlinie durchaus, wie in der These vermutet, wesentlich auf ökonomisch-theoretische, neoliberal geprägte Vorstellungen über Märkte und Entscheidungssituationen zurückzuführen. Die Intention der konventionellen, etablierten Energiewirtschaft ist jedoch eher von der Frage geprägt, welche Gefahren und Chancen ein politisches Instrument für sie birgt, weshalb sich die betroffenen EVU in Bezug auf die EE-Förderung für das aus ihrer Sicht leichter beherrschbare und bis dato weniger erfolgreiche zertifikatebasierte Quotenmodell aussprechen (hierzu auch Lauber 2001, 2004; Lauber/Toke 2005; Hirschl 2008) – was aber nicht per se bzw. prinzipiell der Fall ist.[23] Der Erfolg des deutschen Einspeisevergütungsmodells hat mittlerweile jedoch auch dazu geführt, dass die pauschale Debatte um dessen angeblich geringere „Marktkonformität" und ökonomische Effizienz im Vergleich zu Quotenmodellen an Differenzierung gewonnen hat, und nach neueren Studien Vergütungsmodelle nun im Vergleich deutlich positiver abschneiden (vgl. u.a. Ragwitz 2005).

Mit Blick auf die These zum interdependenten Verhältnis von Problemwahrnehmung, -konstruktion, und -bearbeitung ist für den vorliegenden Fall der erneuerbaren Energien eine Differenzierung vorzunehmen. Hier liegt ein zum Teil fundamentaler Unterschied zwischen der über viele Jahre hinweg konstant hohen allgemeinen Akzeptanz und Zustimmung für eine stärkere EE-Nutzung und der konkreten Betroffenheit vor Ort vor. Während die Zustimmung zu erneuerbaren Energien auf der allgemeinen Einstellungsebene häufig mit einem hohen Verständnis auch für das Thema Klimaschutz einhergeht, stößt der Bau von EE-Anlagen vor Ort häufig aus Gründen der unmittelbaren Betroffenheit (Landschaftsbild, Geruch, Lärm etc.) oder aus Naturschutzerwägungen auf Gegenwehr. Wenngleich dies aufgrund der wachsenden Zahl der Anlagen tendenziell zunimmt, hat es bisher noch nicht zu einem signifikanten Einbruch des EE-Ausbaus geführt, wird aber in Zukunft der entscheidende limitierende Faktor z.B. bei der Windenergie an Land sein.

Zum Thema Gender liegen für die erneuerbaren Energien bislang erst wenige Arbeiten vor, weshalb diese Dimension in der obigen Mehrebenenanalyse nicht integriert betrachtet werden konnte. Die wenigen Arbeiten bzw. Aussagen basieren zumeist auf Einschätzungen zu einzelnen Genderaspekten, repräsentative empirische Untersuchungen wurden nach Kenntnis der AutorInnen zum gegenwärtigen Zeitpunkt noch nicht durchgeführt bzw. veröffentlicht. Die bisherigen Erkenntnisse zum Thema „Gender und erneuerbare Energien" sprechen jedoch eher für die Bestätigung der These, dass Geschlechtergerechtigkeit in Bezug auf den Klimawandel und in der Klimapolitik auch im Bereich der erneuerbaren Energien nicht hergestellt ist. Beispielsweise zeigen erste Beobachtungen zu den Beschäftigungsanteilen in Deutschland auf, dass sich nach einer anfänglich höheren Beteiligung von Frauen zur Zeit der EE-Initiativen der Anteil in der seit einigen Jahren stetig wachsenden EE-Wirtschaft mittlerweile kaum von anderen Industriebereichen bzw. der Energiewirtschaft unterscheidet; dies gilt insbesondere für die Führungsetagen (Röhr 2001, 2004; Thielmann 2005). Joy Clancy et al. (2004) verweisen darauf, dass in Entwicklungsländern Frauen häufig die zentrale Rolle bei der Energieversorgung, die in der Regel durch traditionelle Biomasse gewährleistet wird, übernehmen. Generell steht in diesem Zusammenhang die Schaffung des Zugangs zu sicherer, bezahlbarer und weniger gesundheitsschädlicher Energieversorgung im Vordergrund, die möglichst an die gendersensiblen Anforderungen der Nutzung angepasst ist. In diesem Zusammenhang sind Aspekte wie Alltagstauglichkeit oder Handhabbarkeit bei der Entwicklung von Lösungen auf der Basis erneuerbarer Energien zu beachten (Röhr 2004; Clancy et al. 2004).

7 Die Politik der Anpassung an den Klimawandel

Basierend auf den jüngsten Erkenntnissen des IPCC zu den Auswirkungen des Klimawandels besteht in Wissenschaft, Politik und Öffentlichkeit kein Zweifel darüber, dass vor allem die so genannten Entwicklungsländer am stärksten von den Folgen des Klimawandels betroffen sind bzw. sein werden (IPCC 2007b). Nach neuen Modellrechnungen des IPCC wird sich die globale Temperatur bis Ende des 21. Jahrhunderts um weitere 1,1° – 6,4° Celsius erhöhen (IPCC 2007c). Die Folgen einer solchen Erwärmung sind gravierend, auch wenn sich die Sachverständigen bezüglich der zeitlich-räumlichen Dimensionen nur vage äußern: Aufgrund der zunehmenden Erwärmung der Meere sowie des Abschmelzens der Polkappen wird erwartet, dass bis zum Ende des 21. Jahrhunderts „many millions more people" von Überflutungen aufgrund des Meeresspiegelanstiegs betroffen sein werden – und das vor allem in den (ufernahen) Mega-Cities, sowie in den Mega-Deltas und Küstenregionen in Asien, Afrika und Zentralamerika. Weiterhin könnte eine Temperatur bedingte Beschleunigung des globalen Wasserkreislaufs zu veränderten Niederschlagsmustern sowie häufigeren und intensiveren Extremwetterereignissen wie Dürren, Überschwemmungen und Stürmen führen. Nach Berechnungen des IPCC werden in Afrika 350 bis 600 Millionen Menschen zusätzlich unter Wasserstress stehen. Schon 2020 können in manchen Ländern die Erträge im Regenfeldbau um bis zu 50% sinken (IPCC 2007b).

Vor dem Hintergrund dieser Prognosen und den zu erwartenden Risiken scheint die Notwendigkeit eines politischen und gesellschaftlichen Umgangs mit den Folgen des Klimawandels so dringend wie unumgänglich. Zum zentralen Begriff wird in diesem Zusammenhang der Begriff der Anpassung, wobei jedoch unklar ist, was genau sich hinter diesem Begriff verbirgt. Aus einer Multi-Level-Governance und einer sozial-ökologischen Perspektive stellen sich insbesondere die Fragen: Wie wird politisch auf eine komplexe Problemlage reagiert, in der soziale und ökologische, politische und ökonomische Prozesse von der globalen bis zur lokalen Ebene interagieren und sich überlagern? Wie verlaufen in diesem Interaktionsfeld Anpassungsprozesse und unter welchen sozialen (Kräfte)Verhältnissen bilden sich Anpassungspolitiken heraus und erlangen Umsetzung?

Im Folgenden wird diesen Fragen nachgegangen und dabei zunächst erläutert, welche Faktoren aus klimapolitischer Perspektive als Ursachen einer erhöhten Verwundbarkeit (Vulnerabilität) respektive eine geringen Anpassungskapazität gelten und welche Problemdeutungen, Handlungsrationalitäten und Wertorientierung dabei dominant sind. Denn, so eine erste These, die wissenschaftliche und politische Problemdeutung nimmt wesentlichen Einfluss auf die sich durchsetzenden politischen Maßnahmen und Ansätze. Im Anschluss daran werden die politischen Maßnahmen, die sich im Bereich der Anpassung an den Klimawandel seit der Unterzeichnung der Klimarahmenkonvention im internationalen Kontext herausgebildet haben vorgestellt und einer ersten sozial-ökologischen Analyse unterzogen. Auf der Grundlage der daraus gewonnen Erkenntnisse wird an den konkreten Länderbeispielen Tansania und Nicaragua die Politik der Anpassung aus einer „Input-orientierten" Perspektive analysiert. Der hier angewendete Analysefokus auf Prozesse der politischen Willensbildung dient dazu konkrete Akteurskonstellationen, Interessenlagen sowie die sozialen Machtverhältnisse auf unterschiedlichen Ebenen politischer Aushandlungen in den Blick zu nehmen.

Die zentrale These dieses Kapitels lautet, dass die gegenwärtigen Instrumentarien und Strategien zur Förderung der Anpassungsfähigkeit nur sehr eingeschränkt zu einer Reduzierung bestehender Vulnerabilitäten beitragen können. Diese These stützt sich *erstens* auf die Annahme, dass intersektoralen und interskalaren Wechselwirkungen der Problemkonstitution keine hinreichende Beachtung geschenkt wird (Dietz 2007). Das bedeutet, dass Politiken[1] und politisch-ökonomische wie gesellschaftliche Kontextbedingungen, die die Rahmenbedingungen und Handlungsspielräume für Anpassung an den Klimawandel mit bestimmen, nur unzureichend in der Strategieentwicklung berücksichtigt werden. *Zweitens* wird davon ausgegangen, dass die Interessen derjenigen Bevölkerungsgruppen, die aufgrund sozialer, ökonomischer, genderspezifischer und struktureller Aspekte besonders verwundbar gegenüber den Folgen des Klimawandels sind, in die ebenenübergreifenden politischen Planungs- und Entscheidungsprozesse nicht einfließen (können). *Drittens* wird angenommen, dass bislang anstelle von sektorübergreifenden Analysen und emanzipatorischen politischen Ansätzen sektorale, desintegrierte und top down-Strategien zur Anpassung dominieren, deren Ziel die Regulation sozial-ökologischer Konflikte im Nord-Süd Kontext ist und nicht deren Lösung.

7.1 Vulnerabilität gegenüber Klimawandel – Ergebnis externer Veränderungen oder sozial-ökologische Konfliktlage?

Als Ursachen für eine hohe Verwundbarkeit gegenüber sich wandelnden Regenintensitäten oder steigender Meeresspiegel, werden in der internationalen klima- und entwicklungspolitischen Debatte die Folgen des Klimawandels, die geografische Lage, eine hohe Armutsquote, eine hohe Bedeutung traditioneller ökonomischer Aktivitäten (z.B. Subsistenzlandwirtschaft) sowie nationalstaatliche Funktionsdefizite angeführt. Hier werden insbesondere die mangelnde Fähigkeit zur Bearbeitung umweltbezogener Konfliktfelder und signifikante Einschränkungen in der Bereitstellung staatlicher Governanceleistungen genannt. Angelehnt an diese Problemsicht werden die „am wenigsten entwickelten" Länder, die sog. LDCs (Least Developed Countries)[2] als die verwundbarsten Länder gegenüber Klimawandel identifiziert[3] (WBGU 2007b; IPCC 2001b; Sperling 2003; UNFCCC 2002a).

Auf der Grundlage dieser Kausalitätskette (Klimawandel + geografische Lage + Armut + geringe staatliche Funktionsfähigkeit = hohe Verwundbarkeit) wird deutlich, dass die Frage der Vulnerabilität gegenüber Klimawandel nicht losgelöst von sozioökonomischen und politischen Rahmenbedingungen betrachtet werden kann. Verwundbarkeit konstituiert sich nicht allein aus einer linearen Wechselwirkung zwischen dem äußeren Ereignis (Klimawandel) und den räumlich-geographischen Kontextbedingungen. Eine sozial-ökologische Problemsicht erfordert allerdings eine analytische Perspektiverweiterung. Denn allein die Identifizierung schwacher politischer Institutionen und defizitärer Staatshaushalte auf nationalstaatlicher Ebene kann die soziale Differenzierung von Vulnerabilität (vgl. Kap 3) nicht hinreichend erklären.

Angelehnt an die theoretischen Überlegungen zur Analyse komplexer Mensch-Umwelt-Beziehungen lässt sich Vulnerabilität gegenüber Klimawandel als *krisenhafter Ausdruck kontextspezifischer sozial-ökologischer Rahmenbedingungen* beschreiben (Eriksen et al. 2007; O'Brien et al. 2007). Diese Rahmenbedingungen reichen von den konkreten Besitzverhältnissen, dem Zugang zu Produktionsmitteln und sozialen Sicherungs- und Infrastruktursystemen wie Gesundheit, Bildung und Altersversorgung, über Telekommunikation oder Transportmittel und ungleichen Geschlechterverhältnissen bis hin zu ökologischen Degradierungen, z.B. durch Bodenerosion und Entwaldung. Hieran zeigt sich, dass sich unterschiedliche Dimensionen, Sektoren und Ebenen in dem Konzept der Vulnerabilität überlagern. Hinzu kommen soziopolitische Faktoren, die die *Gestaltungsmacht* aller Bevölkerungsgruppen beeinflussen, wie z.B. die Verteilung von Einfluss-, Partizipations- und Entscheidungsrechten zwischen und innerhalb unterschiedlicher gesellschaftlicher Schichten. Letzteres erhält ausgehend von der Annahme, dass das Verhältnis zwischen Umwelt und Gesellschaft einem sozialen Konstruktions- und Gestaltungsprozess unterliegt, besondere Relevanz. Die entscheidende Frage ist, wer sich mit welchen Interessen in welchen räumlichen Maßstabsebenen in diesen Gestaltungsprozess sowie in den Entscheidungsprozess um politische Interventionen einbringen kann. So sind es nach Raymond L. Bryant und Sinéad Bailey jeweils unterschiedliche Akteure, die zu einem sozial-ökologischen Problemfeld beitragen, die davon betroffen sind und die an der vermeintlichen Problemlösung auf unterschiedlichen Ebenen arbeiten „(...) with the result that developments at one scale may have an important bearing on activities at another level" (Bryant/Bailey 1997: 38).

Angelehnt an John Friedmann's Empowerment Ansatz ist Vulnerabilität als *Ent*mächtigung oder Mangel an sozialer und politischer Macht – mithin Gestaltungsmacht – zu verstehen. Demgegenüber beschreibt *Empowerment* einen Prozess der *Er*mächtigung von Haushalten und Individuen durch die Integration in soziale und politische Prozesse (Friedmann 1992). Vor dem Hintergrund eines solchen Vulnerabilitätsverständnisses wird Partizipation zu einem konstitutiven Bestandteil von Selbstbestimmung, Emanzipation und Gestaltungsmacht in allen Lebensbereichen, auch im Bereich der Anpassung an die Folgen des Klimawandels (Walk 2008; Fraser 2003). Demokratie bedeutet in diesem Zusammenhang nicht nur die Existenz formaler, demokratischer Institutionen sondern vielmehr eine Ausweitung und kulturelle Verankerung demokratischer Grundprinzipien in alle öffentliche und private Lebensbereiche („Demokratie in den Köpfen") (Meschkat 1995).

In Wechselwirkung mit den hier beschriebenen multiplen Einflussfaktoren produzieren die Folgen eines globalen Klimawandels räumlich, sozial und zeitlich differenzierte Formen von Verwundbarkeit. Anhand empirischer Beobachtungen zeigt sich, dass Extremwetterereignisse, Trockenperioden oder Überflutungen soziale Ungleichheiten und Machtasymmetrien insofern aufdecken, als dass unterschiedliche gesellschaftliche Gruppierungen auf sehr differente Weise auf diese Ereignisse reagieren (können). Beispiele hierfür sind die Erfahrungen mit der Hurrikankatastrophe Mitch in Nicaragua, auf die im weiteren Verlauf des Texts noch eingegangen werden, dem Hurrikan Katrina in New Orleans[4] oder die regelmäßig wiederkehrenden Überflutungen in Südostasien (u.a. Bradshaw 2001; Cutter 2005).

Ebenso wie eine Dürreperiode im lokalen Kontext erst in Verbindung mit den materiell-stofflichen, soziopolitischen und sozialstrukturellen Rahmenbedingungen zu einer Krise oder Katastrophe „produziert" wird, treten die Folgen des Klimawandels in Beziehung zu bereits bestehenden lokalen Konfliktlagen (Davis 2004; Sen 1981; O'Brien 2006). Aus einer solchen Perspektive lässt sich zeigen, dass nicht ganze Staaten – im Sinne sozialer und ökonomischer Container – verwundbar sind, sondern vielmehr unterschiedliche soziale Gruppen. Maßnahmen zur Anpassung stehen aus einem solchen Vulnerabilitätsverständnis heraus vor der Herausforderung, die vielfältigen bestehenden Ursachen von Vulnerabilität zu fokussieren. Womit Fragen nach politischer und sozialer Gleichheit und Gerechtigkeit ins Zentrum von Anpassungsprogrammen rücken müssten. Karen O'Brien et al. konzeptualisieren Vulnerabilität auf Grundlage dieser Überlegungen als *contextualised vulnerability* und grenzen sich damit von einer engen, jedoch bis heute gültigen klimapolitisch geprägten Definition der *outcome vulnerability* ab. Letztere versteht Vulnerabilität als Ergebnis nicht kompensierbarer äußerer Veränderungen von sozialen, ökologischen und ökonomischen Systemen. Damit wird Vulnerabilität zum Maß für zu erwartende negative Folgen, die durch ein bestimmtes klimabezogenes Ereignis hervorgerufen werden. Die Strategien zur Anpassung an Klimawandel, wie sie in den klima- und entwicklungspolitischen Debatten der vergangenen Jahre manifest geworden sind, orientieren sich weitgehend an diesem letzten Begriffsverständnis von Vulnerabilität, dessen entscheidende Bestimmungsgröße die prognostizierten Folgen des anthropogenen Klimawandels sind (O'Brien et al. 2007; zur klimapolitischen Definition von Vulnerabilität: IPCC 2001a, 2007b).

7.2 Anpassung an Klimawandel – Begriffe, Instrumente und Akteure

Anpassung an Klimawandel galt lange Zeit als Stiefkind der internationalen klimapolitischen Debatten. Auf internationaler Ebene stand eine intensivere Auseinandersetzung mit diesem Themenfeld bis Ende der 1990er Jahre im Schatten der zähen Verhandlungen um verbindliche Ziele zur Emissionsreduzierung. Diese politische und wissenschaftliche Vernachlässigung änderte sich mit den Sachstandsberichten II und III des IPCC von 1995 und 2001 (IPCC 1995b, 2001a), in denen auf der Grundlage bereits zu beobachtender Auswirkungen des Klimawandels, unmissverständlich die Notwendigkeit für politische Interventionen im Bereich Anpassung hervorgehoben wurden (Smit/Pilifosova 2001).

Dass bis heute keine eindeutige Begriffsdefinition weder seitens des IPCC noch in der Klimarahmenkonvention vorliegt, zeigt, dass eine Fokussierung auf konkrete Maßnahmen und Prozesse kaum möglich ist. Anpassung ist die wörtliche Übersetzung des englischen Begriffs *adaptation* und ist in der klimabezogenen Verwendung ökologischen und evolutionären Analogien entlehnt (Smit et al. 1999). Die etymologische Bedeutung von *to adapt* ist: „to fit (something, for some purpose)", was soviel bedeutet wie „to undergo modification so as to fit new circumstances."[5] Auf der Grundlage dieses Begriffsverständnisses wird der zukünftige Klimawandel in den analytischen und politischen Ansätzen zu Anpassung als „externer Stressor" betrachtet (Dietz 2006; Eriksen et al. 2007). Grundsätzlich werden unter Anpassung somit all die Maßnahmen, Verhaltensänderungen, Managementpraxen und politischen Regelsysteme zusammengefasst, die dazu beitragen, negative Auswirkungen des anthropogenen Klimawandels so zu reduzieren, dass die individuellen oder kollektiven Lebensgrundlagen nicht gefährdet sind.

In der Klimapolitik hat sich dabei zunächst eine Art *technologische Anpassung* in Form von baulich-infrastrukturellen Maßnahmen (Deiche, sturmsichere Brücken, Bewässerungsinfrastruktur, Frühwarnsysteme) und (bio)technologischen Innovationen (z.B. dürreresistente Saatgüter) durchgesetzt. Diese Art von Anpassungsmaßnahmen sollen unter anderem sicherstellen, dass neu entwickelte bauliche Infrastrukturen auch den zukünftig widrigen Bedingungen Stand halten (Burton/Aalst 2004). Gleichzeitig wird die Entwicklung und Implementierung spezifischer Technologien oder Infrastrukturen gefördert, die sektorale Anpassungsprozesse unterstützen (Carter et al. 1994). Kritik, die vor allem aus sozialwissenschaftlicher Sicht an einer solchen strategischen Engführung geäußert wurde, führte in den vergangenen Jahren dazu, dass in den Berichten des IPCC verstärkt anerkannt wurde, dass Vulnerabilität gegenüber Klimawandel gesellschaftlichen Produktionsprozessen unterliegt und sozial-räumlich differenziert ist (IPCC 2001a; Adger/Kelly 1999; Adger et al. 2003; Leichenko/O'Brien 2006; IPCC 2007b). Zunehmend gelten sektorale Interventionen in den Bereichen der Siedlungs-, Agrar-, Umwelt-, Energie- und Sozialpolitik wie z.B. Umsiedlungen, Schutzimpfungen, Verbesserung der Gesundheitsversorgung, Agrarmarktreformen, Wassermanagement als Kernelemente einer nationalstaatlichen und international gesteuerten Anpassungspolitik. Parallel zu den politisch geplanten Anpassungsstrategien findet Anpassung in Form von individuellen oder kollektiven Strategien statt. Beispiele hierfür sind temporäre oder permanente (Arbeits)Migration oder die Umstrukturierung der Einkommens- und Lebensgrundlagen häufig unter Inkaufnahme von neuen paternalistischen Abhängigkeitsverhältnissen, wie es am Beispiel Tansanias weiter unten dargestellt wird. Politisch gesteuerte Anpassungspolitiken berücksichtigen diese gesellschaftlichen Anpassungsprozesse auf lokaler Ebene bislang jedoch kaum.

Anpassung an Klimawandel ist gegenwärtig nicht nur ein Thema von klima-
politischen Verhandlungen. Jenseits der internationalen Klimapolitik bilden internationale entwicklungspolitische Leitlinien, wie die so genannten Millennium
Development Goals (MDGs), die Weltentwicklungsberichte der Weltbank (z.B.
Weltbank 2003), die UN- Entwicklungsberichte (Human Development Reports/
HDR, UNDP 2007) oder spezifische OECD-Vereinbarungen zum Thema *mainstreaming adaptation* einen erweiterten politisch-institutionellen wie normativen
Handlungsrahmen für Anpassung an Klimawandel (OECD 2006; Klein et al.
2003, Dietz/Scholz 2008). So unterzeichneten die EntwicklungsministerInnen
der OECD-Staaten im April 2006 eine Deklaration zur Integration von ent-
wicklungs- und klimapolitischen Zielsetzungen. Diese entwicklungspolitischen
Leitlinien reichen aber kaum über ein Postulat zur Integration von Anpassung an
Klimawandel und Armutsreduzierung hinaus. Darüber mag auch nicht hinwegtäuschen, dass der neue Weltbankpräsident Robert Zoellick proklamiert „Entwicklungspolitik ist Klimapolitik" (SZ 05.11.2007). Jenseits programmatischer
Ankündigungen hat sich bislang kein integrierter Politikansatz mit hinreichend
empirischem Gehalt etablieren können (Eriksen et al 2007).

Die Darstellung zentraler Anpassungsstrategien weist a) darauf hin, dass
Anpassung auf unterschiedlichen Ebenen und unter der Einflussnahme von
unterschiedlichen Akteuren und Personengruppen stattfinden kann sowie
b), dass Anpassung im Kontext der klimapolitischen Debatte vornehmlich in
Form von staatlichen, sektoralen Interventionen im Sinne einer Begrenzung
oder Reduzierung der prognostizierten Folgen und Risiken des Klimawandels
verstanden wird.

Den politisch-rechtlichen und institutionellen Rahmen für Anpassung an Klimawandel bildet auf *globaler Ebene* die UN-Klimarahmenkonvention (UNFCCC)
(vgl. Kapitel 5). Hier wird in Artikel 4.1b von allen Unterzeichnerstaaten die Implementierung von Maßnahmen gefordert, „(...) to facilitate adequate adaptation
to climate change", wobei sich die Industrienationen verpflichten, vulnerable
Länder bei den Herausforderungen des Klimawandels zu unterstützen (United
Nations 1992). Die Nord-Süd Kooperationen sollen sich gemäß der Konvention
vor allem auf *zentrale Sektoren* wie Küstenschutz, Wasser und Landwirtschaft – als
identifizierte Schwerpunktbereiche hinsichtlich der Auswirkungen des Klimawandels – konzentrieren und dabei besondere *Ländergruppen und Regionen* berücksichtigen: Kleine Inselstaaten, Küstenregionen, aride- und semiaride Regionen,
Länder mit fragilen Ökosystemen, Länder, deren Ökonomien hochgradig von
Ölproduktion und -export[6] abhängig sind (vgl. Art. 4 der UNFCCC). Für die
als besonders vulnerabel geltenden LDCs wurden zusätzlich Richtlinien verein-

bart (s. unten). Die Rahmenkonvention gibt darüber hinaus erste Hinweise auf mögliche Maßnahmen die seitens der Geber- bzw. Industrieländer verfolgt und geprüft werden sollen/können, mit dem Ziel „to meet the specific needs and concerns of developing country Parties arising from the adverse effects of climate change (...)" (Art. 4.8 der UNFCCC). Die hier genannten Maßnahmen sind Versicherungsmodelle sowie Finanz- und Technologietransfer.

Mit diesen Vereinbarungen bereitet die Klimarahmenkonvention den Weg für eine auf technologische und sektorale wie räumlich fokussierte Anpassungspolitik. Konkretisierende Schritte zur Ausgestaltungen und zur weiteren Institutionalisierung der Anpassungspolitik basieren im Wesentlichen auf den 2001 (COP 7) vereinbarten „Marrakesh-Accords" (UNFCCC 2002b; vgl. Mace 2006). Relevante Vereinbarungen betreffen die Frage der Finanzierung von Anpassung sowie der besonderen Unterstützung von LDCs. So wurden in Marrakesh mit der Einrichtung von drei globalen Finanzfonds neue Mechanismen zur Finanzierung von Anpassungsmaßnahmen, -programmen und -planungen institutionalisiert. Ferner wurde mit dem „National Adaptation Programm of Action" (NAPA) ein spezifisch für LDCs entwickeltes Planungsinstrument eingeführt.

7.2.1 Finanzfonds für Anpassung oder Anpassung an Finanzfonds?[7]

Der Transfer von finanziellen Ressourcen zwischen Nord und Süd basiert in der Klimarahmenkonvention auf zwei verschiedenen Zielsetzungen: Erstens sollen die Industrieländer für die „neuen und zusätzlichen" Kosten aufkommen, die den Entwicklungsländern dadurch entstehen, dass sie den Verpflichtungen der Klimarahmenkonvention nachkommen, z.B. die Erstellung nationaler Berichte sowie die Erstellung der NAPAs. Zweitens sollen vulnerable Länder bei den „konkreten Kosten" zur Anpassung an Klimawandel finanziell unterstützt werden (Art. 4.3 und 4.4 der UNFCCC; Mace 2006). Auf der Grundlage dieser verschiedenen Verwendungsbereiche unterscheiden sich die Finanzfonds hinsichtlich Zielsetzung, Vergabe- und Einzahlungsmodalitäten.

Der so genannte *Special Climate Change Fund* (SCCF) dient der Finanzierung von sektoralen Maßnahmen und Projekten in Bereichen wie Energie, Verkehr oder Landwirtschaft. Ziel ist es, die allgemeine sozioökonomische Entwicklung eines Landes zu fördern[8] (vgl. Möhner/Klein 2007). Bis Mai 2007 wurden dem Fonds insgesamt ca. 60 Millionen US-Dollar (USD) durch freiwillige Einzahlungen von zwölf Geberländern zur Verfügung gestellt bzw. versprochen. Maßnahmen die gegenwärtig aus dem SCCF mitfinanziert werden umfassen Küstenzonen- und Wassermanagement in den pazifischen Inselstaaten, ein Landnutzungsprogramm in Kenia sowie ein Programm zur Tourismusplanung auf den Fiji-Inseln und den Malediven.[9]

Der *Least Developed Country Fund* (LDCF) dient dem Ziel, Finanzmittel für die NAPA-Erarbeitung sowie für die Umsetzung prioritärer Maßnahmen zur Verfügung zu stellen. Somit steht dieser Topf ausschließlich den als LDC kategorisierten Ländern zur Verfügung. Insgesamt flossen bis Mai 2007 ca. 120 Millionen USD von 16 Geberländern in den Fonds – ebenfalls freiwillig.

Die Verwaltung des SCCF und des LDC-Fund obliegt der Global Environmental Facility (GEF)[10], die Umsetzung der Maßnahmen den internationalen Organisationen Weltbank, dem UN-Entwicklungsprogramm (UNDP) und UN-Umweltprogramm (UNEP) als „Implementation Agencies" (IAs) der GEF.

Die rechtliche Grundlage zur Handhabung des dritten Fonds, des *Adaptation Fund* (AF) bildet das Kyoto-Protokoll. Artikel 12 (8) des Protokolls hält fest, dass ein Teil aus den Erlösen der CDM-Projekte in konkrete Anpassungsmaßnahmen fließen sollen (Vereinte Nationen 1997). Die Einnahmen des Fonds ergeben sich mithin aus einer verpflichtenden 2% Abgabe auf jede Emissionseinheit (CER), die aus CDM-Projekten generiert wird.[11] Der offizielle Startschuss – theoretisch – war das Inkrafttreten des Kyoto-Protokolls. Bislang standen Konflikte um die Institutionalisierung des Fonds einer Operationalisierung entgegen (vgl. Sterk et al. 2007). So lehnten VertreterInnen der G77[12] und China die GEF als Verwaltungseinheit ab. Grund für diese Ablehnung ist die – aus Sicht einzelner Entwicklungsländer – umstrittene Vergabepraxis der GEF, da die GEF internen Entscheidungsprozesse nicht auf der Grundlage von Länderstimmen sondern Ländergruppen basieren, in denen „schwächere" Verhandlungspartner es schwer haben, ihre Anliegen durchzusetzen (Müller 2007; Missbach 1999; Paavola/Adger 2006; GEF 2004b). Erst im Dezember 2007 konnten sich die unterschiedlichen Konfliktparteien in Bali auf eine institutionelle Lösung einigen. So wird mit dem „Adaptation Fund Board"[13] eine Verwaltungseinheit geschaffen, in dem die Gruppe der LDC sowie der SIDS über jeweils eigene VertreterInnen repräsentiert sein werden (UNFCCC 2007). Allerdings werden die ersten zu vergebenden Mittel gemäß UNDP nicht vor 2010 erwartet.

Neben den unter dem Dach des UNFCCC und des Kyoto-Protokolls vereinbarten Finanzmechanismen etablierte die GEF noch ein weiteres Instrument zur Finanzierung von Anpassungsmaßnahmen, den „Piloting on Operational Approach to Adapation" (SPA), der insgesamt mit 50 Millionen USD für eine Dauer von drei Jahren ausgestattet ist. Ziel dieses Mechanismus ist es, „to ensure that climate change concerns are incorporated in the management of ecosystems".[14] Der Schwerpunkt liegt hier also im Bereich Ökosystemmanagement.

Finanzierungsfonds für Anpassung im Überblick

Funds	Finanzierungs- und Anwendungsbereiche	Einzahlungs-modalitäten	Eingezahlte Mittel	Verwaltungs-einheit
Special Climate Change Fund (SCCF)	Anpassung; Technologietransfer; Mitigationsmaßnahmen im Bereich Energie, Transport, Industrie, Landwirtschaft, Forst und Abfall; Capacity Building; Diversifizierung der Wirtschaft	Freiwillige Beitragszahlungen durch Geberländer	Insgesamt bis Mai 2007 ca. 60 Millionen USD von 12 Geberländern.	GEF
Least Developed Countries Fund (LDC-Fund)	Erstellung nationaler Anpassungsprogramme (NAPAs) und Umsetzung der darin identifizierten prioritären Maßnahmen	Freiwillige Beitragszahlungen durch Geberländer	Insgesamt bis Mai 2007 ca. 120 Millionen USD von 16 Geberländern	GEF
Adaptation Fund (AF)	Konkrete Anpassungs-maßnahmen	Beiträge ergeben sich aus einer 2% Abgabe auf CERs	Im Mai 2007 befanden sich 939,459 CERs auf dem Konto des AF. Die Höhe der daraus generierbaren Mittel ist bislang nicht bekannt	Adapation Fund Board
Piloting on Operational Approach to Adaptation (SPA)	Pilotmaßnahmen zur Integration der Folgen des Klimawandels in Ökosystemmanagement	Gespeist aus Mitteln der GEF (Trust Fund)	50 Millionen USD für insgesamt drei Jahre	GEF

Kritik an den Fonds richtet sich neben den prozeduralen Aspekten (Vergabepraxis) auf die Höhe der zur Verfügung stehenden Mittel. So rechnet die Weltbank damit, dass die Kosten der Anpassung in Entwicklungsländern pro Jahr bei ca. 10 – 40 Mrd. USD liegt, während Oxfam von bis zu 50 Mrd. ausgeht (World Bank 2006a; Oxfam 2007). Summen, die zum gegenwärtigen Zeitpunkt nicht annähernd erreicht werden. Ferner bezieht sich Kritik an der GEF-Politik auf die thematische Schwerpunktsetzung sowie die Zugangsberechtigungen zu den GEF-Mitteln (vgl. Möhner/Klein 2007). So ist festzustellen, dass geförderte

Maßnahmen mitnichten an den multiplen Ursachen von Vulnerabilität ansetzen. Die Finanzierungsinstrumente fokussieren vielmehr auf Planungsprozesse auf nationaler Ebene, sektorale Maßnahmen in zentralen Wirtschaftsbereichen sowie Schutz- und nachhaltiges Management von Ökosystemen. Anpassung an die Folgen des Klimawandels ist, gemessen am Einsatz der Finanzierungsinstrumente und der darin verankerten Schwerpunkte, ein Prozess der ökonomischen und ökologischen Anpassung. Für soziale Fragen wie z.B. eine verbesserte Versorgung mit Bildungs- und Gesundheitsdienstleistungen in räumlich und sozioökonomisch marginalisierten Regionen oder kontextspezifische sozialpolitische Ausgleichsmechanismen zur Förderung einkommensschwacher bzw. sozial marginalisierter Bevölkerungsgruppen in den Bereichen Siedlungspolitik, Wasser- und Elektrizitätsversorgung oder Landwirtschaft stehen gegenwärtig kaum Mittel zur Verfügung. Hieran passen sich die Regierungen der Empfängerländer an. So ist es auch nicht verwunderlich, wenn potentielle Empfängerländer eine strategische Antragspolitik verfolgen, die sich eher daran orientiert, zu welchen Themenkomplexen die meisten Mittel zu Verfügung stehen und weniger an kontextspezifischen Herausforderungen zur Reduzierung von Vulnerabilität. Ferner existieren bislang keine Möglichkeiten für lokale oder regionale Initiativen und Akteure „direkt" auf zur Verfügung stehende Finanzmittel zuzugreifen, denn lokale Projekte und Programme sind in der Regel kontextbezogen, nicht so umfangreich und aufgrund hoher Transaktionskosten sowie geringer Übertragungsfähigkeit auf andere Kontexte aus Sicht der internationalen Finanzinstitutionen und Ausführungsorganisationen weniger reizvoll (vgl. Huq/Reid 2004:19).

7.2.2 Die Nationalen Aktionspläne für Anpassung (NAPAs)

Die NAPAs haben nach den Vereinbarungen von Marrakesh das Ziel, die zentralen und „drängenden" Anpassungserfordernisse eines LDCs zu identifizieren, „whose further delay could increase vulnerability, or lead to increased costs at a later stage" und horizontal in andere Politikbereiche hinein zu kommunizieren (UNFCCC 2002a). Aus den international vereinbarten Richtlinien zur inhaltlichen und prozeduralen Ausgestaltung der NAPAs lässt sich bereits eine Ebenenverflechtung sowie Akteursausweitung in der Erarbeitung der NAPAs herauslesen. So geht aus den Richtlinien hervor, dass der Erarbeitungsprozess „country driven" und in einem „participatory process involving stakeholders, particularly local communities" umgesetzt werden soll. Auf nationalstaatlicher Ebene initiiert und koordiniert ein so genannter „national focul point"[15] den Erarbeitungsprozess; im Fall Tansanias ist das das Büro des Vizepräsidenten.

Des Weiteren wird ein multidisziplinärer und komplementärer Ansatz verfolgt, der bestehende nationale Aktionsprogramme, die im Rahmen der UN-Konventionen zu Biodiversität und Wüstenbildung erstellt wurden, berücksichtigen soll und auf ihnen aufbaut. Ferner wurde in Marrakesh vereinbart, dass dem Erarbeitungsprozess die Bildung eines interdisziplinär besetzten „NAPA-Expert Teams" vorausgehen soll, zusammengesetzt aus staatlichen, nicht-staatlichen sowie wissenschaftlichen Akteuren, in dessen Verantwortung die Erstellung und Umsetzung der NAPAs liegt. Für die Frage wessen Wissen und Interessen im NAPA Berücksichtigung finden, ist hervorzuheben, dass das NAPA-Team aufgerufen ist, ein „participatory assessment of vulnerability to current climate variability and extrem weather events (...)" durchzuführen, um hierüber u.a. zu erfassen, wo und wie die Folgen des Klimawandels in Wechselwirkung mit assoziierten Risiken, letztere bereits verstärken (alle Zitate: UNFCCC 2002a).

Der Erarbeitungsprozess sowie die Umsetzung der prioritären Maßnahmen werden aus Mitteln des LDC-Fund finanziert. Für die Erarbeitung der Strategie steht jedem LDC gleichermaßen eine Summe von insgesamt 200.000 USD (!) zur Verfügung (GEF 2004a). Seit den Vereinbarungen von Marrakesh wurden 44 NAPA-Anträge positiv bewertet und aus dem LDC-Fund finanziert. Bis November 2007 wurden 23 NAPAs erfolgreich erstellt und seitens des Klimasektretariates veröffentlicht.[16] Ferner koordinieren und begleiten die „Implementing Agencies", wie die Weltbank, das UNEP oder das UNDP den jeweiligen Länderprozess. Ein weiteres supranationales Beratungsgremium stellt die LDC Expert Group dar. Aufgabe dieses, aus ExpertInnen der Industrie- und Entwicklungsländer zusammengesetzten Gremiums ist die Wissensgenerierung und der -transfer im Bereich nationaler Anpassungsplanung und Vulnerabilitätsbewertungen. Konkretes Ziel ist, „to advise on the preparation and implementation strategy for national adaptation programmes of action (...)" (UNFCCC 2002b: 29/CP.7). Als Orientierung dient ihnen der von UNDP 2003 veröffentliche „Adaptation Policy Framework".[17] Zu konkreten Erarbeitungsvorgaben und thematischen Schwerpunktsetzungen siehe die Länderstudie zu Tansania im Folgenden.

7.2.3 Die Rolle nicht-staatlicher Akteure im transnationalen Raum

Die Einflusskanäle zivilgesellschaftlicher Akteure in den internationalen Verhandlungen waren und sind auch im spezifischen Feld der Anpassung bislang sehr beschränkt (vgl. Kapitel 6). In der konkreten Ausgestaltung der globalen Regelungen spielen ursprüngliche Forderungen von NGOs aus Nord und Süd, die vor allem Gerechtigkeitsfragen thematisieren, kaum mehr eine Rolle (vgl.

Missbach 1999). Lediglich hinsichtlich der Genderdimension von Klimawandel und Anpassung lässt sich aus den Erfahrungen von Rio 1992 ableiten (vgl. Wichterich 2002), dass es vornehmlich transnationale Frauennetzwerke und -organisationen sind, die die Themen Gendergerechtigkeit und Geschlechterverhältnisse in die Diskussionen um Anpassung einbringen. Auch wenn bislang ein Widerhall der Bemühungen um eine Stärkung der Genderdimensionen in Anpassungspolitiken nicht oder nur sehr wenig spür- bzw. sichtbar ist, so ist es der Verdienst transnational agierender Frauenorganisationen, dass das Thema überhaupt aus der Tabuzone der politischen Verhandlungen geholt und auf den Aspekt „Gender" als sozialer Einflussfaktor von Vulnerabilität und Anpassungsmöglichkeiten hingewiesen wird (vgl. Denton/Parikh 2003; Weber 2005; Röhr et al. 2005, Masika 2002).[18]

Dennoch wäre es falsch zu behaupten, dass die Frage der Anpassung an Klimawandel über die Genderdimension hinaus keine Bedeutung in transnationalen NGO-Netzwerken spielen würde. Im Gegenteil: In den letzten zehn Jahren ist eine zunehmende internationale Vernetzung von NGOs zu beobachten, die sich explizit mit Gerechtigkeitsfragen im Bereich Klima und Anpassung beschäftigen. So wurde die COP 6 in Den Haag im Jahr 2000 sowie die COP 8 in Dehli in 2002 von einem „Climate Justice Summit" begleitet. In Dehli nahmen hieran Bewegungen, Organisationen und Indigene Gruppen aus mehr als 20 Ländern teil. In der Abschlussdeklaration dieses Alternativgipfels hieß es: „We affirm that climate change is a rights issue – it affects our livelihoods, our health, our children, and our natural resources. We will build alliances across states and borders to oppose climate change inducing patterns and advocate for and practice sustainable development. We reject the market based principles that guide the current negotiations to solve the climate crisis: Our World is Not for Sale!" (India Climate Justice Forum 2002). Hier wird eine im Verhältnis zur dominanten Problemsicht eines globalen Umweltproblems veränderte Problemwahrnehmung und -deutung sichtbar: Klimawandel wird als Entwicklungskonflikt gesehen, der von Armuts- und Handelsfragen nicht zu trennen ist (Pettit 2004). Anknüpfend an die Gerechtigkeitsfrage wurden die Herausforderungen zur Anpassung an Klimawandel in der jüngsten Vergangenheit zum Thema globaler Kampagnen und Aktionen. So riefen Hunderte von Organisationen während der COP 12/MOP 2 in Nairobi zum globalen Aktionstag gegen Klimawandel auf. Gleiches fand während der COP 13/MOP 3 am 8. Dezember 2007 statt.[19] Und auch die Herausgabe des Newsletters „Alter-Eco"[20] in Bali von einem kritischen Netzwerk aus Nichtregierungsorganisationen aus Nord und Süd ist in diesem Kontext zu sehen. Als Forum für nicht-konforme Sichtweisen auf die gegenwärtigen klimapolitischen Instrumente bietet der Newsletter eine Plattform für diejenigen Sichtweisen und Forderung die bislang in den klimapolitischen Verhandlungen kaum Berücksichtigung finden.

Inwiefern auf nationaler, regionaler und lokaler Ebene eine öffentliche sowie zivilgesellschaftliche Einflussnahme im Sinne einer „transnationalen Demokratie" (Roth 2005: 83) zu beobachten ist, lässt sich nur schwer beantworten, da dies von den jeweiligen Länderkontexten, der Stärke sozialer Bewegungen, den politisch-kulturellen Hintergründen und der Existenz politischer Partizipationskanäle, d.h. formalen und informellen Institutionen der Beteiligung, abhängt. Eine Bestimmung nicht-staatlicher Beteiligung am nationalen bis lokalen Willensbildungsprozess findet im folgenden Abschnitt beispielhaft für Tansania und Nicaragua statt.

7.3 Anpassung konkret – die Beispiele Tansania und Nicaragua

Mit Tansania und Nicaragua werden für die Betrachtung konkreter Anpassungspolitiken auf nationaler und subnationaler Ebene zwei Länder gewählt, die sich aufgrund politisch-historischer, regionaler und kultureller Einflussfaktoren deutlich unterscheiden. Dennoch bieten beide Länder gemeinsame Bezugspunkte, die für die Analyse der genannten Fragestellung relevant sind: Erstens befinden sie sich geographisch in Weltregionen, die als besonders verwundbar gegenüber den Folgen des Klimawandels gelten: Subsahara Afrika und Zentralamerika. In beiden Ländern lebt annähernd die Hälfte der Bevölkerung unterhalb der nationalen Armutsgrenze. Gleichzeitig lassen sich in beiden Ländern Spannungsverhältnisse zwischen klimabedingten Veränderungen und Schwankungen (z.B. starke Schwankungen der Niederschlagsmengen die zu Dürre- oder Überflutungsperioden führen) sowie Armutsentwicklung erkennen (z.B. hinsichtlich der Überlebensbedingungen in von Dürre betroffenen Regionen oder dem Verlust von materiellen Gütern und Einnahmequellen durch Überschwemmungen) (vgl. Orindi/Murray 2005; Paavola 2004; Eriksen et al. 2005; Nicaragua 2001; Bradshaw 2002). Zweitens sind beide Länder seit Ende der 1980er Jahre von politischen Transformationsprozessen geprägt, mit denen eine formale Demokratisierung nach westlichem Vorbild, eine politische Aufwertung des Lokalen und ein Empowerment marginalisierter Bevölkerungsgruppen verbunden ist. Dieser Hintergrund ist für die Betrachtung von Willensbildungsprozessen, sozialen Kräfteverhältnissen und Einflussmöglichkeiten auf politische Planungs- und Entscheidungsprozesse im Bereich Anpassung an Klimawandel von besonderer Relevanz. Drittens sind beide Länder eingebunden in internationale Programme zur Armutsreduzierung sowie seit einigen Jahren auch in internationale Programme zur Förderung der Anpassungskapazitäten gegenüber Klimawandel.

7.3.1 Anpassungspolitik in Tansania – top-down und sektoral

Afrika und insbesondere Afrika südlich der Sahara, in dessen Südosten sich die Vereinte Republik Tansania befindet, gilt in den IPCC-Berichten als eine der Weltregionen, die am stärksten von den Folgen des globalen Klimawandels betroffen sein wird (IPCC 2007b). So zeigt sich bereits heute, dass warme und trockenere Bedingungen in den vergangenen Dekaden zu einer Verschiebung und Verkürzung des landwirtschaftlichen Produktionszyklus führten. Ernteeinbußen und Versorgungsengpässe sind die Folgen. Landwirtschaftliche Produktion, Zugang zu Nahrungsmittel und Trinkwasserverfügbarkeit sind die Bereiche, die das IPCC auch für die Zukunft als zentrale Herausforderungen in der Subsahelzone unter erwärmten globalen Bedingungen identifiziert (ebd.). Anpassungsmaßnahmen müssen auf diese potentiellen Folgen des Klimawandels reagieren. Aus einer sozial-ökologischen Sichtweise ist die Berücksichtigung dieser Faktoren jedoch nicht hinreichend, um die multiplen Ursachen von Vulnerabilität zu erkennen. Daher werden im Folgenden zunächst zentrale Aspekte der gesellschaftlichen Entwicklung und der soziopolitischen Ausgangssituation Tansanias dargestellt.

7.3.1.1 Länderkontext

Tansania zählt mit einem Human Development Index[21]-Rang von 162, einem Anteil der unter der nationalen Armutsgrenze[22] lebenden Bevölkerung von ca. 45% und einem Bruttoinlandprodukt (BIP) von 621 USD/Jahr pro Kopf in 2003 zu den ärmsten Ländern der Welt (UNDP 2006). Tansania umfasst eine Gesamtfläche von ca. 950.000 km^2 und ist ein vor allem ländlich und agrarisch geprägtes Land. 87% der Armutsbevölkerung lebt in ländlichen Regionen, der Anteil des Landwirtschaftssektors am BIP betrug 2005 knapp 45%. Die Hauptexportprodukte des Landes sind Kaffe und Baumwolle. Für mehr als 4/5 der Bevölkerung stellt die subsistenzlandwirtschaftliche Produktion die zentrale Lebensgrundlage dar (UNDP 2006; World Bank 2006c; URT 2005). Dies weißt darauf hin, dass die Stabilität der Livelihoodsysteme zu einem hohen Anteil von den Rahmenbedingungen zur kleinbäuerlichen Produktion und Viehwirtschaft abhängt. Mit einem steigenden Gini-Koeffizient[23] von 0,35 im Jahr 2000/01 (1991/92: 0,34) nimmt die Einkommensungleichverteilung innerhalb des Landes gegenwärtig zu, wobei sich die Ungleichverteilung stark sozial-räumlich, aber auch zwischen unterschiedlichen ländlichen Regionen artikuliert (URT 2005; Lugalla 1995; REPOA 2005).

Bei internationalen Organisationen gilt das Land heute als wichtiger Anker für Frieden und Stabilität in Ostafrika. Im Jahr 1992 markierte die Verabschiedung einer neuen Verfassung einen Wendepunkt im politischen System des Landes. Seither befindet sich Tansania in einem Transformationsprozess von einem zentralstaatlich und von einer Staatspartei gesteuerten Wirtschafts- und Politiksystem „zu einer deregulierten Wirtschaft, demokratischen Politikstrukturen und einer pluralistischen Gesellschaft" (Grawert 2005: 153). Trotz eines formalen Mehrparteiensystems ist seit den ersten nationalen Wahlen 1995 de facto eine Machtrückgewinnung der ehemaligen Einheitspartei CCM zu beobachten[24]. Formal verfasste Kanäle der Partizipation für die Bevölkerung beziehen sich im Wesentlichen auf die klassische Form der politischen Partizipation in liberalen Demokratien, der Stimmabgabe bei Wahlen auf nationaler und lokaler Ebene. Umfassende Partizipation auf lokaler Ebene galt während der sozialistisch geprägten Einparteienherrschaft in Tansania als eine der zentralen Säulen des politischen Systems der Regierung von Julius Neyerere zwischen den Jahren 1961 bis 1985.[25] „Participation has been the overriding virtue of all decentralisation initiatives in Tansania" (Mukandala 2000: 25). Trotz dieser Bemühungen bleibt Partizipation im Sinne einer ausgeweiteten demokratischen Mitbestimmung bei Entwicklungsfragen laut Rwekaza S. Mukandala bis heute eine Illusion.

Mit dem 1996 verabschiedeten „Local Government Reform Programme" (LGRP) wird in Tansania nach der Einführung eines Mehrparteiensystems eine Verwaltungsreform sowie die politische Dezentralisierung öffentlicher Aufgaben und Entscheidungsprozesse verfolgt (URT 1996; Cooksey/Kikula 2005). Ziel ist eine Stärkung der lokalen Regierungen und Verwaltungsorgane, eine Dezentralisierung der Dienstleistungserbringung bei gleichzeitiger Demokratisierung der politischen Entscheidungsprozesse auf lokaler Ebene mittels einer Stärkung partizipativer Strukturen. Bislang, so die Einschätzung tansanischer WissenschaftlerInnen, lässt sich eine faktische Kompetenz- und Machtverschiebung sowie Demokratisierung und Ausweitung partizipativer Elemente auf lokale Ebene jedoch kaum beobachten (Lerise/Ngware 2005). Politische Prozesse werden nach wie vor stark von der nationalen Regierung in der Hauptstadt des Landes bestimmt, und diese ist lokaler Stimmen zu Folge „weit entfernt".

Seit Mitte der 1990er Jahre erlangt eine Vielzahl neu gegründeter Nichtregierungsorganisationen zumindest in Ansätzen Einfluss auf staatliche Politik. Elke Grawert beobachtet, dass Konflikte um die Landverteilung zur Herausbildung einer Zivilgesellschaft geführt haben, „die öffentliche Diskurse fordert und sich, wenn auch in Grenzen, durchsetzt" (Grawert 2005: 162). Eine Charakterisierung der Organisationen die sich im Bereich Armutspolitik engagieren, zeigt jedoch, dass es sich bei der Mehrzahl kaum um Organisationen handelt, die als politische Opposition oder „Wächter" der nationalen Regierungspolitik auftreten. Weiterhin ist auffallend, dass der Großteil der Organisationen, die sich in armutspolitischen Themen „eine Stimme" verschaffen können in den Großstädten des Landes und auf nationaler Ebene agieren und dabei nur geringe Rückbindung „in die Fläche" besitzen. Es sind in der Regel elitebasierte, von internationalen Geldgebern abhängige Organisationen, die sich mehrheitlich als „Partner" der Regierung im Kampf gegen Armut verstehen (Lange et al. 2000). Auch hier reproduziert sich die zentrale Rolle der nationalstaatlichen Ebene in politischen Planungs- und Entscheidungsprozessen. Hydén beschreibt die tansanische Zivilgesellschaft im politischen Sinne daher als eine schwache (Hydén 1999). Hinzu kommt, dass eine starke öffentliche politische Ausrichtung und Kritik an der Regierungspolitik zum Teil repressiv beantwortet wird (LHRC 2005).

7.3.1.2 Klimawandel und -variabilitäten –
Prognosen, Beobachtungen und Reaktionen

Geografisch lässt sich Tansania in vier klimatische/topologische Zonen unterteilen: Die Küstenregion, die südlichen Hochlandregionen, die zentrale Hochebene und die semi-aride Region im Westen und im Inneren des Landes. Niederschlagsmuster variieren zwischen den Zonen: Im Südwesten, Westen und der zentralen Hochebene existiert ein unimodales Niederschlagsmuster, das heißt die Niederschläge fallen in der Regel während einer Regenzeit; in den anderen Regionen dominieren bimodale Niederschlagsmuster mit zwei Regenzeiten pro Jahr (URT 2007; FSIT 2005a, b).

Klimawandel und Klimavariabilitäten bedeuten für Tansania vor allem eine Zunahme und Intensivierung bestehender Krisen- und Extremphänomene, hier insbesondere Dürren im Landesinneren und Überflutungen in den tiefliegenden und an Flüsse angrenzenden Regionen (hier in Folge von kurzweiligen aber intensiven Regenfällen) sowie in den Küstenregionen aufgrund des Meeresspiegelanstiegs. Aktuelle Modelle und Prognosen zu den Auswirkungen des Klimawandels in Tansania, die sich auf den ersten nationalen Statusbericht aus dem Jahr 2003 (URT 2003) sowie dem „National Adaptation Programm of Action" (NAPA) aus 2007 (URT 2007) beziehen, sagen für die Zukunft eine größere Variabilität der Wetter- und Regenperioden voraus. Je nach klima-geografischer Zonierung bedeutet dies eine Zu- oder Abnahme gegenwärtiger Niederschlagsmengen. Diese Prognosen basieren nicht nur auf Zukunftsszenarien und Modellen, sondern auch auf Beobachtungen der Niederschlagsentwicklungen der vergangenen Jahrzehnte (URT 2007; Mwandosya et al. 1998). Gleichzeitig wird in den Regionen, in denen ein durchschnittlicher Temperaturanstieg mit einer Zunahme an Niederschlagsmengen einhergeht, eine Ausbreitung so genannter „Vector-Borne Diseases" wie z.B. Malaria beobachtet (Khatibu et al. 2005).

Bereits heute weisen wiederkehrende Dürreperioden im Landesinneren auf die potentiellen Folgen dieser Szenarien hin. So bedeutet ein extremes Trockenjahr, wie es 2005/2006 zu beobachten war, eine sich verschärfende Wasserproblematik sowie einen Ernteverlust, der vor allem für die in ländlichen Regionen Tansanias vorherrschende Subsistenzlandwirtschaft nicht oder nur schwer kompensierbar ist (FSIT 2005a, b). Auch in den exportorientierten Sektoren wie Kaffee und Baumwolle gab es Ausfälle. Die Folgen sind Versorgungsengpässe und Preissteigerungen im Bereich der Grundnahrungsmittel und die Abhängigkeit eines Großteils der ländlichen Armutsbevölkerung von alternativen spezifischen oder komplementären Einkommensstrategien. Diese variieren in Relation zur jeweiligen sozioökonomischen, ethnischen und genderspezifischen Ausgangssituation stark und können den Verkauf von Produktionsmitteln (u.a. Vieh), die Arbeit als LandarbeiterIn aber auch das Sammeln und den Verkauf von Holzkohle, Wildpflanzen und -früchten oder einfacher Handarbeitsprodukte beinhalten. Hinsichtlich der Handlungsspielräume der Armutsbevölkerung im Umgang mit Klimavariabilitäten und -risiken sowie der Nutzung formal institutionalisierter „Partizipationsräume" ist zu konstatieren, dass auf lokaler Ebene vor allem informelle Organisationsstrukturen vorherrschen, die im Bereich der Überlebensökonomie sowie traditioneller Kinship-Verhältnisse[26] angesiedelt sind. Weniger genutzt werden formale Einflusskanäle, um beispielsweise Anspruchsrechte hinsichtlich einer Grundversorgung geltend zu machen. Die Gründe hierfür liegen einerseits in einem geringen Vertrauen der Bevölkerung in die Zuverlässigkeit und den Umfang staatlicher Versorgungsleistungen (Eriksen et al. 2005), andererseits in einem Mangel an faktischen Einflussmöglichkeiten auf politische Prozesse auf der lokalen Ebene. Die jenseits des ten-cell-systems etablierten Institutionen politischer Entscheidungsfindung auf lokaler Ebene sind vielen Menschen weder bekannt noch vertraut: „They are neither known, nor relied upon to assist in their day to day activities" (Mukandala 2000: 41).

Falluntersuchungen im Südosten des Landes zeigen darüber hinaus, dass Bevölkerungsgruppen – je nach sozioökonomischer Lage und auch aufgrund tradierter gesellschaftlicher Beziehungsmuster – ganz unterschiedlich auf die gleichen Ereignisse reagieren (können). Während traditionell wohlhabendere Bevölkerungsgruppen in der Lage sind, mit einem breiten „response portfolio"

(Verlagerung der landwirtschaftlichen Produktion und der Siedlungen in höher gelegene Bereiche, Ankauf oder Pacht von landwirtschaftlichen Flächen, Anstellung billiger Arbeitskräfte etc.) auf Überflutungsphasen zu reagieren, geraten ärmere Bevölkerungsteile zunehmend in einen Abhängigkeits- und Pauperisierungsstrudel: „During and after floods the mnoge people are in a position to trade by buying commodities from other areas and bringing them to the flood affected people. In the process they are able to benefit from flooding at the expense of the other wealth groups, (...) who end up poorer; (...). Indeed poverty levels are a significant factor in the ability to cope with flooding in these communities" (Mung'ong'o/Yanda 2006).

Wie die beschriebenen Reaktionsmuster zeigen, entwickeln sich Anpassungsstrategien im Lokalen in Abhängigkeit von gesellschaftspolitischen und sozioökonomischen Handlungsspielräumen. Inwiefern die im Rahmen der internationalen Klimapolitik implementierten Instrumente diese Erkenntnisse aufgreifen wird nachfolgend dargestellt.

7.3.1.3 Die Nationale Anpassungsstrategie

Als LDC ist Tansania verpflichtet, einen NAPA zu erarbeiten. Die Erarbeitung des NAPAs begann offiziell in 2003 und wurde im Januar 2007 abgeschlossen (URT 2007). In der Einleitung des Dokuments werden die Leitlinien der COP 7 zur Erarbeitung des NAPA als „Guiding Principles" wiederholt. De facto weist der Planungsprozess jedoch konträre Kriterien und Praktiken auf. So setzt sich das NAPA-Expert Team aus VertreterInnen relevanter Sektorministerien, WissenschaftlerInnen und einigen wenigen nicht-staatlichen Organisationen zusammen. Konkret waren drei nicht-staatliche Organisationen vertreten, die sich jedoch eher als Consulting-Unternehmen und weniger als politische Advocacy-Organisationen verstehen bzw. charakterisieren lassen. Alle drei Organisationen haben ihren Sitz in Dar es Salaam. Zwei der Organisationen übernehmen als Konsultingunternehmen bereits seit längerer Zeit „Auftragsarbeiten" der nationalen Regierung im Bereich Klima- und Umweltpolitik, hier insbesondere bei der Erstellung der nationalen Berichte an das Klimasekretariat. Eine Interessenvertretung politisch und sozial-räumlich marginalisierter Bevölkerungsgruppen wird über die Integration dieser Organisationen nicht gewährleistet.[27] Auffallend ist, dass die Genderdimension von Vulnerabilität und Anpassung im NAPA Tansanias weitgehend fehlt, sowohl quantitativ als auch qualitativ: So waren von den insgesamt 20 TeilnehmerInnen des NAPA-Teams nur zwei Frauen. Das Frauenministerium war im Team nicht vertreten und genderspezifische Fragen blieben in den sektoralen Vulnerabilitätsanalysen zu Wasser, Land- und

Forstwirtschaft, Küstenentwicklung, Energie etc. weitgehend unberücksichtigt. Hinsichtlich der Querschnittsintegration des Themas Anpassung in die nationale Armutspolitik[28] ist darüber hinaus zu konstatieren, dass auch das Ministerium für „Finanzen und Empowerment", in dessen Verantwortungsbereich die nationale Armutspolitik fällt, nicht vertreten war.

Für die generell als „vulnerabel" einzuschätzende Bevölkerungsgruppe der ländlichen Armen existieren bisher keine Partizipationskanäle im NAPA-Prozess. Der Leitlinie eines partizipativen Planungs- und Entscheidungsprozesses kam das NAPA-Team mit einem sektoralen Partizipationsansatz nach, wonach die relevanten Sektorministerien Einfluss auf die Erarbeitung erhielten. Die Partizipation kommunaler staatlicher Akteure gilt formal über die Beteiligung des Ministeriums für „Regional Administration and Local Government" als gewährleistet. Erklärt wird dieses „eingeschränkte" Elitenverständnis von Partizipation mit den geringen finanziellen und zeitlichen Ressourcen: Die Finanzierung von Maßnahmen im Bereich Klimaschutz und Anpassung ist im nationalen Haushalt nicht vorgesehen – Klimapolitik in Tansania ist bislang ein zu 100% geberabhängiger Politikbereich. Im Verhältnis zur Größe des Landes – so die Argumentation – reichen die zur Verfügung stehenden Mittel (200.000 USD) (!) für eine flächendeckende Integration lokaler Interessen nicht aus. Ein durchaus nachvollziehbares Argument. WissenschaftlerInnen, die als ExpertInnen im NAPA-Team partizipierten und einzelne Sektoranalysen durchführten, bestätigen, dass die Prioritätensetzung im NAPA auf sektoralen „Schnellanalysen" beruhen, die top-down und auf der Grundlage bestehender sektoraler Daten durchgeführt wurden. Vereinzelt wurden komplementär Konsultationen lokaler Akteure in die Analysen aufgenommen. Eine tiefere Analyse der Wechselwirkungen zwischen sozialen Ungleichheiten und Vulnerabilität hat in diesen Analysen nicht stattgefunden, eine Integration sozialer und politischer Aspekte in die geplanten Anpassungsstrategien fehlt somit weitgehend. Schließlich bezeichnet ein Mitarbeiter des Focul Points für Klimapolitik in Tansania, die NAPAs als „quick shot", denen tiefer gehende, kontextspezifische und sozial differenzierte Analysen von Vulnerabilität und Anpassung fehlen. Eine Tatsache, die sich hinsichtlich der Frage nach den Gewinnern und Verlierern des Klimawandels *und* der Anpassungspolitik als sehr entscheidend herausstellen könnte. Denn Anpassungsmaßnahmen, die die soziale Konstruktion und Produktion von Vulnerabilität im spezifischen räumlichen und politischen Kontext nicht berücksichtigen, „tend to reinforce rather than alleviate inequitable distribution of economic and political power between and within social groups" (Leichenko/O'Brien 2006: 114).

Maßnahmen, die am Ende des NAPAs als prioritäre Strategien zur Anpassung an den Klimawandel identifiziert werden, umfassen entsprechend der Schwerpunkte in der Planungsphase sektorale Interventionen u.a. in den Sektoren Land- und Forstwirtschaft, Gesundheit, Wasser, Industrie, Tourismus, Energie und Landnutzung. Als prioritäre Anpassungsaktivitäten werden infrastrukturelle und technologische Maßnahmen sowie Maßnahmen zum verbesserten Management und zu Verhaltensänderungen genannt wie z.B. Ausbau der Bewässerungsinfrastruktur, Förderung der Regenwasserernte, alternative landwirtschaftliche Produktion und Verschiebung der Aussaatzeiten, Entwicklung von alternativen Wasserrückhaltemöglichkeiten, Förderung erneuerbarer Energien, Förderung eines nachhaltigen Tourismus, Umsiedlung vulnerabler Bevölkerungsgruppen, Bau von Dämmen und Mauern zum Küstenschutz.

7.3.1.4 Zwischenfazit Tansania

Grundsätzlich ist hervorzuheben, dass im NAPA Tansanias vor allem die Sektoren Beachtung finden, die aus volkswirtschaftlicher Perspektive besonderer Gefährdung durch den Klimawandel ausgesetzt sind. Nicht die Frage danach, wer und aus welchen Gründen besonders vulnerabel gegenüber Klimawandel ist steht im Mittelpunkt, sondern die Frage danach, welche messbaren, volkswirtschaftlichen Auswirkungen des anthropogenen Klimawandels in Tansania zukünftig zu erwarten sind und welche Maßnahmen getroffen werden müssen, um die Wohlstandsentwicklung langfristig zu sichern; ungeachtet dessen, dass Wohlstand gesellschaftlich ungleich verteilt ist (Leichenko/O'Brien 2006). Darüber hinaus werden auf Erfahrungen im Zusammenhang mit Klimavariabilitäten sowie auf traditionelle Reaktions- und Anpassungsformen lokaler Bevölkerungsgruppen nicht rekurriert. Die bisherigen Beobachtungen weisen auf eine nur geringe Verflechtung der subnationalen und nationalen Handlungsebene hin. Die relevanten Entscheidungsprozesse weisen zudem nur eine sehr eingeschränkte Einflussnahme nicht staatlicher und lokaler Akteure auf. Klimapolitik und Anpassungsplanung werden in Tansania als ExpertInnenaufgabe auf nationaler Maßstabsebene verstanden, die sich vor allem nach den internationalen Vorgaben orientiert. Diese Beobachtungen stellen im Hinblick auf Planungs- und Reformprozesse in Tansania generell keine Ausnahme dar. Auch wenn Öffnungen hin zu einer Beteiligung nichtstaatlicher, zivilgesellschaftlicher Akteure in Tansania mehr und mehr zu beobachten sind, bestehen weiterhin Kontinuitäten zentralstaatlichen top-down Handelns (Grawert 2005). Ein politischer Bedeutungsgewinn subnationaler politischer Handlungsspielräume als Folge des Transformationsprozesses ist bislang nicht zu beobachten. Im Hinblick auf die Einflussnahme auf junge politische Prozesse, wie die Anpassung an den Klimawandel, schränkt dies den Gestaltungsspielraum für Akteure, die sich vornehmlich lokal/regional artikulieren, nach wie vor ein.

7.3.2 Anpassung an Klimawandel in Nicaragua – Pilotprojekte und Institutionenförderung

Mit einem pro Kopf Bruttoinlandsprodukt von 847 USD (UNDP 2006) im Jahr 2004 gilt Nicaragua nicht als LDC und ist daher im Unterschied zu Tansania auch nicht verpflichtet einen NAPA zu erarbeiten, womit jedoch nur wenig über kontextbezogene Vulnerabilitäten und Anpassungsprozesse gesagt ist. Nicaragua gilt als eines der ärmsten Länder Zentralamerikas. Die Frage nach dem Umgang mit den potentiellen Folgen des Klimawandels erhält in Nicaragua aus mindestens zwei Gründen Relevanz: Zum einen haben die vielfältigen sozial-ökologischen Folgewirkungen des Hurrican Mitch, bei dem 1998 landesweit ca. 3.000 Menschen ums Leben kamen und mehrere 100.000 Personen aus ärmeren Bevölkerungsschichten in ihrer Grundsicherung und -versorgung betroffen waren gezeigt, wie eng Vulnerabilität gekoppelt ist an soziale und sozioökonomische Aspekte menschlicher Entwicklung (Bradshaw 2001). Mitch hat deutlich gemacht, dass Anpassung auch in Nicaragua keine „neuartige und äußerliche" Herausforderung ist, sondern mit sozioökonomischen und sozial-räumlichen Kontextbedingungen eng verknüpft ist. Zum anderen gibt die regelmäßig auftretende Klimavariabilität „El Niño" bereits heute Auskunft darüber, welche Implikationen ein Ausbleiben von Regenfällen für unterschiedliche soziale Gruppen in Nicaragua haben kann (Ineter 2002).

7.3.2.1 Länderkontext

Nicaragua wird mit einem HDI-Rang von 112 im Jahr 2004 als Land mit einer sozialen Entwicklung mittleren Ranges eingestuft. Allerdings verweisen die jüngsten Erhebungen zur Armutsentwicklung auf anderes als einen mittleren Entwicklungsgrad. So leben insgesamt knapp 50% der Bevölkerung in Armut und 17% in extremer Armut[29], wobei Armut in Nicaragua vor allem ein ländliches Phänomen darstellt. In weiten Teilen des ländlichen Raumes liegt die Armutsquote zwischen 70 und 80%. Der Anteil des Landwirtschaftssektors am BIP fällt mit 18,5% im Jahr 2004 niedriger aus als in Tansania. Die Lebensgrundlage für die Mehrheit der ländlichen Bevölkerung basiert in der Hauptsache auf Subsistenzlandwirtschaft mit einer zunehmenden Abhängigkeit von „remesas"[30], den Zahlungen, die Angehörige aus dem Ausland an Familienmitglieder überweisen.

Laut Weltbank hat sich die extreme Armut zwischen 1993-2001 leicht reduziert (World Bank 2003). Heute zeigen die jüngsten Armutsstatistiken jedoch einen erneuten Anstieg der Armutszahlen, dies vor allem in den ländlichen Regionen des mittleren Hochlands sowie in den atlantischen und pazifischen Küstenregionen (INIDE 2007). Mit einem Gini-Koeffizient von 43,1 im Jahr 2001 kommt Nicaragua weiterhin ein fester Platz im lateinamerikanischen Mittelfeld der Einkommensungleichheiten zu (UNDP 2006; Ferranti et al. 2004).

Nicaragua ist nach der Verfassung des Landes eine Präsidialdemokratie mit grundlegenden demokratischen und rechtstaatlichen Prinzipien wie Volkssouveränität und Gewaltenteilung. Mit der Abwahl der sandistischen Regierung im Jahr 1990 und dem formalen Ende der „sandinistischen Volksdemokratie" ist die Entwicklung in Nicaragua geprägt durch ein von außen herangetragenes liberal-repräsentatives Demokratiemodell. Trotz des formalen Status eines Mehrparteiensystems ist die politische Landschaft in zwei Lager gespalten, das liberal-konservative und das sandinistische Lager. Politische Veränderungen stagnieren häufig aufgrund des Machtgleichgewichts zwischen den beiden großen Parteien PLC und FSLN. Obgleich bereits Mitte der 1990er Jahre eine Reihe von Dezentralisierungs- und Demokratisierungsmaßnahmen eingeleitet wurden, ist bislang weder eine reziproke Wechselwirkung zwischen den politischen Entscheidungsebenen noch eine Demokratisierung lokaler Politik zu beobachten (Espinosa et al. 2004). Die im Zuge der Reform des Gemeindegesetzes[31] sowie der Verabschiedung des Gesetzes zur öffentlichen Partizipation[32] auf lokaler Ebene eingerichteten neuen Governancemechanismen, wie das „Comité de Desarrollo Municipal" (CDM) erfüllen kaum ihre Zielsetzung der Demokratisierung lokaler politischer Planungs- und Entscheidungsprozesse. De facto haben nur Mitglieder von Organisationen einen Zugang; und auch nur dann, wenn die jeweilige Organisation offiziell als Nichtregierungsorganisation registriert ist. Den Vorsitz des „Comité de Desarrollo Municipal" hat der/die jeweilige BürgermeisterIn, in dessen/deren Ermessen letztendlich die Einbeziehung von unterschiedlichen Interessen aus der Bevölkerung liegt[33]. Grundsätzlich lässt sich festhalten, dass die „neuen" Räume der Partizipation nicht dazu dienen, Mitentscheidungsprozesse zu fördern. Partizipation wird vielmehr im Sinne von Konsultation als Legitimationsressource für die nationale und lokale Regierungspolitik – nach innen und außen – genutzt (Prado 2002). Trotz der hierdurch formal nur eingeschränkten nicht-staatlichen Einflussnahme, findet sich in Nicaragua eine zivilgesellschaftliche Organisierung, die im Anschluss an die Hurrikankatastrophe Mitch im Herbst 1998 an politischer Stoßkraft gewinnen konnte und über parallele Foren und Prozesse versucht, politische Entscheidungen bis auf die lokale Ebene zu beeinflussen (Bradshaw/Linneker 2003; Bradshaw et al. 2002 zur Rolle der NGO in der Post-Mitch-Phase; Bischoff-Peters 2004 zur Rolle von NGOs im nicaraguanischen Demokratisierungsprozess).

7.3.2.2 *Klimawandel und -variabilitäten –*
Prognosen, Beobachtungen und Reaktionen

Geographisch und klimatisch lässt sich Nicaragua in zwei große klimatische Regionen einteilen, die atlantische und die pazifische Region. In der Atlantikregion verteilen sich die Niederschläge auf bis zu zehn Monate im Jahr. Mit einer Jahresdurchschnittstemperatur von 25° – 29° Celsius dominiert hier ein tropisch-subtropisches und regenreiches Klima. Demgegenüber findet sich in der Pazifikregion ein eher trockenes tropisches Klima mit einer Regenperiode von fünf bis sechs Monaten im Jahr. Somit gilt diese Region als „Zona Seca" (Trockenzone), was besonders in Jahren regenarmer Wintermonate zu einer Überlebensfrage eines Großteils der ländlichen Armutsbevölkerung mit geringem bis keinem Landbesitz wird (República de Nicaragua 2001b).

Bereits die Weltbank weist darauf hin, dass Dürren und Extremwetterereignisse als „externe" Naturkatastrophen die Armutsentwicklung in Nicaragua stark beeinflussen (World Bank 2003). Aktuelle Modelle und Prognosen zu den Auswirkungen des Klimawandels in Nicaragua sagen im ungünstigsten Fall für die Pazifikregion bis zum Jahr 2050 eine Abnahme der Regenmenge um bis zu 21%, einen Temperaturanstieg von bis zu 2,1° Celsius sowie eine potentielle Zunahme von Extremwetterereignissen wie Hurrikane für die gesamte mittelamerikanische Region voraus (MARENA 2002).

Vereinfacht lässt sich sagen, dass Klimawandel auch für Nicaragua eine Intensivierung bestehender Klimavariabilitäten und Extremwetterereignisse bedeutet. So stellt ein *El Niño-Jahr,* von denen die staatliche Raumordnungsbehörde zwischen 1971 und 1998 sieben gezählt hat, das Quasi-Ausbleiben der für die landwirtschaftliche Produktion Existenz sichernden Winterregenfälle von August bis November dar. Folgen hiervon sind Ernteausfälle und extremer Wassermangel vor allem im Nordwesten und Landesinneren (Ineter 2002). Demgegenüber bedeutet ein La Niña-Jahr besonders intensive Regenfälle bis hin zu Extremwetterereignissen, in deren Folge Überschwemmungen, Hangerosionen, Zunahme von „Vector-Borne-Diseases" sowie ebenfalls Ernteverluste zu beobachten sind. Die gut dokumentierten Folgen des Hurrikan Mitch belegen, dass Handlungsoptionen im Umgang mit Extremwetterereignissen selbst innerhalb betroffener Bevölkerungsgruppen sehr unterschiedlich verteilt sein können. So lassen sich insbesondere genderspezifische Unterschiede hinsichtlich der

Handlungsfähigkeit gegenüber den Folgen des Hurrikans Mitch feststellen. (Bradshaw 2001).

Grundsätzlich zeigt das Beispiel Mitch ebenso wie die eigenen Erhebungen[34], dass die lokalen Handlungsoptionen während einer regenarmen Phase oder nach einem Extremwetterereignis nicht von den Strategien der alltäglichen Krisenbewältigung abweichen oder von ihnen zu trennen sind. Für die hier betrachtete Region des Nordwestens Nicaraguas kommt Sarah Bradshaw wie auch andere (z.B. Rocha et al. 1999) zu dem Schluss, dass im Kontext einer „crisis permanente", in denen die Bevölkerung in weiten Teilen Nicaraguas aufgrund von sozioökonomischen Deprivationen und politischer Ohnmacht lebt, Handlungsoptionen extrem limitiert sind (Bradshaw 2001: 48; 119). Dabei stellt die Migration von einzelnen Familienmitgliedern in nationale urbane Zentren oder nach Costa Rica bzw. in die USA eine wiederkehrende Handlungsstrategie zur Einkommenssicherung dar, auch wenn viele ArbeitsmigrantInnen aufgrund mangelnder Arbeitsmöglichkeiten zurückkehren oder die Familie auf lange Sicht „vergessen" und deren „Einnahmequelle" dadurch versiegt.

Ausgehend davon, dass „disasters reveal community, regional and global power structures, as well as power relations within intimate relations" (Enarson/Morrow 1998: 2) zeigen die Erfahrungen aus Post-Mitch-Nicaragua, dass auch Politiken und Maßnahmen zur Hilfe und Anpassung an die Folgen eines Extremereignisses einen Einfluss auf bestehende Machtstrukturen haben. So weist die Studie von Bradshaw zu den Wechselwirkungen des Hurrikans mit bestehenden Geschlechterverhältnissen eine Verfestigung der traditionellen Rollenbilder für die Zeit nach der „Katastrophe" nach (Bradshaw 2001). Gleichzeitig hat sich gezeigt, dass Frauen zwar in Wiederaufbautätigkeiten und -projekte überproportional involviert waren, jedoch nicht an den Entscheidungsprozessen teilnahmen. Diesen augenscheinlichen Widerspruch erklärt Bradshaw mit der Tatsache, dass zwischen der Einflussmöglichkeit auf Entscheidungsprozesse innerhalb und außerhalb von Haushalten und der Generierung ökonomischer Ressourcen ein enger Zusammenhang besteht. Untersuchungen zur Einkommenssituation von Frauen im Nordwesten Nicaraguas haben ergeben, dass Post-Mitch der Anteil der Frauen, die mit einem eigenen Einkommen zum finanziellen Auskommen der Haushalte beisteuerten, deutlich geringer war als vorher. Eine eindeutige Erklärung hierfür liegt nicht vor. Als Erklärungsansatz könnte einerseits die Zerstörung von materiellen Grundlagen, wie Häusern, Anbauflächen, Ernten etc. sowie andererseits die Erfordernis sich auf Reproduktions- und Wiederaufbaumaßnahmen zu konzentrieren, herangezogen werden. Diese Situation erhöhte die ökonomische und „soziale" Abhängigkeit von Frauen, da sich diese „nichtproduktiven" Tätigkeiten häufig negativ auf ihre Selbstwahrnehmung und auch die Außenwahrnehmung als zentrale Person der Sicherung der Lebensgrundlagen des Haushaltes auswirkte.

Ferner wird darauf hingewiesen, dass sich die Wiederaufbauhilfe räumlich und sozial sowie sektoral extrem asymmetrischen verteilte. Dies ist vor allem mit politischen Aspekten wie der Informationszentralisierung auf wenige Personen und Institutionen sowie einem klientelistischen und zentralistischen Politikstil zurückzuführen. Gleichzeitig wurde der Schwerpunkt des Wiederaufbaus auf infrastrukturelle (Verkehrs)Maßnahmen gelegt ohne dabei Rücksicht auf die sozialen und politischen Rahmenbedingungen zu nehmen, die Vulnerabilität vor, während und nach einer „Katastrophe" beeinflussen und erhöhen (Rocha et al. 1999).

7.3.2.3 Anpassung an Klimawandel – eine politische Randerscheinung

Auch ohne die Verpflichtung der NAPA-Erstellung ist Nicaragua über internationale und makroregionale Programme in eine Multi-Level-Governance zur Anpassungsförderungen eingebunden. Eines der zentralen Programme stellt hier das GEF-finanzierte Programm „Capacity building for Stage II Adaptation to Climate Change (Central America, Mexico and Cuba)" zur Förderung von Anpassungsstrategien und deren Integration in nationale nachhaltige Entwicklungsprogramme dar (GEF 2001; Sempris, o.J.).

Klimapolitik ist in Nicaragua ein junges, extern finanziertes Politikfeld und wird als sektorale Aufgabe des staatlichen Umweltministeriums durch das „Nationale Büro für Saubere Entwicklung" (Oficina Nacional de Desarrollo Limpio – ONDL) wahrgenommen und umgesetzt. Bereits der Name der zentralen Stelle für Klimafragen verdeutlicht, dass der politische Schwerpunkt im Bereich CDM liegt bzw. liegen soll – bislang sind drei CDM-Projekte offiziell registriert.[35]

Der Fokus des von UNDP zwischen 2003 und 2006 implementierten und GEF finanzierten Programms zur Förderung der Anpassungskapazitäten liegt im Bereich der institutionellen Stärkung des ONDL. Ferner werden erste Analysen zu Vulnerabilität gegenüber Klimawandel in zwei zentralen Entwicklungszonen und -sektoren des Landes durchgeführt: In der Kaffeeanbauregion Jinotega/ Matagalpa im mittleren Hochland und in der agroindustriell geprägten Region León/Chinandega[36] im Nordwesten des Landes. Ziel dieser fokussierten Sektoranalysen ist es, Grundlagen für zukünftige Anpassungsherausforderungen zu schaffen (MARENA 2005).

Eine Analyse des Programms zur Erfassung der Vulnerabilität in den Sektoren Wasser und Landwirtschaft in León/Chinandega verweist aus einer sozial-ökologischen Multi-Level-Governance Perspektive vor allem auf zwei Dinge: Erstens findet keine – oder nur in Form von Konsultationen – Einbeziehung lokaler Akteure und Bevölkerungsgruppen statt. Eine Einflussmöglichkeit aus lokaler bzw. kommunaler Perspektive auf die nationalen klimapolitischen Arbeiten im Bereich Vulnerabilität und Anpassung und ein Einbringen von lokalem oder traditionellem Wissen ist stark begrenzt. Dies betrifft sowohl den organisierten und formal institutionalisierten Teil regionaler und lokaler Akteure wie generell die lokale, häufig nicht formal organisierte Bevölkerung. So wurden in der Untersuchungsregion León/Chinandega so genannte „Comités Locales" gegründet, in denen MitarbeiterInnen regionaler und kommunaler staatlicher Behörden, NGOs und WissenschaftlerInnen auf subnationaler Ebene den Erarbeitungsprozess des Umweltministeriums am „Runden Tisch" mitgestalten sollten. Diese Funktion erfüllte das lokale Komitee im Departement León jedoch nie, da Mitgestaltung de facto Konsultation und allenfalls Information bedeutete. Einzelne NGOs die gemäß der Projektdokumentation Teil dieser lokalen Comités waren, kannten den Prozess ebenso wenig wie sie über klimapolitische Maßnahmen der nationalen Regierung überhaupt informiert waren.

Zweitens zeigt sich, dass über die Integration von sozioökonomischen Indikatoren wie Trinkwasser- und medizinische Versorgung, Zugang zu Transport- und Energieinfrastruktur, Landbesitzverhältnisse und Größe der Anbaufläche in den Schlussfolgerungen der Studie sozial differenzierte Aussagen allgemeiner Art getroffen werden. So kommt die Analyse zu dem Schluss, dass KleinbäuerInnen hinsichtlich Dürre und Wassermangel einen höheren Grad an Vulnerabilität aufweisen, also solche Produzenten, die über umfassende Bewässerungstechnologien verfügen. Hieran anknüpfend weisen die Autoren darauf hin, dass spezifische intensive Anbaumethoden, wie sie vor allem in der Exportlandwirtschaft angewandt werden die Vulnerabilität mitunter ebenso erhöht wie veränderte Regenmengen (MARENA 2005). Konkrete Schlussfolgerungen für Politiken, die an diesen sozialen Differenzierungen ansetzen, bleiben an dieser Stelle jedoch leider aus.

7.3.2.4 Zwischenfazit Nicaragua

Klimawandel wird in Nicaragua bislang nicht als Querschnittsthema behandelt und findet somit in dem neu erarbeiteten Nationalen Entwicklungsplan von 2005 (Plan Nacional de Desarrollo) keine besondere Beachtung (República de Nicaragua 2005). Obwohl mit der „Comisión de cambio climático" (Kommission zum Klimawandel) 1999 formal ein sektorübergreifendes Gremium auf nationaler Ebene geschaffen wurde, existiert hier bislang wenig Klarheit darüber, wie die wechselseitige Integration von Sektorpolitiken mit Blick auf eine Anpassungspolitik aussehen könnte. Auffallend ist darüber hinaus, dass Klimapolitik jenseits der Perspektive auf CDM-Projekte häufig in Übereinstimmung gebracht wird mit Katastrophenmangement. Eine Kongruenz, die aufgrund der hohen Anzahl von Wirbelstürmen, die Nicaragua über die Atlantikküste erreichen, nachvollziehbar ist. Gleichzeitig versperrt der enge Blick auf (technische) Katastrophenvorsorge die Möglichkeit, Fragen von Vulnerabilität und Anpassung an Klimawandel in Verbindung mit der beschriebenen „permanenten Krise" in der sich vor allem die ländliche Armutsbevölkerung befindet sowie mit den ungleichen Machtverhältnissen zu denken.

Zusammenfassend zeigt sich, dass sich konkrete Ansätze zur Anpassung an den Klimawandel in Nicaragua bislang nicht herausgebildet haben. Ferner haben Arbeiten, die sich mit den sozialen Implikationen der Mitch-Katastrophe beschäftigt haben verdeutlicht, dass die eingeschränkten Handlungsoptionen für die lokale Armutsbevölkerung sich alltäglich im Kontext einer „permanenten Krise" reproduzieren. Amado Ordoñez et al. (1999) konzeptualisieren Vulnerabilität für den zentralamerikanischen Raum auf der Grundlage von drei Dimensionen, einer technisch-infrastrukturellen, einer sozialen und einer politischen Dimension. Die politische Dimension artikuliert sich über die Handlungsspielräume lokaler Gemeinschaften und Gemeinden und über deren Entscheidungsautonomie – die aufgrund der soziopolitischen Strukturen wie der ökonomischen Situation der meisten lokalen Gemeinden gering ist – sowie über die Artikulations- und Einflussmöglichkeiten der Zivilgesellschaft auf nationaler Ebene (Bradshaw 2002). Diesbezüglich ist anzumerken, dass es nicaraguanischen Nichtregierungsorganisationen trotz internationalen und zivilgesellschaftlichen Drucks und der Entstehung neuer Räume partizipativer Aushandlungsprozesse (z.B. CONPES) nicht gelungen ist, die Planungsprozesse zum Post-Mitch-Wiederaufbau maßgeblich zu beeinflussen. So gelang es der „Nationalen Koordination zivilgesellschaftlicher Gruppen" (CCER)[37] zwar in internatonalen „Ad-hoc" Arbeitsgruppen, bestehend aus nationalen Regierungen der betroffenen Länder und internationalen Geberorganisationen, Einfluss zu nehmen und eine „Stimme" zu erhalten sowie ein eigenes Konzept zum Wiederaufbau vorzulegen. Dieser Einfluss konnte jedoch weder auf nationaler Ebene geltend gemacht werden, noch konnte sichergestellt werden, dass die internationalen Vereinbarungen auch national umgesetzt wurden (Bradshaw et al. 2002). Ähnlich wie Jenny Fairbrass und Andrew Jordan (2004) am Beispiel der Umsetzung europäischer umweltpolitischer Vorgaben in Großbritannien verdeutlichen, lässt sich auch hier schlussfolgern, dass „the state can still be an important shaper of post-decisional politics and a powerful gatekeeper".

7.4 Anpassungspolitiken und Multi-Level-Governance: Eine Bewertung aus demokratietheoretischer Perspektive

Die Integration der nationalen und subnationalen Aushandlungsebenen in das Institutionengefüge der Anpassung erfolgt bislang formal über internationale so genannte „Guiding principles" (Leitlinien). So soll der NAPA in „country ownership" – anstatt in „government ownership"[38] – unter Einbeziehung nicht staatlicher Akteure sowie „community stakeholder" erarbeitet werden, was mit der Etablierung neuer institutioneller Vereinbarungen auf nationaler Ebene einhergeht. Wie die Beispiele Tansania und Nicaragua zeigen, findet eine Inklusion der subnationalen Handlungsebenen sowie marginalisierter Bevölkerungsgruppen im Sinne einer emanzipatorischen „bottom up" Politik in den politischen Willensbildungs- und Entscheidungsprozess bislang kaum bis gar nicht statt. Statt „country-ownership" muss doch eher von „government-ownership" die Rede sein. Eine Identifizierung bzw. Stärkung lokaler/regionaler Institutionen ist zumindest in den global erarbeiteten und international verabschiedeten Regelungen nicht vorgesehen.

So ist generell zu konstatieren, dass die bisherigen Verregelungen vor allem das Verhältnis zwischen Nord und Süd sowie zwischen der globalen und der nationalen Handlungsebene umfassen, womit automatisch die Maßstabsebene konkreter sozial-ökologischer Wechselwirkungen und Manifestierungen der Folgen des Klimawandels – die lokal/regionale Ebene – außer Acht gerät. „The focus on North/South dynamics has tended to overshadow the fact that it is the poor, within both developed and developing countries, who will bear the sharpest burdens due to adverse effects of climate change" (Denton 2004: 43). Da Armut strukturell bedingt auch weiterhin ein primär weibliches Gesicht trägt, sind es Frauen, die überproportional von den negativen Auswirkungen des Klimawandels betroffen sein werden (Denton 2004; Röhr 2005; Weber 2005).

Joyetta Gupta weist darüber hinaus darauf hin, dass obwohl Klimawandel in vielen Ländern des Südens eine besondere Herausforderung bedeutet, in den wenigsten Ländern eine gesellschaftspolitische Debatte über Klimawandel und dessen Folgen eingesetzt hat (Gupta 1997). Dies kann durch die eigene Forschungsarbeit in Tansania und Nicaragua nur bestätigt werden. Entscheidend ist hier, dass die nationalstaatlichen Akteure des „Südens" in den internationalen Verhandlungen über eine nur geringe Legitimationsbasis nach Innen verfügen. Es verwundert also nicht, dass sich die internationalen Klimaverhandlungen im Bereich Anpassung auf die Nord-Süd Frage der Lastenverteilung und Verantwortungsübernahme „reduziert" haben, während sozial-ökologische Fragestellungen in den Hintergrund geraten. Ebenso wenig ist es verwunderlich, dass die große Mehrzahl der interviewten Nichtregierungsorganisationen, die sich in Umwelt- und Entwicklungsthemen in den beiden Ländern engagieren, über einen sehr geringen Kenntnisstand bezüglich der jeweiligen politischen Planungsprozesse im Bereich Anpassung verfügten. In beiden Ländern ist es bisher zu keiner sichtbaren Mobilisierung gesellschaftlicher Kräfte im Bereich Klimawandel gekommen.

Die institutionelle und akteursbezogene Darstellung der Multi-Level-Governance der Anpassung verweist bereits auf einige Blindstellen hinsichtlich der Verankerung und Legitimierung der politischen Prozesse im lokalen, subnationalen und nationalen Kontext. Insgesamt ist die Einflussnahme auf die staatliche Politik im Bereich Armuts- und Vulnerabilitätsreduzierung durch die betroffenen Bevölkerungsgruppen in beiden Ländern als sehr gering einzuschätzen. Diese Beobachtungen leiten über zu der Frage, inwiefern die Interdependenzen zwischen internationalen und nationalen Politiken zu einer Qualitätsveränderung politischer Prozesse auch im subnationalen Kontext führen – insbesondere dann, wenn die Entscheidungsprozesse im Spannungsfeld sozioökonomischer sowie machtpolitischer Ungleichheiten zwischen Nord und Süd eingebettet sind und beteiligte Akteure (staatlich und nicht-staatlich) *a priori* über unterschiedliche Ressourcen, Zugangspotentiale und politische sowie „kommunikative Macht" (Habermas 1992: 20) verfügen. Dieser Frage wurde anhand der relevanten armuts- und klimapolitischen Politiken nachgegangen. Während optimistische Einschätzungen davon ausgehen, dass mit einer Akteursausweitung sowie mit neuen kooperativen „modes of governance" eine Demokratisierung und verstärkte Legitimation politischer Entscheidungsfindung einhergeht, verweisen andere BeobachterInnen auf die höchst unterschiedlich verteilten Zugangs-, Artikulations- und Einflusspotentiale nicht-staatlicher Akteure und somit auf die Gefahr eines Demokratieabbaus durch selektive und elitäre Partizipationsmuster (Peters/Pierre 2004; Walk 2007; Swyngedouw et al. 2002; Papadopoulus 2004). Eine Befürchtung für deren Bestätigung es in beiden Untersuchungsländern hinreichend Hinweise gab. So ist festzuhalten, dass eine Multi-Level-Governance, die internationale, nationale und subnationale Handlungsebenen erfasst und in Beziehung zueinander setzt und dabei neben nationalstaatlichen auch zivilgesellschaftliche Akteure in die Planungs- und Entscheidungsfindung mit einbezieht, derzeit nicht oder nur geringfügig zu beobachten ist. Es zeigt sich hingegen, dass die Dominanz- und Dependenzverhältnisse zwischen den Akteuren der internationalen Ebene und den Akteuren nationaler und subnationaler Handlungsebenen weiterhin bestehen. Die politischen Prozesse folgen einer top down-Logik. Inwiefern die Nationalstaaten hier eher die Funktion eines „Transmissionsriemens" einnehmen oder dabei auch relevante gate-keeper-Funktionen beibehalten, ist noch näher zu prüfen.

7.5 Zusammenfassung und Schlussfolgerung

Ziel des vorliegenden Kapitels war es die Anpassungspolitiken in Tansania und Nicaragua aus einer sozial-ökologischen und einer Multi-Level-Governance-Perspektive zu analysieren. Dabei stand erstens die Frage im Raum, welche Faktoren als Ursachen für eine erhöhte Vulnerabilität respektive eine geringe Anpassungskapazität in den konkreten Politiken angenommen werden und welche Problemdeutungen, Handlungsrationalitäten und Wertorientierung dabei dominant werden. Diesbezüglich wurde deutlich, dass in den klimapolitischen Debatten die Ursachen für eine besondere Betroffenheit vornehmlich auf der Grundlage nationaler aggregierter Datensätze und naturräumlicher Gegebenheiten identifiziert werden. So werden eine regressive oder stagnierende wirtschaftliche Entwicklung, schwache staatliche Institutionen, geographische Rahmenbedingungen sowie der mangelnde Zugang zu technologischen Innovationen und Know-How als Einflussfaktoren für mangelnde Anpassungsfähigkeit an den Klimawandel genannt. Dass diese Sichtweise lokale kontextspezifische Konflikte, soziale Ungleichheiten und globale Verteilungsasymmetrien nicht erfassen kann und gleichzeitig einen zu einseitig auf wirtschaftliches Wachstum bezogenen Entwicklungsbegriff verwendet, wird nur zögerlich reflektiert. So weißt der zweite Teil des vierten Sachstandberichtes des IPCC darauf hin, dass „future vulnerability depends not only on climate change but also on development pathway" (IPCC 2007b: 19). In der jüngeren Debatte um Vulnerabilität wird vermehrt darauf hingewiesen, dass weitläufig anerkannt sei, „that vulnerability to environmental change does not exist in isolation form the wider political economy of resource use" (Adger 2006: 270). Ähnlich argumentieren auch Norbert Leichenko und Karen O'Brien (2006), wenn sie darauf aufmerksam machen, dass der dritte Sachstandsbericht des IPCC die soziale Konstruktion von Vulnerabilität anerkennt. So lautet eine Formulierung in diesem Bericht, dass die Folgen des globalen Klimawandels „can differ for members of the same community – as when some individuals or groups perceive an opportunity with change, and others experience a loss (...)" (IPCC 2001a: 90). Es wurde deutlich, dass trotz dieser wissenschaftlichen Erkenntnisse kein Widerhall in den konkreten Maßnahmen und politischen Ansätzen zur Anpassung an den Klimawandel zu finden ist.

Zweitens wurden die gegenwärtigen Politiken zu Anpassung an den Klimawandel aus inputorientierter Perspektive im globalen Kontext sowie anhand der

Beispiele Tansania und Nicaragua analysiert. Dabei lautete die zentrale These, dass die gegenwärtigen Instrumentarien und Strategien zur Förderung der Anpassungsfähigkeit nur sehr eingeschränkt zu einer Reduzierung bestehender Vulnerabilitäten beitragen werden.

Zusammenfassend lässt sich aus einer kritischen Mehrebenenperspektive festhalten, dass die inhaltliche und geographische Schwerpunktsetzung im Bereich Anpassung losgelöst von den kontextspezifischen Herausforderungen am lokalen Ort stattfindet. So werden bereits auf globaler Ebene zentrale Produktionssektoren als Zielsysteme für Unterstützungsmaßnahmen identifiziert (Landwirtschaft, Tourismus, Küsten) und es sind vor allem technologische und Institutionen bildende/stärkende Maßnahmen (Technologietransfer, Capacity Building, Monitoringsysteme, Datenarchive), die im Vordergrund der Anpassungspolitik stehen. Diese Maßnahmen lassen sich allgemein als „affirmative" Strategien beschreiben, die darauf zielen, die spezifischen Auswirkungen des Klimawandels zu korrigieren, ohne die zu Grunde liegenden sozialen und politischen Strukturen anzutasten bzw. zu transformieren. Nicht die universelle Erhöhung der menschlichen Sicherheit ist die Maxime gegenwärtiger Konzeptualisierungen, sondern vielmehr die Stabilisierung zentraler Sektoren der Exportlandwirtschaft. So ist weiter festzustellen, dass geförderte Maßnahmen mitnichten an den multiplen Ursachen von Vulnerabilität ansetzen. Stattdessen fokussieren die Finanzierungsinstrumente Planungsprozesse auf nationaler Ebene, sektorale Maßnahmen in zentralen Wirtschaftsbereichen sowie Schutz- und nachhaltiges Management von Ökosystemen. Die bisherigen Ausführungen zur Anpassungspolitik zeigen auch, dass trotz des Rio-Postulats zur Nachhaltigen Entwicklung eine Integration der Politikfelder zumindest in der Bearbeitung des Klimakonfliktes nicht hinreichend zu beobachten ist (Görg/Brand 2002).

Zu Beginn wurde davon ausgegangen, dass die Interessen derjenigen Bevölkerungsgruppen, die aufgrund sozialer, ökonomischer, genderspezifischer und struktureller Aspekte besonders verwundbar gegenüber den Folgen des Klimawandels sind, in die ebenenübergreifenden politischen Planungs- und Entscheidungsprozesse nicht einfließen (können). Diesbezüglich ist festzuhalten, dass die in Wissenschaft und Politik vorherrschenden Diskurse zum Konfliktfeld Armut und Klimawandel respektive Vulnerabilität und Anpassung verwundbaren Bevölkerungsgruppen ein emanzipatorisches Potential absprechen. Im Sinne staatsbürgerschaftlicher Zuschreibungen (citizenship) werden betroffene Bevölkerungsgruppen in den dominanten Diskursen nicht als politische und somit handelnde Subjekte identifiziert sondern vielmehr als natürliche „Opfer" stigmatisiert. Gleichzeitig limitieren bzw. öffnen die jeweiligen soziopolitischen

Rahmenbedingungen und spezifischen Geschlechterverhältnisse die Handlungsspielräume für Anpassung an Klimawandel. Im Umkehrschluss bedeutet dies, dass gegenwärtige Anpassungsstrategien Interessen repräsentieren, die nur bedingt den Abbau von Vulnerabilitäten bzw. die Stärkung von Anpassungs- und Reaktionskapazitäten der besonders vulnerablen Bevölkerungsschichten im subnationalen Kontext verfolgen. Die Herausforderungen im Bereich Anpassung sind vielfältig. Zentral ist jedoch, die zu Grunde liegenden sozioökonomischen Kontextbedingungen sowie die politischen und sozialen Machtverhältnisse zum Ausgangspunkt von Anpassungsstrategien zu wählen.

Teil IV:
Zusammenführung

8 Strategische Selektivitäten und Hegemonie

Der Klimawandel ist mit seinen unüberschaubaren sozioökonomischen und ökologischen Konsequenzen eine tiefgreifende Gesellschaftskrise. Er wird jedoch im politischen Diskurs vor allem als globales Umweltproblem beschrieben, definiert und behandelt (vgl. Kapitel 4). Dies ist notwendig, um Kohärenz zu gewährleisten; Kohärenz zwischen der globalen Regulation des Wettbewerbs, der mehr denn je um den Zugang zu Ressourcen und die Energiesicherheit ausgetragen wird, sowie der globalen Regulation der weltweiten Emissionsentwicklungen. Die Lösung liegt in der institutionellen Trennung zwischen der input- und der output-Seite des kapitalistischen Fossilismus. Das Energieregime, das die Extraktion und den Zugriff auf die Ressourcen ebenso beinhaltet wie den Transport und die Vermarktung, den Handel mit paper oil an den internationalen Börsen und die auf fossile Energien angewiesenen Industriebranchen wie die Automobil- oder Zementindustrie, wird auf der input-Seite nicht gestört (Altvater 2008). Verregelt wird im Klimaregime die output-Seite, die Emissionen, die – bei Schwierigkeiten in der Realisierung der Reduktionsziele – gehandelt und über den Clean Development Mechanism (CDM) hinzugekauft werden können.

Wir bezeichnen diese Herangehensweise unter Bezug auf Bob Jessop als „strategische Selektivität" (Jessop 2004: 70, vgl. auch Brunnengräber 2007a). Sie wird erforderlich, damit die kapitalistische und globale Wachstumsorientierung beibehalten werden kann. Der globale Energiebedarf und der damit verbundene Verbrauch von fossilen Energien haben in den letzten Jahren und Jahrzehnten kontinuierlich zugenommen. Der Anteil fossiler Energieträger an der Energiegewinnung liegt unverändert bei über 80%. Die Prognosen über die zukünftige Nachfrage nach fossilen Brennstoffen sowie der rapide ansteigende weltweite Energiebedarf um 1,8% jährlich bzw. um bis zu 50% (!) bis zum Jahr 2030 (gegenüber 2005) deuten nicht einmal annähernd auf eine Verringerung des Anteils der fossilen Energien am Gesamtenergieverbrauch hin. Auch bei einer veränderten Energiepolitik, die stärker auf ökologische Belange Rücksicht nimmt und auf neue Technologien setzt[1], würde der Energieverbrauch noch um 37% gegenüber 2005 steigen (IEA 2005b: World Energy Outlook 2005). Agrotreibstoffe können zwar die nationale Klimabilanz verbessern helfen, sie verlagern aber das Problem nur in die Länder des Südens, wo bei der Produktion und dem anschließenden Transport erhebliche Mengen an klimaschädlichen Treibhausgasen emittiert werden. Ihre CO_2-Bilanz ist also kaum positiv. Dafür werden durch die Konkurrenz zwischen dem Anbau von Nahrungsmittel für Menschen, den Agrotreibstoffen für die Automobilindustrie und den Futtermitteln für die industrielle Tierhaltung ganz neue Probleme erzeugt (IFPRI 2006, 2008). Eine baldige Transformation des vorherrschenden Energiesystems ist folglich kaum in Sicht. Agrotreibstoffe aber werden wichtiger, um die Abhängigkeit vor allem der Industrieländer von fossilen Energien zu verringern. Denn während die Verbrauchsprognosen zumindest ihrer Tendenz nach noch relativ einheitlich sind, sorgen die Diskussionen darüber, wie lange noch über die endlichen fossilen Energieträger verfügt werden kann, für erhebliche Unsicherheiten – und daraus abgeleitet, neue Strategien in der Energiepolitik.[2] Hintergrund ist die peak oil-Theorie, die heute – bei einem Ölpreis, der die 120 US$-Marke je Barrel überschritten hat – wieder größere Aufmerksamkeit erfährt. Dass wieder auf die Theorie rekrutiert wird, ist gewissermaßen ein Zeichen für die angespannte Lage auf dem Weltmarkt für fossile Energien. Sie wurde von dem Geologen Marion King Hubbert schon in den 1950er Jahren aufgestellt. Nach King Hubbert lässt sich der Verlauf der weltweiten oder länderbezogenen Ölförderung als Glockenkurve darstellen (Hubbert 1956, vgl. auch BGR 2004: 28): Die Fördermenge legt langsam zu, doch wenn sie den Höhepunkt (peak) überschritten hat, fällt sie ebenso langsam wieder auf null zurück.

Im globalen Maßstab aber ist die Prognose uneinheitlich. Die einen ExpertInnen gehen davon aus, dass die tägliche Fördermenge von 84,5 Millionen Barrel Öl höchstens noch um 1,5 bis 2 Millionen Barrel gesteigert werden kann, der peak oil wäre also fast erreicht (Deffeyes 2005). Dagegen schätzen andere Fachleute, dass der Höhepunkt der weltweiten Ölförderung erst zwischen 2015 und 2020 erreicht werden wird (BGR 2004).[3] Die IEA geht davon aus, dass die Gesamtkapazität der neuen Ölförderprojekte nicht ausreichen wird, um den täglichen Mehrbedarf an 12,5 Millionen Barrel zu decken (Birol 2008). Das zentrale Problem der Ölkrise betrifft aus solchen Perspektiven die zur Verfügung stehenden Ölmengen bzw. Knappheitsprobleme, und nicht die Folgewirkung der Verbrennung der fossilen Energieträger, das heißt die Auswirkungen des Klimawandels. Stattdessen sind die Forschung in die Ölförderung, die Finanzierung neuer Explorationsvorhaben oder neue Geostrategien gefragt. Nicht nur die Ölexporte aus dem Nahen und Mittleren Osten sind wichtig für die Versorgungslage, sondern das globale Konkurrenzsystem aus Förderung, Verarbeitung und Transport fossiler Energien. Die IEA geht in ihrem World Energy Outlook 2005 davon aus, dass sich die Energieversorgung in unmittelbarer Zukunft deutlich unsicherer und wahrscheinlich noch störanfälliger erweisen wird, als dies heute schon der Fall ist (IEA 2005b). Die Preisentwicklung ist aber nicht nur ein Geschäft mit vermuteten Knappheiten, sondern auch ein höchst spekulatives Geschäft, das sich teilweise längst gegenüber seinen materiellen Grundlagen verselbständigt hat.

Das viel zu geringe Kyoto-Ziel, die Treibhausgasemissionen um 5,2% bis 2012 im Vergleich zum Basisjahr 1990 zu verringern, hat auf die input-Seite des Fossilismus faktisch keine Auswirkungen. Diese Zielformulierung, festgehalten im Kyoto-Protokoll und völkerrechtlich verbindlich seit Februar 2005 (vgl. Kapitel 6), setzt an der output-Seite des fossilistischen Energieregimes an. Darin drückt sich bereits die Festlegung auf eine nachgelagerte Problembearbeitung aus, die als end of pipe-Strategie die Umweltpolitik der 1980er und beginnenden 1990er Jahre prägte und eigentlich als Auslaufmodell galt. In den internationalen Klimaverhandlungen war jedoch eine Einigung auf die Reduktion des absoluten Verbrauchs fossiler Energieträger, was zur direkten Emissionsreduktion führen würde, weder politisch noch ökonomisch realistisch und durchsetzbar (ausführlich zu diesem Ansatz Massarrat 2008).[4] Erst durch diesen strategischen Schachzug, der die Emissionen und nicht die fossilen Energieträger ins Zentrum der Verhandlungen hob, wurden die Voraussetzungen für die Verabschiedung des Kyoto-Protokolls geschaffen.

Durch die Inwertsetzung der schädlichen Treibhausgase wurden schließlich die Debatten über technologische Lösungen wie Effizienzstrategien, Sequestrierung und Senken ebenso wie die marktwirtschaftlichen Instrumente wie der Emissionshandel möglich. Insbesondere der Emissionshandel wird heute als das zentrale Instrument zum Schutz des Klimas angesehen (Altvater/Brunnengräber 2008). Somit liegen dem Kyoto-Prozess aber im Wesentlichen ein auf bestimmte Sektoren begrenztes Emissionshandelssystem und das handelbare Recht auf Verschmutzung zu Grunde. Dieser Ansatz handelbarer Rechte war aus Sicht der USA im Bündnis mit anderen Industrieländern und der fossilistisch ausgerichteten Unternehmenslobby notwendig, um nicht kalkulierbare Risiken bei der Emissionsreduktion (etwa durch erhöhte Wachstumsraten, Verzögerungen bei den technologischen Lösungen und nicht ausreichende Effizienzstrategien) rechnerisch ausgleichen zu können. Inwiefern die ökonomische Risikoabwehr oder die ökologische Reduktion gelingt, wird sich bis 2012 zeigen. Die Entwicklungen bis heute und die Prognosen lassen eher Zweifel an der Erreichung des Reduktionsziels aufkommen. Mit dem weltweit zunehmenden Verbrauch an fossilen Energieträgern steigt auch der Ausstoß an Treibhausgasen weiter an (www.unfccc.de; Ziesing 2006).

190

Die Fragen nach den sozialen, politischen, kulturellen und ökonomischen Ursachen des Klimawandels, wie sie im Kapitel über die gesellschaftlichen Naturverhältnisse formuliert wurden, werden von den zukunftsweisenden Marktmechanismen, Finanzdienstleistungen, Umwelttechnologien und Effizienzstrategien überlagert und verdrängt. Die zerstörerischen Produktionsweisen sowie die ressourcenintensiven Konsumstile und Mobilitätsbedürfnisse – vor allem in den Industrieländern – werden nicht in Frage gestellt sondern weitgehend verteidigt. Im Vordergrund steht die gesellschaftliche Nutzung und Inwertsetzung der Natur sowie das „enorme Innovationspotenzial für Wirtschaft, Umwelt und Gesellschaft", das unter dem Label der Nachhaltigkeit erschlossen werden soll, wie es die deutsche Bundesregierung im Rahmen ihrer Nachhaltigkeits- oder der Klimastrategie fordert (PM vom 19.12.2001; Gabriel 2007). Sozial-ökologische Fragen wurden im politischen Prozess immer stärker den Zielen der ökonomischen Rationalität untergeordnet.

Strategische Selektivität bedeutet nun, dass in Institutionen bestimmte Problemwahrnehmungen vorherrschen und demzufolge nur bestimmte Lösungsstrategien gegenüber anderen privilegiert werden (Jessop 2004). Zwar wird weithin anerkannt, dass die ökologische Frage weit deutlicher in den Vordergrund treten muss als in der Vergangenheit, gleichzeitig wird modernisierungstheoretisch argumentiert: „Ökologische Modernisierung bedeutet, wo immer möglich ökologische Innovationen zu finden, die mit wirtschaftlichem Wachstum vereinbar sind. Dazu können grüne Technologien gehören, ebenso marktbasierte und steuerliche Anreize für Konsumenten, Unternehmen und andere Institutionen, in ihrem Handeln umweltfreundlicher zu werden" (Giddens 2006: 9). Entscheidend ist dabei, dass eine strategische Selektivität der Problembearbeitung zu einer Komplexitätsreduktion führt. Mit anderen Worten: Die gesellschaftlichen Naturverhältnisse, die sich im Klimawandel krisenförmig artikulieren, werden institutionell auf den engen Pfad bekannter Lösungsansätze gebracht. Ein neues globales Regulierungssystem entsteht, das aber auf die bekannten Verfahren zum Management einer vermeintlich äußeren Krise ausgerichtet ist. Mit der weiter fortschreitenden internationalen Institutionalisierung gerät jedoch aus dem Blick, dass es sich um ein glokales und dem System immanentes Problem handelt, das soziale Verhältnisse und materiell-stoffliche Veränderungen ebenso umfasst wie ökonomische Interessen und politische Strategien.

Die Verrechtlichung in den internationalen Umwelt- und Wirtschaftsbeziehungen qua Völkerrecht steht dabei nicht im Widerspruch zum freien Spiel der Kräfte, sondern ist im Gegenteil eine notwendige Bedingung dafür, dass die Marktmechanismen überhaupt global wirksam werden können. Deregulierung und

Privatisierung werden dadurch gefördert, dass die AdressatInnen der flexiblen Mechanismen die Wirtschaftsakteure sind. Deren rechtliches Risiko aber bleibt gering. Während die nationalen Regierungen als Vertragsparteien des Kyoto-Protokolls die völkerrechtliche Verantwortung für die Erfüllung bzw. Nicht-Erfüllung der Reduktionsziele tragen, sind die Akteure des Marktes nur über die Preismechanismen und den internationalen Wettbewerb im Rahmen von EH, CDM und der JI an Kyoto geknüpft. Die ökonomischen Vorteile überwiegen also, weshalb sich die Geschäfte mit der Erwärmung auf dynamische Weise weiterentwickeln. Die Zielerreichung im Sinne der Reduktion von Treibhausgasen wird zweitrangig.

Werden Klimaschutz und eine Reduktion der CO_2-Emissionen ernsthaft als Zielmarge formuliert, müsste die „Petroleum-Ära" überwunden werden, noch ehe die Verknappung der fossilen Energieträger eintritt. „It is high time, for the purposes of debate and policy-making, to put the spotlight on the core-problem – fossil fuel extraction and consumption" (Hallström et al. 2006: 2). Die Nachahmung der auf fossilen Energien beruhenden Wachstumspfade der Industrie- durch die Entwicklungs- und Schwellenländer wäre klimapolitisch katastrophal. Deshalb wird den Schwellenländern wie Brasilien und Indien aber vor allem China eine Entwicklung in Form des leapfrogging[5] empfohlen (Flavin/Gardner 2006). Sie sollen die klimaschädlichen Entwicklungspfade des 20. Jahrhundert überspringen und beim Ausbau ihrer Energieversorgung direkt auf erneuerbare Energien setzen. Davon abgesehen, dass die bestehenden Energieinfrastrukturen auch dieser Länder schwerfällig sind und auch mittel- und langfristig kaum in einen Transformationsprozess überführt werden können, wird es vorerst auch nicht möglich sein, die Produktion erneuerbarer Energien so stark zu steigern, dass sie angesichts des dramatisch steigenden Energiehungers dieser Länder ihren Anteil am Gesamtenergieverbrauch ausweiten können. Die Folge: Auch die Entwicklungs- und Schwellenländer schwenken auf den ressourcenintensiven Lebensstil der Industrieländer ein.

Die neue Konkurrenzsituation auf dem Energiemarkt für Öl, Kohle und Gas zwischen den Industrie und den Schwellenländern verdeutlicht, dass die Prioritäten der meisten Länder nicht darin liegen, CO_2-Emissionen zu verhindern, sondern ihren Zugang zum „schwarzen Gold" bzw. den Energiereserven auf dem Globus zu sichern. Auch die Industrieländer konzentrieren sich auf Grund des zunehmenden Wettbewerbs um Ressourcen nicht in erster Linie auf den vorbeugenden Klimaschutz zur Vermeidung der CO_2-Emissionen, sondern auf die (militärische) Absicherung des Zugangs zu den Ressourcen, und soweit das unter diesen Prämissen möglich ist, auch auf die Anpassung und Vorbeugung zur Abwehr der Folgen der klimatischen Veränderungen (Europäische Kommission

2008b; Schwartz/Randall 2003). Das Wachstumsmodell, das auf fossile Energien setzt, wird ungebremst vorangetrieben – mit allen seinen negativen Begleiterscheinungen wie Umweltverschmutzung, ökonomische Fehlentwicklung und Schaffung sozialer Ungleichheiten (Altvater 2006). Die gleichzeitige Zunahme an Treibhausgasen ist nur eine Konsequenz aus dieser Entwicklung.

Die Verharrungskräfte sind also groß. Die global player aus Regierungen und Unternehmen werden auf dem umkämpften Markt um Energien und neuerdings auch Verschmutzungsrechten kaum auf Klimaschutzkurs zu bringen sein, solange noch ausreichend Profite im fossilen Sektor erzielt werden können. Was als klimapolitische Hoffnung betrachtet werden könnte, nämlich die sichere, wenn auch im weiteren Verlauf schwer prognostizierbare Verknappung der fossilen Energien, führt nicht zwangsläufig zu entsprechendem Umsteuern im wirtschaftlichen bzw. politischen Handeln in Richtung einer sozial-ökologischen Energiewende. Sowohl die Entwicklungen und Prognosen auf der input- wie auf der output-Seite des fossilistischen Energiesystems deuten auf alles andere als auf einen Umstieg auf die drei „E" einer zukunftsfähigen Energiepolitik hin – Effizienz, Einsparung, erneuerbare Energien.

8.1 Globaler Klima-Konstitutionalismus

Die Bearbeitung der ökologischen Krise, so wurde bereits deutlich, wird durch die Wirtschaftsbeziehungen zwischen den Staaten, die vorwiegend von neoliberalen Politikformen geprägt sind, stark beeinflusst. Unter kapitalistischen Bedingungen sind die Naturbeherrschung, die Ausbeutung ihrer Ressourcen und Inwertsetzungsstrategien zentral, andere etwa kollektive, naturnahe und nachhaltige Nutzungsformen werden durch die internationale Politik marginalisiert (Biesecke/Winterfeld 2008). Außerdem werden durch die internationale Politik bevorzugt marktwirtschaftliche Instrumente gegenüber ordnungspolitischen Maßnahmen wie gesetzliche Ge- und Verbote, das Erheben von Steuern oder das Setzen von staatlichen Anreizen (Subventionen) präferiert. Aber auch deren Wirkungen müssen kritisch betrachtet werden. Nicht Suffizienz, sondern Effizienz und Wettbewerb stehen im Vordergrund der internationalen Kooperation. Der Schutz des Klimas soll mit den Mitteln des Marktes realisiert werden. Das aber ist voraussetzungsvoll und erfordert bestimmte theoretische Annahmen, von denen insbesondere zwei diskutiert werden sollen: Der Monetarisierungszwang und die Privatisierung öffentlicher Güter (Brunnengräber 2008).

Die Bewertung der natürlichen Umwelt in monetäre Größen ist die Voraussetzung dafür, dass die Natur in die gängigen ökonomischen Modelle und Theorien wie in die zugrunde liegenden rationalen Denkmuster der vorherrschenden gesellschaftlichen Naturverhältnisse eingepasst werden kann. Die Natur in der Form, wie wir sie wahrnehmen, ist also nicht *an sich* vorhanden, sondern unterliegt einer bestimmten sozial-ökonomischen Rationalität. Diese Rationalität ist auch für die Klimapolitik prägend: Nicht ethische Fragen oder Fragen nach den Lebensbedingungen zukünftiger Generationen bestimmen den dominierenden Klimadiskurs, sondern die Frage nach den Kosten des Klimawandels und der Instrumente, die auf die Unternehmen, den Staat oder die Gesellschaft zukommen. „Ohne klimaschutzpolitische Maßnahmen", so Claudia Kemfert vom *Deutschen Institut für Wirtschaftspolitik*, „ist im Jahre 2100 mit globalen Klimaschäden von bis zu 20 Bill. US-Dollar zu rechnen" (Kemfert 2005: 1).[6] Nicholas Stern, ehemaliger Chefökonom der Weltbank, prognostiziert, dass ein weiterer Anstieg der Treibhausgase bis zum Jahr 2050 zu einem Einbruch des globalen Bruttosozialprodukts um bis zu 20 Prozent führen wird.[7] Die Hinweise von WirtschaftsforscherInnen auf die hohen Kosten des Klimawandels sollen auch einen warnenden, Problembewusstsein erzeugenden Zweck erfüllen. Solche Bewertungen (und der damit verbundene Diskurs) verfolgen aber in erster Linie die Absicht, Umweltprobleme in wirtschaftswissenschaftliche Konzepte und Modelle einzupassen. Es wird in der Sprache gemahnt, die die *global player* aus Wirtschafts- und Handelswelt verstehen: In Gewinn- vor allem aber horrenden Verlustzahlen. Daraus werden letztlich die konkreten *policy*-Empfehlungen abgeleitet.

Nicht die Allokation grundsätzlich knapper Umweltressourcen ist beim Emissionshandel erforderlich– eine *natürliche* Grenze für Emissionsmengen existiert nicht – sondern zunächst, im politischen Akt, die Inwertsetzung und die künstliche Verknappung der Emissionen. Hier insbesondere liegen die Gründe dafür, weshalb das Klima ein politisches, ökonomisches wie ökologisches Thema ist und eine rein umweltpolitische Sichtweise zu kurz greifen würde. Emissionen werden nur dann zum handelbaren Gut, wenn Unternehmen statt diese nach Belieben zu emittieren, deren Ausstoß begrenzen müssen. Zielführend im Sinne des Klimaschutzes sind die Zertifikate aber nur dann, wenn einerseits die absolute Menge an Emissionsrechten so gering ist, dass sie Einsparungen an Emissionen erforderlich macht, und wenn andererseits der Preis der Rechte so hoch ist, dass sich der Einsatz neuer Technologien und Einsparungsmaßnahmen *lohnen*. Darin genau ist der Konflikt zwischen Markt und Staat sowie innerhalb dieser beiden Gesellschaftsbereiche angelegt, der sich im ökologisch unzulänglichen Kompromiss zumindest vorübergehend auflöst. Im deutschen wie im europäischen Emissionshandel werden bisher beide Zielmargen verfehlt (Brouns/Witt 2008).

194

Darin zeigt sich, dass es nicht darum geht, die Natur *an sich* zu erhalten, sondern darum, Verhaltensregeln zu entwickeln, die die Vereinbarkeit von wirtschaftlichen und politischen Interessen gewährleisten.

Die Diskussionen über die „Privatisierung umweltbezogener Eigentumsrechte" (Wolff 2004) ist nicht neu in der internationalen Umweltpolitik. Sie entsprechen der Idee der marktförmigen Regulierung des Umweltverbrauchs. Die Zuweisung von Eigentumsrechten an Umweltgütern soll der Internalisierung externer Kosten dienen, also der Kosten des Klimawandels, die eine *Allgemeinheit* zu tragen hat, die aber durch den *privaten* Ausstoß von Treibhausgasen entstehen. „Durch Privatisierung entsteht ein Anreiz, sparsam und sorgsam mit Umweltgütern umzugehen – Verschmutzung und Übernutzung schlagen sich in der Kostenrechnung der EignerInnen nieder (Internalisierung) und schmälern deren künftige Erträge aus dem Umweltgut" (Wolff 2004). Dass die Allokation und Durchsetzung von Eigentumsrechten notwendig ist, um eine „tragedy of the commons" (Hardin 1968) – also die Übernutzung freier Güter – zu verhindern, ist auch die Grundüberzeugung der zur Neuen Institutionenökonomik zählenden *property rights*-Theorie[8] (zu verschiedenen Überlegungen zur Privatisierung der globalen öffentlichen Güter in Brunnengräber 2003; Altvater 2003). Während Wolff die Privatisierung von „freien Umweltgütern wie Luft" für praktisch und politisch kaum durchsetzbar hält (Wolff 2004), können die vorherrschenden Regulierungsmechanismen der internationalen Klimapolitik aber durchaus als eine Form der *Privatisierung der Atmosphäre* bezeichnet werden, da sie nach dem oben genannten Muster der Internalisierung externer Kosten funktionieren. Es werden zwar keine privaten Eigentumsrechte vergeben (das wäre unpraktikabel), sondern staatliche Verschmutzungsrechte der Atmosphäre, die dann – wie andere Eigentumsrechte auch – durch Kaufverträge von Unternehmen zu Unternehmen übertragen und an Börsen gehandelt werden können. Diejenigen, die sparsam mit den Ressourcen umgehen und über Verschmutzungsrechte verfügen, haben Vorteile gegenüber denjenigen, die Rechte hinzukaufen müssen. Emissionen werden zum Kostenfaktor, die Verwertungsbedingungen, so die Annahme, gleichen sich global an und das dem kapitalistischen Vergesellschaftungsmodus zugrunde liegende Prinzip der Konkurrenz wird auf internationaler Ebene auf den Problembereich des Klimawandels übertragen. In der Realität sind die flexiblen Mechanismen aber zu komplex und ihre Wirkungsbereiche zu begrenzt, als dass sich eine Angleichung der Verwertungsbedingungen zu Gunsten des Klimas auswirken würden (vgl. Kapitel 6).

Wenn die Regierungen den Grundstein für die Privatisierung der Atmosphäre legen, in dem sie Verschmutzungsrechte an CO_2-Emissionen gewährleisten, entwickeln sie dessen ungeachtet eine spezifische Steuerungsleistung (s.u.), mittels derer sie die Rahmenbedingungen für eine relative Selbstregulierung der wirtschaftlichen Akteure (über Märkte) setzt; sie ziehen sich dadurch aber auch aus der Verantwortung für das Gemeinwohl bzw. hier gegenüber der Umwelt zurück. Sie geben nur eine Richtung vor, in die sich die Marktsteuerung entwickeln soll, um später in erster Linie die Überwachung und Kontrolle der institutionalisierten Eigentumsrechte zu sichern und so ganz im Sinne der privaten Unternehmen und der marktwirtschaftlichen Konkurrenz die Transaktionskosten zu senken. Ziel dieses „globalen Konstitutionalismus" (Gill 2000) ist die vertragliche internationale Absicherung in diesem Fall nicht der Rechte am Privateigentum, sondern der „Luftverschmutzungsrechte".[9] Dadurch entstehen für Unternehmen neue Wettbewerbskriterien, die sich auf ihre Verwertungsbedingungen, Standorte und Technologien auswirken. Die internationalen Rechte bekommen Vorrang vor nationalen Rechten und werden zum Kernbestand einer globalen Verfassung (Konstitution). Staaten können in den internationalen Verhandlungen – wie etwa im Rahmen der Welthandelsorganisation – auch solche Rechte absichern, die im nationalstaatlichen Rahmen auf Grund anderer Interessenkonstellationen nicht durchsetzbar wären. Doch dieser Prozess verläuft ungleich: Wirtschaftlich schwache Staaten sind kaum in der Lage, ihre Interessen auf internationaler Ebene durchzusetzen. Sie sind dazu gezwungen, Anpassungsleistungen an die Machtverhältnisse im internationalen System zu erbringen.

8.2 Kampf um Hegemonie

Der Inwertsetzungs-, Monetarisierungs- und Privatisierungszwang natürlicher wie öffentlicher Güter ist Bestandteil der globalen Hegemonie des Neoliberalismus. Nach dem weitläufigeren politikwissenschaftlichen Verständnis bezieht sich das Attribut 'hegemonial' ausschließlich auf das Verhältnis zwischen Staaten (Borg 2001: 96ff; vgl. auch Nuscheler 2001). Dementsprechend werden meist die USA unter dem Hegemoniebegriff analysiert. Sie verfügen über die wirtschaftliche Stärke, die militärischen Mittel und die politischen Möglichkeiten, ihre Interessen in der Weltpolitik gegen den Willen anderer durchzusetzen. In erweiterten Ansätzen wird das Finanzkapital oder die Welthandelsorganisation als Bestandteil hegemonialer Strukturen angesehen. Einem solchen Hegemonieverständnis wird hier aber nicht gefolgt. Denn gesellschaftliche Herrschaftsverhältnisse werden nicht im *top down*-Prozess erzeugt und stabilisiert, sondern im Rahmen von komplexen Mehrebenenprozessen und unter Beteiligung einer großen Vielfalt an Akteuren. Hegemoniebildung auf nationaler, inter- und transnationaler Ebene, so lässt sich daraus schließen, ist komplexer als es das Bild des Hegemon vermittelt (vgl. auch Hirsch 2005: 191ff).

Antonio Gramsci definiert Hegemonie als „Konsens gepanzert mit Zwang". Herrschaft, so seine Schlussfolgerungen aus der historischen Analyse, beruht also nicht nur auf Zwang, sondern wird in der Regel durch Konsens mit anderen Führungsgruppen der Gesellschaft genauso wie den beherrschten Gruppen und Klassen ausgeübt. Voraussetzung für diesen Konsens ist es, die eigenen Interessen so darstellen zu können, dass sie von den anderen Gruppen in der Gesellschaft als in ihrem eigenen und im allgemeinen Interesse wahrgenommen und akzeptiert werden. Wird dieser Konsens erreicht, handelt es sich um Hegemonie oder ein hegemoniales Projekt. Wird dieses Hegemonie-Verständnis auf die inter- oder transnationalen Beziehungen angewendet, ist zu klären, wie die Kämpfe um Hegemonie aus dem nationalen Umfeld in die internationale Politik übertragen werden und wer dabei die Akteure sind. Es ist zu fragen, weshalb sich in den politischen, ökonomischen und kulturellen Formen der internationalen Herrschaft das Modell des Neoliberalismus durchsetzt und von Menschen, Gesellschaften und Institutionen beständig reproduziert wird. Damit ist die *ideologische* Dominanz und Ziel-Dimension von Herrschaft angesprochen.

Multi-Level-Governance stellt aus dieser Perspektive einen gesellschaftlichen transnationalen Ort der Kämpfe um Hegemonie dar, der über die Staaten und ihre internationalen Institutionen hinausreicht. In den neuen transnationalen Räumen der formalen und informellen Politik findet innerhalb von Regierungen, globalen Politiknetzwerken, Lobbyverbänden, weltweit tätigen Konzernen, globalen sozialen Bewegungen oder anderen Gremien der Zivilgesellschaft Zustimmung nicht nur zu den politischen Verhältnissen statt (Staat, Parteien, internationale Organisationen, Öffentlichkeit), sondern auch zu den Veränderungen. Denn in diesem Akteursumfeld differenzieren sich die Interessen, Kooperations- und Konfliktformen sowie die Politikinstrumente (*soft law*, Selbstregulierungsmechanismen, neue Protestformen) aus. Die politische Führung strukturiert sich neu. Staat, Ökologie und Ökonomie bilden dabei als Ausdruck bestehender Verwertungsinteressen eine widersprüchliche Einheit. Alle drei Sphären können, wieder in Anlehnung an Antonio Gramsci, als komplexer Herrschaftszusammenhang verstanden werden, als ein auf Zwang und Konsens gestützter hegemonialer Block (Gramsci 1991ff).

Die Krisendiagnose Klimawandel wie die Vorschläge seiner Bearbeitung sind in Macht- und Herrschaftsverhältnisse eingelassen. Diskurstheoretisch ist interessant, dass die Atmosphäre bzw. das Klima vor allem als global zu schützendes Gut, als globales öffentliches Gut angesehen wird, oder mit einem Problem der

Ökologie oder der Umweltverschmutzung (*pollution*) in Verbindung gebracht wird, kaum aber mit dem Verbrauch fossiler Energien und der damit verbundenen geostrategischen Sicherung des Zugangs zu diesen. Der Verbrauch an fossilen Energien wird als Grundlage des Wirtschaftswachstums und seine Steigerung mit der Erhöhung des Wohlstandsniveaus einer Gesellschaft angesehen (vgl. auch Ulbert 1997: 28). Diese Trennung in *input*-Seite (fossile Energien) und *output*-Seite (Emissionen) ist aber, wie dieses Kapitel zeigen sollte, voraussetzungsvoll. Die „Brandmauer zwischen ökonomischem und ökologischem Energieregime" (Altvater 2005: 82) wurde im politischen Prozess hergestellt und ist keinesfalls eine natürliche Notwendigkeit. Die diskursiv-ideologische wie institutionelle Trennung von *globalem Umweltproblem* und *fossiler Versorgungs(un)sicherheit* ist Bestandteil der strategischen Selektivität, durch die die kapitalistischen Reibungskräfte zwischen Ökonomie und Ökologie (vorübergehend) aufgehoben bzw. entschärft werden konnten.

In der Re-Interpretation und Re-Organisation der Krise wird aus dem zerstörerischen Kapitalismus diejenige alternativlose *Instanz*, die die Lösungen verspricht: Globale Finanzmärkte, effizientere Technologien, Investitionen, weltweiter Handel – und neuerdings die flexiblen Instrumente CDM, JI und Emissionshandel. Sie sind Bestandteil der neoliberalen Hegemonie, die nun auch im ökologischen Bereich abgesichert wird. Internationaler Wettbewerb, der die Marktchancen der Industrieländer nicht beeinflusst, und wirtschaftliches Wachstum bleiben die nicht in Frage gestellten Paradigmen, denen jedwede klimapolitische Bearbeitungsform untergeordnet wird.[10] In Ländern Asiens, Lateinamerikas und Afrikas weisen indigene und nicht-indigene Bevölkerungsgruppen schon seit Jahren vehement darauf hin, dass sich die sozial-ökologische Krise wie die daraus abgeleiteten internationalen Instrumente in neue lokale und regionale Verteilungskonflikte übersetzen oder bestehende Konflikte verschärfen (vgl. Kapitel 8). Die Debatten zur Lösung des Problems Klimawandel müssten aus dieser Perspektive weniger um ökonomische Effizienz als um sozial-ökologische Gerechtigkeit geführt werden. Gegen-hegemoniale Ansätze erschöpfen sich aber nicht in der sozialen Auseinandersetzung mit dem Hegemon oder einer einzelnen Instanz, sondern müssen die hegemonialen gesellschaftlichen Verhältnisse insgesamt berücksichtigen. Gegen-Strategien und Alternativen müssen – zunehmend im globalen Kontext – in sozialen Auseinandersetzungen entwickelt werden.

Doch auch Entwicklungs- und insbesondere Schwellenländer sind Träger der Hegemonie. Ihre nationalen Eliten und Regierungen haben Interesse an den neuen Vermarktungschancen durch Agrotreibstoffe, oder – sofern sie darüber verfügen – über steigende Einnahmen durch den Verkauf von fossilen Energien.

Gewinne und finanzielle und technologische Unterstützungen, die aus CDM- und Anpassungsprojekten zu erwarten sind, werden von mächtigen Akteuren des Südens begrüßt. Aber nicht nur im *top down*-Prozess setzten sich bestimmte Vorstellungen durch, sondern sie verfestigen sich, weil sie von der Alltagswelt und von einem breiten gesellschaftlichen Konsens getragen werden (Heigl 2007).

Hegemonie wird umfassend als konsensual abgestützter Modus transnationaler Vergesellschaftung angesehen (Bieling 2006). Institutionen haben dabei die zentrale Funktion, Konflikte zu regulieren und die Produktionsverhältnisse zu stabilisieren. Am Beispiel der internationalen Klimapolitik, deren reale Klimaschutzwirkungen von vielen Seiten als äußerst gering eingeschätzt werden, konnte dies bestätigt werden. Jedoch ist Hegemonie keinesfalls stabil, sondern durch Konflikte beständig gefährdet. Dies trifft auch auf die internationale Klimapolitik zu. Bricht der Konsens auf, etwa weil auch schwache Reduktionsziele nicht erfüllt werden können, weil die Sanktionsmechanismen nicht greifen, weil die zahlreichen Schwachstellen der flexiblen Mechanismen nicht behoben werden können oder weil Gegen-Vorstellungen, Gegen-Diskurse und Gegen-Strategien innerhalb der Gesellschaft an Terrain gewinnen, können auch internationale Institutionen ihre Wirksamkeit in der Regulation von Konflikten verlieren.

9 Das Klima aus „glokaler" Perspektive

> „Probleme kann man niemals mit dersel-
> ben Denkweise lösen durch die sie entstan-
> den sind."
>
> *Albert Einstein*

Ein Großteil der Analysen, die sich mit den klimapolitischen Herausforderungen im globalen Maßstab befassen, fragt vor allem nach den international handlungs-fähigen Akteuren und den institutionellen Anforderungen an eine effiziente und ökonomisch tragfähige Problemlösung. Globale Grundannahmen in der internationalen Klimapolitik sind die gemeinsame Sorge um die Zukunft des Planeten, die Bereitschaft der unterschiedlichen sozialen Akteure zu kollektivem Handeln sowie die Überzeugung, dass die effektive Bearbeitung globaler Umweltprobleme nur über die Etablierung internationaler Institutionen umgesetzt werden kann. Die schwerfälligen Debatten um das Fortschreiten von Kyoto über das Jahr 2012 hinaus, das Festhalten an den wenigen, bisher kaum Problem lösenden flexiblen Instrumenten, die Fixierung auf unausgereifte technologische Lösungen (wie CCS) sowie das zähe Ringen um die Integration der USA in die klimapolitischen Vereinbarungen sind aber nicht nur Kinderkrankheiten. Sie weisen auf die grundsätzliche Schwäche der internationalen Politik wie des internationalen Vertragswerkes hin.

Die Klimapolitik setzt, wie das vorhergehende Kapitel verdeutlicht hat, bei der *output*-Seite des fossilistischen Energiesystems an, nämlich bei den klima-schädlichen Emissionen. Die *input*-Seite der Energiekette, die maßgeblich von fossilistischen Macht- und Herrschaftsverhältnissen geprägt ist, bleibt von den klimapolitischen Instrumenten weitgehend unberührt. Dies mag für die politische Problembearbeitung auf den ersten Blick plausibel erscheinen. Auf den zweiten Blick müssen jedoch – insbesondere im Rahmen einer politik- und sozialwissen-schaftlichen Auseinandersetzung – vor allem auch die gesamtwirtschaftlichen und gesamtgesellschaftlichen Prozesse, Partikular- und Allgemeininteressen sowie sozial-ökologische Zusammenhänge berücksichtigt werden, um die Komplexität des Klimawandels erfassen zu können.

Jenseits der Beobachtung, dass die internationale Klimapolitik heute als markteffizientes Ressourcenmanagement verstanden wird, haben wir im vorliegenden Buch aus einer *glokalen* und damit einhergehend einer *multiskalaren* Perspektive wesentliche Blindstellen der internationalen Problembearbeitung identifiziert. So sind Fragen der Gerechtigkeit zwischen Nord und Süd, zwischen den Geschlechtern und zwischen denjenigen, die aufgrund spezifischer Lebenslagen wenig bis gar keine CO_2-Emissionen emittieren und denjenigen, die für „Luxusemissionen" zur Gewährleistung eines spezifisch Konsum- und Mobilitätsverhaltens verantwortlich sind, kein Bestandteil der internationalen Klimapolitik. Im Gegenteil: Sozioökonomische Ungleichheiten, die sich in unterschiedlichen Partizipations- und Artikulationsmöglichkeiten sowie den unterschiedlichen Betroffenheiten und Handlungsmöglichkeiten gegenüber den Folgen des Klimawandels ausdrücken, werden im offiziellen Klimadiskurs ebenso wie von den klimapolitischen Instrumenten vernachlässigt. Weiterhin konnte verdeutlicht werden, dass, während auf globaler Ebene erneuerbare Energien klimapolitisch keine bedeutende Rolle einnehmen, die Förderung der erneuerbaren Energien im nationalen und lokalen Maßstab durchaus einen immanenten Bestandteil nationaler und lokaler Energiepolitik darstellen können. Dabei wohnt ihnen – jenseits aller Kritik an den primär ökonomischen Interessen der „grünen Marktwirtschaft" – ein emanzipatorisches Potenzial inne, das vor allem im lokalen aber auch nationalen und makro-regionalen Maßstab Kräfteverhältnisse verändern und zu einer Transformation des Energiesystems beitragen könnte. Ein Grundproblem besteht jedoch darin, dass die kapitalkräftigen Unternehmen der konventionellen Energiewirtschaft nur wenig Interesse an einer Dezentralisierung der Energieerzeugung haben.

Hierin wird bereits deutlich, dass globale und lokale Prozesse gerade auch in ihrer Widersprüchlichkeit eng miteinander verwoben sind und dass von einer Interessenharmonie oder einem Kooperationsimperativ zum gemeinsamen Schutz des Klimas zwischen der Vielzahl der Akteure weder im globalen noch im lokalen Maßstab ausgegangen werden kann. Hieraus leitet sich hinsichtlich einer sozial-ökologischen Analyse des Klimawandels sowie der Klimapolitik ein Imperativ ab: Nur im Rahmen einer Mehrebenenanalyse, die von der lokalen bis zur globalen Ebene reicht und die funktional eng miteinander verknüpfte und umkämpfte Politikfelder einbezieht, lassen sich die sozial-ökologischen wie politischen Wechselwirkungen, die sozial-ökologischen und sozial-räumlichen Verteilungsprobleme sowie alternative Ansatzpunkte für die Problembearbeitung erfassen. Dabei stellte sich konkret die Frage, wie Politik in Bezug auf ein multidimensionales Problemfeld gestaltet wird, durch wen, auf welchen Ebenen und wie die verschiedenen Ebenen und Akteure interagieren. Außerdem wurde in der vorliegenden Arbeit gefragt, wer von den eingeschlagenen Pfaden ökologischer Modernisierung und Marktsteuerung profitiert beziehungsweise wer eher benachteiligt wird. Ausgangspunkt war dabei nicht das global gegebene Problem Klimawandel, sondern die Frage, wie bereits die spezifische Wahrnehmung, Interpretation und Problemkonstruktion des Klimawandels gesellschaftliche Auseinandersetzungen und Interessen widerspiegeln.

Zusammenfassend zeigte die Analyse der Klimapolitik aus einer Mehrebenenperspektive, dass es sich hierbei um ein umkämpftes „Konfliktterrain" handelt, das jenseits der multilateralen Verhandlungen soziale Kämpfe und Aushandlungen auf nationaler, regionaler und lokaler Ebene umfasst und bereits bei der sprachlich-symbolischen Problembeschreibung beginnt. Eine solche Sichtweise geht über die Vorstellung von einer globalen Klimakrise, von der wir alle gleichermaßen betroffen sind, hinaus. Handlungsansätze und Impulse für eine nachhaltige Klimapolitik müssen daher die konfliktive Form der Konstruktion des Problems berücksichtigen. Diese Feststellung ist nicht zuletzt ein zentraler Bestandteil einer politischen Praxis, in der nicht nur die Wahrnehmung der anderen, sondern auch die eigene Wahrnehmung des Problems zum Gegenstand einer kritischen Betrachtung werden muss.

Die Beschreibung des Klimawandels als Krise der Beziehungen zwischen *den* Gesellschaften und *ihrer* Natur bietet eine Alternative zur sprachlich-symbolischen Konstruktion eines globalen Umweltproblems. Darüber hinaus müssen aber auch die physisch-materiellen Dimensionen des Problems wie die institutionell-strategischen Selektivitäten der Klimapolitik berücksichtigt werden: denn das fossilistische Energiesystem bleibt abgetrennt von den klimapolitischen Verhandlungen. Erst über die Ausblendung der physisch-materiellen Ursachen und Hintergründe des Klimawandels kann gewährleistet werden, dass der Pfad der ökologischen Krisenbewältigung durch ein *Mehr* an Naturbeherrschung nicht verlassen wird. Die marktkonforme Regulierung, die auch in den flexiblen Instrumenten des Kyoto-Protokolls eingeschrieben ist, ermöglicht erst, dass die den Klimawandel mit-verursachenden Industriezweige gleichzeitig auch als Teil der Lösung der Klimaprobleme aufgefasst werden können.

Die Analyse der internationalen Klimapolitik verdeutlicht dann auch, dass durch die vorherrschende spezifische Regulation des Problems bisher kein grundlegender Wandel der CO_2-intensiven klimaschädlichen fossilistischen Produktionsweise der Industriestaaten realisiert werden konnte. Die Suche nach Lösungswegen bleibt also weiterhin dringlich, denn die Klimaforschung geht davon aus, dass die Emissionen bis 2050 um 50% und bis 2100 sogar um 80%

verringert werden müssen – ein mehr als beunruhigendes Szenario, wenn man davon ausgeht, dass bereits das 5,2%-Ziel des Kyoto-Protokolls in Frage steht. Allein mit wirtschaftlichen Maßnahmen kann das Problem Klimawandel nicht gelöst werden.

Auch die öffentliche Diskussion über den Klimawandel hat bislang nicht dazu geführt, über ein fundamental anderes Verständnis des Mensch-Umwelt-Verhältnisses nachzudenken – und das, obwohl in den westlichen Industrieländern der Klimawandel auf eine durchaus sensibilisierte, Risiko bewusste Öffentlichkeit trifft. Drei wesentliche Konflikte bestehen fort: (1) Trotz hohem Klimabewusstsein prägt nach wie vor Unkenntnis über die genauen Ursachen des Klimawandels und Unsicherheit über die zu wählenden Lösungswege die öffentliche Debatte. Auf dieser Grundlage lassen sich wirtschaftliche Lösungsansätze mächtiger privater und staatlicher Akteure leichter umsetzen. Nicht zuletzt wächst sogar die öffentliche Legitimation dadurch, dass den zentralen klimapolitischen Akteuren (von den staatlichen VertreterInnen, über NGOs bis zu den Energieunternehmen) aufgrund der scheinbaren Problemkomplexität Sachverstand und Lösungskompetenz seitens der Bevölkerung zugesprochen wird. (2) Dies funktioniert auch deshalb gut, weil der eigene Lebensstil wie das eigene Konsum- oder Mobilitätsverhalten zwar als Ursache des Problems angedeutet, aber nicht wirklich in Frage gestellt wird. (3) Erleichtert wird die *top down*-Politik schließlich noch dadurch, dass die Partizipationsmöglichkeiten an der Klimapolitik, vor allem dann, wenn es um die Entscheidungen über die Lösungsmechanismen geht, gering sind. Diese Beobachtungen beziehen sich auf Industrie- und Entwicklungsländer gleichermaßen. Vor allem aber die Menschen aus den Entwicklungsländern, deren Anpassungsmöglichkeiten an die Folgen des Klimawandels aufgrund sozialstruktureller und sozioökonomischer Eigenschaften sowie polit-ökonomischer Rahmenbedingungen besonders gering sind, können kaum an der internationalen Klimapolitik partizipieren: z.B. indigene Bevölkerungsgruppen, Landlose, Kleinbauern und -bäuerinnen sowie BewohnerInnen von marginalisierten Siedlungen in urbanen Ballungsgebieten.

Somit werden politische Teilhabe und Diskursmacht zu entscheidenden Variablen in der lokalen, nationalen und internationalen Klimapolitik. Die ebenenübergreifende Politik ist dabei geprägt von dominanten Interessen- und Wertepräferenzen, so dass es nicht überrascht, dass sich ökonomisch-technische Vorschläge der Industrieländer bei der Lösungsdebatte durchsetzen. Sie lösen vermeintlich effizient den Konflikt zwischen Klimaschutz und den Kosten, die damit verbunden sind. Dabei gerät aber aus dem Blick, worum es eigentlich geht: Nicht der Schutz des Klimas und die Vermeidung deutlich höherer Kosten durch Klimaschäden stehen derzeit im Mittelpunkt der Debatte, sondern wie gut sich die vereinbarten Instrumente zur Bearbeitung des Problems mit dominanten marktwirtschaftlichen Mechanismen zu einer die Krise entschärfenden Regulationsweise verbinden. Regierungen, zivilgesellschaftliche Akteure in Verbindung mit internationalen Institutionen bilden ein klimapolitisches System der Regulation, das den materiell-stofflichen Bedingungen des wirtschaftlichen Handelns Vorrang einräumt vor der Notwendigkeit sozial-ökologischer Transformationsprozesse in Richtung erneuerbarer Energien.

Dabei erfolgt eine theoretische wie ökonomische Engführung des Effizienzbegriffs primär auf der betriebswirtschaftlichen Kostenebene, während volkswirtschaftliche Effekte, die beispielsweise durch die Kosten des Klimawandels (externe Effekte) oder aus dem Aufbau zukunftsfähiger Industriezweige (wie den erneuerbaren Energien) entstehen, nicht in die ökonomischen Bilanzierungen einbezogen werden. Auch die Betrachtung der Effektivität der flexiblen Instrumente erfolgt angesichts massiver Schlupflöcher, Erfassungs- und Umsetzungsprobleme eher verkürzt. Die Analyse der Implementierung der flexiblen Mechanismen, insbesondere der Anpassungspolitiken hat dagegen gezeigt, dass international verabschiedete Lösungsansätze auf lokaler wie nationaler Ebene zu neuen sozialökologischen Konflikten und (Um)Verteilungskämpfen führen.

Ein zentrales Kriterium des CDM, nämlich dass die Projekte in Entwicklungsländern *zusätzlich* umgesetzt werden (Additionalität), wird oftmals unterlaufen bzw. ist grundsätzlich nur schwer überprüfbar. So werden billige Zertifikate generiert, die es den Industrieländern durch den Erwerb erlauben, die Emissionen im eigenen Land weit weniger zu reduzieren, als es das Kyoto-Protokoll für sie vorsieht. Darüber hinaus ist der ursprünglich als zentral formulierte Anspruch an die Projekte, zu einer nachhaltigen Entwicklung beizutragen, in doppelter Hinsicht nicht erfüllt: Erstens werden CDM-Projekte nur in Ausnahmefällen in den ärmsten Ländern umgesetzt; die Mehrzahl der CDM-Investitionen fließen in die wirtschaftlich starken Schwellenländer China, Indien und Brasilien. Und zweitens konnte das Kriterium einer nachhaltigen Entwicklung kaum operationalisiert und somit erfüllt werden.

Anpassungspolitiken an die Folgen des Klimawandels, wie sie gegenwärtig in Ländern Afrikas, Lateinamerikas und Asiens in Wechselwirkung mit den internationalen Vereinbarungen erarbeitet und implementiert werden, folgen einer inhaltlichen Schwerpunktsetzung, die die kontextspezifischen Herausforderungen am lokalen Ort zumeist ignoriert. Dies veranschaulichen die empirischen Feldstudien in Tansania und Nicaragua. Bereits auf internationaler Ebene werden zentrale Produktionssektoren als die Zielsysteme für Anpassungsmaßnahmen identifiziert. Entsprechend werden die Landwirtschaft, Küstenzonenmanagement oder der Tourismus zum zentralen sektoralen Gegenstand von Anpassungsstrategien. Ferner wird auf technologische und institutionelle Maßnahmen wie den Technologietransfer, Capacity Building, Monitoringsysteme oder Datenarchive abgezielt. Gleichzeitig werden auf der Grundlage geographischer, klimatologischer wie ökonomischer Charakteristika Schwerpunktregionen identifiziert, die als besonders verwundbar gegenüber den Folgen des Klimawandels eingestuft werden. Eine Integration sozialer bzw. sozioökonomischer Kriterien zur Identifizierung von Vulnerabilität findet jenseits aggregierter Datensätze zur (materiellen) Armut eines Landes jedoch nicht statt. Dies bedeutet auch, dass aktuelle Anpassungsstrategien solche Interessen repräsentieren, die auf internationaler Ebene Artikulationskanäle besitzen. Aufgrund der geringen Einflussmöglichkeiten besonders verwundbarer Gruppen der Armutsbevölkerung bereits im nationalen Kontext, bleiben vor allem diese Interessen im gesamten klimapolitischen Prozess marginalisiert.

Zentrale Anpassungsmaßnahmen in vielen Ländern Subsahara Afrikas, Asiens und Lateinamerikas lassen sich allgemein als „affirmative" Strategien beschreiben. Deren Ziel ist es, die spezifischen Auswirkungen des Klimawandels zu korrigieren, ohne die zu Grunde liegenden sozialen und politischen Strukturen anzutasten bzw. zu transformieren. Nicht die Erhöhung der menschlichen Sicherheit oder die Verbesserung der sozioökonomischen Lebensbedingungen ist die Maxime gegenwärtiger Anpassungskonzepte. Solche Maßnahmen müssten Partizipationsräume erst noch öffnen, an den kontextspezifischen multiplen Ursachen von Vulnerabilität ansetzten, um so die sozioökonomischen Lebensbedingungen und -grundlagen verbessern zu können.

Eine *glokale* Konfliktlandschaft stellen auch die erneuerbaren Energien dar. Zunächst könnte vermutet werden, dass die Förderung und dadurch der rasante Ausbau erneuerbarer Energien in Deutschland sowie teilweise auch in der Europäischen Union eine zentrale nationale bzw. überregionale Klimaschutzstrategie darstellt, die mit der internationalen Klimapolitik eng verknüpft ist. Umso erstaunlicher erscheint es, dass erneuerbare Energien in der internationalen Klimapolitik so gut wie keine Rolle spielen. Auch in der internationalen Energiepolitik ist ihre Bedeutung gering. Während die Energiepolitik nach wie vor von den gegebenen technisch-ökonomischen Präferenzen für fossil-atomar betriebene Großkraftwerke inklusive der diesbezüglichen Subventionspraxis und Infrastrukturpolitik geprägt wird (*input*-Seite), sind es in der Klimapolitik die bekannten Maßnahmen zur Emissionsminderung (*output*-Seite). Dennoch zeigte eine Analyse der internationalen Politik für erneuerbare Energien, dass neben ihrer systematischen Marginalisierung auch erste Ansätze für eine internationale Verbreitung auf der Basis weicher Instrumente zu erkennen sind.

Ein Beispiel dafür ist die bereits seit Jahren diskutierte Gründung einer Internationalen Agentur zur Förderung Erneuerbarer Energien (IRENA), die von einigen so genannten „Vorreiterstaaten" getragen werden soll. Eine IRENA kann wichtige Impulse zur Verbreitung von erneuerbaren Energien und einer erfolgreichen Förderpolitik setzen. Die Konzeption der IRENA als Kompetenzzentrum, das beraten, *know how* bereitstellen und informieren soll, dürfte aber kaum dazu führen, das kräftige Impulse für einen anderen Energiepfad ausgestrahlt werden. Dagegen dürfen die demokratisierenden Potentiale dezentraler, flexibler und schnell verfügbarer Energieanlagen im Bereich der erneuerbaren Energien gar nicht unterschätzt werden. Sie bieten die einzige Chance nicht nur für eine nachhaltige Transformation der Energiesysteme, sondern auch für energiepolitische Unabhängigkeit und gesellschaftliche Selbstbestimmung in Entwicklungs- wie in Industrieländern. Dagegen zielt die Energiepolitik Deutschlands, der EU oder der G8 jedoch auf eine deutliche Stärkung der zentralistischen Strukturen des konventionellen Energiesystems. Von einer erkennbaren und wirksamen Transformation des Energiesystems hin zu mehr Effizienz und dezentralen, umweltfreundlichen Strukturen kann folglich nicht gesprochen werden.

Der übergeordnete Mehrwert der Mehrebenenperspektive zeigt sich darin, dass der Klimawandel nicht als „globales" Umweltproblem beschrieben und analysiert werden kann. Vielmehr verweist die *glokale* Perspektive auf die Ursachen, Widersprüche und Konflikte im Umgang mit der Krise. Darüber hinaus wurden ungleiche Kräfteverhältnisse, aber auch die Interessenüberschneidungen zwischen Öffentlichkeit und dominanten Akteuren im Klimadiskurs wie marginalisierte Diskursstränge sichtbar. Es wurde dabei deutlich, dass ein höheres öffentliches Klimabewusstsein und eine bessere Wissensgrundlage über Ursachen, Folgen und Handlungsmöglichkeiten nicht zwangsläufig zur CO_2-Reduktion und damit mehr Klimaschutz führt. Ohne eine breite Auseinandersetzung mit diesen unbequemen Wahrheiten der Klimapolitik, wird das Problem kaum zu lösen sein.

„Neu oder anders zu denken" erfordert also, den Klimawandel mit Blick auf die Dinge zu deuten, die in den herrschenden Denktraditionen – seien es institutionalistische, staatszentrierte, klassisch-ökonomische oder liberal-demokratische – nicht erfasst werden. Hier hat das Buch Anregungen präsentiert. Zentral dabei war, dass lokale und nationale Politikprozesse nicht unabhängig voneinander analysiert werden können und dass insbesondere die Blindstellen, das Nicht-Ausgesprochene und das Nicht-Gedachte, in der Klimapolitik von großer Relevanz sind. Die Auseinandersetzung mit den vernachlässigten Themen ist aber längst nicht abgeschlossen. Im Gegenteil, werden die hier vorgestellten marginalisierten, jedoch sehr realen sozioökonomischen Probleme im Konfliktfeld Klima ernst genommen, hat die Suche nach anderen Wegen der Problemlösung erst begonnen.

Wird dem Eingangszitat von Albert Einstein gefolgt, das besagt, dass „Probleme niemals mit der selben Denkweise gelöst werden durch die sie entstanden sind", dann ist klar, dass nach alternativen Lösungsansätzen Ausschau gehalten werden muss. Es muss deutlich werden, dass der bisher eingeschlagene politische Weg und die damit verbundenen Instrumente nicht unantastbar sind, sondern dass auch und nicht zuletzt Diskussionen um eine klima- und energiepolitische Pfadänderung – mit anderen Worten um eine Transformation der dominanten Mensch-Umwelt Verhältnisse – wieder geführt werden müssen. Egal ob es sich bei den neuen Wegen und Instrumenten dann um alte Bekannte (z.B. Steuern, gerechte Verteilungsmuster) oder z.B. neue Institutionen und gesellschaftliche Praxen (wie die oben genannte IRENA oder Alternativen zum energieintensiven Mobilitäts- und Konsumverhalten) handelt – ein verbesserter klima- und energiepolitischer Pfad kann nicht von oben verordnet, sondern muss im gesellschaftlichen Diskurs entwickelt werden. Bei all den Interessendivergenzen scheint dies ohne breite gesellschaftliche Auseinandersetzungen kaum möglich zu sein. In diesen Auseinandersetzungen aber liegt das Potential, das Klima neu zu denken.

Es wäre zu wünschen, dass der Diskurs geöffnet und der Klimawandel als tief reichende Gesellschaftskrise erkannt wird, dem mit einfachen Antworten nicht begegnet werden kann. Mit dem vorliegenden Buch haben wir versucht, nicht nur eine Mehrebenenanalyse der Klimapolitik mit besonderem Fokus auf ihre Blindstellen vorzunehmen. Wir wollten auch mit unserem gesellschaftspolitischen, System übergreifenden und sozial-ökologischen Blick auf das Klimaproblem die Basis für neue Denkanstöße und andere Schwerpunkte in der klimapolitischen Debatte setzen.

Anmerkungen

1 Multi-Level-Governance

1   Edgar Grande (2000: 14) unterscheidet in ähnlicher Weise, institutionelle von funktionalen Zusammenhängen in Mehrebenensystemen. Der funktionale Zusammenhang beschreibt dabei sowohl ein spezifisches Policy-Problem, als auch die Interaktion zwischen staatlichen und nicht-staatlichen Akteuren, die formal unabhängig, jedoch funktional interdependent sein können.

2   Als „klassische" Politikfeld-Kategorien haben sich z.B. Gesundheits-, Arbeitsmarkt- oder Energiepolitik etabliert (Windhoff-Héritier 1987). Es wird jedoch schnell deutlich, dass einzelne Problemstellungen und Subthemen in diesen Politikfeldern „eigenständige", spezifische Mehrebenensysteme aufspannen können. Als Beispiel seien hier die Erneuerbaren Energien genannt, die zwar einerseits in das Politikfeld Energie eingebettet sind, jedoch andererseits eigenständige Policies, Akteure, Institutionen, Technologien etc. aufweisen und somit als abgrenzbares Subsystem betrachtet werden können.

3   James Rosenau unterscheidet für die globale Ebene die folgenden „eight types of collectivities that crowd the global stage" (2004: 41f): 1. nationale und subnationale öffentliche Regierungen, basierend auf hierarchischen Strukturen und Verfassungen, 2. private profit-orientierte transnationale Unternehmen (TNCs), 3. IGOs basierend auf formalen Verträgen und Abkommen (UN, Weltbank), 4. subnationale/nationale NGOs, 5. internationale/transnationale NGOs, 6. Märkte (formale/ informale Strukturen), steuern horizontalen Austausch zwischen Verkäufern/ Käufern, Produzenten/ Kunden, 7. (unorganisierte) Eliten, 8. „mass publics", die sich themenspezifisch gründen und wieder auflösen.

4   Erste Annäherungen verschiedener Denktraditionen werden im Multi-Level-Governance-Konzept von Hooghe und Marks entwickelt (Marks 1993; Hooghe/ Marks 2001).

5   Zur Erkenntnis der Politikverflechtung und Verflechtungsfallen in Mehrebenensystemen haben wesentlich die Arbeiten von Fritz W. Scharpf beigetragen (z.B. Scharpf 1985).

6   Die weiter gefasste Begriffsvariante bezeichnet Mayntz als „Sammelbezeichnung für alle Formen sozialer Handlungskoordination" und „das Gesamt aller nebeneinander bestehenden Formen der kollektiven Regelung gesellschaftlicher Sachverhalte: von der institutionalisierten zivilgesellschaftlichen Selbstregelung über verschiedene Formen des Zusammenwirkens staatlicher und privater Akteure bis hin zu hoheitlichem Handeln staatlicher Akteure" (Mayntz 2005: 16). Bei der normativen

Verwendung verweisen Bache und Flinders zudem auf die „positive Unterstellung", die dem Konzept bei einigen Vertretern innewohnt: „For a number of contributors, MLG is emerging as a normatively superior mode of allocating authority" (Bache/Flinders 2004a: 195)

2 Regulations- und raumtheoretische Perspektiven

1 Im weiteren Verlauf der Arbeit wird aus hegemonietheoretischer Perspektive verdeutlicht, dass die aus regulations- und raumtheoretischer Sicht skizzierten Prozesse des sozialen und politischen Wandels auf einer breiten zivilgesellschaftlichen Akzeptanz basieren. Erst dadurch werden bestimmte Governance-Formen bzw. Regulationsmodi zu hegemonialen Koordinationsmechanismen (siehe Kapitel 9).

2 Als „Pioniere" der Regulationsschule gelten Michel Aglietta, Alain Lipietz, Joachim Hirsch, Robert Boyer, Bob Jessop, Kurt Hübner und Josef Esser.

3 Obgleich sowohl beim Regulationsansatz als auch bei der Regimetheorie der Nationalstaat eine zentrale Rolle einnimmt, grenzen sich beide Ansätze stark voneinander ab. Letztere sieht Staaten als homogene, rationale, Nutzen maximierende Akteure nach Vorbild des homo oeconomicus. Regulationstheoretiker kritisieren diese Sichtweise, da sie als stark vereinfachend und umfassendere Zusammenhänge ignorierend angesehen wird. Im Gegensatz dazu wird beim Regulationsansatz der Staat als Akteur betrachtet, der sich aus verschiedenen Institutionen, Netzwerken, Prozessen und Normen zusammensetzt – Staat und Gesellschaft werden somit integrativ betrachtet. Die Interdependenz verschiedener politischer Ebenen wird von der Regimetheorie geringer beachtet, so wie sie auch nichtstaatliche Akteure (z.B. NGOs) weniger berücksichtigt und die ökonomische Basis stärker vernachlässigt. Ein weiteres Manko der Regimetheorie ist ihre Verankerung im Funktionalismus, die sie für historische Prozesse unzugänglich macht. Auch bei der Definition der Rolle der Hegemonialmacht unterscheiden sich Regimetheorie und Regulationsansatz beträchtlich. Während der hegemoniale Status sich aus Sicht der Regimetheorie aus seiner führenden Rolle in der Entwicklung der Produktivkräfte ergibt, bezieht der Regulationsansatz die Transformation sozialer Beziehungen bei der Entwicklung der führenden Rolle der Hegemonialmacht mit ein. Der Staat wird zwar als Knotenpunkt regulativer Prozesse gesehen, in seiner konkreten Ausgestaltung und institutionellen Konfiguration ist er aber gleichzeitig deren Gegenstand und Produkt (Brand/Görg 2003).

4 Eine Erklärung für diese „Genderblindheit" könnte darin liegen, dass die Regulationsschule ihren analytischen Blickwinkel v.a. auf die vertikal verlaufenden Konfliktlinien zwischen KapitaleignerInnen und der ArbeitnehmerInnenschaft, also zwischen unterschiedlichen gesellschaftlichen Schichten, richtete. Ungleiche Geschlechterverhältnisse manifestieren und reproduzieren sich in aller Regel jedoch horizontal zu den gesellschaftlichen Schichten, auch wenn es im Einzelfall durchaus Unterschiede gibt. Hier determiniert zunächst nicht die Zugehörigkeit zu einer bestimmten gesellschaftlichen Schicht den Grad der Ungleichheit sondern die vorgelagerte Tatsache der Geschlechtszugehörigkeit und die hiermit verbundenen gesellschaftlichen Zuweisungen und Konstruktionen (Chorus 2006).

3 Gesellschaftliche Naturverhältnisse

1   Im Ranking der allgemeinen globalen Bedrohungslagen rangiert der Klimawandel an vorderster Stelle. Manche BeobachterInnen platzieren den Klimawandel und dessen Folgen aufgrund von erwarteten Sicherheits- und Migrationskonflikten sogar vor dem globalen Terrorismus, der globalen Armutsentwicklung oder den immer wieder auftretenden Instabilitäten der globalen Finanzmärkte gesehen (Schwartz/ Randall 2003, King 2004).

2   Carbon Capture und Sequestration meint die Abscheidung und langfristige Einbindung und Speicherung von CO_2 entweder in Biomasse, z.B. Pflanzen, Bodenorganismen oder Plankton, in so genannten Senken oder aber technisch durch bspw. Pressen unter hohem Druck unter die Erde oder in den Ozean, ebenfalls mit dem Ziel einer langfristigen Lagerung.

3   Vgl. hierzu die Debatten und Plenumsveranstaltungen zum 33. Kongress der Deutschen Gesellschaft für Soziologie vom 09.-13. Oktober 2006 in Kassel unter dem Titel: „Die Natur der Gesellschaft". Die entscheidende Fragestellung ist hierbei eine, die sich in den Begriffen Naturalismus versus Konstruktivismus ausdrückt: Gibt es eine der Gesellschaft gegenüberstehende äußere, natürliche Realität oder ist jegliche Realität gesellschaftlich konstruiert? Diese Frage ist mit Blick auf das Phänomen des Klimawandels nicht in die eine oder andere Richtung aufzulösen, vielmehr – und das drückt das Konzept der gesellschaftlichen Naturverhältnisse aus – geht es um sich wechselseitig konstituierende Prozesse (Görg 2003; Raza 2003; Becker/Jahn 2006).

4   Die International Energy Agency (IEA) misst für das Jahr 2006 CO_2 Pro-Kopf-Emissionen in den OECD-Ländern in Höhe von ca. 11 t CO_2, in Afrika 0,9 t, in Asien (ohne China) 1,2 t und in Lateinamerika 2 t. Im nationalstaatlichen Vergleich wird das bereits sichtbare Nord-Süd-Gefälle noch deutlicher: während der Pro-Kopf-Ausstoß von CO_2 pro Jahr in den USA gegenwärtig bei knapp 20 t liegt, liegt die durchschnittliche Emissionshöhe pro Kopf und Jahr in Tansania gerade mal bei 0,1 t CO2 (vgl. IEA 2006; DIW 2006).

5   Verbrennung fossiler Energieträger zur Energiegewinnung, industrielle Produktion, moderne Fortbewegung oder landwirtschaftliche Produktion.

6   Zu den Treibhausgasen, die natürlich in der Erdatmosphäre vorkommen zählen Kohlendioxid (CO_2), Wasserdampf (H_2O), Distickoffoxid (N_2O), Methan (CH_4) und Ozon (O_3). Im Kyoto-Protokoll sind neben CO_2, N_2O und CH_4 noch teilhalogenisierte Fluorkohlenwasserstoffe, perfluorierte Kohlenwasserstoffe und Schwefelhexalfluorid aufgeführt.

7   Michael Redclift und Colin Sage unterscheiden in diesem Zusammenhang zwischen Luxusemissionen und Überlebensemissionen, was bereits auf unterschiedliche Naturverhältnisse verweist (Redclift/Sage 1998).

8   Unter „Livelihoodstrategien" werden im entwicklungspolitischen Kontext die Strategien verstanden, die Individuen oder Gemeinschaften zur Existenz-, Einkommens- und Ernährungssicherung anwenden.

9   Der im Herbst 2006 vorgestellte und in Industrie, Wirtschaft und Politik viel beachtete Bericht des ehemaligen Weltbank-Ökonomen und Beraters der britischen

Regierung Nicholas Stern zur Ökonomie des Klimawandels zeigt eindrücklich auf, welche ökonomischen Kosten ein Nicht-Handeln in der Klimafrage hervorrufen würde (Stern 2006).

4 Klimawandel und Öffentlichkeit

1 Die Agenda 21, die Rio-Deklaration für Umwelt und Nachhaltigkeit und das Wald-Abkommen wurden auf dem UN-Weltumweltgipfel von Rio de Janeiro 1992 (UNCED) von 178 Regierungen unterzeichnet. Die Agenda 21 stellt dabei ein Aktionsprogramm für das 21. Jahrhundert dar, welches als Leitpapier für nachhaltige Entwicklung gilt. Im Papier finden sich so unterschiedliche Nachhaltigkeitsbereiche wie Armut, Konsum, Gesundheit, Trinkwasserversorgung, Siedlungs- und ländliche Entwicklung, Bildung, NGOs, Biodiversität, Frauen, Finanzen, Entwicklungsländer aber auch der Schutz der Erdatmosphäre Erwähnung (BMU 1992). Die Agenda 21 ist ein Aktionsprogramm, welches weltweit Voraussetzungen für nachhaltige Entwicklung schaffen soll, sie ist aber kein völkerrechtliches Dokument. Vielmehr kann sie als moralische Selbstverpflichtung der Unterzeichnerländer gelten. Sie fokussiert vor allem auf die Bereiche politische Kultur und Bewusstseinsbildung und weniger auf konkrete Maßnahmen (Brand/Warsewa 2003).

2 In Art. 6 der UNFCCC werden sowohl die Entwicklung von Programmen zur Förderung öffentlichen Bewusstseins als auch der öffentliche Zugang zu Informationen und die Beteiligung der Öffentlichkeit gefordert (United Nations 1992).

3 Ralf Rotte führt dieses und die nachfolgenden Aspekte unter der Überschrift „Konsens in der Klimaforschung" auf (Rotte 2001).

4 *Der Spiegel*, Ausgabe Nr. 33 vom 11.08.1986.

5 George W. Bushs Rückzug aus dem Kyoto-Prozess wurde von weltweiter Kritik begleitet, seitdem bemühen sich die Unterzeichnerstaaten die USA umzustimmen, unter anderem weil sie der weltweit größte Emittent von CO_2 sind. Darüber hinaus hat Bush Einfluss auf die Klimaorganisation IPCC genommen: Der vom vorherigen US-Präsidenten Bill Clinton eingesetzte IPCC-Vorsitzende Robert Watson wurde von Bush durch Rajendra K. Pachauri ersetzt, der damals als weniger kritisch gegenüber der fossilistischen Energiewirtschaft galt (Grundmann/Stehr 2002).

5 Internationale Klimapolitik

1 Als Ausgangspunkt wir hier die erste Weltklimakonferenz 1979 in Genf/Schweiz angesehen (s.u.). Auch eine frühere Datierung des Beginns der Klimapolitik auf etwa das Jahr 1972 wäre möglich. In diesem Jahr fand in Stockholm die erste UN-Konferenz über die menschliche Umwelt statt. Allerdings stand die Stockholm-Konferenz stark im Zeichen des Meeresschutzes und wurde vor allem bekannt, weil dort erstmals mit Nachdruck zum gemeinsamen Handeln der Staatenwelt beim Umweltschutz aufgerufen wurde. Der Beginn dieser Konferenz, der 5. Juni, ist heute noch der internationale Tag der Umwelt. Im gleichen Jahr noch wurde durch die UN-Vollversammlung das UN-Umweltprogramm UNEP mit Sitz in Nairobi/Kenia gegründet.

2 Die Sachstandsberichte des IPCC (im Englischen „assessment reports") sind im Unterschied zu den so genannten Sonder- oder Technischen Berichten („special reports", „technical reports") relativ breit angelegt und geben einen wissenschaftlich fundierten Überblick über die aktuellen Forschungsarbeiten zu den Veränderungen des Klimas.

3 Im Sprachgebrauch der UN werden unter dem Begriff der NGOs sowohl die umwelt-, sozial- und entwicklungspolitischen Organisationen als auch Wirtschaftsverbände geführt. Diese werden in der Literatur oftmals als „grüne" (erstere) und „graue" (letzte) NGOs unterschieden (Walk/Brunnengräber 2000; Brunnengräber et al. 2005). In dieser Arbeit wird der Begriff der NGOs jedoch in der Regel in engerer Form für die oben genannten „grünen" nicht-staatlichen Akteure verwendet, die sich u.a. im Climate-Action-Netzwerk zusammengeschlossen haben.

4 Zu den im Kyoto-Prozess berücksichtigten Treibhausgasen zählen die folgenden sechs, die in einem so genannten „Korb" behandelt werden: Kohlendioxid (CO_2), Methan (CH_4), Lachgas (Distickstoffoxid N_2O), teilhalogenierte Fluorkohlenwasserstoffe (H-FKW), perfluorierte Kohlenwasserstoffe (FKW) sowie Schwefelhexalfluorid (SF_6). Für fluorierte Gase kann abweichend das Bezugsjahr 1995 verwendet werden.

5 Die Einzelverpflichtungen können auch von einer Staatengruppe gemeinsam erfüllt werden, wobei eine interne Umverteilung vorgenommen werden kann („bubbling"). Diese Regel ist u.a. für die EU eingeführt worden, die sie im Rahmen einer Vereinbarung zur Lastenteilung angewendet hat. Das so genannte „burden sharing agreement", in dem die unterschiedlichen Reduktionsverpflichtungen der einzelnen EU-Mitgliedstaaten festgelegt sind, wurde am 16. Juni 1998 vom Rat beschlossen (Anhang 1 in Europäische Kommission 1999).

6 Als „Senken" werden in der Klimapolitik solche Aktivitäten und Projekte bezeichnet, die der Atmosphäre CO_2 entziehen. Hierzu zählen insbesondere Veränderungen der Landnutzung, die zu einer höheren Kohlenstoffbindung pro Flächeneinheit führen, wie Aufforstung oder Wiederaufforstung, Waldbewirtschaftung, Weidewirtschaft und Bewirtschaftung landwirtschaftlicher Flächen (zur kontroversen Auseinandersetzung mit den Senkenprojekten s.u.).

7 Zu konkreten Erarbeitungsvorgaben, zur Einbindung der kommunalen Ebene sowie zur Einflussnahme nicht-staatlicher Akteure im subnationalen Kontext siehe die Länderstudie zu Tansania in Kapitel 7.

8 Über Side-Events, zu denen entwicklungspolitische NGOs, Forschungsinstitutionen oder Basisorganisationen indigener Gruppen einluden, blieb das Thema jedoch auch weiterhin fester Bestandteil der Konferenzen. Ein Beispiel hierfür sind die „Development and Adaptation Days", die organisiert durch das International Institute for Environment and Development (IIED); das International Institute for Sustainable Development (IISD) und die RING Alliance of Policy Research auf der COP 13 in Bali zum 6. Mal stattfanden, vgl. http://www.iisd.ca/climate/cop13/dcd/, ges. 14.04.2008.

9 Die Mitgliedstaaten dieser multi-lateralen Klimaschutz-Kooperation sind neben den USA Australien, China, Indien, Japan und Korea. Die sechs Länder repräsentieren etwa 50% des weltweiten Bruttosozialprodukts, des Weltenergieverbrauchs

und der globalen Treibhausgasemissionen sowie ca. 45% der Weltbevölkerung (BCSE 2006). Die freiwillige Initiative soll den privaten Sektor motivieren, Klimaschutzaktivitäten zu unternehmen sowie Forschung und Demonstrationsvorhaben zu fördern. Im Rahmen der Partnerschaft wurden acht Themenschwerpunkte und gleichnamige „task forces" festgelegt. Im Oktober 2006 wurde zu jedem Schwerpunkt ein Aktionsplan vorgelegt (siehe unter www.asiapacificpartnership.org, ges. 22.03.2007). Ein „action plan" befasst sich dabei mit „Renewable Energy and Distributed Generation".

10 Dazu hat sicher auch der Oscar-gekrönte Film von Al Gore „Eine unbequeme Wahrheit" beigetragen, der ein breites Bewusstsein über das Thema Klimawandel in den USA und weltweit geschaffen hat.

11 Christoph Bals beschreibt das Allmende-Problem im Klimakontext wie folgt: „Jedes Land verhält sich auf den ersten Blick völlig rational, wenn es selber so viel Umweltraum der Atmosphäre wie möglich nutzt. Jedes hat Angst, dass – wenn man selbst mit Klimaschutz beginnt –, die anderen ungerührt auch diesen Umweltraum nutzen. Ökonomisch gewendet heißt das: Wenn ich weniger fossile Brennstoffe nutze, dann sinkt der Preis und die anderen bekommen einen Anreiz, mehr fossile Brennstoffe zu nutzen. Jeder zeigt deshalb auf die Untätigkeit der anderen – und tut selber nichts" (Bals 2007: 8). Die größten Verhandlungsblockaden bestanden – und bestehen weiterhin – beispielsweise aufgrund der Forderungen der USA bezüglich der Einführung von Reduktionszielen auch für die größten Schwellenländer China und Indien, während diese angesichts ihres im Vergleich zu den USA niedrigen Entwicklungsstandes und diesbezüglichen Nachholbedarfs jegliche Verpflichtungen bisher von sich gewiesen haben.

12 Da eine Einigung auf konkrete und relevante Reduktionsziele für eine Verpflichtungsphase nach 2012 aufgrund der Blockadehaltung der USA nicht möglich war, enthält der Bali Action Plan lediglich den Hinweis auf die Notwendigkeit von „deep cuts in global emissions" (UNFCCC 2008). Um Zahlen zu vermeiden, wird hinsichtlich der Operationalisierung dieser „deep cuts" in einer Fußnote lediglich auf den vierten Sachstandsbericht des IPCC verwiesen.

13 Inwiefern diese Form der institutionalisierten Verantwortungsteilung bereits ausreicht, um einen de facto gerechten Ausgleich zwischen Nord und Süd in Bezug auf Ressourcen- und Lastenverteilung aber auch in Bezug auf Einflussnahme und Interessenvertretung herzustellen, wird von einer Reihe von AutorInnen bezweifelt (vgl. Gupta 1997, 2000). So fasste Joyeeta Gupta die vage Verantwortungsübernahme des Nordens folgendermaßen zusammen: „The emerging non-decisions tend to indicate that Ics [Industrialised Countries] wish to avoid long-term decisions on who is responsible, how emissions will be shared between countries and who will pay for measures to cope with climate change since such decisions may increase the burden on their countries. They prefer to take a (...) step by step approach, to privatise the problem by controlled involvement of the market (JI) and to pacify DCs [Developing Countries] by token financial assistance via the GEF" (Gupta 1997: Summary, ix-x; vgl. hierzu die Ausführungen zu den flexiblen Mechanismen in diesem Kapitel und in Kapitel 7).

14 Vgl. hierzu u.a. Ott 1997; Oberthür/Ott 2000 Treber et al. 2000; Klöppel 2003 et al. 2003; Andonova 2005; Beisheim 2005; Brunnengräber 2007b.

15 Teilweise nahmen auch Südkorea und Island an Treffen teil (Oberthür/Ott 2000).

16 Insbesondere Deutschland profitierte dabei in den 1990er Jahren in hohem Maße von den Emissionsreduktionen, die auf den Zusammenbruch der energieintensiven Industrien der DDR zurückzuführen sind (Ziesing 2006).

17 Die seit der Kolonialzeit entstandene strukturelle Ungleichheit zwischen Nord und Süd, zwischen Industrie- und Entwicklungsländern, wird von einigen ExpertInnen (auch im Vergleich zu den mächtigen „Blockierern", bzw. „Bremsern" des Kyoto-Protokolls) als die wesentliche Herausforderung der internationalen Klimapolitik betrachtet (Sachs 2001: 852).

18 Für die nachfolgenden Informationen zum Sekretariat siehe auch http://unfccc.int/secretariat/history_of_the_secretariat/items/1218.php, ges. 22.11.2007.

19 Die IEA ist der energiepolitische Ratgeber für 26 (OECD-)Mitgliedsstaaten. Ca. 150 Mitarbeiter, überwiegend Energieexperten und Statistiker, veröffentlichen Daten, Politikanalysen, Empfehlungen etc.

20 Siehe ausführlich dazu die Links auf der Homepage http://climatejustice.blogspot.com/.

21 Die zunehmende Einflussmacht der Unternehmenslobby machen die AutorInnen u.a. an deren stetig steigenden Zahl der bei den COPs offiziell akkreditierten NGOs fest, vor allem aber daran, dass die marktwirtschaftlichen Lösungsansätze immer stärker in den Vordergrund rückten (Walk/Brunnengräber 2000: 65).

22 Hier insbesondere der Öl-, Kohle-, Papier-, Automobil- und Straßenbauindustrie, den Kraftwerksbetreibern sowie den Chemiekonzernen (Walk/Brunnengräber 2000: 67).

23 Die Allianz aus USA, Australien, Russland zusammen mit der OPEC sowie Teilen der Industrie wird auch als „Dirty Triangle" bezeichnet (Brunnengräber 1997).

24 e5 steht für energy, environment, economy, employment, efficiency; vgl. http://www.e5.org.

25 Zu Beginn der offiziellen Klimaverhandlungen erteilten insbesondere die Regierungen der Entwicklungsländer dem CDM eine Absage, weil sie das Instrument als Form des „modernen Ablasshandels" ansahen (Walk/Brunnengräber 2000: 72ff). So wollten die G77 und China ihre Einwilligung zum Kyoto-Protokoll nur dann geben, wenn die Industriestaaten die ersten Schritte zur Emissionsreduktion übernehmen und nur einen Teil der international vereinbarten Reduktionsverpflichtungen außerhalb des eigenen Landes erfüllen. Auf diese Weise sollte verhindert werden, dass die nationale Verantwortung für den Klimaschutz aufgeweicht und die eigentliche Problembearbeitung in die Entwicklungsländer verschoben wird. Mit dieser Forderung konnten sie sich jedoch letztlich nicht durchsetzen.

26 Der Korb-Ansatz beinhaltet alle Kyoto-Gase, für deren Reduktion ein Gesamtziel definiert wird. Jede Vertragspartei kann ihre Reduktionsanstrengungen nach ihrem jeweiligen Emissionsprofil ausrichten und damit flexibler reagieren.

27 Die Risiken und Möglichkeiten der Senkenanrechnung wurden in einem IPCC-Gutachten untersucht (IPCC 2000). Auch der WBGU erstellte ein Sondergutachten zur

Senkenproblematik und kritisierte die diesbezüglichen Regelungen des Kyoto-Protokolls (WBGU 2003c). In dem Gutachten spricht sich der WBGU für ein gesondertes Protokoll zum Erhalt der natürlichen Kohlenstoffvorräte zur Eindämmung der Entwaldung aus. Die wichtigsten Entscheidungen zu Senken finden sich auf der UNFCCC-Internetseite, in der Rubrik „Methods and Science" unter dem Stichwort LULUCF (Land-Use, Land-Use Change and Forestry, http://unfccc.int, ges. 24.03.2007).

28 Hermann Scheer kommentierte diese Entwicklung wie folgt: „Damit läuft der Klimaschutz in die Falle der Totalbürokratisierung – obwohl doch Flexibilität, Kosteneffizienz und Marktwirtschaft versprochen waren. Kyoto taugt als Beschäftigungsprogramm für Statistiker und als üppige Einnahmequelle für Emissionshändler" (Scheer 2001a: 4).

29 Ein Beispiel für die vorherrschende Meinung der hohen Kosteneffizienz dieser Modelle, die in der Literatur häufig am oben genannten SOx-Beispiel festgemacht wird, liefern Cédric Philibert und Julia Reinaud, Mitarbeiter der IEA: „It is generally recognised that this practice [Emissionshandel, eigene Einfügung] provides considerable cost savings. A striking example is that of the SOx trading programme in the US under the 1990 Clean Air Act Amendment, which is estimated to have saved up to 50% of the costs that would have occurred from the same environmental regulations without trading" (Philibert/Reinaud 2004: 19). In den von Lohmann angeführten Studien wurden demgegenüber deutlich geringere Effizienzeffekte ermittelt und darüber hinaus auch die Anreiz- und Innovationswirkung des Instruments relativiert, da viele der Reduktionsmaßnahmen durch andere Faktoren bedingt gewesen seien (Lohmann 2006 : 101ff).

30 Der aktuelle Stand der Methodenentwicklung sowie der beantragten CDM- und JI-Projekte kann im Internet auf der regelmäßig aktualisierten Datenbank „CDM pipeline" des von UNEP geförderten Projekts „Capacity Development for CDM" (CD4CDM) unter http://cd4cdm.org abgerufen werden (Fenhann 2007).

31 Siehe h ttp://cd4cdm.org, ges. 05.04.2008.

32 Dies wird von Lohmann auf der Basis einer Reihe von Beispielen grundsätzlich bezweifelt: „The CDM already cannot verify how many credits its projects generate, and for just the same reason: it can't prove that its projects are not business as usual" (Lohmann 2006: 172).

33 Da an der Börse nur ein Teil der gesamten zugeteilten Zertifikate gehandelt wird, vergrößert dies die relative Bedeutung des Überschusses beträchtlich. Für 2005 wurde ein Handelsvolumen in einer Größenordnung von 18% der ausgegebenen Zertifikate verzeichnet (DEHSt 2005).

34 Bundesumweltminister Gabriel forderte in diesem Zusammenhang im März 2007, dass die Europäische Zentralbank den Emissionshandel beaufsichtigen solle, um Transparenz zu schaffen und nötigenfalls auch den Zertifikatepreis zu regulieren. Sein Fazit nach den bisherigen Erfahrungen mit dem Instrument lautete: „Selbst Monopoly ist transparenter als der europäische Emissionshandel" (AP/Reuters 2007).

35 Demgegenüber bietet die deutsche Ökosteuer mit einer Mehrbelastung von umgerechnet ca. 25 Dollar durchaus einen Lenkungseffekt, der jedoch ebenfalls noch unter dem Marktpreiseffekt bleibt (Massarrat 2006).

36 Volatilität meint das Ausmaß der Schwankung von Preisen, Zinsquoten, Devisen-
und Aktienkursen oder gar ganzer Märkte innerhalb einer kurzen Zeitspanne.

37 In ähnlicher Weise hatte der deutsche Bundesumweltminister Gabriel auf der COP
12 in Nairobi stellvertretend für die deutsche Bundesregierung ebenfalls ein kondi-
tioniertes Angebot angekündigt: Wenn die EU ihre Emissionen bis 2020 um 30%
gegenüber 1990 reduziere, „wären wir in Deutschland bereit, unsere Emissionen um
40% zu senken" (Gabriel 2006). Das Angebot gilt nur dann, wenn die Kondition
der EU eintritt.

38 Das Thema Energieeffizienz wird seit vielen Jahren auf EU-Ebene diskutiert. Nennenswerte Beschlüsse zu diesem Thema hat es jedoch bisher weder allgemein noch
sektorspezifisch gegeben. Unter der deutschen Ratspräsidentschaft im ersten Halb-
jahr 2007, die die Themen Klimaschutz und Energieeffizienz ganz oben auf die
Agenda gesetzt hat, hofften viele Akteure auf einen Fortschritt in Richtung verbindlicher und ambitionierter Effizienzziele. Der Beschluss der EU-Wirtschaftsminister
zu diesem Thema, der auf Basis der Vorlage des deutschen Wirtschaftsministers Glos
zustande kam und schließlich auch auf dem EU-Gipfel im März 2007 übernommen
wurde, blieb jedoch erneut unverbindlich (kritisch dazu: BUND 2007a; BUND
2007b; Europäischer Rat 2007). Besonders deutlich wurde dieses widersprüchliche Agieren – pro ambitionierte Klimaschutzpolitik auf der einen Seite und gegen
konkrete bzw. ambitionierte Maßnahmen auf der anderen Seite – im Fall der CO_2-
Begrenzungen des Fahrzeugparks. Hier unterstützte die Bundesregierung mit tat-
kräftiger Hilfe von Bundeskanzlerin Angela Merkel die Automobilindustrie bei der
Abwendung des Reduktionsvorschlags von EU-Umweltkommissar Dimas. Dieser
hatte einen maximalen Grenzwert in Höhe von 120 g/km bis 2012 gefordert, der
auf erheblichen Widerspruch insbesondere der deutschen Automobilindustrie traf,
die dabei zudem vom deutschen Wirtschaftsminister Glos und dem Vize-Präsiden-
ten der EU-Kommission, Industriekommissar Verheugen, aktiv unterstützt wurde
(Riegert 2007). Die europäische Automobilindustrie hatte sich im Rahmen einer
Selbstverpflichtung die Erreichung eines Grenzwerts von 140g/km bis 2008 vorgenommen, wird dieses Ziel jedoch deutlich verfehlen (Schallaböck/Luhmann
2007). Mit der Selbstverpflichtung war die Industrie bereits 1995 einer Forderung
nach einem Grenzwert von 120g/km entgangen – der unter Beteiligung der damaligen deutschen Umweltministerin Angela Merkel zustande gekommen war (Riegert 2007). KritikerInnen bemängeln einerseits die zu geringe Höhe des Grenzwerts und fordern andererseits die stärkere Einbeziehung der Automobilindustrie
in die Klimaschutzverpflichtung, da ansonsten – wie bisher – die anderen Sektoren
ungerechterweise die fehlenden Reduktionen auffangen müssen (Schallaböck/Luh-
mann 2007).

6 Erneuerbare Energien

1 Als „erneuerbare Energien" bezeichnet man in der Regel vereinfachend und um-
gangssprachlich Technologien zur Nutzung erneuerbarer Energiequellen. Hierzu
zählen im Wesentlichen Windenergie und Wasserkraft, Solar- und Bioenergie,

geothermische Energiegewinnung sowie Meeres- bzw. Wellenkraft (eine Übersicht siehe u.a. bei Kaltschmitt et al. 2003). Während eine Reihe von Technologien wie die Wind- und Wasserkraft oder solarthermische und photovoltaische Anlagen technisch entwickelt sind und stetig verbessert werden, befinden sich eine Reihe jüngerer Entwicklungen vom solarthermischen Kraftwerk über Wellenkraftwerke, Offshore-Windkraftwerke, aber auch neue Biomasseträger wie Algen in eher frühen Stadien der Technologie- bzw. Marktentwicklung. Erneuerbare Energien gelten in Abgrenzung zu den konventionellen, zentralen Großkraftwerken als dezentrale Technologien, da sie mit z.T. deutlich geringeren Leistungen in größerer Verbrauchernähe errichtet werden, wodurch sich nicht nur Leitungsverluste minimieren lassen, sondern auch eine angepasstere Erzeugung möglich wird und Überschussproduktionen zentraler Strukturen vermieden werden können.

2   Die Technologie zur CO_2-Abscheidung und -Lagerung wird gemäß der international geläufigen Bezeichnung „Carbon Capture and Storage" nachfolgend mit „CCS" abgekürzt.

3   Dabei ist jedoch darauf hinzuweisen, dass durch den Anbau und die Nutzung der Bioenergie sehr wohl große Umweltprobleme entstehen können, wenn dies in nicht nachhaltiger Weise erfolgt (beispielhaft: SRU 2007).

4   Diese Perspektive sowie die Ausführungen dieses Kapitels gehen auf die Dissertation von Bernd Hirschl zurück, in der eine Multi-level Policy Analyse der deutschen EE-Politik im Strombereich in ausführlicher Form vorgenommen wurde (Hirschl 2008). Der Fokus auf den Strombereich begründet sich dadurch, dass die deutsche Politik für erneuerbare Energien hier ihre längste und umfangreichste Entwicklung aufweist. Ein wichtiger Grund hierfür ist, dass der Strommarkt, anders als der Wärme- und Mobilitäts- bzw. Kraftstoffmarkt, einfacher reguliert werden konnte. Eine wesentliche Voraussetzung dafür ist das in Deutschland nahezu überall verfügbare Stromnetz, wodurch die Aufnahme, Erfassung und Abrechnung von EE-Anlagen und die Einbeziehung aller Marktakteure von den ProduzentInnen bis zu den AbnehmerInnen technisch vergleichsweise leichter möglich ist.

5   Vgl. hierzu Kapitel 2 und Hirschl 2008.

6   Im nationalen Policy-Prozess der föderalen Bundesrepublik spielen die Bundesländer im Rahmen der Gesetzgebung im Bundesrat insbesondere dann eine Rolle, wenn Gesetzesvorhaben zustimmungspflichtig und die Mehrheitsverhältnisse im Bundesrat anders als im Bundestag sind. Die Kommunen sowie die Bundesländer spielen zudem bei der Implementation von Gesetzen und Maßnahmen eine Rolle. So können sie beispielsweise bei Genehmigungs- oder Ausweisungsverfahren im Rahmen ihres Spielraums zum Erfolg oder Misserfolg eines Gesetzes entscheidend beitragen. Diese Rolle der subnationalen Akteure ist daher insbesondere bei der Betrachtung der Implementationsphase einer Policy von Bedeutung.

7   „Traditionell" meint überwiegende Verbrennung nicht mit modernen (d.h. effizienten, emissionsarmen) technischen Verbrennungsanlagen.

8   Das Wachstum bei der Windenergie war hauptsächlich durch die Kombination mit Förderprogrammen des Forschungsministeriums entstanden. Darüber hinaus bewirkte das StrEG einen leichten Ausbau der Wasserkraft.

9 Bei den zentralen politischen Akteuren der EE-Koalition handelte es sich im Wesentlichen um die grünen Abgeordneten Michaele Hustedt und Hans-Josef Fell sowie den SPD-Vordenker bezüglich erneuerbarer Energien, Hermann Scheer, der letztlich die SPD-Fraktion für das EEG gewinnen konnte.

10 Das Bundesministerium für Umwelt, Naturschutz und Reaktorsicherheit wurde 1986 als Reaktion auf die Tschernobyl-Katastrophe gegründet und verfügte seit seiner Gründung durch die faktische Atomaufsicht auch über erste energiepolitische Kompetenzen.

11 Der Begriff geht auf ein Konzept von Paul Sabatier und Hank Jenkins-Smith (1993) zurück und beschreibt eine Akteursgruppe, deren Zusammenhang auf gemeinsamen Überzeugungen und Werten basiert. Solche Überzeugungskoalitionen definierten die Autoren mit einer Dauer von mehr als 10 Jahren als beständiger, im Gegensatz zu den begrifflich davon abzugrenzenden, „kurzfristigeren" Interessengemeinschaften.

12 Während im BMWi nur wenige Personen in einem einzigen Referat zuständig waren, wurde die Anzahl der Referate im BMU auf sechs erhöht, zudem wurde das Thema deutlich stärker im gesamten Ministerium und den nachgeordneten Behörden verankert.

13 Die Bedeutung des EnWG für die erneuerbaren Energien beschreibt Uwe Leprich wie folgt: „Das Erneuerbare-Energien-Gesetz und das Kraft-Wärme-Kopplung-Modernisierungsgesetz (KWKG) bleiben Nischengesetze, wenn es nicht gelingt, den ( ) Paradigmenwechsel in den grundsätzlichen Rahmenbedingungen der Stromwirtschaft zu verankern. ( ) Die derzeitige Novellierung des Energiewirtschaftsgesetz ist seit 1935 der erste realistische Versuch in Deutschland, ein wirkliches Grundgesetz für diesen Schlüsselbereich der Volkswirtschaft zu schaffen" (Leprich 2005: 17f). Und auch für den Bundesverband Windenergie galt: „Obwohl das EEG ( ) das Recht der Erneuerbaren Energien im Elektrizitätssektor in wesentlichen Teilen regelt, hat die Ausgestaltung des EnWG keine geringere Bedeutung für den weiteren Ausbau der EE" (BWE 2004: 1).

14 Im Sinne von Stellungnahmen, öffentliche Forderungen, Interessenvertretung auf Anhörungen etc.

15 Durch die Härtefallregelung werden energieintensive Unternehmen, d.h. produzierende Betriebe mit besonders hohem Energieverbrauch, von der EEG-Umlage befreit.

16 Diese Präferenz war auf die starke neoliberale Prägung der Kommission durch die Wettbewerbs- und BinnenmarktpolitikerInnen zurückzuführen, die vom zuständigen Kommissar über die Generaldirektion bis hin zur Binnenmarktabteilung innerhalb der GD Energie vertreten wurde (Lauber 2002; Busch 2003). Letztere war für die Entwicklung der EE-Politik auf EU-Ebene in dieser Zeit federführend verantwortlich.

17 Das Parlament, das in vielen politischen Entscheidungen grundsätzlich progressiver als der Rat und die Kommission agiert (Grande/Jachtenfuchs 2000; Oschmann 2002), wurde in dieser Frage maßgeblich durch die Berichterstatterin Mechthild Rothe (MdEP, SPD) geprägt. Sie erreichte zusammen mit einer Vielzahl von Unter-

stützerInnen im zuständigen Ausschuss und im Parlament letztlich eine fraktions-übergreifende Mehrheit, die deutlich ambitioniertere Richtlinienvorschläge in den Prozess einbrachte.

18 Die Richtlinie trat am 27.10.2001 in Kraft. Sie enthält die EU-weiten Zielvorgaben, den Anteil erneuerbarer Energien am gesamten EU-Energieverbrauch bis 2010 auf 12% zu verdoppeln, den EE-Anteil an der Stromproduktion von knapp 14% im Jahr 1997 auf rund 22% im Jahr 2010 zu steigern und indikative Richtziele zur Errei-chung der Gesamtziele für alle Mitgliedsstaaten.

19 Vor dem Hintergrund der fortdauernden Kritik am EEG durch die europäische Ebene hat das BMU noch unter der rot-grünen Bundesregierung zusammen mit Spanien eine so genannte „Feed-in-Kooperation" 2005 gegründet, um das Instru-ment zu verbessern, zu verbreiten und um es politisch zu stärken (BMU/MITYC 2005).

20 CSD steht für „Commission on Sustainable Development", eine UN-Kommis-sion, welche die internationalen Vereinbarungen und Diskussionen zu nachhaltiger Entwicklung vorbereitet und begleitet (http://www.un.org/esa/sustdev/csd/policy. htm).

21 Auf der weniger spektakulären Nachfolgekonferenz BIREC 2005 in China wurde lediglich eine ebenfalls unverbindliche Deklaration verabschiedet und entschieden, den weiteren Prozess in die UN-Kommission für nachhaltige Entwicklung (CSD) hineinzutragen. Positiv bewertet wurde allerdings die Tatsache, dass China neben der Bundesrepublik zu einem wichtigen Impulsgeber in Punkto Ausbauziele erneu-erbarer Energien geworden war (Maier 2005).

22 Eine vergleichbare Gestaltungsmacht hatten BMU und BMZ bei der Gründung des Netzwerks REN21. Durch die Überführung des internationalen Lenkungsaus-schusses der renewables-Konferenz zum zentralen Steuerungsgremium von REN21 und die enge Anbindung an UN-Institutionen (insbesondere UNEP) und die IEA wurde dem Netzwerk jedoch ein ähnlicher „Konsenszwang" durch die breite Stake-holderrepräsentanz auferlegt, wie es bei den Regierungskonferenzen der Fall ist. Seit der offiziellen Etablierung des Netzwerks in dieser Form ist der unmittelbare Ein-fluss des BMU deutlich reduziert. Gegenwärtig leistet REN21 mit seinen globalen Statusberichten und anderen Sonderveröffentlichungen wichtige Informationsbei-träge zur globalen Entwicklung erneuerbarer Energien. Inwieweit es zukünftig eine über die des Informationsdienstleisters hinausgehende Rolle einnehmen kann, ist gegenwärtig unklar.

23 Im Fall der Einführung der Kraft-Wärme-Kopplung war es genau umgekehrt, da die negativ betroffenen EVU sich hier mit einem Bonusmodell besser stellten und dies gegen ein damals politisch favorisiertes Quotenmodell durchsetzten (Traube 1999; Töller 2005). Das Ergebnis führte dazu, dass der KWK-Ausbau trotz einer weiteren Novellierung des entsprechenden Gesetzes nicht vorankommt – was be-deutet, dass die politische Strategie der konventionellen Energiewirtschaft auch hier aufgegangen ist.

7 Die Politik der Anpassung an den Klimawandel

1   Dies umfasst multi- und bilaterale Handelsabkommen im Bereich der Agrarpolitik, der öffentlichen Dienstleistungen und der geistigen Eigentumsrechte, andere UN-Rahmenkonventionen, wie die Konvention über biologische Vielfalt (Convention on Biological Diversity, CBD) oder die Desertifikationskonvention (Convention to Combat Desertification, CCD) sowie internationale Strategien zur Armutsreduzierung, wie die Armutsreduzierungsstrategien (Poverty Reductions Strategy Papers, PRSP) der Weltbank.

2   LDCs beschreibt eine Ländergruppe von gegenwärtig weltweit 50 Ländern, die aufgrund von drei spezifischen Kriterien unter dieser Kategorie des Economic and Social Council of the United Nations (ECOSOC) geführt werden: 1) das jährliche Pro-Kopf Bruttonationaleinkommen (BNE) liegt unter 750 US-Dollar; 2) der Human Assets Index (HAI) basierend auf Indikatoren wie Ernährung, Gesundheit, Bildung und Alphabetisierung ist schwach ausgeprägt; 3) der Economic Vulnerability Index (EVI), basierend u.a. auf der Instabilität der landwirtschaftlichen Produktion, der Exportrate von Gütern und Dienstleistungen, einer geringen Bedeutung nicht-traditioneller ökonomischer Aktivitäten sowie auf einem hohen Bevölkerungsanteil, der aufgrund „natürlicher" Katastrophen von der Zerstörung der livelihood-Strukturen betroffen ist (vgl. unter http://www.un.org/special-rep/ohrlls/ldc/ldc%20criteria.htm, ges. 29.06.2006).

3   Neben den LDCs nennt das IPCC die so genannten „Small Island Developing States" (SIDS), Afrika als Kontinent, die Mega-Delta-Regionen v.a. in Asien sowie die Polarregionen als hochgradig vulnerabel gegenüber den Folgen des Klimawandels (IPCC 2007c; Huq/Ayers 2007).

4   In New Orleans sind die gesellschaftlich differenten Handlungsmöglichkeiten in Folge des Hurrikan Katrina auf unterschiedliche Weise manifest geworden. Statt von einer „natürlich" und „extern" induzierten Tragödie muss viel mehr von einer gesellschaftlich wie politisch produzierten Katastrophe gesprochen werden (Dietz 2006, Davis 2005).

5   Siehe unter http://www.etymonline.com, ges. 13.10.2005.

6   Die Hervorhebung spezifisch betroffener Ländergruppen hat im Kontext der internationalen klimapolitischen Verhandlungen ein bis heute nicht aufgelösten Streit entfacht. So fordern die OPEC-Staaten eine finanzielle Unterstützung durch die westlichen Industrieländer, um ihre potentiellen Einkommensverluste aus einem langfristigen Rückgang der Erdölexporte zu kompensieren und ihre nationalen Ökonomien zu diversifizieren. Eine Forderung die bislang von den Industriestaaten abgelehnt wird, aber immer wieder zu Kontroversen führt, wie auch während der COP 8 in Dehli im Jahr 2002 (vgl. Brunnengräber 2002, 2004).

7   Diese Überschrift lehnt sich an den Titel eines Working Papers von Anett Möhner und Richard J.T. Klein (2007) an, die mit dem Titel „The Global Environment Facility: Funding for Adaptation or Adapting to Funds?" die Vergabepolitik der GEF in den Blick nehmen.

8   So beschreibt das Entwicklungsprogramm der UN (United Nations Development Program/UNDP) den SCCF als „development-focused fund concerned primarily

with activities, programmes and measures in the development sectors most affected by climate change", siehe unterhttp://www.undp.org/gef/adaptation/funds/04_1. htm, ges. 25.07.2007.

9   Vgl. unter http://www.gefweb.org, ges. 22.05.2007.

10 Die Globale Umweltfazilität – kurz GEF – ist eine von der UN 1991 ins Leben gerufene Institution mit dem Ziel, Projekte und Programme zur Umsetzung der sog. Rio-Konventionen (Biodiversität, Klima, Wüstenbildung) sowie im Bereich Schadstoffe, Ozon und internationale Gewässer vor allem in Entwicklungsländern zu finanzieren. Die Mittel hierzu werden von Geberländern – zumeist freiwillig – bereitgestellt. Institutionell ist die GEF bei der Weltbank angesiedelt, jedoch mit einem betont unabhängigen politischen Status (was von einer Reihe von AutorInnen angezweifelt wird). Die von der GEF unterstützten Projekte werden mit Hilfe der sog. „Implementing Agencies" (UNEP und UNDP, der Weltbank und sieben weiteren internationalen Entwicklungs- und Finanzagenturen) in den jeweiligen Antragsländern umgesetzt (vgl. unter http://www.gefweb.org).

11 Die Einnahmen aus der CDM-Abgabe werden bis 2012 auf zwischen 160 und 950 Millionen USD (Müller 2007) bzw. 100 bis 500 Millionen USD seitens der Weltbank (World Bank 2006b) geschätzt. Vor dem Hintergrund, dass CDM-Maßnahmen zu einem Großteil aus Investitionen des Privatsektors gedeckt werden, bewerten einige Autoren diesen Mechanismus als einzigartiges Instrument zur Einbindung und Verantwortungsübernahme des Privatsektors in internationale Vereinbarungen (vgl. Müller 2007). Gleichzeitig existiert die berechtigte Kritik, dass mit der „Privatisierung" der Kosten in Form von CDM und JI auch eine Privatisierung bzw. ein Herausstehlen aus der politisch-historischen Verantwortung des Nordens einhergeht (Gupta 1997). Die bisher nur „mäßigen" Erfolge der CDM-Projekte (tagesanzeiger, 13.06.2007) hinsichtlich lokaler nachhaltiger Entwicklungsimpulse verweisen darüber hinaus auf ein „doppeltes Nicht-Handeln" des Nordens: In Form der Verantwortungsabgabe und in Form einer zweifelhaften und nur eingeschränkt funktionierenden Auslagerung der CO_2-Reduzierungsverplichtung im Rahmen von CDM-Projekten.

12 Die G77, der mittlerweile 130 Staaten angehören ist ein Zusammenschluss der so genannten Entwicklungsländer (incl. LDCs). Die G77 wurde 1964 von damals 77 Staaten am Rande der ersten UN Konferenz zu Handel und Entwicklung (UN Conference on Trade and Development/UNCTAD) in Genf gegründet. Das Ziel dieser „losen" intergouvernementalen Organisation ist es, die Verhandlungsposition der „Länder des Südens" in internationalen, vor allem handels- und wirtschaftspolitischen Verhandlungen zu verbessern und gemeinsame Interessen zu artikulieren (vgl. unter www.g77.org).

13 Sektretariatsfunktionen des Adaptation Fund Board werden ebenfalls von der GEF übernommen.

14 Vgl. unter http://www.undp.org/gef/adaptation/funds/04_1.htm, ges. 25.07.2007.

15 Als National Focul Point wird die staatliche Stelle bezeichnet, die hinsichtlich klimapolitischer Maßnahmen, Regulierungen nach innen (national) und außen (international) über Regelungskompetenz verfügt. Da Klimapolitik in den wenigsten Ländern vor dem Rio- und Kyoto-Prozess institutionell verankert war, wurde in

den meisten Ländern eine klimapolitische Abteilung in den umweltpolitischen Ressorts eingerichtet. Die Rezeption des Klimawandels als Umweltangelegenheiten ist auch in Ländern Afrikas und Lateinamerikas weit verbreitet.

16 Siehe unter http://unfccc.int/adaptation/napas/items/2679.php, ges. 19.11.2007.

17 „The primary use of the APF is to guide studies, projects, planning and policy exercises (collectively referred to hereafter as „projects") toward the identification of appropriate adaptation strategies, policies and measures" (Lim/Spanger-Siegfried 2004). Die Mehrzahl der gegenwärtig in den verschieden Ländern des Südens durchgeführten Analyse- und Planungsprozesse im Bereich Vulnerabilität und Anpassung basieren auf den methodisch-analytischen Vorgaben des APF. Entsprechend ähneln sich die bereits eingereichten NAPAs im Aufbau und im Ergebnis.

18 Besonders hervorzuheben sind hier die Netzwerke Energia und das Gender and Climate Change Netzwerk. Siehe unter http://www.energia.org und http://www.gencc.interconnection.org, ges. 26.10.2007.

19 Siehe unter http://www.globalclimatecampaign.org , ges. 22.11.2007.

20 Siehe unter http://www.altereconews.org, ges. 10.12.2007.

21 Der Human Development Index (HDI) beschreibt den Stand der sozialen und sozioökonomischen Entwicklung eines Landes. Neben ökonomischen Kriterien werden die Lebenserwartung und der Bildungsgrad der Bevölkerung erfasst. Ein HDI < 0,5 steht für eine geringe soziale Entwicklung, während ein HDI > 0,8 hohe soziale Entwicklung ausdrückt. Mit dem 162. Rang rangiert Tansania im unteren Fünftel des UN-Rankings, in dem insgesamt 177 Länder aufgeführt sind (UNDP 2006).

22 Die nationale Armutsgrenze lag für den Zeitraum 2000/2001 bei einem Equivalent von 262 Tsh/Tag/Erwachsener (1 Euro entspricht gegenwärtig 1550 Tsh).

23 Der Gini-Koeffizient ist ein statistisches Maß zur Messung der Einkommensverteilung innerhalb eines Landes. Er kann zwischen 0 und 1 bzw. 0 und 100% liegen. Je näher der Wert eines Landes am Höchstwert 1 bzw. 100 liegt, desto ungleicher ist die Einkommensverteilung.

24 Chama Cha Mapinduzi (CCM) bedeutet übersetzt „Partei der Revolution". Die CCM stellt die dominante politische Kraft in der überschaubaren politischen Parteienlandschaft Tansanias dar (Erdmann 2002). Bei den ersten formal demokratischen Parlamentswahlen 1995 konnte die CCM ca. 60% der abgegebenen Stimmen auf sich vereinen. Bei den letzten Wahlen im Jahr 2005 waren es über 80% aller Stimmen (FES 2005). Vor allem in den ländlichen Regionen erhielten die CCM-Kandidaten bei den Bürgermeisterschaftswahlen nicht selten bis zu 100% der abgegebenen Stimmen.

25 Eine der bis heute für die lokale Bevölkerung wichtigen Einrichtungen auf unterster Ebene bilden die 1964 eingerichteten „Zehn-Häuser-Vertretungen" (Ten-Cell System). Diese „Nachbarschaftsinstitutionen" wurden mit dem Ziel der Mobilisierung zur Selbsthilfe eingerichtet und standen lange Zeit unter dem Vorsitz eines Mitglieds ehem. Einheitspartei. Bis heute existieren diese „Zellen" kommunaler Organisierung, die auch weiterhin eine Organisationseinheit der Regierungspartei CCM darstellen, obwohl Parteimitgliedschaft für die Beteiligung heute kein Zugangskriterium darstellt. Die Teilnahme beruht stärker auf der Grundlage moralischer Verpflichtungen

– eine formale Regelung, die die Teilnahme erforderlich macht oder verlangt existiert nicht. Im gegenwärtigen politischen System und hinsichtlich des „upscalings" politischer Partizipation nehmen die Ten-Cells keinen zentralen Stellenwert ein. Dennoch ermöglichen sie in ländlichen Regionen einen wichtigen informellen nachbarschaftlichen Austausch, wobei Themen aller Art diskutiert werden. So bieten die Ten-Cells Raum für koordinierte Initiativen im Bereich landwirtschaftlicher Produktion oder für Konfliktlösungen (Mukandala 2000).

26 Kinship-Verhältnisse beschreiben vor allem in traditionellen Gesellschaften Verwandschaftsbeziehungen, die das „gemeinsame Überleben und Wohlergehen durch die Produktion von Sicherheit und Gütern mittels Klientelbeziehungen absichern" (Lauth 2004: 192).

27 Jenseits dieses ExpertInnengremiums lagen den von Kristina Dietz zu ihrer Einflussnahme im NAPA-Prozess befragten tansanischen entwicklungs- und umweltpolitischen NGOs wenig bis keine Informationen über den NAPA-Erarbeitungsprozess vor.

28 Im 2005 verabschiedeten Nationalen Entwicklungsplan fehlt eine explizite Integration des Klimathemas. Implizit wird im Cluster „Wachstum und Armutsreduzierung" auf die Gefahr von Dürren als Hemmnis für Armutsreduzierung und Entwicklung hingewiesen (URT 2005).

29 Extreme Armut bezieht sich auf die 1 USD-pro-Kopf-und-Tag-Grenze, während Armut entlang der 2 USD-Grenze definiert wird. Übertragen auf die Pro-Kopf-Kaufkraft pro Monat bedeutete Armut in Nicaragua im Jahr 2005 ein monatliches Einkommen von unter 596,2 Cordoba (ca. 22 Euro). Extreme Armut liegt bei einem monatlichen Einkommen von unter 327,3 Cordoba (ca. 12 Euro) vor (vgl. INIDE 2007).

30 „Remesas" (span.), im Englischen „remittances", im Deutschen „Geldsendungen oder Auslandsüberweisungen" sind Zahlungen von Angehörigen, die als ArbeitsmigrantInnen temporär oder permanent außerhalb des Landes – im Fall von Nicaragua meist in Costa Rica und den USA arbeiten und leben. Im Jahr 2005 lag der Anteil der remesas am nicaraguanischen BIP mit 17,53% etwa so hoch wie der des Landwirtschaftssektors und mit einer Gesamtsumme von 850 Millionen US-Dollar überstiegen die „remesas" die Ausländischen Direktinvestionen um das 2,5-fache, was die sozioökonomische Bedeutung dieser Zahlungen verdeutlicht (vgl. Latin American and Caribbean Center (LACC) der University of Florida, unter h ttp://programaderemesas.org/paises/sp/index_nic_sp.html?l=sp&c=12, ges. 20.11.2007.

31 Gesetz No. 40: Ley de Municipios, verabschiedet am 17. August 1988, reformiert und aktualisiert am 26. August 1997 (La Gaceta 1988).

32 Gesetz No. 475, verabschiedet am 22. Oktober 2003: Ley de Participación Ciudadana (La Gaceta 2003).

33 Auf regionaler Ebene soll ein vergleichbares Komitee divergierende Interessen bündeln, das „Comité de Desarrollo Departamental" (CDD) und auf nationaler Ebene wurde im Zuge der Armutspolitik der ausgehenden 1990er Jahre ein vergleichbares Gremium geschaffen der „Nationale Rat für sozioökonomische Planung" (CONPES) (Prado 2002).

34 Eigene Erhebungen zu den Handlungsspielräumen vulnerabler Bevölkerungsgruppen im Umgang mit Klimaveränderungen wurden in Nicaragua von Kristina Dietz zwischen März und April 2006 durchgeführt. Dabei lag der regionale Schwerpunkt der Felduntersuchungen in der Pazifikregion in den Departementen León und Chinandega. Eine Übertragung der beschriebenen Beobachtungen auf andere Regionen Nicaraguas – insbesondere der Atlantikregion – ist aufgrund unterschiedlicher kultur-historischer, sozioökonomischer sowie geographisch-räumlicher Kontextbedingungen nicht möglich.

35 Vgl. die UNEP-CDM Liste unter http://www.cdmpipeline.org, ges. 27.11.2007.

36 Die Region León/Chinandega im Nordwesten Nicaraguas ist eine von zwei Pilotregionen zur Untersuchung von Vulnerabilität gegenüber Klimawandel („Evaluación de la Vulnerabilidad actual de los Sistemas Hídricos y Agricultura en la Cuenca No. 64", MARENA 2005).

37 Im Spanischen: Coordinadora Civil para la Emergencia y la Reconstrucción.

38 „Country Ownership" versteht sich offiziell und diskursiv nicht als Prozess klassischer, nationalstaatlicher Regierungspolitik sondern als ein gesamtgesellschaftlicher Formulierungs- und Willensbildungsprozess unter Einbeziehungen aller Bevölkerungs- und Interessengruppen (für die Bedeutung der „country ownership" in der Armutspolitik der Weltbank: Thermann 2005)

8 Strategische Selektivitäten und Hegemonie

1 Darauf haben sich, freilich in unverbindlicher Weise, die G8-Regierungen bei ihrem Gipfeltreffen 2005 in Gleneagles, Schottland, verständigt.

2 Diese Diskussionen sind von einer schwierigen Datenlage geprägt, die verschiedene Ursachen hat: Zu den wissenschaftlichen Ursachen bzw. den Problemen in der technischen Erfassung und den Unsicherheiten hinsichtlich der technologischen Entwicklungen kommt hinzu, dass die Prognosen über die geschätzten Reserven die Börsenkurse für die fossilen Energieträger beeinflussen. Folglich bieten die Daten für staatliche wie für privatwirtschaftliche Akteure Grund zur Geheimhaltung, für die ökonomische Instrumentalisierung und die politische Interessenpolitik.

3 Siehe etwa die Bundesanstalt für Geowissenschaften und Rohstoffe (BGR 2004: 22). „Das verbleibende Potenzial an konventionellem Erdöl kann aus geologischer Sicht bei moderatem Anstieg des Erdölverbrauchs in den kommenden Jahren die uneingeschränkte Versorgung mit Erdöl über einen Zeitraum von 10 bis 15 Jahren gewährleisten."

4 Eine Einflussnahme auf die Preisgestaltung und den Mengenverbrauch für die fossilen Energieträger Öl, Gas oder Kohle etwa durch eine veränderte Finanz- und Subventionspolitik wäre ja durchaus möglich gewesen.

5 „Der Begriff 'Leapfrogging' beschreibt die sprunghafte Veränderung einer Gesellschaft oder eines Unternehmens hin zu einem höheren Entwicklungsstand, ohne dass die in anderen Fällen zu beobachtenden Zwischenstufen durchlaufen werden. [ ] Ökologisches Leapfrogging ist somit als Gegenmodell zur nachholenden Entwicklung im klassischen Sinne zu verstehen, nämlich als den Übergang eines Ent-

wicklungslandes direkt in den Status der Nachhaltigkeit, ohne dass auf dem Weg zu mehr Wohlstand die Ressourcen verschwendende Wirtschaftsweise der Industrieländer durchlaufen wird" (http://www.wupperinst.org/globalisierung/html/alt. html, ges. 08.08.2006).

6 Daraus wird das rechtzeitige Vorgehen gegen die Klimaerwärmung abgeleitet. „Je früher mit der Klimaschutzpolitik begonnen wird, desto weniger Klimaschäden werden in späteren Jahrzehnten auftreten. Die Kosten aktiver Klimaschutzpolitik, mit der heute begonnen wird, würden global etwa 430 Mrd. US-Dollar im Jahre 2050 und ca. 3 Bill. US-Dollar im Jahre 2100 betragen. Eine Klimaschutzpolitik, die erst im Jahre 2025 einsetzt, würde Mehrkosten von bis zu 50 Mrd. US-Dollar im Jahre 2050 und 340 Mrd. US-Dollar im Jahre 2100 bedeuten" (Kemfert 2005: 1).

7 Diese allgemeinen Schadensberechnungen werden gerne um konkrete Beispiele ergänzt. Der ehemalige Direktor des Umweltprogramms der UN, Klaus Töpfer, ist der Auffassung, dass die wirtschaftlichen Folgen allein des Korallensterbens so immens seien, dass Regierungen es sich gar nicht leisten dürften, das Klima weiterhin zu belasten. Auf 500.000 Euro pro Quadratkilometer schätzen UNEP-ExpertInnen den volkswirtschaftlichen Wert eines Riffs (www.unep.org).

8 Die property rights-Theorie beschreibt, wie bestimmte Verfügungsrechte an Ressourcen ökonomisch, rechtlich und sozial institutionalisiert werden, d.h. sie gibt an, inwieweit verschiedene Wirtschaftssubjekte Handlungsrechte und Handlungsmöglichkeiten bzgl. der vorhandenen Ressourcen besitzen.

9 Das Wort „Luftverschmutzungsrechte" wurde zum Unwort des Jahres 2004, nicht nur, weil es nach Meinung der Jury ein „ökologisches Unding" sei, sondern es trage vielmehr dazu bei, Treibhausgasemissionen für unbedenklich zu halten, nur weil ihr Handel rechtlich geregelt wird (vgl. www.unwortdesjahres.org).

10 Ottmar Edenhofer etwa ist in einem Beitrag über „nachhaltige Klima- und Energiepolitik" der Überzeugung, „( ) dass wir zwischen Wachstum ohne Klimaschutz und Klimaschutz ohne Wachstum – zwischen Pest und Cholera – nicht wählen müssen und darum auch nicht wählen dürfen" (Edenhofer 2003: 26).

Literatur

Adger, Neil; Huq, Saleemul; Brown, Katrina; Conway, Declan; Hulme, Mike (2003): Adaptation to Climate Change in the Developing World. In: *Progress in Development Studies* 3 (3), S. 179-195.

Adger, Neil; Kelly, Mick (1999): Social Vulnerability to Climate Change and the Architecture of Entitlements. In: *Mitigation and Adaptation Strategies for Global Change* 4 (3-4), S. 253-266.

Altvater, Elmar (2003): Was passiert, wenn öffentliche Güter privatisiert werden? In: *Peripherie* 90 (91), S. 171-201.

Altvater, Elmar (2005): Das Ende des Kapitalismus wie wir ihn kennen; Münster.

Altvater, Elmar (2006): The Social and Natural Environment of Fossil Capitalism. In: Panitch, Leo; Leys, Colin (Hrsg.) (2006): *Socialist Register* 2007: Coming to Terms with Nature; London/New York/Halifax, S. 37-71.

Altvater, Elmar (2008): Kohlenstoffzyklus und Kapitalkreislauf – eine „Tragödie der Atmosphäre". In: Altvater, Elmar; Brunnengräber, Achim (Hrsg.) (2008): Ablasshandel gegen Klimawandel? Marktbasierte Instrumente in der globalen Klimapolitik und ihre Alternativen; Hamburg, S. 149-168.

Altvater, Elmar; Brunnengräber, Achim (Hrsg.) (2008): Ablasshandel gegen Klimawandel? Marktbasierte Instrumente in der globalen Klimapolitik und ihre Alternativen; Hamburg.

Andonova, Liliana B. (2005): Multi-level Governance: The Case of Climate Change; Colby College.

AP; Reuters (2007): Gabriel: EZB soll Emissionshandel beaufsichtigen. „Selbst Monopoly ist transparenter" – Umweltminister der G8 treffen sich in Potsdam. In: *Handelsblatt* 16.03.2007, S. 6.

Bache, Ian; Flinders, Matthew (2004a): Multi-level Governance: Conclusions and Implications. In: Bache, Ian; Flinders, Mattew (Hrsg.): Multi-level Governance; Oxford, S. 195-206.

Bache, Ian; Flinders, Matthew (2004b): Themes and Issues in Multi-level Governance. In: Bache, Ian; Flinders, Matthew (Hrsg.): Multi-level Governance; Oxford, S. 1-11.

Bache, Ian; Flinders, Matthew (Hrsg.): (2004c): Multi-level Governance; Oxford.

Bachram, Heidi; Bekker, Jessica; Clayden, Lisa; Hotz, Christina; Ma'anit, Adam (2003): The Sky is Not the Limit: The Emerging Market in Greenhouse Gases. TNI Briefing Series No. 1/2003; Amsterdam.

Bals, Christoph (2007): Klimagipfel in Bali: Startpunkt für entscheidende Schritte zu einem emissionsarmen Wohlstandsmodell? Bis 2009 soll ein wegweisendes Post-

2012-Abkommen unter Dach und Fach sein. Germanwatch Hintergrundpapier; Bonn, Berlin.

Barnett, Jon (2001): Adapting to Climate Change in Pacific Island Countries: The Problem of Uncertainty. In: *World Development* 29 (6), S. 977-993.

Bauriedl, Sybille; Wissen, Markus (2002): Nachhaltigkeit als Konfliktterrain. Post-for-distische Transformation und Repräsentationen von Natur in der Metropolregion Hamburg. In: *Geographische Revue* 2, S. 35-56.

BCSE (Hrsg.) (2006): Show me the money. An assessment of the opportunities for sustainable energy businesses created by current international mechanisms designed to fund projects that reduce greenhouse gas emissions. BCSE report, May 2006.

BDE (Bund der Energieverbraucher) (2004): Renewables 2004. Rubrik Erneuerbare Energien, Seite 1311, unter http://www.energieverbraucher.de, ges. 26.4.2007

BDI (1997): Durchbruch in Kyoto doch noch gelungen. BDI-Präsident Hans-Olaf Henkel: Ein wichtiger erster Schritt, um mögliche Klimaänderungen realistisch anzugehen!

Bechberger, Mischa (2001): Das Erneuerbare-Energien-Gesetz (EEG): Eine Analyse des Politikformulierungsprozesses. In: *Vorgänge* Nr. 1/2001, S. 28-35.

Beck, Ulrich (2008): Klimapolitik. Kosmopolitische Realitäten. In: *FR-online*, unter http://www.fr-online.de/in_und_ausland/kultur_und_medien/feuilleton/?em_cnt=1275345, ges. 12.02.2008

Becker, Egon; Jahn, Thomas (1987): Soziale Ökologie als Krisenwissenschaft; Frankfurt am Main.

Becker, Egon; Jahn, Thomas (Hrsg.) (2006): Soziale Ökologie: Grundzüge einer Wissenschaft von den gesellschaftlichen Naturverhältnissen; Frankfurt am Main/New York.

Becker, Peter (2005): Wer ist der Gesetzgeber im Energiewirtschaftsrecht. In: *Zeitschrift für neues Energierecht ZNER* Nr. 2, S. 108-118.

BEE (Bundesverband Erneuerbare Energien) (2006): Klimaschutzziel 2012 allein mit Erneuerbaren Energien zu erreichen; Informationskampagne für Erneuerbare Energien: Hintergrundinformation, 18.12.2006, unter http://www.energie-antworten. de, ges. 24.03.2007.

BEE (Bundesverband Erneuerbare Energien) (2008): Erneuerbare Energien: Rekordwerte trotz gebremsten Wachstums. Pressemitteilung, 08.01.2008, unter http://www.bee-ev.de, ges. 08.01.2008.

Beisheim, Marianne (2005): NGOs und die (politische) Frage nach ihrer Legitimation. Das Beispiel Klimapolitik. In: Brunnengräber, Achim; Klein, Ansgar; Walk, Heike (Hrsg.) (2005): NGOs im Globalisierungsprozess. Mächtige Zwerge – umstrittene Riesen; Wiesbaden, S. 242-265.

Beisheim, Marianne; Dreher, Sabine; Walter, Gregor; Zangl, Bernhard; Zürn, Michael (Hrsg.) (1998): Im Zeitalter der Globalisierung? Thesen und Daten zur gesellschaftlichen und politischen Denationalisierung; Baden-Baden.

Benz, Arthur (1998): Politikverflechtung ohne Politikverflechtungsfalle – Koordination und Strukturdynamik im europäischen Mehrebenensystem. In: *Politische Vierteljahresschrift* Nr. 39, S. 558-589.

Benz, Arthur (2000): Entflechtung als Folge von Verflechtung. Theoretische Überlegungen zur Entwicklung des europäischen Mehrebenensystems. In: Grande, Edgar; Jachtenfuchs, Markus (Hrsg.): Wie problemlösungsfähig ist die EU? Regieren im europäischen Mehrebenensystem; Baden-Baden, S. 141-163.

Benz, Arthur (2004a): Governance – Modebegriff oder nützliches sozialwissenschaftliches Konzept? In: Benz, Arthur (Hrsg.): Governance – Regieren in komplexen Regelsystemen; Wiesbaden, S. 11-28.

Benz, Arthur (2004b: Multilevel Governance – Governance in Mehrebenensystemen. In: Benz, Arthur (Hrsg.): Governance – Regieren in komplexen Regelsystemen; Wiesbaden, S. 125-146.

Benz, Arthur; Lütz, Susanne; Schimank, Uwe; Simonis, Georg (Hrsg.) (2007): Handbuch Governance. Theoretische Grundlagen und empirische Anwendungsfelder; Wiesbaden.

BGR (Bundesanstalt für Geowissenschaften und Rohstoffe) (2004): Reserven, Ressourcen und Verfügbarkeit von Energierohstoffen 2004; Stuttgart.

Bieling, Hans-Jürgen (2006): Die Konstitutionalisierung der Weltwirtschaft als Prozess hegemonialer Verstaatlichung – staatstheoretische Reflexionen aus der Perspektive einer neo-gramscianischen IPÖ. In: Buckel, Sonja; Fischer-Lescano, Andreas (Hrsg.) (2006): Die Organisation der Hegemonie. Zum Staatsverständnis Antonio Gramscis; Baden-Baden (im Erscheinen).

Biesecker, Adelheid; Winterfeld, Uta v. (2008): Wider die Kolonialisierung im Klimaregime. In: Altvater, Elmar; Brunnengräber, Achim (Hrsg.) (2008): Ablasshandel gegen Klimawandel? Marktbasierte Instrumente in der globalen Klimapolitik und ihre Alternativen. Hamburg, S. 185-198.

Birol, Fatih (2008): Interview geführt von Astrid Schneider unter dem Titel „Die Sirenen schrillen". In: *Internationale Politik* (April 2008); S. 34-45.

Bischoff-Peters, Uta (2004): Zivilgesellschaftliche Demokratiepotenziale im postsandinistischen Nicaragua; Münster.

Blaikie, Piers; Cannon, Terry; Davis, Ian; Wisner, Ben (1994): At Risk. Natural hazards, people's vulnerability, and disasters; London/New York.

BMU (Bundesministerium für Umwelt, Naturschutz und Reaktorsicherheit) (1992): Umweltpolitik. Konferenz der Vereinten Nationen für Umwelt und Entwicklung im Juni 1992 in Rio de Janeiro. Klimakonvention, Konvention über die biologische Vielfalt, Rio-Deklaration, Walderklärung; Bonn.

BMU (2004): Umweltpolitik. Umweltbewusstsein in Deutschland 2004; Berlin.

BMU (2007a): Obergrenze für CO_2-Ausstoß wird abgesenkt. Bundesumweltministerium überarbeitet Allokationsplan. Pressemitteilung Nr. 040/07, 09.02.2007.

BMU (2007b): Erneuerbare Energien in Zahlen – nationale und internationale Entwicklung. Stand Januar 2007, unter http://www.erneuerbare-energien.de, ges. 01.02.2007.

BMU; BMZ (Bundesministerium für Umwelt, Naturschutz und Reaktorsicherheit; Bundesministerium für wirtschaftliche Zusammenarbeit und Entwicklung) (2003a): First Meeting of the International Steering Committee (ISC), Minutes, 11-

12.06.2003; International Conference for Renewable Energies, Bonn, unter http://www.renewables2004.de, ges. 25.04.2007.

BMU; BMZ (Bundesministerium für Umwelt, Naturschutz und Reaktorsicherheit; Bundesministerium für wirtschaftliche Zusammenarbeit und Entwicklung) (2003b): Zusammenfassung 1. Sitzung des Nationalen Begleitkreises, 26. Mai 2003; Internationale Konferenz für Erneuerbare Energien, BMZ, Dienststelle Berlin, unter http://www.renewables2004.de, ges. 25.04.2007.

BMU; BMZ (Bundesministerium für Umwelt, Naturschutz und Reaktorsicherheit; Bundesministerium für wirtschaftliche Zusammenarbeit und Entwicklung) (2004a): 3rd Meeting of the International Steering Committee (ISC), Minutes, 01-02.04.2004; International Conference for Renewable Energies, Eltville, unter http://www.renewables2004.de, ges. 25.04.2007.

BMU; BMZ (Bundesministerium für Umwelt, Naturschutz und Reaktorsicherheit; Bundesministerium für wirtschaftliche Zusammenarbeit und Entwicklung) (2004b): Zusammenfassung 3. Sitzung des Nationalen Begleitkreises, 17.03.2004; Internationale Konferenz für Erneuerbare Energien, Berlin, unter http://www.renewables2004.de, ges. 25.04.2007.

BMU; MITYC (Bundesministerium für Umwelt, Naturschutz und Reaktorsicherheit; Ministerium für Industrie, Fremdenverkehr und Handel des Königreichs Spanien) (2005): Gemeinsame Erklärung zwischen dem Ministerium für Industrie, Fremdenverkehr und Handel des Königreichs Spanien und dem Bundesministerium für Umwelt, Naturschutz und Reaktorsicherheit der Bundesrepublik Deutschland über die Zusammenarbeit bei der Entwicklung und Förderung eines Einspeisungssystems zur intensiveren Nutzung erneuerbarer Energiequellen bei der Stromerzeugung, unter http://www.feed-in-cooperation.org, ges. 17.01.2007.

BMZ (Bundesministerium für wirtschaftliche Zusammenarbeit und Entwicklung) (2007): Erneuerbare Energien in der deutschen Entwicklungszusammenarbeit. BMZ Materialen, Nr. 158, unter http://www.bmz.de, ges. 05.07.2007.

Bojanowski, Axel (2007): Der Klimabasar. In: *Die Zeit* 01.02.2007, S. 5.

Borg, Erik (2001): Steinbruch Gramsci. Hegemonie im internationalen politischen System. *Sozialistische Positionen* 10/2001.

Bostrom, Ann; Morgan, M. Granger; Fischhoff, Baruch; Read, Daniel (1994): What Do People Know about Global Climate Change? Part 1: Mental Models. In: *Risk Analysis* 14 (6), S. 959-970.

Boyer, Robert (2005): How and why Capitalism Differ, *MPIfG Discussion Paper* 05/4; Köln.

Bradshaw, Sarah (2002): Exploring the gender dimensions of reconstruction processes post-hurricane Mitch. In: *Journal of International Development* 14, S 871-879.

Bradshaw, Sarah; Linneker, Brian (2003): Civil society responses to poverty reduction strategies in Nicaragua. In: *Progress in Development Studies* 3, S 147-158.

Bradshaw, Sarah; Linneker, Brian; Zúniga, Rebeca (2002): Social Roles and Spatial Relations of NGOs and Civil Society: Participation and Effectiveness in Central America Post Hurricane „Mitch". In: McIlwaine, Cathy; Willis, Katie (eds) Challenges and Change in Middle America: Perspectives on Development in Mexico, Central America and the Caribbean, Harlow.

Brand, Karl-Werner (1995): Der ökologische Diskurs. Wer bestimmt Themen, Formen und Entwicklung der öffentlichen Umweltdebatte? In: de Haan, Gerhard (Hrsg.): Umweltbewusstsein und Massenmedien: Perspektiven ökologischer Kommunikation; Berlin, S. 47-59.

Brand, Karl-Werner; Warsewa, Günter (2003): Lokale Agenda 21: Perspektiven eines neuen Politiktypus. In: *GAIA* 2 (1), S. 15-23.

Brand, Ulrich; Görg, Christoph (2003): Postfordistische Naturverhältnisse; Münster.

Brand, Ulrich; Raza, Werner (2003): Fit für den Postfordismus? Theoretisch-politische Perspektiven des Regulationsansatzes; Münster.

Braun, Marcel; Santarius, Tilman (2007): Erfolgsstory Emissionshandel? Prüfstein für Souveränität, Demokratie und Verflechtung. In: Brunnengräber, Achim; Walk, Heike (Hrsg.): Multi-Level-Governance. Umwelt-, Klima- und Sozialpolitik in einer interdependenten Welt, Schriften zur Governance-Forschung; Baden-Baden, S. 99-128.

Brenner, Neil (1997): Globalisierung und Reterritorialisierung: Städte, Staaten und die Politik der räumlichen Redimensionierung im heutigen Europa. In: *WeltTrends* 17 (Winter), S. 7-30.

Brenner, Neil (1998): Global cities, glocal states: global city formation and state territorial restructuring in contemporary Europe. In: *Review of International Political Economy* 5:1, (Spring), S. 1-37.

Brenner, Neil (2001): The limits to scale? Methodological reflections on scalar structuration. In: *Progress in Human Geography* 25 (4), S. 591-614.

Brenner, Neil; Jessop, Bob; Jones, Martin; McLeod, Gordon (Hrsg.) (2003): State/Space. A Reader; Malden, USA/Oxford, UK/Victoria, Australia/Berlin, Germany.

Bröer, Guido (2004): Aufbruchstimmung in Bonn. In: *Solarthemen* Nr. 185, 10.06.2004, S. 1.

Brouns, Bernd (2003): Overwiev of ongoing activities on the future design of the climate regime. Wuppertal, S. 1-19.

Brouns, Bernd (2004): Was ist gerecht? Nutzungsrechte an natürlichen Ressourcen in der Klima- und Biodiversitätspolitik. *Wuppertal Paper* 146; Wuppertal.

Brouns, Bernd; Ott, Hermann; Sterk, Wolfgang; Wittneben, Bettina (2004): „It Takes Two to Tango" – US Stalls as EU Awaits a Change of Heart at the Climate Conference in Buenos Aires; Buenos Aires.

Brouns, Bernd; Witt, Uwe (2008): Klimaschutz als Gelddruckmaschine. In: Altvater, Elmar; Brunnengräber, Achim (Hrsg.) (2008): Ablasshandel gegen Klimawandel? Marktbasierte Instrumente in der globalen Klimapolitik und ihre Alternativen; Hamburg, S. 67-87.

Bruckner, Thomas; Schellnhuber, Hans Joachim (2006): Globaler Klimawandel – Aktueller Stand der wissenschaftlichen Diskussion. In: Pöschk, J. (Hrsg.) (2006): Energieeffizienz in Gebäuden. Jahrbuch 2006; Berlin, S. 65-76.

Brummer, Klaus; Weiss, Stefani (2007): Europa im Wettlauf um Öl und Gas. Leitlinien einer europäischen Energieaußenpolitik; Gütersloh, unter http://www.bertelsmann-stiftung.de, ges. 16.06.2007.

Brunnengräber, Achim (1997): „Global Governance" oder die Notwendigkeit eines neuen Globalkonzeptes – diskutiert am Beispiel der internationalen Klimapolitik. In: Altvater, Elmar et al. (Hrsg.) (1997): Vernetzt und Verstrickt; Münster, S. 257-292.

Brunnengräber, Achim (2002a): Umwelt- oder Gesellschaftskrise? Zur politischen Ökonomie des Klimas. In: Brand, Ulrich; Görg, Christoph (Hrsg.) (2002): Mythen globalen Umweltmanagements; Münster, S. 192-215.

Brunnengräber, Achim (2002b): Lautloser Abgesang. Klimaverhandlungen in Neu Delhi (COP 8). In: *Informationsbrief Weltwirtschaft und Entwicklung (W & E)* 11-12/2002, S. 8.

Brunnengräber, Achim (Hrsg.) (2003): Globale öffentliche Güter unter Privatisierungsdruck; Münster.

Brunnengräber, Achim (2004): Dies- und jenseits von Kyoto: Klimapolitik im Mehrebenensystem. In: *Informationsbrief Weltwirtschaft und Entwicklung (W & E)* 1/2004, S. 1-2.

Brunnengräber, Achim (2006): The Political Economy of the Kyoto Protocol. In: Panitch, Leo; Leys, Colin (Hrsg.): Coming to Terms with Nature. *Socialist Register* 2007; London/New York/Halifax, S. 213-230.

Brunnengräber, Achim (2007a): Multi-Level Climate Governance. Strategische Selektivitäten in der internationalen Politik, in: Brunnengräber, Achim; Walk, Heike (Hrsg.) (2007): Multi-Level-Governance. Umwelt-, Klima- und Sozialpolitik in einer interdependenten Welt; Baden-Baden, S. 207-228.

Brunnengräber, Achim (2007b): Die Klima- und Energiepolitik der G8: Energiesicherheit vor Klimaschutz. In: *Informationsbrief Weltwirtschaft und Entwicklung (W & E)* 03-2004, S. 4-5.

Brunnengräber, Achim (2008): Global Climate Governance. Eine Mehrebenenanalyse der politischen Ökonomie des Klimas München (Habilitationsschrift Politik- und Sozialwissenschaften, Freie Universität Berlin); München (in Vorbereitung).

Brunnengräber, Achim; Beisheim, Marianne (2006): Eine Runde der Abnicker? In: *Blätter für deutsche und internationale Politik* 12/2006, S. 1499-1506.

Brunnengräber, Achim; Dietz, Kristina; Hirschl, Bernd; Walk, Heike (2004): Interdisziplinarität in der Governance-Forschung, Diskussionspapier 01/2004, BMBF-Projekt „Global Governance und Klimawandel"; Berlin.

Brunnengräber, Achim; Dietz, Kristina; Weber, Melanie (2004): Ratifizierung des Kyoto-Protokolls: Doch was bleibt übrig vom Klimaschutz? In: *Informationsbrief Weltwirtschaft und Entwicklung (W & E)* 11/2004, S. 3-4.

Brunnengräber, Achim; Görg, Christoph; Burchardt, Hans-Jürgen (2008): Mit mehr Ebenen zu mehr Gestaltung? Multi-Level-Governance in der transnationalen Sozial- und Umweltpolitik; Baden-Baden.

Brunnengräber, Achim; Klein, Ansgar; Walk, Heike (Hrsg.) (2001): NGOs als Legitimationsressource. Zivilgesellschaftliche Partizipationsformen im Globalisierungsprozess; Opladen.

Brunnengräber, Achim; Klein, Ansgar; Walk, Heike (Hrsg.) (2005): NGOs im Globalisierungsprozess. Mächtige Zwerge – umstrittene Riesen; Wiesbaden.

Brunnengräber, Achim; Walk, Heike (2007): Multi-Level-Governance. Umwelt-, Klima- und Sozialpolitik in einer interdependenten Welt; Baden-Baden.

Brunnengräber, Achim; Weber, Melanie (2004): Klimawandel als Krise gesellschaftlicher Naturverhältnisse. Zur Mehrebenenstruktur in der Klimapolitik. In: *Widerspruch* 24, (47/04), S. 108-118.

Bryant, Raymond L.; Bailey, Sinéad (1997): Third World Political Ecology; London/New York.

BUND (2007a): Bundeswirtschaftsminister Glos dünnt EU-Energiekonzept aus. Pressemitteilung 15.02.2007; Berlin.

BUND (2007b): Europa setzt sich verbindliche Ziele für den Klimaschutz und den Ausbau der erneuerbaren Energien. BUND-Bewertung der Beschlüsse des EU-Energie-Frühjahrsgipfels. Stand 23. März 2007; Berlin.

Bundesregierung (2007): Zusammenfassung des Vorsitzes, G8-Gipfel Heiligendamm, 08.06.2007.

Burton, Ian; Aalst, Maarten van (2004): Look Before You Leep. A Risk Management Approach for Incorporating Climate Change Adaptation in World Bank Operations; Washington D.C.

Busch, Per-Olof (2003): Die Diffusion von Einspeisevergütungen und Quotenmodellen: Konkurrenz der Modelle in Europa; Forschungsstelle für Umweltpolitik FFU, FU Berlin (Hrsg): Report 03-2003; Berlin.

Bush, George W. (2001): Letter from the President to Senators Hagel, Helms, Craig, and Roberts. Office of the Press Secretary, March 13, 2001. The White House.

BWE (Bundesverband WindEnergie) (2004): Position des Bundesverbands WindEnergie zur Novelle des Energiewirtschaftsgesetzes. Positionspapier, Stand 07.09.2004, http://www.wind-energie.de, ges. 03.11.2006.

Calder, Nigel (1997): Die launische Sonne widerlegt Klimatheorien; Wiesbaden.

CAN (Climate Action Network) (2003): A Viable Global Framework for Preventing Dangerous Climate Change, unter http://www.climatenetwork.org, ges. 22.04.2004

Carter, T. L; Parry, M. L; Nishioka, S.; Harasawa, H. (1994): Technical Guidlines for Assessing Climate Change Impacts and Adaptations. Report of Working Group; London.

Carvalho, Anabela; Burgess, Jacquelin (2005): Cultural Circuits of Climate Change in U.K. Broadsheet Newspapers, 1985-2003. In: *Risk Analysis* 25 (6), S. 1457-1469.

Chorus, Silke (2006): Regulation und Geschlecht. Regulationstheorie und Geschlechterdimensionen kapitalistischer Ökonomien im Fordismus und Postfordismus; Berlin.

Clancy, Joy; Oparaocha, Sheila; Röhr, Ulrike (2004): Gender Equity and Renewable Energies; Bonn, unter http://www.renewables2004.de, ges. 04.06.2007.

Constantelos, John (1996). „Multi-level lobbying in the European Union. A paired sectoral comparison across the French-Italian border. „ In: *Regional and Federal Studies* 6 (3), S. 28-55.

Cooksey, Brian; Kikula, Idris (2005): When Bottom-Up meets Top-Down: The Limits of Local Participation in Local Government Planning in Tanzania; Dar es Salaam.

Cutter, Susan L. (2005): The Geography of Social Vulnerability: Race, Class and Catastrophe, unter http://understandingkatrina.ssrc.org, ges. 21.12.2006.

Davis, Mike (2004): Die Geburt der Dritten Welt. Hungerkatastrophen und Massenvernichtung im imperialistischen Zeitalter; Berlin.

Davis, Mike (2005): Kein Heimatschutz für New Orleans. In: *Le Monde Diplomatique* 14.10.2005, S. 1, 14-15.

Deffeyes, Kenneth S. (2005): Beyond Oil. The View from Hubbert's Peak; New York.

Dehmer, Dagmar (2002): Ausgebremst: Weltgipfel in Johannesburg verpasst die Chance, den Ausbau der Ökoenergien voranzutreiben. In: *Neue Energie* Nr. 12/2002, Heft 10, S. 6-7.

DEHSt (Deutsche Emissionshandelsstelle) (2005): Ein Jahr Emissionshandel für den Klimaschutz. Positive Bilanz für das erste Jahr Pressemitteilung 077/2005, Umweltbundesamt; Berlin.

DEHSt (2007): Emissionshandel: CO2-Emissionen 2006 – Auswertung der Ist-Emissionen des Emissionshandelssektors im Jahr 2006 in Deutschland, Stand 14.05.2007, Umweltbundesamt; Berlin.

Demeritt, David (2001): The Construction of Global Warming and the Politics of Science. In: *Annals of the Association of American Geographers* 91 (2), S. 307-337.

Denton, Fatma (2004): Gender and Climate Change: Giving the „Latecomer" a Head Start. In: *IDS Bulletin* 35 (3), S. 42-49.

Denton, Fatma; Parikh, Jyoti (2003): Gender – a forgotten element. In: *Tiempo. A bulletin on climate and development* (47), unter http://www.cru.uea.ac.uk/tiempo/portal/archive/issue47/t47a6.htm, ges. 24.5.2005

Dietz, Kristina (2006): Vulnerabilität und Anpassung gegenüber Klimawandel aus Sozial-ökologischer Perspektive, Diskussionspapier 01/06, BMBF-Projekt „Global Governance und Klimawandel", Berlin.

Dietz, Kristina (2007): Vulnerabilität und Anpassung gegenüber Klimawandel. Ansatzpunkte für eine Multi-Level-Governance Analyse aus der Perspektive der Problemkonstitution. In: Brunnengräber, Achim; Walk, Heike (Hrsg.) (2007): Multi-Level-Governance. Umwelt-, Klima- und Sozialpolitik in einer interdependenten Welt, Schriften zur Governance-Forschung; Baden-Baden, S.161-187.

Dietz, Kristina; Brunnengräber, Achim (2008): Der Bali-Konsens als Problem. In: *Informationsbrief Weltwirtschaft und Entwicklung (W & E)* 01 (2008), S. 1-2.

Dietz, Kristina; Scholz, Imme (2008): Anpassung an Klimawandel – eine „neue" Qualität von Multi-level Governance im Nord-Süd Kontext? In: Brunngräber, Achim; Burchardt, Hans-Jürgen; Görg, Christoph (Hrsg.): Mit mehr Ebenen zu mehr Gestaltung? Multi-Level-Governance in der transnationalen Sozial- und Umweltpolitik; Baden-Baden (in Vorbereitung).

Dietz, Kristina; Vogelpohl, Karin (2005): Raumtheoretische Überlegungen zum Konflitktfeld Klima: Diskussionspapier 02/05, BMBF-Projekt „Global Governance und Klimawandel"; Berlin.

DIW (Deutsches Institut für Wirtschaftspolitik) (2006): Trotz Klimaschutzabkommen: Weltweit steigende CO_2-Emissionen. *DIW-Wochenbericht*, Nr. 35/2006.

DNR (2007): Nationale Allokationspläne müssen nachgebessert werden. EU-Kommission weist Pläne von zehn Mitgliedstaaten zurück. Ausgabe 12.06/01.07, EU-Rundschreiben.

DUH (Deutsche Umwelthilfe)(2007): Koalition muss bei CO2-Verschmutzungsrechten dem Druck der Kohle-Lobby widerstehen. Pressemitteilung 18.06.2007.

Dunlap, Riley (1998): Lay Perceptions of Global Risk: Public Views of Global Warming in Cross-National Context. In: *International Sociology* 13 (4), S. 349-363.

Edenhofer, Ottmar (2003): Wege zu einer nachhaltigen Klima- und Energiepolitik. In: *Aus Politik und Zeitgeschichte* B27, S. 18-26.

EEA (2006): Greenhouse gas emission trends and projections in Europe 2006, EEA Report No 9/2006.

Eising, Rainer (2004): Multilevel Governance and Buisiness Interests in the European Union. In: *Governance. An International Journal of Policy, Administration and Institutions* 17 (2), S. 211-245.

Elliesen, Tillmann (2007): Reformbedarf beim Emissionshandel. Stanford-Wissenschaftler sorgt mit einer Kosten-Nutzen-Analyse für Aufsehen in der klimapolitischen Debatte. In: *Frankfurter Rundschau* 21.02.2007, S. 5.

Elliott, Lorraine (2002): Global Environmental Governance. In: Wilkinson, Rorden; Hughes, Steve (Hrsg.) (2002): Global Governance: Critical Perspectives; London, S. 57-74.

Enarson, Elaine; Morrow, Betty (1998): „Why Gender, Why Women?" An Introduction to Women and Disaster. In: Enarson, Elaine; Morrow, Betty (Hrsg.) (1998): The Gendered Terrain of Disaster. Through Women's Eyes; Westport, Connecticut.

Engels, Anita; Weingart, Peter (1997): Die Politisierung des Klimas. Zur Entstehung von anthropogenem Klimawandel als politischem Handlungsfeld. In: Hiller, Petra; Krücken, Georg (Hrsg.) (1997): Risiko und Regulierung. Soziologische Beiträge zu Technikkontrolle und präventiver Umweltpolitik; Frankfurt am Main, S. 90-115.

Erdmann, Gero (2002): Tansania: Informelle und formelle gesellschaftliche Verankerung politischer Parteien in Afrika; Hamburg.

Eriksen, Siri E.H.; Brown, Katrina; Kelly, Mick (2005): The dynamics of vulnerability: locating coping strategies in Kenya and Tanzania. In: *The Geographical Journal* 171 (4), S.287-305.

Eriksen, Siri E.H.; Klein, Richard J. T.; Ulsrud, Kirsten; Naess, Lars Otto; O'Brien, Karen (2007): Climate Change Adaptation and Poverty Reduction: Key interactions and critical measures; Oslo.

Espinosa, Gabriela; Palacioas Mayorga, Juan Rafael; Lopéz Carrión, Nehemías Obed (2004): Descentralización y desarrollo económico local en Nicaragua; Managua.

EuGH (Europäischer Gerichtshof) (2001): Urteil vom 13.03.2001 in der Rechtssache C-379/98 (PreußenElektra vs. Schleswag), unter http://curia.europa.eu, ges. 12.3.2007.

Europäische Kommission (1999): Mitteilung der Kommission an den Rat und das Europäische Parlament – „Vorbereitungen für die Umsetzung des Kyoto-Protokolls", KOM/99/0230 endg.; Brüssel.

Europäische Kommission (2004): Der Anteil erneuerbarer Energien in der EU. Bericht der Kommission gemäß Artikel 3 der Richtlinie 2001/77/EG, Bewertung der Auswirkung von Rechtsinstrumenten und anderen Instrumenten der Gemeinschaftspolitik auf die Entwicklung des Beitrags erneuerbarer Energiequellen in der EU und Vorschläge für konkrete Maßnahmen. Mitteilung der Kommission an den Rat und das Europäische Parlament; KOM(2004) 366 endg., SEK(2004) 547, Brüssel 26.05.2004, unter http://eur-lex.europa.eu, ges. 12.03.2007.

Europäische Kommission (2005): Förderung von Strom aus erneuerbaren Energiequellen (Mitteilung der Kommission); KOM(2005) 627 endg., SEK(2005) 1571, Brüssel 07.12.2005, unter http://eur-lex.europa.eu, ges. 12.03.2007.

Europäische Kommission (2006): EU-Emissionshandelssystem liefert erste überprüfte Emissionsdaten für Anlagen. Pressemitteilung, IP/06/612, 15.05.2006; Brüssel.

Europäische Kommission (2007a): Eine Energiepolitik für Europa (Mitteilung der Kommission an den Europäischen Rat und das Europäische Parlament), KOM (2007) 1 endgültig, SEK(2007) 12, 10.01.2007; Brüssel.

Europäische Kommission (2007b): Fahrplan für erneuerbare Energien – Erneuerbare Energien im 21. Jahrhundert: Größere Nachhaltigkeit in der Zukunft (Mitteilung der Kommission an den Rat und das Europäische Parlament); KOM (2006) 848 endgültig, SEK(2006) 1719, SEK(2006) 1720, SEK(2007) 12, Brüssel 10.01.2007, unter http://ec.europa.eu/energy, ges. 20.01.2007.

Europäische Kommission (2008a): 20 und 20 bis 2020. Chancen Europas im Klimawandel. Kommission der Europäischen Gemeinschaften, KOM (2008) 30 endgültig 2007; Brüssel.

Europäische Kommission (2008b): Klimawandel und internationale Sicherheit. Papier des Hohen Vertreters und der Europäischen Kommission für den Europäischen Rat, S113/08, 14, März 2008; Brüssel.

Europäischer Rat (2007): Schlussfolgerungen des Vorsitzes des Europäischen Rates (Tagung vom 8./9. März 2007 in Brüssel). 7224/07, CONCL 1, 9. März 2007; Brüssel.

European Commission (2005): The attitudes of European citizens towards environment. Summary. Special Eurobarometer 217.

Fairbrass, Jenny; Jordan, Andrew (2004): Multi-level Governance and Environmental Policy. In: Bache, Ian; Flinders, Mathew (Hrsg.) (2004): Multi-level Governance; Oxford, S. 147-164.

Fenhann, Jorgen (2007): CDM-Projekt-Pipeline. UNEP Risoe Centre, Projekt Capacity Development for CDM (CD4CDM), Stand 01.04.2007, unter http://www.cd-4cdm.org, ges. 06.04.2007.

Ferranti, David de; Perry, Guillermo E.; Ferreira, Francisco H. G.; Walton, Michael (2004): Inequality in Latin America: Breaking with History?; Washington.

Flavin, Christoph; Gardner, Gary (2006): China, Indien und die neue Weltordnung. In: Worldwatch Institute (Hrsg.) (2006): Zur Lage der Welt 2006: China, Indien und unsere gemeinsame Zukunft; Münster, S. 53-84.

Flechsig, Michael; Gerlinger, Katrin; Herrmann, N.; Klein, Richard J.T. ; Schneider, M.; Sterr, H. Schellnhuber, Hans Joachim (2000): Weather Impacts on Natural, Social and Economic Systems. In: *PIK-Report* 59.

Flitner, Michael (1998): Konstruierte Naturen und ihre Erforschung. In: *Geographica Helvetica* 3, S. 89-95.

Food Security Information Team (FSIT) (2005a): Rapid Vulnerability Assessment (RVA) Report on Drought Affected Areas in Tanzania for the 2005/06 Market Year. Coordinated by the Disaster Management Department, Prime Minister's Office and the National Food Security Division, Ministry of Agriculture and Food Security; Dar es Salaam.

Food Security Information Team (FSIT) (2005b): Rapid Vulnerability Assessment Report on Drought Affected Areas in Tanzania for the 2004/2005 Short Rains „Vuli" Crop Season; Dar es Salaam.

Forum Umwelt & Entwicklung; EE-Netz (Netzwerk Erneuerbare Energien Nord-Süd) (Hrsg.) (2002): Das war der Gipfel. Rundbrief 3/2002; Bonn.

Fraser, Nancy (2003): Soziale Gerechtigkeit im Zeitalter der Identitätspolitik. In: Fraser, Nancy; Honneth, Axel (Hrsg.) (2003): Umverteilung oder Anerkennung? Eine politisch-philosophische Kontroverse; Frankfurt am Main, S. 13-128.

Friberg, Lars; Benecke, Gudrun; Schröder, Miriam (2006): The Role of the Clean Development Mechanism – Now and in the Future. KyotoPlus-Paper zur Konferenz „KyotoPlus – Wege aus der Klimafalle", 28./29.09.2006; Berlin.

Friedmann, John (1992): Empowerment: The Politics of Alternative Development; Massachusetts/Oxford.

Friedrich-Ebert-Stiftung (FES) (2005): Tansania hat gewählt, unter http://www.tanzania.fes-international.de, ges. 25.06.2006.

Fritsche, Uwe R.; Kristensen, Sidse (2005): Content Analysis of the International Action Programme of the International Conference for Renewable Energies, renewables2004 Bonn, 01-04.06.2004, unter http://www.renewables2004.de, ges. 25.04.2007.

G8 (Gruppe der Acht) (2005): Aktionsplan von Gleneagles. Klimawandel, saubere Energie und nachhaltige Entwicklung, unter http://www.fco.gov.uk, ges. 22.02.2007.

Gabriel, Sigmar (2006): Wir müssen dem Klimawandel entschlossenes Handeln entgegensetzen. Rede des Bundesumweltministers zu Beginn der Ministerberatungen in Nairobi. BMU-Pressedienst Nr. 295/06, 15.11.2006; Berlin.

Gabriel, Sigmar (2007): „New Deal" für Wirtschaft und Umwelt. Für eine neue Umweltpolitik, die sich nicht gegen den Markt richtet, sondern ihn nutzt. In: *Internationale Politik* Nr. 2 (Februar 2007), 62. Jg., S. 28-38.

Gammelin, Cerstin; Hamann, Götz (2005): Die Strippenzieher. Manager, Minister, Medien – wie Deutschland regiert wird; Berlin.

GEF (Global Environment Facility) (2001): Project Brief: Capacity Building for Stage II Adaptation to Climate Change in Central America, Mexico and Cuba.

GEF (2004a): GEF Assistance to Address Adaptation. Working paper; Washington D.C.

GEF (2004b): Report of the GEF to the Tenth Session of the Conference of the Parties to the United Nations Framework Convention on Climate Change; Washington D.C.

Germanwatch (2007): Der halbe Durchbruch: Ein starkes UN-Mandat, aber USA und Russland blockieren noch das notwendige Reduktionsziel. Kurzanalyse der G8-Klimaeinigung. Pressemitteilung 07.06.2007; Heiligendamm.

Giddens, Anthony (2006): Ein neues europäisches Sozialmodell. Unternehmen und Arbeitnehmer müssen den gesellschaftlichen und ökonomischen Wandel für ihre Zwecke nutzen. In: Friedrich Ebert Stiftung, Internationale Politikanalyse – Europäische Politik, März 2006, http://library.fes.de/pdf-files/id/03600.pdf, ges. 10.10.2007.

Gill, Stephen (2000): Theoretische Grundlagen einer neo-gramscianischen Analyse der europäischen Integration. In: Bieling, Hans -Jürgen; Steinhilber, Jochen (Hrsg.) (2000): Die Konfiguration Europas. Dimensionen einer kritischen Integrationstheorie; Münster, S. 23-50.

Görg, Christoph (1998): Die Regulation der biologischen Vielfalt und die Krise gesellschaftliche Naturverhältnisse. In: Flitner, Michael; Görg, Christoph; Heins, Volker (Hrsg.): Konfliktfeld Natur. Biologische Ressourcen und globale Politik; Opladen, S. 39-61.

Görg, Christoph (1999): Gesellschaftliche Naturverhältnisse; Münster.

Görg, Christoph (2003): Gesellschaftstheorie und Naturverhältnisse. Von den Grenzen der Regulationstheorie. In: Brand, Ulrich; Raza, Werner (Hrsg.): Fit für den Postfordismus?; Münster, S. 175-194.

Görg, Christoph (2003): Regulation der Naturverhältnisse. Zu einer kritischen Theorie der ökologischen Krise; Münster.

Görg, Christoph (2004): Postfordistische Transformation der Naturverhältnisse. In: Beerhorst, Joachim; Demirovic, Alex; Guggemos, Michael (Hrsg.) (2004): Kritische Theorie im gesellschaftlichen Strukturwandel; Frankfurt am Main, S. 199-226.

Görg, Christoph; Brand, Ulrich (Hrsg.) (2002): Mythen globalen Umweltmanagements: „Rio + 10" und die Sackgassen nachhaltiger Entwicklung; Münster.

Gramsci, Antonio (1991ff): Gefängnishefte. Hrsg. von Klaus Bochmann und Wolfgang Fritz Haug; Hamburg.

Grande, Edgar; Jachtenfuchs, Markus (Hrsg.) (2000): Wie problemlösungsfähig ist die Europäische Union? Regieren im dynamischen Mehrebenensystem; Baden-Baden.

Graßl, Hartmut (2005): Interview: Warum die Klima-Skeptiker Unrecht haben. Der Max-Planck-Forscher Hartmut Graßl widerspricht den gängigen Einwänden von Kritikern, die die globale Erwärmung bestreiten oder für unbedeutend erklären. In: Süddeutsche Zeitung 16.02.2005.

Graßl, Hartmut; Schutz, Renate; Kokott, Juliane; Kulessa, Margareta; Luther, Joachim; Nuscheler, Franz; Sauerborn, Rainer; Schellnhuber, Hans Joachim; Schulze, Ernst D. (2003): Über Kioto hinaus denken – Klimaschutzstrategien für das 21. Jahrhundert; Berlin.

Grawert, Elke (2005): Übergänge zur Demokratie im Spiegel von Landkonflikten in Tansania. In: Kößler, Reinhart, Kumitz, Daniel; Schutz, Ulrike (Hrsg.) (2005):

Gesellschaftstheorie und Provokationen der Moderne. Gerhard Hauck zum 65. Geburtstag; Münster, S. 153-165.

Greenpeace (2002): Bewertung der Ergebnisse des Weltgipfels von Johannesburg 2002. Beitrag vom 26.10.2002, unter http://www.greenpeace.de, ges. 19.04.2007.

Greenpeace (2004): Bonn-Konferenz bringt kleinen Fortschritt für Klimaschutz. Konsens-Strategie der Bundesregierung verhinderte Durchbruch. Pressemitteilung 04.06.2004, unter http://www.greenpeace.de, ges. 28.04.2007.

Greenpeace (2007): Greenpeace nennt Merkels Klimaschutzziele eine Mogelpackung. Wuppertal-Studie: Europa macht halbherzige Klimaschutzversprechungen. Presseerklärung, 08.03.2007.

Grundmann, Reiner; Nico (2002): Klimawissenschaft als Akteur in der öffentlichen Arena. In: Hauser, W. (Hrsg.): Klima. Das Experiment mit dem Planeten Erde; München, S. 384-396.

Grunenberg, Heiko; Kuckartz, Udo (2003): Umweltbewusstsein im Wandel. Ergebnisse der UBA-Studie Umweltbewusstsein in Deutschland 2002; Opladen.

Gupta, Joyeeta (1997): The Climate Change Convention and Developing Countries: From Conflict to Consensus. Dordrecht/Boston/London: Kluwer Academic Publishers.

Gupta, Joyeeta (2000): North-South aspects of the climate change issue: towards a negotiating theory and strategy for developing countries. In: *International Journal of Sustainable Development* 3 (2), S. 115-135.

Hallström, Niclas; Nordberg, Olle; Österbergh, Robert (2006): Carbon Trading. A critical conversation on climate change, privatisation and power; Uddevalla.

Hardin, Garrett (1968): The Tragedy of the Commons. In: *Science* 162 (December), S. 1243-1248.

Harvey, David (2001): Globalization and the „Spatial fix". In: *Geographische Revue* 3 (2), S. 23-30.

Haus & Energie (2006): Neue Energiekonzepte – von der Nordsee bis zum Bodensee. Spezial Starke Netze. In: *Haus & Energie* Nr. 7-8 2006, S. 56-85.

Heigl, Miriam (2007): Anfang vom Ende? Zum Zustand des neoliberalen Projekts in Lateinamerika. In: *Journal für Entwicklungspolitik* 23(1).

Heymann, Eric (2007): EU-Emissionshandel. Verteilungskämpfe werden härter. Deutsche Bank Research, Aktuelle Themen 377; Frankfurt am Main, 12 Seiten.

Hinrichs-Rahlwes, Rainer (2007): Interview 17, nationale und internationale EE-Politik, 24. Mai 2007; Berlin.

Hirsch, Joachim (1990): Kapitalismus ohne Alternative? Materialistische Gesellschaftstheorie und Möglichkeiten einer sozialistischen Politik heute; Hamburg.

Hirsch, Joachim (2001a): Die Internationalisierung des Staates. Anmerkungen zu einigen aktuellen Fragen der Staatstheorie. In: Hirsch, Joachim; Jessop, Bob; Poulantzas, Nicos: Die Zukunft des Staates. Denationalisierung, Internationalisierung, Renationalisierung; Hamburg, S. 101-138.

Hirsch, Joachim (2001b): Postfordismus: Dimensionen einer neuen kapitalistischen Formation. In: Hirsch, Joachim; Jessop, Bob; Poulantzas, Nicos: Die Zukunft des

Staates. Denationalisierung, Internationalisierung, Renationalisierung; Hamburg, S. 171-209.

Hirsch, Joachim (2005): Materialistische Staatstheorie: Transformationsprozesse des kapitalistischen Staatensystems; Hamburg.

Hirschl, Bernd (2008): Erneuerbare Energien-Politik. Eine Multi-Level Policy-Analyse mit Fokus auf den deutschen Strommarkt; Reihe Energiepolitik und Klimaschutz, Band 1; Wiesbaden.

Höhle, Ester (2002): Der globale Klimawandel im Verständnis der Öffentlichkeit. In: Zwick, Michael M.; Renn, Ortwin (Hrsg.): Wahrnehmung und Bewertung von Risiken. Ergebnisse des „Risikosurvey Baden-Württemberg 2001"; Stuttgart, S. 120-135.

Hooghe, Liesbet; Marks, Gary (2001): Multi-Level Governance and European Integration; Lanham.

Houghton, J.T.; Jenkins, G.J.; Ephraums, J.J. (Hrsg.) (1990): Scientific Assessment of Climate change – Report of Working Group I. IPCC First Assessment Report 1990, Volume 1/3; Cambridge/UK.

Hubbert, M. King (1956): Nuclear Energy and the Fossil Fuels, Published on 8 Mar 2006 by Energy Bulletin. Archived on 8 Mar 2006; http://www.energybulletin.net/13630.html, ges. 01.02.2008.

Hübner, Rainer (2007): Emissionshandel – Deutsche Politik ein kostspieliges Desaster. Pressemeldungen, 02.07.2007, unter http://www.capital.de/div/100007016.html.

Huq, Saleemul; Ayers, Jessica (2007): Critical list: the 100 nations most vulnerable to climate change; London.

Huq, Saleemul; Reid, Hannah (2004): Mainstreaming Adaptation in Development. In: Yamin, Farhana (Hrsg.) (2004): Climate Change and Development. *IDS-Bulletin* 35 (3), S. 15-21.

Hydén, Göran (1999): Top-Down Democratization in Tanzania. In: *Journal of Democracy* 10 (4), S. 142-155.

IEA (International Energy Agency) (2004): Renewable Energy. Market & Policy Trends in IEA Countries; Paris.

IEA (2005a): Climate Change, Clean Energy and Sustainable Development. G8 Gleneagles Programme.

IEA (2005b): World Energy Outlook 2005 – Middle East and North Africa Insights.

IEA (2006): Key World Energy Statistics, unter http://www.iea.org, ges. 15.03.2007.

IFPRI (International Food Policy Research Institute) (2006): Bioenergy and Agriculture: Promises and Challenges. 2020 Focus No 14, November 2006; Washington D.C.

IFPRI (2008): Biofuels and Grain Prices: Impacts and Policy Responses; Washington D.C.

India Climate Justice Forum (2002), unter http://www.indiaresource.org/issues/energycc/2003/delhicjdeclare.html, ges. 15.11.2007.

Ineter (2002): Escenarios de precipitación en Nicaragua para los eventos el niño, con categorias: Fuerte, Moderado y Promedio, con base en el período 1971-1998; Managua.

INIDE (2007): Perfil y Caracteristicas de los Pobres en Nicaragua 2005; Managua.

IPCC (Intergovernmental Panel on Climate Change) (1990): The First Assessment Report (3 Volumes); Cambridge/UK.

IPCC (1995a): Climate Change 1995: The Second Assessment Report; Cambridge/UK.

IPCC (1995b): Climate Change 1995: Impacts, Adaptations and Mitigation of Climate Change: Scientific-Technical Analyses. Contribution of Working Group II to the Second Assessment Report of the Intergovernmental Panel on Climate Change; Cambridge/UK.

IPCC (1995c): IPCC Second Assessment: Climate Change 1995. IPCC reports. WMO, UNEP; Geneva.

IPCC (2000): Land Use, Land-Use Change, and Forestry. Special Report of the Intergovernmental Panel on Climate Change. Robert T. Watson, Ian R. Noble, Bert Bolin, N. H. Ravindranath, David J. Verardo and David J. Dokken (ed.); Cambridge/UK.

IPCC (2001a): Climate Change 2001: The Third Assessment Report; Cambridge/UK.

IPCC (2001b): Climate Change 2001: Impacts, Adaptation and Vulnerability. Contribution of Working Group II to the Third Assessment Report of the Intergovernmental Panel on Climate Change; Cambridge/UK.

IPCC (2001c): Climate Change 2001: The Scientific Basis. Contribution of Working Group I to the Third Assessment Report of Intergovernmental Panel on Climate Change; Cambridge/UK.

IPCC (2001d): Climate Change 2001: Synthesis Report. A contribution of Working Groups I, II and III to the Third Assessment Report; Cambridge.

IPCC (2005a): Special Report on Carbon dioxide Capture and Storage; Montreal, unter http://www.ipcc.ch/activity/ccsspm.pdf, ges. 16.06.2008.

IPCC (2005b): Carbon Dioxide Capture and Storage. Summary for Policymakers and Technical Summary. IPCC Special Report, IPCC Special Report.

IPCC (2005c): Carbon Dioxide Capture and Storage. Summary for Policymakers and Technical Summary, unter http://www.ipcc.ch, ges. 22.02.2007.

IPCC (2007a): Climate Change 2007: The Physical Science Basis. Contribution of Working Group I to the Fourth Assessment Report of the Intergovernmental Panel on Climate Change. Summary for Policymakers of Working Group I., unter http://www.ipcc.ch/SPM2feb07.pdf, ges. 07.07.2007.

IPCC (2007b): Climate Change 2007: Climate Change Impacts, Adaptation and Vulnerability. Contribution of Working Group II to the Fourth Assessment Report of the Intergovernmental Panel on Climate Change. Summary for Policymakers, unter http://www.ipcc-wg2.org/index.html, ges. 10.04.2007 oder unter http://www.ipcc.ch/SPM6avr07.pdf, ges. 07.07.2007.

IPCC (2007c): Climate Change 2007: The Fourth Assessment Report; Cambridge/UK.

Jacobsson, Staffan; Bergek, Anna (2004): Transforming the Energy Sector: The Evolution of Technological Systems in Renewable Energy Technology. In: Jacob, Klaus;

Binder, Manfred; Wieczorek, Anna (Hrsg.): Governance for Industrial Transformation. Proceedings of the 2003 Berlin Conference on the Human Dimensions of Global Environmental Change, FFU report 03-3004; Berlin, S. 208-236.

Jacobsson, Staffan; Lauber, Volkmar (2006): The politics and policy of energy system transformation – explaining the German diffusion of renewable energy technology. In: *Energy Policy* Nr. 34 (3), S. 256-276.

Jahn, Thomas (1990): Das Problemverständnis sozial-ökologischer Forschung. Umrisse einer Theorie gesellschaftlicher Naturverhältnisse. In: Becker, Egon (Hrsg.) (1990): Jahrbuch für sozial-ökologische Forschung 1990; Frankfurt am Main, S. 15-41.

Jahn, Thomas; Wehling, Peter (1998): Soziologie und Natur- eine schwierige Beziehung. Zur Einführung. In: Brand, Karl-Werner (Hrsg.): Soziologie und Natur. Theoretische Perspektiven; Opladen, S. 75-93.

Jensen, Dierk (2006): Die Allianzen-Schmiedin. Interview mit Michaele Hustedt. In: *Neue Energie* Nr. 05/2006, S. 104-105.

Jessop, Bob (2001): Die Globalisierung des Kapitals und die Zukunft des Nationalstaates. Ein Beitrag zur Kritik der globalen politischen Ökonomie. In: Hirsch, Joachim; Jessop, Bob; Poulantzas, Nicos: Die Zukunft des Staates. Denationalisierung, Internationalisierung, Renationalisierung; Hamburg, S. 139-170.

Jessop, Bob (2002): The Future of the Capitalist State; Cambridge.

Jessop, Bob (2004): Multi-level Governance and Multi-level Metagovernance. In: Bache, Ian; Flinders, Matthew (Hrsg.): Multi-Level Governance; Oxford, S. 49-74.

Kaltschmitt, Martin; Andreas, Wiese; Streicher, Wolfgang (Hrsg.) (2003): Erneuerbare Energien – Systemtechnik, Wirtschaftlichkeit, Umweltaspekte; Berlin/Heidelberg/New York.

Kassim, Hussein; Peters, B. Guy; Wright, Vincent (Hrsg.) (2000): European Union Policy Coordination: The National Dimension; Oxford.

Kemfert, Claudia (2005): Weltweiter Klimaschutz – sofortiges handeln spart hohe Kosten. In: *DIW-Wochenbericht* Nr. 12/13.

Kemfert, Claudia; Diekmann, Jochen (2006): Europäischer Emissionshandel: auf dem Weg zu einem effizienten Klimaschutz In: *DIW Wochenbericht* 46/2006, S. 661-669.

Kempton, Willett (1997): How the public views climate change. In: *Environment* 39 (9), S. 12-21.

Khatibu, F.; Manumbu M. J.; Mwikila D. L. (2005): Participatory Rapid Assessment of Current Vulnerability and Potential Increase in Climatic Hazards and Associated Risks. Health, Human Settlements, Tourism and Land Sectors. Unpublished Report for the Division of the Environment; Dar es Salaam.

Khor, Martin; Raman, Meena; Giegold, Sven; Yang, Ailun (Hrsg.) (2007): Klima der Gerechtigkeit; Hamburg.

King, David (2004): Climate Change Science: Adapt, Mitigate, or Ignore? In: *Science* 303, S. 176.

Kjellingbro, Peter Marcus; Skotte, Maria (2005): Environmentally Harmful Subsidies. Linkages between subsidies, the environment and the economy; Kopenhagen.

Klein, Richard J. T.; Schipper, E. Lisa; Dessai, Suraje (2003): Integrating mitigation and adaptation into climate and development policy: three research questions; Norwich.

Klöppel, Tobias (2003): Klima im Wandel: die G8-Klimapolitik als Energiepolitik. In: Gstöhl, Sieglinde (Hrsg.) (2003): Global Governance und die G8; Münster/Hamburg/London, S. 239-264.

Knodt, Michèle; Große-Hüttmann, Martin (2005): Der Multi-level Governance-Ansatz. In: Bieling, Hans-Jürgen; Lerch, Marika (Hrsg.): Theorien der europäischen Integration; Wiesbaden, S. 223-248.

Kords, Udo (1993): Die Entstehungsgeschichte des Stromeinspeisungsgesetzes vom 05.10.1990; Freie Universität Berlin, Fachbereich für Politische Wissenschaft; Berlin

Kortlüke, Norbert; Nitzschke, Milan (2006): Stellungnahme zum NAP II. Anforderungen an einen Nationalen Allokationsplan II unter Gesichtspunkten der klimapolitischen und ökonomischen Effizienz, Bundesverband Erneuerbare Energien 27.06.2006, unter http://www.bee-ev.de, ges. 06.04.2007.

Kyoto-Protokoll (1997): Protokoll von Kyoto zum Rahmenübereinkommen der Vereinten Nationen über Klimaänderungen. Deutsche Fassung.

La Gaceta (1988): Ley No. 40: Ley de los municipios, 155 vom 17.08.1988.

La Gaceta (2003): Ley No. 475: Ley de participación ciudadana, 241 vom 19.12.2003.

Lanchberry, John; Victor, David (1995): The Role of Science in the Global Climate Negotiations. In: Bergesen, Helge Ole; Parmann, Georg; Thommessen, Oystein B. (Hrsg.) (1995): Green Globe Yearbook of International Co-operation on Environment and Development 1995; Oxford, S. 29-39.

Lange, Siri; Wallevik, Hege; Kiondo, Andrew (2000): Civil Society in Tanzania; Norway.

Lauber, Volkmar (2001): Regelung von Preisen und Beihilfen für Elektrizität aus erneuerbaren Energieträgern (EEE) durch die Europäische Union. In: *Zeitschrift für Neues Energierecht* (ZNER) Nr. 1/2001, S. 35-43.

Lauber, Volkmar (2002): The Different Concepts of Promoting Res-Electricity and their Potential Careers. In: Biermann, Frank; Brohm, Rainer et al. (Hrsg.): Proceedings of the 2001 Berlin Conference on the Human Dimensions of Global Environmental Change. „Global Environmental Change and the Nation State"; Potsdam, S. 296-304.

Lauber, Volkmar (2004): REFIT and RPS: options for a harmonised Community framework. In: *Energy policy* Nr. 12, Vol. 32, S. 1405-1414.

Lauber, Volkmar (2005a): European Union Policy towards Renewable Power. In: Lauber, Volkmar (Hrsg.): Switching to Renewable Power. A Framework for the 21st Century; London, S. 203-216.

Lauber, Volkmar (2005b): Renewable energy at the level of the European Union. In: Reiche, Danyel (Hrsg.): Handbook of Renewable Energies in the European Union; Frankfurt am Main, S. 39-53.

Lauber, Volkmar; Mez, Lutz (2004): Three decades of renewable electricity policies in Germany. In: Mez, Lutz (ed.): Green Power Markets. History and Perspectives. *Special Issue of Energy & Environment* Nr. 15:4, S. 599-623.

Lauber, Volkmar; Toke, David (2005): Einspeisetarife sind billiger und effizienter als Quoten-/Zertifikatssysteme. Der Vergleich Deutschland-Großbritannien stellt frühere Erwartungen auf den Kopf. In: *Zeitschrift für Neues Energierecht* (ZNER) Nr. 2/2005, S. 132-139.

Lauth, Hans-Joachim (2004): Demokratie und Demokratiemessung: Eine konzeptionelle Grundlegung für den interkulturellen Vergleich; Wiesbaden.

Lefebvre, Henri (1994): The Production of Space; Oxford, UK/Cambridge, USA.

Leichenko, Robin; O'Brien, Karen (2006): Is it Appropriate to Identify Winners and Losers? In: Adger, W. Neil et al. (Hrsg.) (2006): Fairness in Adaptation to Climate Change; Cambridge/Massachusetts; London/England, S. 97-114.

Leprich, Uwe (2005): Ein Paradigmenwechsel ist notwendig. In: *ifo Schnelldienst* Nr. 4/2005, S. 15-18.

Lerise, F.; Ngware, S. (2005): Enhancing Good Governance at Ngaziya Msingi in Mvomero and Morogoro District Councils in Tansania: What can the Local Authorities do? Proposed Interventions at Ward. Village and Kitongoji Levels; Dar es Salaam.

Leuschner, Udo (2003): Bundesregierung plant „EEG-Härtefallregelung" für stromintensive Unternehmen. Energie-Chronik, unter http://www.udo-leuschner.de, ges. 02.05.2006.

Levy, David L.; Egan, Daniel (2003): A Neo-Gramscian Approach to Corporate Political Strategy: Confict and Accommodation in the Climate Change Negotiations. In: *Journal of Management Studies* 40 (3), S. 804-829.

LHRC (Legal and Human Rights Centre) (2005): Tanzania Human Rights Report 2005; Dar es Salaam.

Lim, Bo; Spanger-Siegfried, Erika (Hrsg.) (2004): Adaptation Policy Frameworks for Climate Change: Developing Strategies, Policies and Measures; Cambridge.

Linnér, Biörn-Ola; Jacob, Merle (2005): From Stockholm to Kyoto and Beyond: A Review of the Globalization of Global Warming Policy and North-South Relations. In: *Globalizations* 2 (3), S. 403-415.

Lipietz, Alain (1985): Akkumulation, Krisen und Auswege aus der Krise: Einige methodische Überlegungen zum Begriff „Regulation". In: *Prokla* (58), S. 109-137.

Lohmann, Larry (2006): Carbon Trading. A Critical Conversation on Climate Change, Privatisation and Power. Development dialogue No. 48; Upsala.

Lorenzoni, Irene; Pidgeon, Nick F.; O'Connor, Robert E. (2005): Dangerous Climate Change: The Role for Risk Research. In: *Risk Analysis* 25 (6), S. 1387-1398.

Loske, Reinhard; Steffe, Frank (2001): Ökonomische Anreize in der Umweltpolitik. Plädoyer für einen Policy-Mix aus Ökosteuern, Subventionsabbau und Emissionshandel. In: *Blätter für internationale Politik* 9/2001, S. 1082-1090.

Lugalla, Joe (1995): Adjustment and poverty in Tanzania; Münster.

Luhmann, Hans-Jochen; Sterk, Wolfgang (2007): Klimaschutzziel für Deutschland. Kurzstudie für Greenpeace Deutschland; Wuppertal.

Mace, M. J. (2006): Adaptation under the UN Framework Convention on Climate Change: The International Legal Framework. In: Adger, W. Neil; Paavola, Jouni; Huq Saleemul; Mace, M. J. (Hrsg.) (2006): Fairness in Adaptation to Climate Change; Cambridge/Massachusetts; London/England, S. 53-76.

Maier, Jürgen (2004): Kommentar zur Renewables 2004, unter http://www.ee-netz. de, ges. 27.04.2007.

Maier, Jürgen (2005): China wird Schrittmacher für erneuerbare Energien. Erfolgreiche Erneuerbare-Energien-Konferenz in Beijing, unter http://www.eed.de, ges. 01.05.2007.

MARENA (Ministerio del Ambiente y los Recursos Naturales) (2002): Escenarios climaticos y socioeconomicos de Nicaragua para el Siglo XXI; Managua.

MARENA (2005): Evaluación de la Vulnerabilidad actual de los Sistemas Recursos Hídricos y Agricultura en la Cuenca No. 64; Managua.

Marks, Gary (1993): Structural Policy and Multilevel Governance in the EC. In: Cafruny, Alan W.; Rosenthal, Glenda G. (Hrsg.): The State of the the European Community: The Maastricht Debates and Beyond; Boulder/Co, S. 391-410.

Marks, Gary; Hooghe, Liesbet (2004): Contrasting Visions of Multi-level Governance. In: Bache, Ian; Flinders, Matthew (Hrsg.): Multi-level Governance; Oxford, S. 15-30.

Marks, Gary; Hooghe, Liesbet; Blank, Kermit (1996): European Integration since the 1980s: State-Centric vs. Multi-Level Governance. In: *Journal of Common Market Studies* Nr. 34 (3), S. 341-378.

Martens, Jens; Sterk, Wolfgang (2002): Multilateralismus zwischen Blockadepolitik und Partnerschaftsrhetorik. Der Gipfel von Johannesburg – Eine Bilanz; Weltwirtschaft, Ökologie & Entwicklung; Bonn, weed Arbeitspapier; Bonn, unter http:// www.weed-online.org, ges. 18.04.2007.

Masika, Rachel (Hrsg.) (2002): Gender, Development, and Climate Change; Oxford.

Massarrat, Mohssen (2006): Über Kioto I hinaus. Neuer Schub für Klimaschutzpolitik. In: *Forum Wissenschaft* 4/2006, S. 38-42.

Massarrat, Mohssen (2008): Klimaschutz braucht einen Sichtwechsel, eine neue Philosophie. In: Altvater, Elmar; Brunnengräber, Achim (Hrsg.) (2008): Ablasshandel gegen Klimawandel? Marktbasierte Instrumente in der globalen Klimapolitik und ihre Alternativen; Hamburg (im Erscheinen).

May, Hanne (2006): Die im Dunkeln sitzen. In: *Neue Energie* Nr. 2/2006, S. 80-83.

Mayntz, Renate (2001a): Zur Selektivität der steuerungstheoretischen Perspektive. In: Burth, Hans-Peter; Görlitz, Axel (Hrsg.) (2001): Politische Steuerung in Theorie und Praxis; Baden-Baden, S. 17-27.

Mayntz, Renate (2001b): Die Bestimmung von Forschungsthemen in Max-Planck-Instituten im Spannungsfeld wissenschaftlicher und außerwissenschaftlicher Interessen. Ein Forschungsbericht; Köln.

Mayntz, Renate (2004): Governance im modernen Staat. In: Benz, Arthur (Hrsg.): Governance – Regieren in komplexen Regelsystemen. Eine Einführung; Wiesbaden, S. 65-76.

Mayntz, Renate (2005): Governance Theory als fortentwickelte Steuerungstheorie? In: Schuppert, Gunnar Folke (Hrsg.): Governance-Forschung. Vergewisserung über Stand und Entwicklungslinien; Baden-Baden, S. 11-20.

McCright, Aaron M.; Dunlap, Riley E. (2003): Defeating Kyoto: The Conservative Movement's Impact on U.S. Climate Change Policy. In: *Social Problems* 50 (3), S. 348-373.

Meschkat, Klaus (1995): Einleitung. In: Bultmann, Ingo et al. (Hrsg.) (1995): Demokratie ohne soziale Bewegung. Gewerkschaften, Stadtteil- und Frauenbewegungen in Chile und Mexiko; Unkel/Rhein, Bad Honnef, S. 11-26.

Mez, Lutz (1999): Staat im Staat. Strategien der deutschen Stromwirtschaft. In: *Politische Ökologie* Nr. 17:61, S. 21-23.

Michaelowa, Axel (2001): Rio, Kyoto, Marrakesh – groundrules for the global climate policy regime. Discussion paper Nr. 152 des Hamburger Welt-Wirtschafts-Archiv (HWWA); Hamburg.

Michaelowa, Axel (2005): CDM: current status and possibilities for reform. HWWI Research, Paper No. 3 by the HWWI Research Programme International Climate Policy. Hamburg Institute of International Economics; Hamburg.

Michaelowa, Axel (2007): CDM Highlights 45. Newsletter, February 2007 GTZ Climate Protection Programme (CaPP).

Michaelowa, Axel; Jotzo, Frank (2005): Transaction costs, institutional rigidities and the size of the clean development mechanism. In: *Energy Policy* 33, Issue 4, March 2005, S. 511-523.

Milke, Klaus, Bals, Christoph (2004): Energiewende in China? Die Renewables 2004 erweist sich als Aufwindkraftwerk auf dem Weg ins Solarzeitalter. Kommentar zur Erneuerbaren-Konferenz 2004, Juni 2004, unter http://www.germanwatch.org, ges. 29.04.2007.

Missbach, Andreas (1999): Das Klima zwischen Nord und Süd. Eine regulationstheoretische Untersuchung des Nord-Süd-Konflikts in der Klimapolitik der Vereinten Nationen; Münster.

Missbach, Andreas (1999): Das Klima zwischen Nord und Süd. Eine regulationstheoretische Untersuchung des Nord-Süd-Konflikts in der Klimapolitik der Vereinten Nationen; Münster.

Möhner, Annett; Klein, Richard J. T. (2007): The Global Environmental Facility: Funding for Adaptation or Adapting to Funds?; Stockholm.

Monstadt, Jochen (2004): Die Modernisierung der Stromversorgung. Regionale Energie- und Klimapolitik im Liberalisierungs- und Privatisierungsprozess; Berlin.

Mukandala, Rwekaza S. (2000): Grassroots Institutions of Governance. In: Mukandala, Rwekaza S.; Gasarasi, Charles (Hrsg.) (2000): Governance and Development at the Grassroots in Tanzania; Dar es Salaam, S. 6-43.

Müller, Benito (2007): Nairobi 2006: Trust and the Future of Adaptation Funding; Oxford.

Münchner Rück (2004): Jahresrückblick Naturkatastrophen 2004; München.

Mung'ong'o, Claude G.; Yanda, Pius Z. (2006): Risks, Livelihoods and Vulnerability to Flooding in Kyela District; Dar es Salaam.

Mwandosya, Mark; Nyenzi, Buruhani; Luhanga, Mathew (1998): The Assessment of Vulnerability and Adaptation to Climate Change Impacts in Tanzania; Dar es Salaam.

Nachhaltigkeitsrat (Rat für nachhaltige Entwicklung) (2007): UN-Kommission für Nachhaltige Entwicklung droht Lähmung. Newsletter 15.05.2007, unter http://www.nachhaltigkeitsrat.de, ges. 25.05.2007.

Neubert, Dieter; Reusswig, Fritz (2001): Zur globalen Konstruktion sozialer Naturordnungen. In: Allmendinger, Jutta (Hrsg.): Gute Gesellschaft? Verhandlungen des 30. Kongresses der Deutschen Gesellschaft für Soziologie in Köln 2000; Opladen.

Nuscheler, Franz (2001): Multilaterismus vs. Unilaterismus. Kooperation vs. Hegemonie in den transatlantischen Beziehungen. Policy Paper der Stiftung Entwicklung und Frieden; Bonn.

Oberthür, Sebastian; Ott, Hermann E. (2000): Das Kyoto-Protokoll. Internationale Klimapolitik für das 21. Jahrhundert; Opladen.

O'Brien, Karen (2006): Are we missing the point? Global environmental change as an issue of human security. In: *Global Environmental Change* 16, S. 1-3.

O'Brien, Karen; Eriksen, Siri; Nygaard, Lynn; Schjolden, Ane (2007): Beyond Semantics: Why different interpretations of vulnerability matter in climate change discourses. In: *Climate Policy* 7 (1): 73-88.

OECD (Organisation for Economic Co-operation and Development (2006): Declaration on Integrating Climate Change Adaptation into Development Co-operation; Paris.

OECD; IEA (International Energy Agency) (2006): World Energy Outlook 2006. Summary and Conclusions; Paris, unter http://www.iea.org, ges. 03.03.2007.

Oppermann, Klaus (2006): CDM programs and the promotion of renewable energies in developing countries. Side Event „Clean Development Mechanism und Erneuerbare Energien" auf der Tagung der Nebenorgane der Klimarahmenkonvention (SB 24); Bonn.

Ordoñez, Amado; Trujillo, Mónica; Hernández, Rafael (1999): Mapeos de riesgos y Vulnerabilidad en Centroamerica y Mexico; Oxfam/GB; Managua.

Orindi, Victor A.; Murray, Laurel A. (2005): Adapting to Climate Change in Africa: A Strategic Approach. Paper; London.

Oschmann, Volker (2002): Strom aus erneuerbaren Energien im Europarecht. Die Richtlinie 2001/77/EG des Europäischen Parlaments und des Rates zur Förderung der Stromerzeugung aus erneuerbaren Energiequellen im Elektrizitätsbinnenmarkt; Baden-Baden.

Ostermann, Dietmar (2005): Washingtons lautes Nein. In: *Frankfurter Rundschau* 16.02.2005, S 2.

Ott, Hermann E. (1997): Das internationale Regime zum Schutz des Klimas. In: Gehring, Thomas; Obertür, Sebastian (Hrsg.) (1997): Internationale Umweltregime: Umweltschutz durch Verhandlungen und Verträge; Opladen, S. 201-218.

Ott, Hermann E. (2001): Climate Policy after the Marrakesh Accords: From Legislation to Implementation 2006.

Oxfam (2007): Adapting to climate change. What's needed in poor countries and who should pay?

Paavola, Jouni (2004): Livelihoods, Vulnerability and Adaptation to Climate Change in the Morogoro Region, Tanzania; Norwich.

Paavola, Jouni; Adger, Neil W. (2006): Fair adaptation to climate change. In: *Ecological Economics* 56, S. 594-609.

Papadopoulos, Yannis (2004): Governance und Demokratie. In: Benz, Arthur (Hrsg.) (2004): Governance – Regieren in komplexen Regelsystemen. Eine Einführung; Wiesbaden, S. 215-237.

Pearson, Ben (2007): Market failure: why the Clean Development Mechanism won't promote clean developmen. In: *Journal of Cleaner Production* 15 (2007), S. 247-252.

Pershing, Jonathan; Mackenzie, Jim (2004): Removing Subsidies. Leveling the Playing Field for Renewable Energy Technologies; Bonn, unter http://www.renewables2004.de, ges. 03.03.2007.

Peters, B. Guy; Pierre, Jon (2004): Multi-level Governance and Democracy: A Faustian Bargain? In: Bache, Ian; Flinders, Matthew (Hrsg.): Multi-level Governance; Oxford, S. 75-92.

Peters, Hans Peter; Heinrichs, Harald (2004): Interpretationen des globalen Klimawandels durch die Öffentlichkeit. Konsequenzen für die Risikowahrnehmung und die Implementierung eines vorbeugenden Küstenschutzes; Jülich.

Pettit, Jethro (2004): Climate Justice: A New Social Movement for Atmospheric Rights. In: *IDS Bulletin* 35 (3), S. 102-106.

Pfahl, Stefanie; Oberthür, Sebastian; Tänzler, Dennis; Kahlenborn, Walter; Biermann, Frank (2005): Der globale Ausbau erneuerbarer Energien – Die internationalen institutionellen Rahmenbedingungen. Reihe Umweltpolitik (BMU), Stand März 2005; Berlin, unter http://www.bmu.bund.de, ges. 05.04.2007.

Philibert, Cédric; Reinaud, Julia (2004): Emissions Trading: Tacking Stock and Looking Forward. Information papers for the Annex I Expert Group on the UNFCCC, COM/ENV/EPOC/IEA/SLT(2004)3. OECD/IEA, Organisation for Economic Co-operation and Development, International Energy Agency.

Piria, Raffaele (2000): The Process of Policy Formulation in the European Commission. A Case Study on the Directive on Renewable Energy Sources in the Internal Energy Market. Unveröff. Dissertation, London School of Economics and Political Science, Department of Government; London.

Prado, Silvio (2002): Diagnóstico del marco legal e institucional de la participación ciudadana en Nicaragua; Managua.

Preisendörfer, Peter (2001): Der Umweltengel ist weiblich. In: *Politische Ökologie* Nr. 70, Jg. 19, S. 35-36.

Ragwitz, Mario (2005): Zusammenfassende Analyse zu Effektivität und ökonomischer Effizienz von Instrumenten zum Ausbau der Erneuerbaren Energien im Strombereich; Zwischenergebnisse aus dem UFO-Plan Forschungsvorhaben „Monitoring und Fortentwicklung nationaler und europäischer Instrumente zur Marktdurchdringung erneuerbarer Energiequellen im Strommarkt", 26.07.2005; Karlsruhe, unter: http://www.erneuerbare-energien.de, ges. 28.12.2006.

Raza, Werner (2003): Politische Ökonomie und Natur im Kapitalismus. Skizze einer regulationstheoretsichen Konzeptualisierung. In: Brand, Ulrich; Raza, Werner (Hrsg.): Fit für den Postfordismus?; Münster, S. 158-174.

Redclift, Michael; Sage, Colin (1998): Global Environmental Change and Global Inequality: North/South Perspectives. In: *International Sociology* 13 (4,: S. 499-516.

Reiche, Danyel (2004): Rahmenbedingungen für erneuerbare Energien in Deutschland – Möglichkeiten und Grenzen einer Vorreiterpolitik; Frankfurt am Main.

Reiche, Danyel (Hrsg.) (2005): Handbook of Renewable Energies in the European Union. Case Studies of the EU-15 States; Frankfurt am Main.

REPOA (2005): Tanzania Poverty and Humand Development Report 2005; Dar es Salaam.

República de Nicaragua (2001): Primera Comunicación Nacional: Ante la Convención Marco de las Naciones Unidas sobre Cambio Climático; Managua.

República de Nicaragua (2005): Plan Nacional de Desarrollo; Managua

Richtlinie (1996): Richtlinie 96/92/EG des Europäischen Parlaments und des Rates vom 19. Dezember 1996 betreffend gemeinsame Vorschriften für den Elektrizitätsbinnenmarkt, Amtsblatt Nr. L 027 vom 30.01.1997, S. 0020-0029, unter http://eur-lex.europa.eu, ges. 12.03.2007.

Riegert, Bernd (2007): Neue EU-Pläne zu Abgasvorschriften. Themen/Europa, *Deutsche Welle* 07.02.2007; Brüssel.

Rocha, José Luis; Martínez, Thelma; Rocha, Ximena (1999): Balance de una tragedia: lo bueno, lo malo y lo feo del huracán. In: *Envio* Dic. 1999.

Röhr, Ulrike (2001): Gender und Energie – Aus der Sicht des Nordens; Beitrag zum Workshop von BMU und Heinrich-Böll-Stiftung: Gender Perspectives for Earth Summit 2002: Energy, Transport, Information for Decision-Making, 10-12 Januar 2001; Berlin.

Röhr, Ulrike (2004): Fossiles Denken. In: *Politische Ökologie* Nr. 87/88, S. 84-86.

Röhr, Ulrike; Schultz, Irmgard; Seltmann, Gudrun; Stieß, Immanuel (2005): Klimapolitik und Gender: Eine Sondierung möglicher Gender Impacts des Europäischen Emissionshandelssystems; Wuppertal.

Rosenau, James N. (2004): Strong Demand, Huge Supply: Governance in an Emerging Epoche. In: Bache, Ian; Flinders, Matthew (Hrsg.): Multi-level Governance; Oxford, S. 31-48.

Roth, Roland (2005): Transnationale Demokratie. Beiträge, Möglichkeiten und Grenzen von NGOs. In: Brunnengräber, Achim et al. (Hrsg.) (2005): NGOs im Prozess der Globalisierung. Mächtige Zwerge – umstrittene Riesen; Bonn, S. 80-128.

Rotte, Ralf (2001): Global Warming, nationale Sicherheit und internationale politische Ökonomie. Überlegungen zu den Konsequenzen der weltweiten Klimaveränderung für Deutschland und Europa; München.

Rowlands, Ian H. (2005): Global Climate Change and Renewable Energy: Exploring the Links. In: Lauber, Volkmar (Hrsg.) (2005): Switching to Renewable Power. A Framework for the 21st Century; London, S. 62-82.

Sabatier, Paul A.; Jenkins-Smith, Hank (Hrsg.) (1993): Policy Change and Learning: An Advocacy Coalition Approach; Boulder/Co.

Sachs, Wolfgang (2001): Das Kyoto-Protokoll: Lohnt sich seine Rettung? In: *Blätter für deutsche und internationale Politik* 7/2001, S. 847-856.

Santarius, Tilman (2002): Klimawandel und globale Gerechtigkeit. In: *Aus Politik und Zeitgeschichte* (24/2007), S. 18-25.

Schallaböck, Karl Otto; Luhmann, Hans-Jochen (2007): Mildernde Umstände? Zur Debatte um die Minderungsverpflichtungen der PKW-Hersteller. Pressemitteilung des Wuppertal Institut für Klima, Umwelt, Energie, 01.02.2007; Wuppertal.

Scharpf, Fritz W. (1985): Die Politikverflechtungs-Falle. Europäische Integration und deutscher Föderalismus im Vergleich. In: *Politische Vierteljahresschrift* Nr. 4, S. 323-356.

Scharpf, Fritz W. (1999): Regieren in Europa: Effektiv und demokratisch?; Frankfurt am Main/New York.

Scharpf, Fritz W. (2000): Interaktionsformen. Akteurzentrierter Institutionalismus in der Politikforschung; Opladen.

Scharpf, Fritz W. (2001): Notes Towards a Theory of Multilevel Governing in Europe. In: *Scandinavian Political Studies* Nr. 24 (1), S. 1-26.

Scheer, Hermann (1999): Solare Weltwirtschaft. Strategie für die ökologische Moderne; München.

Scheer, Hermann (2001a): Abkommen von den Abkommen. Warum die Weltklimakonferenzen auf der Stelle treten. In: *Solarzeitalter* Nr. 2/2001, S. 3-5.

Scheer, Hermann (2001b): Klimaschutz durch Konferenzserien: eine Fata Morgana. In: *Blätter für deutsche und internationale Politik* (9), S. 1-8.

Scheer, Hermann (2004): Die Lähmung globaler ökologischer Konsensstrategien. Warum auch die Internationale Konferenz über Erneuerbare Energien am entscheidenden Momentum versagte. In: *Solarzeitalter* Nr. 2/2004, S. 5-8.

Schmid, Christian (2003): Raum und Regulation. Henri Lefebvre und der Regualtionsansatz. In: Brand, Ulrich; Raza, Werner (Hrsg.): Fit für den Postfordismus?; Münster, S. 217-242.

Schwartz, Peter; Randall, Doug (2003): An Abrupt Climate Change Scenario and its Implications for United States National Security, unter http://www.gbn.com/GB-NDocumentDisplayServlet.srv?aid=26231&url=%2FUploadDocumentDisplaySe rvlet.srv%3Fid%3D28566, ges. 10.12.2003.

Schwarz, Eike (2005): Dezentrale Energieerzeugung und Versorgungssicherheit im neuen Energiewirtschaftsgesetz. In: *Solarzeitalter* Nr. 01/2005, S. 12-16.

Scott, Richard (1994): Volume I: Origins and structures of the IEA; IEA The history of the International Energy Agency – The first twenty years; Paris, unter http://www.iea.org, ges. 25.02.2007.

Sempris, Emilio (o.J.): Capacity Buliding for Stage II Adaptation to Climate Change in Central America, Mexico and Cuba; Panama.

Sen, Amartya (1981): Poverty and Famines: an Essay on Entitlement and Deprivation; Oxford.

Simonis, Georg (2007): Regulationstheorie. In: Benz, Arthur; Lütz, Susanne; Schimank, Uwe; Simonis, Georg (Hrsg.): Handbuch Governance. Theoretische Grundlagen und empirische Anwendungsfelder; Wiesbaden, S. 212-225.

Smit, Barry; Burton, I.; Klein, R. J. T.; Street, R. (1999): The Science of Adaptation: A Framework for Assessment. In: *Mitigation and Adaptation Strategies for Global Change* (4), S. 199-213.

Smit, Barry; Pilifosova, Olga (2001): Adaptation to Climate Change in the Context of Sustainable Development and Equity. In: IPCC (2001b): Climate Change 2001: Impacts, Adaptation and Vulnerability. Contribution of Working Group II to the Third Assessment Report of the Intergovernmental Panel on Climate Change, S. 879-912.

Smith, Neil (2003): Remaking Scale: Competition and Cooperation in Pre-National and Post-National Europe. In: Macleod, Gordon (Hrsg.): State/Space. A reader; Malden, USA/Oxford, UK/Victoria, Australia/Berlin, Germany, S. 227-238.

Sperling, Frank (Hrsg.) (2003): Poverty and Climate Change; Washington D.C.

SRU (Sachverständigenrat für Umweltfragen) (2007): Klimaschutz durch Biomasse. Sondergutachten, unter http://www.umweltrat.de, ges. 10.03.2008.

Staiß, Frithjof (2007): Jahrbuch Erneuerbare Energien 2007; Radebeul.

Steiner, Achim; Wälde, Thomas; Bradbrook, Adrian (2004): International Institutional Arrangements Bundling the Forces – but how?, Thematic Background Paper. International Conference for Renewable Energies Secretariat (ed.), unter http://www.renewables2004.de, ges. 17.05.2006.

Sterk, Wolfgang (2006): Can Sectoral Approaches to the CDM Promote Renewable Energy Technologies? Side Event „Clean Development Mechanism und Erneuerbare Energien" auf der Tagung der Nebenorgane der Klimarahmenkonvention (SB 24); Bonn.

Sterk, Wolfgang; Ott, Hermann; Watanabe, Rie; Wittneben, Bettina (2007): The Nairobi Climate Change Summit (COP 12 – MOP 2): Taking a Deep Breath before Negotiating Post-2012 Targets? In: *JEEPL (Journal for European Environmental & Planning Law)* 2 (139), S. 139-148

Stern, Nicholas (2006): Stern Review on the Economics of Climate Change, unter http://www.hm-treasury.gov.uk/independent_reviews/stern_review_economics_climate_change/sternreview_index.cfm, ges. 30.10.2006.

Swyngedouw, Erik (1997): Neither Global nor Local. „Glocalization" and the politics of scale. In: Cox, Kevin (Hrsg.) (1997): Spaces of Globalization: Reasserting the Power of the Local; New York/London, S. 137-166.

Swyngedouw, Erik; Page, Ben; Kaika, Maria (2002): Sustainability and Policy Innovation in a Multi-Level Context: Crosscutting Issues in the Water Sector. In: Heinelt, Hubert; Getimis, Panagiotis; Kafkalas, Grigoris; Smith, Randall; Swyngedouw, Erik (Hrsg.) (2002): Participatory Governance in Multi-Level Context: Concepts and Experience; Opladen, S. 107-132.

Thielmann, Gabriele (2005): Frauen im Bereich der „Erneuerbare Energien-Wirtschaft". Ergebnisse einer Umfrage bei Initiativen, Verbänden und Unternehmen, genaStudien 6; Frankfurt am Main, unter http://www.genanet.de, ges. 03.06.2007.

Töller, Annette Elisabeth (2005): Energiepolitische Steuerung durch kooperatives Staatshandeln. Eine Untersuchung zu den Entstehungsbedingungen der KWK-Vereinbarung zwischen der deutschen Energiewirtschaft und der Bundesregierung vom Juni 2001, FoJuS-Diskussionspapiere, Nr. 6/2005, unter http://users.ox.ac.uk, ges, 10.10.2006.

Traube, Klaus (1999): Die Kraft-Wärme-Kopplung – ein deutsches Trauerspiel. In: *WSI-Mitteilungen* Nr. 09/1999, 52. Jg., S. 600-604.

Treber, Manfred; Bals, Christoph; Kier, Gerold (2003): Warten auf die Ratifizierung Russlands. Ein Resümee der Zwischenrunde der Klimaverhandlungen in Bonn (04.-13.06.2003) Internationale Klimapolitik, 19.06.2003.

Treber, Manfred; Bals, Christoph; Milke, Klaus (2000): Klima, Politik und Wissenschaft – der internationale Klimaverhandlungsprozeß und der Beitrag der Wissenschaften; Bonn.

Ulbert, Cornelia (1997): Ideen, Institutionen und Kultur: Die Konstruktion (inter-) nationaler Klimapolitik in der BRD und in den USA. In: *Zeitschrift für Internationale Beziehungen* 4. Jg. (Heft 1), S. 9-40.

UBA (Umweltbundesamt) (2004): Globaler Klimawandel. Klimaschutz 2004; Berlin.

UBA (2007): Emissionshandel: Kohlendioxidausstoß 2006 ebenfalls leicht gestiegen. Umweltbundesamt zur Veröffentlichung der Europäischen Kommission vom 2. April 2007, Presse-Information 017/2007.

UNDP (UN-Entwicklungsprogramm) (2007): Human Development Report 2007/2008. Fighting climate change: Human solidarity in a divided world; New York.

UNDP (2006): Human Development Report 2006; Washington, D.C.

UNFCCC (2001): The Marrakesh Accords & The Marrakesh Declaration; Bonn.

UNFCCC (2002a): Decision 28/CP.7: Guidelines for the preparation of national adaptation programmes of action; Bonn.

UNFCCC (2002b): Report of the Conference of the Parties on its Seventh Session, held at Marrakesh from 29 October to 10 November 2001. COP 7; Bonn.

UNFCCC (2005): Durchführung des Aktionsplans von Buenos Aires. Überprüfung der Durchführung der Verpflichtungen und sonstiger Bestimmungen des Übereinkommens; Bonn.

UNFCCC (2007): Draft decision -/CMP.3: Adptation Fund, unter http://unfccc.int/files/meetings/cop_13/application/pdf/cmp_af.pdf, ges. 21.12.2007

UNFCCC (2008): Bali Action Plan. Decision -/CP.13; Bonn.

United Nations (1992): United Nations Framework Convention on Climate Change; New York.

United Nations (2000): United Nations Millennium Declaration. Resolution adopted by the General Assembly, Fifty-fifth session, Agenda item 60 (b), A/RES/55/2, 18 September 2000; Assembly, General, unter http://www.un.org. ges. 12.03.2007.

United Nations (2005): The Energy Challenge for Achieving the Millennium Development Goals; UN-Energy, unter http://esa.un.org, ges. 12.03.2007.

URT (United Republic of Tanzania) (1996): The Local Government Reform Agenda 1996-2000; Dar es Salaam.

URT (2003): Initial National Communication under the UNFCCC; Dar es Salaam.

URT (2005): National Strategy for Growth and Reduction of Poverty (NSGRP); Dar es Salaam.

URT (2007): National Adaptation Programme of Action (NAPA) for Tanzania; Dar es Salaam.

Unmüßig, Barbara (2004): Internationale Konferenz für Erneuerbare Energien ein Erfolg. Bilanz zur renewables 2004 in Bonn, unter www.boell.de, ges. 29.04.2007.

Unmüßig, Barbara; Cramer, Stefan (2008): Afrika im Klimawandel. In: *Giga Focus* Nr. 2, 2008.

Vereinte Nationen (1992): Rahmenübereinkommen der Vereinten Nationen über Klimaänderungen. Deutsche Übersetzung.

Vereinte Nationen (1997): Protokoll von Kyoto zum Rahmenübereinkommen der Vereinten Nationen über Klimaänderungen.

Verheugen, Günter (2006): Brief von Günter Verheugen an Manuel Barroso, Subject: Climate change, energy and competitiveness, 21.11.2006; Brussels, unter http://www.hans-josef-fell.de, ges. 22.01.2007.

Viehöver, Willy (2004): Die Wissenschaft und die Wiederverzauberung des sublunaren Raumes. Der Klimadiskurs im Licht der narrativen Diskursanalyse. In: Keller, Reiner; Hierseland, Andreas; Schneider, Werner; Viehöver, Willy (Hrsg.): Handbuch Sozialwissenschaftliche Diskursanalyse, Band 2: Forschungspraxis; Wiesbaden, S. 233-269.

Walk, Heike (2008): Partizipative Governance. Beteiligungsrechte und Beteiligungsformen im Mehrebenensystem der Klimapolitik; Wiesbaden.

Walk, Heike (2007): Demokratische Herausforderungen für Multi-Level-Governance: Ein Blick aus partizipativer Perspektive. In: Brunnengräber, Achim; Walk, Heike (Hrsg.) (2007): Multi-Level-Governance. Umwelt-, Klima- und Sozialpolitik in einer interdependenten Welt; Baden-Baden, S. 33-48.

Walk, Heike; Brunnengräber, Achim (2000): Die Globalisierungswächter. NGOs und ihre transnationalen Netze im Konfliktfeld Klima; Münster.

Wara, Michael (2007): Is the global carbon market working? In: *Nature* 445, S. 595-596.

WBGU (Wissenschaftlicher Beirat Globale Umweltveränderungen) (2003a): Climate Protection Strategies for the 21st Century: Kyoto and beyond; Berlin.

WBGU (2003b): Sondergutachten an die Bundesregierung übergeben. Über Kioto hinaus denken: Klimaschutzstrategien für das 21. Jahrhundert. Presseerklärung, Berlin, 25. November 2003.

WBGU (2003c): Über Kioto hinaus denken – Klimaschutzstrategien für das 21. Jahrhundert. Sondergutachten 2003; Berlin.

WBGU (2007a): Neue Impulse für die Klimapolitik: Chancen der deutschen Doppelpräsidentschaft nutzen, Politikpapier 5; Berlin.

WBGU (2007b): Welt im Wandel: Sicherheitsrisiko Klimawandel; Berlin.

Weber, Max (1973): Soziologie – Universalgeschichtliche Analysen – Politik; Stuttgart.

Weber, Melanie (2005): Gender, Klimawandel und Klimapolitik, Diskussionspapier 01/2005, BMBF-Projekt „Global Governance und Klimawandel"; Berlin.

Weingart, Peter (2002): Kassandrarufe und Klimawandel. In: *Gegenworte. Zeitschrift für den Disput über Wissen* 10 (Zwischen Kassandra und Prometheus), S. 21-25.

Weingart, Peter; Engels, Anita; Pansegrau, Petra (2002): Von der Hypothese zur Katastrophe: Der anthropogene Klimawandel im Diskurs zwischen Wissenschaft, Politik und Massenmedien; Opladen.

Weller, Ines (2004): Nachhaltigkeit und Gender; München.

Weltbank (2003): Globale Probleme und lokale Belange. In: Weltentwicklungsbericht 2003: Nachhaltige Entwicklung in einer dynamischen Welt – Institutionen, Wachstum und Lebensqualität verbessern; Washington D.C., S. 195- 226.

Wichterich, Christa (2002): Sichere Lebensgrundlagen statt effizienterer Naturbeherrschung – Das Konzept nachhaltige Entwicklung aus feministischer Sicht. In: Görg, Christoph; Brand, Ulrich (Hrsg.) (2002): Mythen globalen Umweltmanagements. Rio+10 und die Sackgassen nachhaltiger Entwicklung; Münster.

Windhoff-Héritier, Adrienne (1987): Policy Analyse. Eine Einführung; Frankfurt am Main/New York.

Winter, Jens (2003): Regulation und Hegemonie in nach-fordistischen Zeiten. Notizen zur raumtheoretischen Herausforderung. In: Brand, Ulrich; Raza, Werner (Hrsg.): Fit für den Postfordismus? Theoretisch-politische Perspektiven des Regulationsansatzes; Münster, S. 196-216.

Wissen, Markus (2004): Der Regulationsansatz. In: Bundesministerium für Bildung und Forschung (Hrsg.): Steuerung und Transformation. Überblick über theoretische Konzepte in den Projekten der sozial-ökologischen Forschung. Querschnittsgruppe Steuerung und Transformation im Förderschwerpunkt sozial-ökologische Forschung des BMBF: Diskussionspapier 01; Berlin, S. 41-47.

Wissen, Markus (2007): Politics of Scale: Multi-Level-Governance aus der Perspektive kritischer (Raum-) Theorien. In: Brunnengräber, Achim; Walk, Heike (Hrsg.) (2007): Multi-Level-Governance. Umwelt-, Klima- und Sozialpolitik in einer interdependenten Welt; Baden-Baden, S. 229-249.

Wissen, Markus (2008): Zur räumlichen Dimensionierung sozialer Prozesse. Die Scale Debatte in der angloamerikanischen Radical Geography – eine Einleitung. In: Wissen, Markus; Röttger, Bernd; Heeg, Susanne (Hrsg.) (2008): Politics of Scale. Räume der Globalisierung und Perspektiven emanzipatorischer Politik; Münster, S. 8-32.

Wissen, Markus; Röttger, Bernd; Heeg, Susanne (Hrsg.) (2008): Politics of Scale. Räume der Globalisierung und Perspektiven emanzipatorischer Politik; Münster.

Witt, Andreas (2006): Kommissar Verheugen ignoriert Erneuerbare. In: *Solarthemen* Nr. 227, 09.03.2006, S. 3.

Wolf, Simon; Dietz, Kristina; Brunnengräber, Achim (2008): Der europäische Klima-Kapitalismus. In: *Weltwirtschaft & Entwicklung* 03-04 (2008), S. 4-5.

Wolff, Franziska (2004): Staatlichkeit im Wandel – Aspekte kooperativer Umweltpolitik; München.

World Bank (2003): Nicaragua Poverty Assessment. Raising Welfare and Reducing Vulnerability; Washington, D.C.

World Bank (2006a): Clean Energy and Development: Towards an Investment Framework; Washington, D.C.

World Bank (2006b): An Investment Framework for Clean Energy and Development. Progress Report; Washington, D.C.

World Bank (2006c): Tanzania at a glance; Washington, D.C.

Ziesing, Hans-Joachim (2006): Trotz Klimaschutzabkommen: Weltweit steigende CO_2-Emissionen. In: *DIW Wochenbericht* 35/2006, S. 485-499.

Zürn, Michael (1996): Über den Staat und die Demokratie im europäischen Mehrebenensystem. In: *Politische Vierteljahresschrift* Nr. 37, S. 27-55.

Zwick, Michael M. (2001): Der globale Klimawandel in der Wahrnehmung der Öffentlichkeit. In: *TA-Informationen* 4, S. 26-31.

Zwick, Michael M.; Renn, Ortwin (2002): Wahrnehmung und Bewertung von Risiken. Ergebnisse des „Risikosurvey Baden-Württemberg 2001"; Stuttgart.

Zu den AutorInnen

Achim Brunnengräber, PD Dr. Phil., ist Politikwissenschaftler und lehrt und forscht am Fachbereich Politik- und Sozialwissenschaften der Freien Universität Berlin. *Veröffentlichungen:* u.a. zus. mit Elmar Altvater (Hrsg.) (2008): Ablasshandel gegen Klimawandel? Marktbasierte Instrumente in der globalen Klimapolitik und ihre Alternativen. Hamburg: VSA-Verlag; zus. mit Christoph Görg und Hans-Jürgen Burchardt (Hrsg.) (2008): Mit mehr Ebenen zu mehr Gestaltung? Multi-Level-Governance in der transnationalen Sozial- und Umweltpolitik, Schriften zur Governance-Forschung, Baden-Baden: Nomos. *Email*: priklima@zedat.fu-berlin.de

Kristina Dietz, promoviert am FB Gesellschaftswissenschaften der Uni Kassel zu Klimawandel, Armut und Partizipation. *Veröffentlichungen:* u.a. zus. mit Imme Scholz (2008): Anpassung an den Klimawandel – eine „neue" Qualität von Mulit-Level Governance im Nord-Süd-Kontext? In: Brunnengräber, A. et al. (Hrsg.) (2008): Mit mehr Ebenen zu mehr Gestaltung? Multi-Level-Governance in der transnationalen Sozial- und Umweltpolitik. Baden-Baden; zus. mit A. Brunnengräber (2008): Der Bali-Konsens als Problem, in W&E 01/2008; (2006):„Vulnerabilität und Anpassung gegenüber Klimawandel aus sozialökologischer Perspektive" Diskussionspapier des Projektes Global Governance und Klimawandel", Berlin. *Email:* krdietz@zedat.fu-berlin.de

Bernd Hirschl, Dr. Phil, ist Diplom-Wirtschaftsingenieur. Er ist Leiter des Bereichs Nachhaltige Energiewirtschaft und Klimaschutz und Mitglied des Vorstands des Instituts für ökologische Wirtschaftsforschung (IÖW) GmbH (gemeinnützig) in Berlin. *Veröffentlichungen* u.a. (2008): Erneuerbare Energien-Politik. Eine Multi-level Policy-Analyse mit Fokus auf den deutschen Strommarkt; VS-Verlag, Wiesbaden. (2007): David im Netz von Goliath? Die deutsche Erneuerbare Energien-Politik im Mehrebenensystem. In: Achim Brunnengräber und Heike Walk (Hrsg.): Multi-Level-Governance. Umwelt-, Klima- und Sozialpolitik in einer interdependenten Welt, Schriften zur Governance-Forschung des Wissenschaftszentrums Berlin (WZB), Band 9, Baden-Baden, S. 129-160. *Email:* bernd.hirschl@ioew.de

Heike Walk, PD Dr. Phil, ist Politikwissenschaftlerin und stellvertretende Geschäftsführerin am Zentrum Technik und Gesellschaft (ZTG) der Technischen Universität

Berlin. *Veröffentlichungen* u.a: (2008): Partizipative Governance. Beteiligungsformen und Beteiligungsrechte im Mehrebenensystem der Klimapolitik, VS Verlag für Sozialwissenschaften, Wiesbaden, zus. mit Achim Brunnengräber (Hrsg.) (2007): Multi-Level-Governance. Umwelt-, Klima- und Sozialpolitik in einer interdependenten Welt, Schriften zur Governance-Forschung des Wissenschaftszentrums Berlin (WZB), Band 9, Baden-Baden, *Email*: walk@ztg.tu-berlin.de

Melanie Weber, Dr. rer. soc., Sozialwissenschaftlerin, hat am Department Nachhaltigkeitswissenschaften der Leuphana Universität Lüneburg promoviert und ist Projektleiterin im Fachbereich Umwelt der VERBRAUCHER INITIATIVE e.V. Veröffentlichungen: u.a. „Alltagsbilder des Klimawandels. Zum Klimabewusstsein in Deutschland", VS Research (2008), „Wahrnehmung globaler Umweltprobleme. Eine mehrdimensionale Betrachtung am Beispiel Klimawandel. In: Achim Brunnengräber und Heike Walk (Hrsg.): „Multi-Level-Governance. Umwelt-, Klima- und Sozialpolitik in einer interdependenten Welt", Schriften zur Governance-Forschung des Wissenschaftszentrums Berlin (WZB), Band 9, Baden-Baden: Nomos (2007). *Email*: Melanie.Weber@verbraucher.org

Achim Brunnengräber (Hrsg.)

Globale Öffentliche Güter unter Privatisierungsdruck

Festschrift für Elmar Altvater
2003 – 322 Seiten – € 29,80
ISBN 978-3-89691-548-1

Werner Rügemer

Privatisierung in Deutschland
Eine Bilanz

Von der Treuhand zu Public Private Partnership
4. überarbeitete und erweiterte Auflage
2008 – 239 Seiten – € 24,90
ISBN 978-3-89691-630-3

Hans-Jürgen Bieling/Christina Deckwirth/
Stefan Schmalz (Hrsg.)

Liberalisierung und Privatisierung in Europa
Die Reorganisation der öffentlichen
Infrastruktur in der Europäischen Union
2008 – 356 Seiten – € 29,90
ISBN 978-3-89691-746-1

Elmar Altvater/Birgit Mahnkopf

Konkurrenz für das Empire
Die Zukunft der Europäischen Union
in der globalisierten Welt
2007 – 304 Seiten – € 24,90
ISBN 978-3-89691-652-5

Elmar Altvater

Das Ende des Kapitalismus,
wie wir ihn kennen
Eine radikale Kapitalismuskritik
5. Auflage
2007 – 240 Seiten – € 14,90
ISBN 978-978-3-89691-627-0

Elmar Altvater/Birgit Mahnkopf

Grenzen der Globalisierung
Ökonomie, Ökologie und Politik
in der Weltgesellschaft
7. Auflage
2007 – 600 Seiten – € 29,90
ISBN 978-3-929586-75-6

PROKLA
Zeitschrift für kritische Sozialwissenschaft

Einzelheft € 12,00
ISSN 0342-8176

Eine der wichtigsten theoretischen
Zeitschriften der parteiunabhängigen
Linken, deren Beiträge noch nach Jahren lesenswert sind. Keine Tageskommentare, kein Organ einer Partei, kein
journalistisches Feuilleton: eher eine
Anregung zum gründlichen Nachdenken über den eigenen Tellerrand
hinaus.
Die PROKLA erscheint viermal im
Jahr und kostet im Abo jährlich € 33,00
(plus Porto) statt € 48,00. AbonnentInnen können bereits erschienene
Hefte zum Abo-Preis nachbestellen (bis
einschließlich Heft 85: € 6,80, Heft 86-
109: € 7,50). Das Abo kann jeweils bis
acht Wochen vor Jahresende schriftlich
beim Verlag gekündigt werden.

**WESTFÄLISCHES
DAMPFBOOT**
e-mail: info@dampfboot-verlag.de
http://www.dampfboot-verlag.de